REGULAMENTAÇÃO
DO CÓDIGO DO TRABALHO

Obras publicadas:

PAULA QUINTAS
- "Manual de Direito da Segurança, Higiene e Saúde no Trabalho", Almedina, 2006.
- "Prática (Da) Laboral à Luz do *Novo* Código do Trabalho", Almedina, 2006, 3.ª ed., em co-autoria.
- "Regime (O) Jurídico dos Despedimentos", Almedina, 2005, em co-autoria.
- "Regulamentação do Código do Trabalho", Almedina, 2005, 2.ª ed., em co-autoria.
- "Código do Trabalho Anotado e Comentado", Almedina, 2005, 4.ª ed., em co-autoria.
- "Direito do Turismo", Almedina, 2003.
- "Legislação Turística", 2.ª ed., Almedina, 2002.
- "Problemática (Da) do Efeito Directo nas Directivas Comunitárias", *Dixit*, 2000.
- "Regime Jurídico dos Títulos de Crédito – Compilação anotada com Jurisprudência", Almedina, 2000, em co-autoria.
- "Legislação Turística Comentada e Anotada", Almedina, 2000.
- "Direito do Consumidor e Tutela de Outros Agentes Económicos", Almeida & Leitão, Lda., 1998.

HELDER QUINTAS
- "Prática (Da) Laboral à Luz do *Novo* Código do Trabalho", Almedina, 2006, 3.ª ed., em co-autoria.
- "Regime (O) Jurídico dos Despedimentos", Almedina, 2005, em co-autoria.
- "Regulamentação do Código do Trabalho", Almedina, 2005, 2.ª ed., em co-autoria.
- "Código do Trabalho Anotado e Comentado", Almedina, 2005, 4.ª ed., em co-autoria.
- "Direito dos Transportes – Legislação Nacional, Internacional e Comunitária: Jurisprudência Nacional e Comunitária", Almedina, 2002, em co-autoria.
- "Regime Jurídico dos Títulos de Crédito – Compilação Anotada com Jurisprudência", Almedina, 2000, em co-autoria.

Artigos Publicados:

PAULA QUINTAS
- "A *dificultosa* transposição da Directiva 98/59/CE, do Conselho, de 20 de Julho de 1998 (despedimentos colectivos)", *Scientia Iuridica*, n.º 302.
- "A precariedade dentro da precariedade ou a demanda dos trabalhadores à procura de primeiro emprego", Questões Laborais, n.º 24.
- "A directiva n.º 80/987 (quanto à aproximação das legislações dos Estados-membros respeitantes à protecção dos trabalhadores assalariados em caso de insolvência do empregador) – o antes e o depois de *Francovich*", Questões Laborais, n.º 16.
- "A *preversidade* da tutela indemnizatória do art. 443.º do CT – a desigualdade entre iguais (breve reflexão)", Prontuário do Direito do Trabalho, n.º 71, CEJ

ARTIGOS NO PRELO
- "A utilidade turística – a urgência de uma actualização".

PAULA QUINTAS
ADVOGADA
PÓS-GRADUADA EM ESTUDOS EUROPEUS
MESTRE EM DIREITO COMUNITÁRIO
PROFESSORA DO ENSINO SUPERIOR

HELDER QUINTAS
ADVOGADO

REGULAMENTAÇÃO DO CÓDIGO DO TRABALHO

3.ª EDIÇÃO

REGULAMENTAÇÃO DO CÓDIGO DO TRABALHO

AUTORES
PAULA QUINTAS, HELDER QUINTAS

EDITOR
EDIÇÕES ALMEDINA, SA
Rua da Estrela, n.° 6
3000-161 Coimbra
Tel.: 239 851 904
Fax: 239 851 901
www.almedina.net
editora@almedina.net

PRÉ-IMPRESSÃO • IMPRESSÃO • ACABAMENTO
G.C. – GRÁFICA DE COIMBRA, LDA.
Palheira – Assafarge
3001-453 Coimbra
producao@graficadecoimbra.pt

Maio, 2006

DEPÓSITO LEGAL
242818/06

Os dados e as opiniões inseridos na presente publicação
são da exclusiva responsabilidade do(s) seu(s) autor(es).

Toda a reprodução desta obra, por fotocópia ou outro qualquer processo,
sem prévia autorização escrita do Editor,
é ilícita e passível de procedimento judicial contra o infractor.

PREFÁCIO À 3.ª EDIÇÃO

A actual edição contém, antes de mais, as alterações introduzidas pela Lei n.° 9/2006, de 20.03 (que alterou o Código do Trabalho e a Regulamentação do Código do Trabalho).

Por outro lado, teve-se presente, em particular, a valorização da temática da vigilância na saúde, desenvolvendo-se as notas que acompanham os preceitos que regulam essa matéria. Em consequência dessa valorização, inseriu-se ainda a lei de informação genética pessoal e informação de saúde (aprovada pela Lei n.° 12/2005, de 26.01).

Integrou-se uma tabela de correspondência dos preceitos do CT, que foram regulados pela RCT (que, posteriormente, será completada logo que produzida a legislação complementar ainda em falta), por forma a tornar mais cómoda a consulta da lei, ou pelo, menos, de certos aspectos específicos da mesma.

As normas penais avulsas já contidas na anterior edição, incluem agora os crimes contra a segurança social.

Por último, importa referir que se entendeu suprimir a chamada Lei da Imigração (aprovada pelo Decreto-Lei n.° 244/98, de 08.08, nas suas sucessivas versões), atendendo a que está para breve uma alteração significativa desta matéria.

O mesmo motivo ordenou a eliminação do diploma que regula a circulação de cidadãos (trabalhadores ou outros) comunitários, atendendo a que até 30 de Abril deste ano deverá o Estado português proceder à transposição da Directiva 2004/38/CE do Parlamento Europeu e do Conselho, de 29.04.2004, relativa ao direito de livre circulação e residência dos cidadãos da União e dos membros das suas famílias no território dos Estados-Membros, incumbência essa que naturalmente vai obrigar à reformulação do Decreto-Lei n.° 60/93, de 03.03 (que aprovou as condições especiais de entrada e permanência de cidadãos comunitários).

Novamente expressamos o nosso ensejo de que a presente obra corresponda, na medida do possível, às necessidades práticas de quem a consulta.

GRIJÓ, 10 de Abril de 2006

PREFÁCIO À 2.ª EDIÇÃO

A 2.ª edição que agora se apresenta, mantém a estrutura inicial da obra, com dois aditamentos a assinalar:

– o melhoramento das notas inseridas, que esperamos venham a ser enriquecidas com, naturalmente, a aplicação da RCT, que só há pouco se começou a realizar;

– a inserção, pela primeira vez, dos seguintes diplomas:

a) Lei n.º 134/88, de 28.08 (Proíbe as discriminações no exercício de direitos por motivos baseados na raça, cor, nacionalidade ou origem étnica);

b) Lei n.º 38/2004, de18.08 (Define as bases do regime jurídico da prevenção, habilitação, reabilitação e participação da pessoa com deficiência);

c) Portaria n.º 337/2004, de 31.03 (Regula os procedimentos necessários à aplicação do regime jurídico de protecção social na eventualidade doença).

Continuamos a aguardar a nova regulação dos acidentes de trabalho e doenças profissionais e alguns aspectos do Código do Trabalho, que ainda não foram tratados.

Mantemos hoje a forte convicção de que o Decreto-Lei n.º 26/94, de 01 de Fevereiro (Organização dos serviços de saúde, higiene e segurança no trabalho) foi de facto totalmente revogado, apesar do "estranho" silêncio do legislador.

GRIJÓ, 03 de Janeiro de 2005

P.S. – Constatamos que a 1.ª ed. da presente obra apresentava, a título de legislação complementar, o trabalho temporário na versão desactualizada, por tal facto, lamentável em toda a sua extensão e repercussão, vimos agora, tardiamente mas com pesar, endereçar as nossas sentidas desculpas.

PREFÁCIO

A obra que se apresenta corresponde, na essência, à regulamentação ao Código do Trabalho, aprovada pela Lei n.° 35/2004, de 29.07.

É de referir, no entanto, que as normas revogatórias quer da Lei Preambular ao Código do Trabalho, quer da própria regulamentação, não extinguiram toda a legislação laboral existente.

Assim, pretende-se nesta edição acolher também alguma da legislação avulsa não revogada, inserindo-se, certos diplomas de grande afinidade com o direito do trabalho, nomeadamente:

– Decreto-Lei n.° 358/84, de 13.11 (Carteiras profissionais);

– Decreto-Lei n.° 235/92, de 24.10 (Contrato de serviço doméstico);

– Decreto-Lei n.° 60/93, de 03.03 (Regime jurídico de entrada, permanência e expulsão de cidadãos comunitários);

– Lei n.° 28/98, de 26.06 (Regime do praticante desportivo);

– Decreto-Lei n.° 244/98, de 08.08 (Regime jurídico de entrada, permanência e expulsão de cidadãos estrangeiros e respectiva regulamentação, constante do Decreto-Regulamentar n.° 6/2004, de 26.04);

– Decreto-Lei n.° 67/2004, de 25.03 (Registo nacional de menores estrangeiros em situação irregular);

– Portaria n.° 995/2004, de 09.08 (Aprova a regulamentação do registo nacional de menores estrangeiros em situação irregular);

– Lei n.° 67/98, de 26.10 (Lei de Protecção de Dados Pessoais);

– Decreto-Lei n.° 139/2001, de 24.04 (Estatuto do Fundo de Garantia Salarial);

– Lei n.° 6/2001, de 11.05 (Economia comum);

– Lei n.° 7/2001, de 11.05 (União de Facto);

– Lei n.° 90/2001, de 20.08 (Apoio Social às mães e pais estudantes);

– Decreto-Lei n.° 28/2004, de 04.02 (Protecção na doença e respectiva regulamentação, constante da Portaria n.° 337/2004, de 31.03);

– Lei n.° 18/2004, de 11.05 (Princípio da igualdade);

– *Lei n.° 23/2004, de 22.06 (Contrato individual de trabalho na administração pública).*

Inserem-se ainda, parcialmente, os seguintes diplomas, que a regulamentação acabou por não revogar na totalidade:
– *Decreto-Lei n.° 4/84, de 05.04 (Lei da Maternidade), arts. 3.° a 8.° e 31.°;*
– *Decreto-Lei n.° 261/91, de 25.07 (Pré-reforma), arts. 8.°, 9.°, 12.° e 15.°;*
– *Decreto-Lei n.° 358/89, de 17.10 (Cedência ocasional de trabalhadores), arts. 1.° a 25.°, 31.° a 36.°.*

Por outro lado, e apesar da omissão da norma revogatória, o Decreto-Lei n.° 26/94, de 01.02 (Organização dos serviços de saúde, higiene e segurança no trabalho), foi agora parcialmente revogado.

Sublinha-se que ficaram por regulamentar as matérias referentes aos acidentes de trabalho e doenças profissionais.

Pretendeu-se deste modo concentrar na presente obra, além da regulamentação ao Código do Trabalho, parte do remanescente *da legislação avulsa (ainda) em vigor.*

GRIJÓ, 27 de Agosto de 2004

TABELA DE CORRESPONDÊNCIA
ENTRE O CÓDIGO DO TRABALHO (CT) E A
REGULAMENTAÇÃO DO CÓDIGO DO TRABALHO (RCT)

CT	RCT	CT	RCT
Art. 7.º, n.º 2 e 8.º	Arts. 11.º a 13.º	Art. 49.º, n.ºs 2 e 6	Arts. 85.º a 88.º
Art. 13.º	Arts. 14.º a 26.º	Art. 49.º, n.º 5	Arts. 90.º a 93.º
Art. 20.º	Arts. 28.º e 29.º	Art. 51.º	Art. 98.º
Art. 32.º	Arts. 30.º a 40.º	Art. 54.º	Arts. 127.º a 137.º
Art. 52.º	Arts. 66.º a 113.º	Art. 55.º, n.º 3	Art. 115.º
Art. 35.º, n.º 1	Arts. 68.º e 103.º	Art. 56.º	Arts. 114.º, 127.º a 137.º
Art. 36.º, n.º 1	Arts. 69.º e 103.º		
Art. 37.º, n.º 1	Art. 70.º	Art. 57.º	Arts. 127.º a 137.º
Art. 38.º, n.º 1	Arts. 71.º e 103.º	Art. 60.º, n.º 2	Arts. 115.º a 126.º
Art. 39.º, n.º 1	Art. 72.º	Art. 68.º	Art. 103.º
Art. 39.º, n.º 2	Arts. 73.º, n.º 1 e 99.º, n.º 1, al. *a*)	Art. 70.º	Arts. 138.º a 146.º
		Arts. 79.º a 85.º	Art. 148.º, n.º 1
Art. 39.º, n.º 3	Arts. 73.º, n.º 3 e 103.º	Art. 79.º, n.º 2	Art. 148.º, n.ºs 2 a 5
		Art. 80.º	Arts. 153.º e 154.º.
Art. 40.º	Arts. 103.º e 104.º	Art. 80.º, n.º 2	Art. 149.º
Arts. 40.º e 42.º	Arts. 74.º e 99.º, n.º 1, al. *c*)	Art. 81.º	Art. 151.º
Art. 41.º	Arts. 75.º, 99.º, n.º 3 e 101.º, n.ºs 1 e 2	Art. 83.º, n.º 1	Arts. 152.º, n.º 1 e 153.º
		Art. 83.º, n.º 2	Art. 152.º, n.º 2
Art. 43.º	Art. 105.º	Art. 85.º	Arts. 147.º a 156.º
Art. 43.º, n.ºs 1 e 2	Arts. 76.º, 97.º, n.º 2 e 101.º, n.ºs 1 e 2		
		Regime da Administração Pública (arts. 147.º a 156.º)	
Arts. 43.º, n.ºs 3 e 4 e art. 44.º, n.º 1	Arts. 77.º, 97.º, n.º 2, 99.º, n.º 1, al. *b*), e art. 101.º, n.ºs 4 e 5	Art. 88.º, n.º 1	Arts. 157.º e 158.º
		Art. 89.º, n.º 1	Arts. 157.º a 159.º
Art. 44.º	Arts. 105.º e 106.º	Art. 126.º	Arts. 160.º a 170.º
Art. 45.º, n.ºs 1 e 2	Arts. 78.º, 79.º, 80.º e 99.º, n.º 1, al. *e*) e *f*)	Art. 138.º	Arts. 171.º a 174.º
		Art. 171.º, n.º 2	Arts. 175.º e 176.º
		Art. 173.º, n.º 2	Arts. 177.º e 178.º
Art. 47.º	Art. 83.º	Art. 179.º, n.º 1	Arts. 179.º a 182.º
Art. 47.º, n.º 3	Art. 103.º	Art. 196.º	Arts. 183.º a 186.º
Art. 49.º, n.º 4, al. *c*)	Art. 103.º	Art. 202.º	Art. 150.º, n.º 3
Regime da Administração Pública (arts. 107.º a 113.º)		Art. 204.º, n.º 3	Arts. 187.º a 189.º
		Art. 213.º, n.º 3	Art. 97.º, n.º 1 e 493.º

CT	RCT	CT	RCT
Art. 219.°, n.° 6	Art. 194.°	Art. 463.°	Arts. 327.° a 352.°
Art. 219.°, n.° 9	Arts. 190.° a 201.°	Art. 466.°, n.ᵒˢ 1 e 2	Arts. 353.° a 364.°
Art. 225.°, n.° 2, al. *c*)	Art. 151.°	Art. 471.°, n.° 1	Arts. 365.° a 395.°
Art. 225.°, n.° 2, al. *e*)	Arts. 202.° a 204.°	Art. 473.°	Art. 366.°
Art. 229.°, n.° 8	Arts. 205.° e 206.°	Art. 474.°	Arts. 365.° a 395.°
Art. 266.°	Arts. 207.° a 210.°	Art. 497.°, n.° 2	Art. 397.°
Arts. 272.° a 278.°	Art. 213.°	Art. 497.°, n.° 3	Arts. 396.° a 398.°
Art. 276.°	Arts. 218.° a 263.°	Art. 505.°, n.° 2	Art. 399.° a 403.°
Art. 277.°	Arts. 264.° a 289.°	Art. 529.°	Arts. 404.° e 405.°
Art. 280.°	Arts. 211.° a 289.°	Art. 567.°, n.° 1	Art. 407.°
	(arts. 272.° a 278.°	Art. 568.°, n.° 1	Art. 407.°
	também aplicáveis	Art. 569.°, n.ᵒˢ 3, 4 e 5	Arts. 408.° a 410.°
	ao trabalhador por	Art. 570.°, n.° 2	Art. 412.°
	conta própria)	Art. 570.°, n.° 7	Art. 414.°
Art. 327.°, n.° 5	Arts. 290.° e 291.°	Art. 572.°	Arts. 406.° a 438.°
Art. 332.°	Arts. 292.° a 299.°	Art. 599.°, n.° 4	Arts. 410.°, n.° 7 e
Art. 343.°	Art. 293.°		439.° a 449.°
Art. 364.°, n.° 2	Arts. 300.° a 315.°	Art. 624.°	Art. 451.°
Art. 380.°	Arts. 316.° a 326.°		

EXPOSIÇÃO DE MOTIVOS

Exposição de motivos à Proposta de Lei da Regulamentação do CT
(Decreto n.° 178/IX).

1. A Lei n.° 99/2003, de 27 de Agosto, aprovou o Código do Trabalho, diploma que procedeu à revisão e unificação de múltiplas leis que
regulam a prestação do trabalho subordinado. Neste diploma remete-se
para legislação especial diversas matérias que devido ao seu conteúdo
não se justificava que constassem de um diploma com a natureza de um
Código.

As regras adoptadas revelam uma visão personalista da sociedade, da
qual resulta uma especial tutela dos direitos fundamentais, tendo presente
que estamos perante uma relação laboral.

2. A presente Proposta de Lei encontra-se dividida em XXXVIII Capítulos, que têm correspondência, em regra, com cada uma das disposições
do Código do Trabalho que remete a respectiva regulamentação para legislação especial.

Também nesta Proposta de Lei se teve a preocupação de sistematizar
a legislação de forma a prevenir a proliferação de diplomas especiais, face
a todas as consequências nefastas que isso acarreta.

3. O Capítulo I é constituído pelas regras gerais, salientando-se as
atinentes ao direito transitório. Naturalmente que as soluções adoptadas
são idênticas às plasmadas na Lei n.° 99/2003, de 27 de Agosto.

4. O Capítulo II regula o destacamento de trabalhadores comple-
tando-se a transposição da Directiva n.° 96/71/CE, do Parlamento Europeu
e do Conselho, de 16 de Dezembro, já realizada em parte pelo Código do
Trabalho.

Mantém-se, no essencial, o conteúdo da Lei n.° 9/2000, de 15 de
Junho.

5. No Capítulo III trata-se da matéria do trabalho no domicílio que
está actualmente consagrada no Decreto-Lei n.° 440/91, de 14 de Novem-

bro, alterado pelo Decreto-lei n.° 392/98, de 4 de Dezembro e pela Lei n.° 114/99, de 3 de Agosto.

Também neste Capítulo se manteve, no essencial, a disciplina constante dos diplomas acima referidos, podendo, no entanto, referir-se a eliminação da destrinça entre trabalho manual e intelectual, uma vez que a mesma não tinha justificação.

6. O Capítulo IV regula a matéria da igualdade e não discriminação, cujo regime se encontra actualmente, no essencial, nos Decretos-Lei n.° 392/79, de 20 de Setembro, n.° 307/97, de 11 de Novembro e na Lei n.° 9/2001, de 21 de Maio.

A elaboração do articulado obedeceu às Directivas comunitárias, nomeadamente as Directivas n.os 75/117/CEE, do Conselho, de 10 de Fevereiro, relativa à aproximação das legislações dos Estados membros no que se refere à aplicação do princípio da igualdade de remuneração entre os trabalhadores masculinos e femininos, 97/80/CE, do Conselho, de 15 de Dezembro, relativa ao ónus da prova nos casos de discriminação baseada no sexo, 96/34/CE, do Conselho, de 3 de Junho, relativa ao acordo quadro sobre a licença parental celebrado pela União das Confederações da Indústria e dos Empregadores da Europa (UNICE), pelo Centro Europeu das Empresas Públicas (CEEP) e pela Confederação Europeia dos Sindicatos (CES), 2000/43/CE, do Conselho, de 29 de Junho, que aplica o princípio da igualdade de tratamento entre as pessoas, sem distinção de origem racial ou étnica, 2000/78/CE, do Conselho, de 27 de Novembro, que estabelece um quadro geral de igualdade de tratamento no emprego e na actividade profissional e 2002/73/CE, do Parlamento Europeu e do Conselho, de 23 de Setembro, relativa à concretização do princípio da igualdade de tratamento entre homens e mulheres no que se refere ao acesso ao emprego, à formação e promoção profissionais e às condições de trabalho.

O regime proposto contém regras que importa salientar, face a um objectivo de reforço de garantias:

1) Estabelecimento de um dever geral de informação relativa aos direitos e deveres do trabalhador em matéria de igualdade e não discriminação, na sequência do II Plano Nacional para a Igualdade 2003-2006;

2) Definições de discriminação, cuja vantagem operativa é de salientar;

3) Ampliação dos factores de discriminação, podendo exemplificar-se com os relativos ao território de origem, língua, raça, instrução, situação económica, origem ou condição social, consagrados na Constituição e na convenção n.° 111 da Organização Internacional do Trabalho, sobre a

Exposição de Motivos 15

discriminação em matéria de emprego e profissão, aprovada para ratificação pelo Decreto-Lei n.º 45520, de 23 de Setembro de 1959;

4) Alargamento da protecção contra actos de retaliação;

5) Reforço da formação profissional, uma vez que se reporta não apenas às melhores, mas à igualdade entre trabalhadores de ambos os sexos, na sequência do Plano Nacional de Emprego, Pilar IV – Igualdade de Oportunidades;

6) Introdução dos novos conceitos de trabalho igual ou de valor igual.

Das regras plasmadas decorre a necessidade de se adoptar uma lei orgânica para a Comissão para a Igualdade no Trabalho e no Emprego.

7. O Capítulo V contém a matéria relativa à protecção do património genético, constituindo a sua consagração um importante marco na tutela dos trabalhadores e seus descendentes, na esteira, entre outras, da Directiva n.º 89/391/CEE, do Conselho, de 12 de Junho, relativa à aplicação de medidas destinadas a promover a melhoria da segurança e da saúde dos trabalhadores no trabalho.

Este regime assenta numa dicotomia entre a utilização e produção de agentes biológicos, físicos ou químicos proibidos e condicionados, instituindo mecanismos de controlo e de actualização dos agentes envolvidos.

Como forma de concretizar a protecção acima referida, foram utilizados, na qualidade de fonte inspiradora, entre outros, os seguintes diplomas:

I. **Agentes biológicos**

1) Directiva n.º 90/679/CEE, do Conselho, de 26 de Novembro, relativa à protecção dos trabalhadores contra os riscos ligados à exposição a agentes biológicos durante o trabalho, alterada pela Directiva n.º 93/88/CEE, do Conselho, de 12 de Outubro e a Directiva n.º 95/30/CE, da Comissão, de 30 de Junho;

2) Decreto-Lei n.º 84/97, de 16 de Abril – protecção da segurança e saúde dos trabalhadores contra os riscos resultantes da exposição a agentes biológicos durante o trabalho, alterado pela Lei n.º 113/99, de 3 de Agosto.

II. **Agentes cancerígenos**

1) Directiva n.º 90/394/CEE, do Conselho, de 28 de Junho, relativa à protecção dos trabalhadores contra os riscos ligados à exposição a agentes cancerígenos durante o trabalho, alterada pela Directiva n.º 97/42/CE, do Conselho, de 27 de Junho, e pela Directiva n.º 1999/38/CE, do Conselho, de 29 de Abril;

16   *Regulamentação do Código do Trabalho*

2) Decreto-Lei n.º 301/2000, de 18 de Novembro – protecção dos trabalhadores contra os riscos ligados à exposição aos agentes cancerígenos ou mutagénicos durante o trabalho.

III. Agentes químicos

1) Directiva n.º 91/322/CEE, da Comissão, de 29 de Maio, relativa ao estabelecimento de valores limite com carácter indicativo;

2) Directiva n.º 98/24/CE, do Conselho, de 7 de Abril, relativa à protecção da segurança e da saúde dos trabalhadores contra os riscos ligados à exposição a agentes químicos no trabalho;

3) Directiva n.º 2000/39/CE, da Comissão, de 8 de Junho, relativa ao estabelecimento de uma primeira lista de valores limite indicativos de exposição profissional;

4) Decreto-Lei n.º 290/2001, de 19 de Novembro – protecção da segurança e saúde dos trabalhadores contra os riscos ligados à exposição a agentes químicos no trabalho.

IV. Mulheres grávidas, puérperas ou lactantes

Directiva n.º 92/85/CEE, do Conselho, de 19 de Outubro, relativa à implementação de medidas destinadas a promover a melhoria da segurança e da saúde das trabalhadoras grávidas, puérperas ou lactantes no trabalho.

8. O Capítulo VI regula a protecção da maternidade e paternidade correspondendo, no essencial, ao consagrado na Lei n.º 4/84, de 5 de Maio, no Decreto-Lei n.º 230/2000, de 23 de Setembro, na Portaria n.º 229/96, de 26 de Junho, na Directiva n.º 92/85/CEE, do Conselho, de 19 de Outubro, relativa à implementação de medidas destinadas a promover a melhoria da segurança e da saúde das trabalhadoras grávidas, puérperas ou lactantes no trabalho, e na Directiva n.º 96/34/CE, do Conselho, de 3 de Junho, relativa ao acordo quadro sobre a licença parental celebrado pela União das Confederações da Indústria e dos Empregadores da Europa (UNICE), pelo Centro Europeu das Empresas Públicas (CEEP) e pela Confederação Europeia dos Sindicatos (CES).

Entre as diferentes normas, pode salientar-se:

1) Dever geral de informação relativa aos direitos e deveres do trabalhador em matéria de maternidade e paternidade, na sequência do II Plano Nacional para a Igualdade 2003-2006;

2) Aumento da licença do cônjuge por adopção em caso de falecimento do trabalhador;

3) Aumento do número mínimo de férias obrigatórias, em caso de redução do período normal de trabalho para assistência a filho portador de deficiência ou doença crónica;

Exposição de Motivos 17

4) Referência expressa à obrigatoriedade de o médico do trabalho determinar a dispensa da prestação de trabalho nocturno quando identificar qualquer risco para a trabalhadora grávida, puérpera ou lactante.

9. O Capítulo VII aborda a matéria do trabalho de menores. Na regulamentação deste Capítulo atendeu-se a diversos diplomas, sendo de salientar a Directiva n.º 94/33/CE, do Conselho de 22 de Junho, relativa à protecção dos jovens no trabalho, o Decreto-Lei n.º 107/2001, de 6 de Abril, o Decreto Regulamentar n.º 16/2002, de 15 de Março. Tomou-se ainda em consideração o Acordo sobre Política de Emprego, Mercado de Trabalho, Educação e Formação, assinado pelos parceiros sociais, a 9 de Fevereiro de 2001.

Nesta matéria, deve destacar-se a:

1) Eliminação da exigência de que a formação deva conferir ao menor uma qualificação profissional "na área da actividade profissional desenvolvida", permitindo-se uma escolha mais ampla da área de qualificação dos menores;

2) Regulação da atribuição de uma bolsa para o menor que passe a regime de trabalho a tempo parcial, em virtude da frequência de modalidade de educação ou formação, de forma a compensá-lo pela perda de retribuição, norma que data de 1991 e nunca foi concretizada, o que constitui um marco assinalável.

10. O Capítulo VIII regula a participação de menores em espectáculos e outras actividades. São múltiplas as situações em que menores com idade inferior a 16 anos têm participações remuneradas em espectáculos e outras actividades culturais, artísticas ou publicitárias.

Em algumas dessas actividades, os períodos de tempo prolongados em que os menores estão ocupados, os ambientes em que decorrem as suas participações e a atracção de remunerações significativas podem sujeitar os menores a situações susceptíveis de afectar a saúde, o desenvolvimento físico ou moral ou a educação e o aproveitamento escolar dos mesmos.

Não existe actualmente legislação que enquadre especificamente a participação de menores nas referidas actividades e os proteja. A adopção dessa legislação corresponde a uma urgente carência social, é necessária em face da Constituição e vai ao encontro de instrumentos normativos supranacionais, nomeadamente a Directiva n.º 94/33/CE, do Conselho, de 22 de Junho de 1994, relativa à protecção dos jovens no trabalho, a qual também permite a participação de menores em actividades culturais, artísticas, desportivas ou publicitárias, desde que a mesma não afecte a segurança, a saúde e o desenvolvimento dos menores, bem como a sua assiduidade escolar e a sua formação profissional e haja autorização individual prévia por parte de autoridade administrativa. Do mesmo modo, a Convenção n.º 138 da Organização Internacional do Trabalho, relativa à idade mínima de admissão ao emprego, ratificada pelo Decreto do Presidente da República n.º 11/98, de 19 de Março, permite que menores com idade inferior a 16 anos participem em actividades tais como espectáculos artísticos, mediante autorização individual e após consulta das organizações de empregadores e de trabalhadores interessadas.

Deste modo, resulta como elemento estruturante deste Capítulo, a protecção da saúde, o desenvolvimento físico ou moral, a educação e o aproveitamento escolar do menor, salientando-se as seguintes regras:

a. A excepcional permissão do menor participar em espectáculos e outras actividades de natureza cultural, artística ou publicitária;

b. Apertados limites temporais da participação em tais actividades;

c. Proibição de, durante o período de aulas da escolaridade obrigatória, a actividade do menor coincidir com o respectivo horário ou, de qualquer modo, impossibilitar a sua participação em actividades escolares;

d. Obrigatoriedade de haver um intervalo entre o exercício dessas actividades e a frequência das aulas;

e. Sujeição do exercício das actividades a autorização da Comissão de Protecção de Crianças e Jovens, precedida de parecer das associações representativas dos trabalhadores e empregadores;

f. Obrigatoriedade de revogação da autorização do exercício de actividade, sempre que o menor passe a ter um horário escolar incompatível, houver diminuição do seu aproveitamento escolar ou for afectado o seu comportamento.

11. O Capítulo IX tem como tema o trabalhador-estudante. O Acordo sobre Política de Emprego, Mercado de Trabalho, Educação e Formação (2001) prevê, nos domínios da educação e formação de adultos e da formação contínua de activos, a avaliação da necessidade da revisão do estatuto do trabalhador-estudante (Lei n.º 116/97, de 4 de Novembro), tendo em atenção as actuais situações da vida quotidiana, a conciliação da actividade profissional com a condição de estudante e a competitividade das empresas.

A configuração dos direitos laborais do trabalhador-estudante previstos no Código do Trabalho já incorpora diversos elementos que têm em consideração as necessidades da organização do trabalho nas empresas, nomeadamente o reconhecimento dos direitos destinados a facilitar a frequência de aulas tendo em conta o funcionamento das empresas e,

Exposição de Motivos 19

especificamente, a maior complexidade organizativa do trabalho em regime de turnos.

Com este Capítulo procede-se à concretização do regime previsto no Código do Trabalho, reforça-se a eficácia do sistema, sem prejuízo de ter por base o articulado na actual legislação (Lei n.° 116/97, de 4 de Novembro). Pode salientar-se como traços das novidades do regime:

1) Maior controlo para a concessão do estatuto (obrigatoriedade de apresentação de documento comprovativo de inscrição na segurança social;

2) Referências expressas a outros tipos de ensino (por exemplo, ensino recorrente);

3) Expressa previsão da possibilidade de o empregador exigir a prova da frequência das aulas;

4) Concessão de um dia por mês de dispensa de trabalho quando o trabalhador realizar trabalho em regime de adaptabilidade;

5) Cessação imediata do estatuto do trabalhador-estudante no caso de falsas declarações relativamente aos factos de que dependa a concessão do estatuto ou a factos constitutivos de direitos, bem como quando tenha sido utilizado para fins diversos;

6) Em caso de excesso de candidatos a beneficiar de horários específicos ou dispensas de trabalho para a frequência de aulas que comprometam o normal funcionamento da empresa, e na falta de acordo, compete ao empregador decidir a atribuição desses benefícios;

7) Proibição de o trabalhador-estudante cumular este regime com quaisquer outros que visem os mesmos fins.

12. O Capítulo X contém a matéria atinente aos trabalhadores estrangeiros e apátridas mantendo-se, no essencial, a regulamentação existente na Lei n.° 20/98, de 12 de Maio, podendo, no entanto, realçar-se a obrigatoriedade de o trabalhador indicar o domicílio dos beneficiários da pensão em caso de morte ou doença profissional, bem como a substituição da obrigatoriedade de depósito do contrato pelo envio e arquivo do mesmo.

13. O Capítulo XI trata da formação profissional tendo sido inspirado no Acordo sobre Política de Emprego, Mercado de Trabalho, Educação e Formação, subscrito no âmbito do Conselho Económico e Social (2001).

A formação profissional prevista no Código do Trabalho tem, em regra, subjacente a existência de subordinação jurídica. No entanto, nas alíneas *a)*, *d)* e *f)* do artigo 124.°, que prescrevem os objectivos da formação profissional – respectivamente, de jovens que pretendam ingressar no mercado de trabalho, desempregados e grupos com especiais dificuldades – existem referências que não são reconduzíveis àquela situação.

Nestes três casos não se procedeu à regulamentação, deixando para outros diplomas – por exemplo, legislação de emergência – a sua regulação. Por outro lado, é preciso ter presente que está também em discussão a Lei da Formação Profissional.

Não foram criadas contra-ordenações, uma vez que as prescrições legais já estão suficientemente protegidas pelo artigo 654.° do Código do Trabalho.

Como traços do seu regime pode salientar-se:

1) Previsão de regras sobre a formação a cargo do empregador;

2) Obrigatoriedade de o empregador elaborar planos de formação anuais ou plurianuais;

3) Obrigatoriedade de o empregador elaborar um relatório anual sobre a execução da formação;

4) Obrigatoriedade de o empregador informar e consultar os trabalhadores sobre o diagnóstico e o projecto do plano de formação;

5) Prescrição de um direito individual à formação e respectivo exercício, com a faculdade de o trabalhador utilizar o crédito de horas anuais, no caso de o empregador não cumprir por motivo que lhe seja imputável;

6) Obrigatoriedade de envio à Inspecção-Geral do Trabalho do relatório de formação profissional a cargo do empregador.

14. O Capítulo XII assenta no artigo 138.° do Código do Trabalho e estabelece o aumento da parcela da taxa social única a cargo do empregador com base (cumulativa) em dois factores:

1.°) Número de trabalhadores contratados a termo na empresa;

2.°) Duração dos respectivos contratos de trabalho.

O aumento da parcela da taxa social única a cargo do empregador é adoptado na sequência da fixação da duração máxima dos contratos de trabalho a termo certo em seis anos (artigos 3.°, n.° 3 da Lei n.° 99/2003, de 27 de Agosto).

Do seu regime salienta-se:

1) Esse aumento aplica-se em relação a todos trabalhadores contratados a termo certo, desde que, por um lado, os contratos tenham duração superior a 3 anos, por outro, o empregador tenha pelo menos 15% de trabalhadores contratados a termo certo (independentemente da duração dos respectivos contratos). Ou seja: a imposição do limiar mínimo (de 15%) implica que, em empresas com percentagem inferior de trabalhadores contratados a termo certo, não se aplica o aumento da taxa social única em relação aos trabalhadores com contratos a termo certo com duração superior a três anos;

2) Os valores da majoração são: a) 0,6%, nos contratos cuja duração seja superior a 3 anos e não exceda 5 anos; b) 1%, nos contratos com duração superior a 5 anos;

3) O aumento não se aplica em relação a quaisquer trabalhadores contratados a termo incerto, independentemente da duração dos respectivos contratos;

4) O número de trabalhadores contratados a termo na empresa relevante para o cálculo: a) inclui todos os contratados a termo certo; b) exclui os contratados a termo incerto; c) é convertido em percentagem do total de trabalhadores para que as empresas tenham tratamento mais equitativo, independentemente da sua dimensão;

5) Possibilidade de, no caso de o contrato se converter em sem termo, o empregador compensar a majoração despendida, em igual período e montante.

15. O Capítulo XIII trata da alteração do horário de trabalho.

Neste Capítulo concretiza-se a obrigatoriedade de comunicação das alterações dos horários de trabalho, remetendo-se para o regime que regula os mapas de horários de trabalho.

16. O Capítulo XIV regula a matéria atinente aos mapas de horário de trabalho. Este Capítulo assenta no regime constante do Despacho Normativo n.° 36/87, de 2 de Março, publicado em 4 de Abril.

O objectivo deste Capítulo é permitir uma eficaz e efectiva fiscalização das regras atinentes ao horário de trabalho.

17. O Capítulo XV contém a matéria das condições e garantias da prestação do trabalho nocturno. O Código do Trabalho prevê, no seu artigo 196.°, que as condições ou garantias a que está sujeita a prestação de trabalho nocturno por trabalhadores que corram riscos de segurança ou de saúde relacionados com o trabalho durante o período nocturno, bem como as actividades que impliquem para o trabalhador nocturno riscos especiais ou uma tensão física ou mental significativa sejam objecto de legislação especial.

A regra do artigo 196.° já constava do artigo 9.° da Lei n.° 73/98, de 10 de Novembro, não tendo sido objecto, até agora, de concretização. Deve ainda ter-se presente que a norma em causa tem por base a Directiva n.° 93/104/CE do Conselho, de 23 de Novembro de 1993, relativa a determinados aspectos da organização do tempo de trabalho.

A contra-ordenação por violação das condições e garantias da prestação do trabalho nocturno resulta do artigo 662.° do Código do Trabalho.

Do regime deste Capítulo pode salientar-se o seguinte:

1) Previsão de uma lista de actividades que contêm riscos especiais ou uma tensão física ou mental significativa;

2) Obrigatoriedade de o empregador avaliar os riscos inerentes à actividade do trabalhador;

3) Obrigatoriedade de o empregador consultar os representantes dos trabalhadores para a segurança, higiene e saúde no trabalho relativamente, por exemplo, ao início da prestação do trabalho nocturno e às formas de organização desse tipo de trabalho.

18. O Capítulo XVI regula o registo do trabalho suplementar. Para o efeito atendeu-se ao conteúdo do Despacho de 27 de Outubro de 1992, publicado no Diário da República, II série, de 17 de Novembro de 1992.

A obrigatoriedade de proceder ao registo do trabalho suplementar efectuado deriva do reconhecimento da necessidade de efectuar o controlo do tempo de trabalho efectivamente prestado pelo trabalhador, tendo em conta a importância que os tempos de descanso e os intervalos entre períodos diários de trabalho têm para uma efectiva recuperação do esforço relativo ao desempenho profissional, bem como para o conhecimento efectivo das situações em que se exige a prestação de trabalho para além do período normal, de forma a possibilitar a contabilização dos tempos e verificar o cumprimento dos limites estabelecidos.

Este Capítulo contém uma novidade de grande relevância para o cumprimento do regime, prevendo-se regras específicas para os trabalhadores que realizam a sua actividade no exterior da empresa, e que não têm possibilidade de efectuar o visto no documento do registo imediatamente após a prestação. Estes trabalhadores passam a ter o dever de visar o respectivo documento após o seu regresso à empresa ou mediante a devolução do registo devidamente visado, no prazo máximo de 15 dias.

19. O Capítulo XVII tem a ver com a fiscalização de doenças que ocorram durante as férias. O presente Capítulo inspira-se na legislação relativa ao sistema de verificação de incapacidades, no âmbito da segurança social (Decreto-Lei n.º 360/97, de 17 de Dezembro, na redacção dada pelo Decreto-Lei n.º 165/99, de 13 de Maio).

O sistema de verificação de incapacidades assenta em duas estruturas: comissões de verificação e comissões de reavaliação (artigos 11.º e 13.º, respectivamente, do citado diploma).

Segundo o Código do Trabalho, a fiscalização da doença cabe, numa primeira fase, a médico designado pela segurança social ou, se esta o não fizer, a médico designado pelo empregador. A Proposta de Lei determina que a segurança social designa o médico de entre os que integram comissões de verificação.

Pelo Código do Trabalho, a fiscalização cabe, numa segunda fase, a uma junta médica, cuja intervenção pode ser "requerida" por qualquer das partes. A referência a requerimento aponta para uma junta médica formada no âmbito de um serviço público. A Proposta de Lei indica que a função da "junta médica" seja assegurada pelas comissões de reavaliação.

As comissões de reavaliação da segurança social são constituídas por três médicos, dois designados pela segurança social e o terceiro pelo trabalhador (artigo 13.º, n.º 1 do Decreto-lei n.º 360/97). Dos dois médicos indicados pela segurança social, um preside à comissão e o outro deve ter feito parte da comissão de verificação que antes observou o trabalhador (artigo 13.º, n.º 2 do citado diploma).

A Proposta de Lei determina que a comissão de reavaliação é constituída por três médicos, um designado pela segurança social, o qual preside e que deve ser, quando se tenha procedido à verificação da situação de doença através de médico designado pela segurança social, o médico que a realizou, um médico indicado pelo trabalhador, bem como um médico designado pelo empregador. A possibilidade de a comissão ter dois membros implica que o médico que preside tenha voto de qualidade.

Neste Capítulo, em que é elemento central a tramitação do controlo da fiscalização, pode salientar-se:

1) A faculdade de o empregador requerer a fiscalização e obrigatoriedade de informar o trabalhador desse procedimento;

2) Dever de a segurança social designar médico no prazo de vinte e quatro horas a contar da recepção do requerimento, bem como convocar o trabalhador para exame médico no prazo de setenta e duas horas;

3) Em caso de impossibilidade de cumprir esses prazos, a segurança social comunica ao empregador esse facto, podendo este designar médico para realizar a fiscalização;

4) Possibilidade de, havendo apreciações diferentes do médico que primeiro avaliou o trabalhador e do designado pelo empregador, haver reapreciação da situação, estando esta a cargo da comissão de reavaliação dos serviços de segurança social;

5) A comissão de reavaliação é constituída por médico designado pelos serviços da segurança social (que preside), um designado pelo trabalhador e outro pelo empregador;

6) Proibição de qualquer médico informar o empregador de qualquer outro elemento que não seja se o trabalhador está ou não apto;

24 Regulamentação do Código do Trabalho

7) Proibição de o empregador fundamentar qualquer decisão desfavorável para o trabalhador enquanto decorrer o prazo para requerer a intervenção da comissão de reavaliação ou até à decisão desta.

20. O Capítulo XVIII trata das faltas para assistência à família tendo por base o artigo 32.° do Decreto-Lei n.° 70/2000, de 4 de Maio, que republica a Lei n.° 4/84, de 5 de Abril.

Este Capítulo contém um alargamento da assistência ao agregado familiar, porquanto passa a incluir, por exemplo, parentes e afins no 2.° grau na linha colateral e acrescenta um dia de falta justificada por cada filho, adoptado ou enteado além do primeiro.

21. O Capítulo XIX contém a matéria da fiscalização de doenças que constituam motivo justificativo de faltas, que assenta no regime do Capítulo XVII face à identidade dos institutos.

22. O Capítulo XX regula a retribuição mínima mensal garantida que tem por base o Decreto-Lei n.° 69-A/87, de 9 de Fevereiro, com as respectivas alterações. Deve referir-se como principais novidades:

1) Exclusão das gratificações prestadas por terceiros do montante da retribuição mínima mensal garantida;

2) Eliminação da possibilidade de reduções no montante da retribuição mínima para o serviço doméstico e para as actividades de natureza artesanal, uma vez que passou a existir uma única retribuição mensal que corresponde ao montante mais elevado anteriormente existente.

23. O Capítulo XXI trata da regulamentação de segurança, higiene e saúde no trabalho. A matéria aqui inserida encontra correspondência, no essencial, na Directiva n.° 89/381/CEE, do Conselho, 12 de Junho, relativa à aplicação de medidas destinadas a promover a melhoria da segurança e da saúde dos trabalhadores no trabalho, nos Decretos-Leis n.os 441/91, de 14 de Novembro e 26/94, de 1 de Fevereiro, com as respectivas alterações, bem como na Portaria n.° 467/2000, de 23 de Abril, no que respeita à autorização de serviços externos, na Portaria n.° 1184/ /2002, de 29 de Agosto, na parte referente ao relatório anual de actividades em matéria de segurança, higiene e saúde no trabalho, e na Portaria n.° 1009/2002, de 9 de Agosto, no que se refere às taxas devidas por actos de autorização ou avaliação da capacidade dos serviços externos.

Recorde-se que desde 1991 – isto é, há 12 anos – se aguardava pela regulamentação do regime de eleição dos representantes dos trabalhadores para a segurança, higiene e saúde no trabalho, cujo regime consta finalmente do presente Capítulo.

Exposição de Motivos 25

Relativamente a este Capítulo, pode salientar-se:

1) Redução para 30 trabalhadores da obrigatoriedade de a empresa ter serviços internos, tomando-se em consideração o número de trabalhadores expostos;

2) Fixação da afectação mínima do número de técnicos de segurança e higiene no trabalho em função do número de trabalhadores;

3) Concretização do dever de informação e consulta dos representantes dos trabalhadores;

4) Obrigatoriedade de o empregador, em caso de acidentes mortais ou que evidenciem uma situação particularmente grave, enviar, para além da comunicação geral da ocorrência de tais factos, à Inspecção-Geral do Trabalho, informação, e respectivos registos, sobre todos os tempos de trabalho prestado pelos trabalhadores nos 30 dias que antecederam o acidente;

5) Obrigatoriedade de o empregador manter durante 5 anos os documentos relativos às actividades realizadas pelos serviços de segurança, higiene e saúde no trabalho;

6) Tramitação da eleição dos representantes dos trabalhadores para a segurança, higiene e saúde no trabalho, cabendo a principal responsabilidade pelo procedimento aos trabalhadores da empresa;

7) Atribuição de estatuto especial aos trabalhadores eleitos para representantes dos trabalhadores para a segurança, higiene e saúde no trabalho, podendo referir-se crédito de horas, faltas justificadas e protecção em matéria de procedimento disciplinar e despedimento, bem como em caso de transferência do local de trabalho;

8) Obrigatoriedade de os órgãos de gestão das empresas colocarem à disposição dos representantes dos trabalhadores para a segurança, higiene e saúde no trabalho instalações adequadas e meios técnicos para o desempenho das suas funções;

9) Direito de os representantes dos trabalhadores para a segurança, higiene e saúde reunirem periodicamente com os órgãos de gestão da empresa;

10) Dever de confidencialidade a cargo dos representantes dos trabalhadores para a segurança, higiene e saúde no trabalho relativamente às informações que lhes tenham sido prestadas com menção expressa da respectiva confidencialidade.

24. O Capítulo XXII contém as regras relativas ao balanço social no que respeita aos trabalhadores cedidos (artigo 20.º n.º 5, por remissão do artigo 29.º do Decreto-lei n.º 358/99, de 17 de Outubro), não havendo novidades a salientar.

26   *Regulamentação do Código do Trabalho*

25. O Capítulo XXIII regula a matéria da redução da actividade e suspensão do contrato, tendo, desde logo, presente o Despacho dos Secretários de Estado Adjunto do Ministro e da Segurança Social, de 25 de Junho de 1990 (Diário da República, II série, de 11 de Julho de 1990).

A especial novidade deste Capítulo consiste na previsão de regras sobre o encerramento temporário da empresa ou estabelecimento por facto imputável ao empregador, com vista a colocar termo aos "encerramentos selvagens" e, consequentemente, a punir os responsáveis por tais actos, podendo salientar-se:

1) Definição do encerramento temporário da empresa ou estabelecimento por facto imputável ao empregador;

2) Obrigatoriedade de o empregador informar os trabalhadores e as respectivas estruturas representativas com uma antecedência de 15 dias;

3) Obrigatoriedade de o empregador prestar garantia relativa às retribuições em mora, se existirem, às referentes ao período de encerramento temporário da empresa ou estabelecimento e aos valores correspondentes à compensação por despedimento colectivo, relativamente aos trabalhadores abrangidos pelo encerramento;

4) Decorridos 15 dias após o não pagamento da retribuição, a garantia deve obrigatoriamente ser utilizada;

5) A garantia deve ser reconstituída no prazo de 48 horas a contar do dia em que for utilizada;

6) Inibição de o empregador praticar certos actos (v.g., distribuir lucros, remunerar e comprar ou vender acções ou quotas próprias aos membros dos corpos sociais) durante o encerramento temporário;

7) Anulabilidade dos actos de disposição do património da empresa a título gratuito durante o encerramento temporário;

8) Aplicabilidade deste regime, com as devidas adaptações ao encerramento definitivo;

9) Fixação de responsabilidade penal e contra-ordenacional para a violação das regras.

26. O Capítulo XXIV contém a matéria relativa ao incumprimento do contrato nos termos actualmente estabelecidos pela Lei n.° 17/86, de 14 de Junho.

Relativamente a este Capítulo pode salientar-se:

1) Proibição de o empregador comprar ou vender acções ou quotas próprias aos membros dos corpos sociais;

2) Eliminação da cessação da suspensão do contrato de trabalho por acordo de dois terços dos trabalhadores da empresa, situação que tinha

como pressuposto que o colectivo dos trabalhadores se impunha à minoria, sendo agora a matéria tratada individualmente;

3) Admissibilidade de os trabalhadores usufruírem do sistema de garantia dos salários em atraso, mesmo quando está em causa o não pagamento da compensação retributiva em situações de crise empresarial;

4) Suspensão da venda, judicial ou extrajudicial, de bens penhorados ou dados em garantia justificada por falta de pagamento de dívidas relacionadas com a aquisição desses bens, desde que o executado prove que o incumprimento do contrato de compra e venda se deve ao facto de ter retribuições em atraso, por período superior a quinze dias;

5) Alargamento da possibilidade de a entidade responsável pelas prestações de desemprego se poder sub-rogar no caso de haver encerramento da empresa.

27. O Capítulo XXV aborda a matéria relativa ao Fundo de Garantia Salarial. Este Capítulo tem por base, no essencial, o regime do Decreto-Lei n.° 219/99, de 15 de Junho, bem como a Portaria n.° 1177/2001, de 9 de Outubro, de forma a compilar todas as regras relevantes do instituto.

Deve salientar-se como principal traço inovador, a determinação do pagamento do Fundo de Garantia Salarial mesmo não existindo créditos vencidos anteriormente à data da propositura da acção ou da apresentação do requerimento de conciliação a cargo do Instituto de Apoio às Pequenas e Médias Empresa e ao Investimento (IAPMEI).

28. O Capítulo XXVI regula a constituição, estatutos e eleição das comissões, das subcomissões de trabalhadores e das comissões coordenadoras. Este Capítulo consiste, no essencial, no disposto na Lei n.° 46/79, de 12 de Setembro, podendo referir-se os seguintes pontos:

1) Fixação do princípio geral de que nenhum trabalhador pode ser prejudicado nos seus direitos de participar na constituição e eleição da comissão de trabalhadores;

2) Obrigatoriedade de o empregador fornecer os cadernos eleitorais;

3) Autonomização das votações sobre a constituição da comissão de trabalhadores e a aprovação dos seus estatutos, embora decorram simultaneamente;

4) Determinação de que a validade da aprovação dos estatutos depende da aprovação da deliberação de constituir a comissão de trabalhadores;

5) Aumento da duração dos mandatos dos membros da comissão e subcomissão de trabalhadores, bem como da comissão coordenadora, para 4 anos.

29. O Capítulo XXVII regula os direitos das comissões de trabalhadores. Este Capítulo consiste, no essencial, no disposto na Lei n.º 46/79, de 12 de Setembro, não existindo alterações de fundo a referir.

30. O Capítulo XXVIII tem como objecto os conselhos de empresa europeus, que resultam da Directiva n.º 94/95/CE, do Conselho, de 22 de Setembro, transposta pela Lei n.º 40/99, de 9 de Junho, tendo-se apenas harmonizado a linguagem com a do Código do Trabalho, não havendo alterações substanciais a salientar.

31. O Capítulo XXIX trata das reuniões de trabalhadores tendo tido presente, no essencial, o regime constante dos artigos 26.º a 28.º do Decreto-lei n.º 215-B/75, de 30 de Abril (Lei sindical).

Pode salientar-se a expressa admissibilidade da convocatória de reuniões competir, alternativamente, à comissão sindical ou intersindical e, por outro lado, o reforço da procedimentalização.

32. O Capítulo XXX aborda a matéria das associações sindicais tendo-se procedido a alguns ajustamentos que resultam de alterações de outros preceitos das relativos às estruturas representativas.

Entre as novidades normativas, pode salientar-se:

1) Limitação do número de membros da direcção de associações sindicais que beneficiam do crédito de horas, em cada empresa, tendo presente o número de trabalhadores sindicalizados na empresa em causa;

2) Obrigatoriedade de a direcção da associação sindical indicar os trabalhadores que usufruem do crédito de horas;

3) Possibilidade de a direcção da associação sindical distribuir os créditos de horas por outros membros da direcção, sem prejuízo dos limites gerais;

4) Fixação do princípio da não cumulação de crédito de horas pelo facto de o trabalhador pertencer a mais do que uma estrutura representativa;

5) Atribuição do direito a faltas justificadas aos membros da direcção que usufruem do créditos de horas;

6) Limitação do número de faltas – 30 anuais – dos membros da direcção que não possuam créditos de horas;

7) Determinação da suspensão do contrato de trabalho quando as faltas justificadas se prolongarem, efectiva ou previsivelmente, por mais de um mês.

33. O Capítulo XXXI regula o modelo a adoptar na apreciação de projectos e propostas de legislação do trabalho por parte das organizações representativas de trabalhadores e de empregadores, tal como fazem as leis actuais (Leis n.os 16/79 e 36/99, de 26 de Maio), não havendo alterações de fundo a salientar.

Exposição de Motivos 29

34. O Capítulo XXXII contém as regras sobre a arbitragem obrigatória. Esta matéria regula, com o atraso de 13 anos, o regime da arbitragem obrigatória, de forma a torná-lo um instituto com verdadeira existência jurídica.

Com efeito, decorridos 13 anos sobre o Acordo Económico e Social celebrado no âmbito do Conselho Permanente de Concertação Social, em Outubro de 1990, e apesar do Decreto-Lei n.° 202/92, de 2 de Outubro, ter introduzido alterações na Lei da Regulamentação Colectiva de Trabalho (Decreto-lei n.° 519-C1/79, de 29 de Dezembro), o certo é que a arbitragem obrigatória não passou de um instituto com mera existência formal.

Urge, então, tornar a arbitragem obrigatória uma realidade, devendo salientar-se:

1) Estabelecimento de regra sobre a audiência das entidades reguladoras e de supervisão, bem como sobre a escolha dos árbitros;

2) Fixação do princípio geral segundo a qual as partes podem acordar sobre o processo de arbitragem;

3) Atribuição de competências específicas ao presidente do tribunal arbitral;

4) Fixação de regras sobre a audição das partes e a instrução, tendo presente os princípios do contraditório, da verdade material e da celeridade;

5) Admissibilidade de as partes chegarem a acordo durante a arbitragem;

6) Obrigatoriedade de a decisão ser proferida, em regra, no prazo de 30 dias a contar do início da arbitragem;

7) Fixação de regras sobre o apoio técnico e administrativo a cargo de entidades públicas;

8) Remissão para portaria da fixação do montante dos honorários dos árbitros;

9) Atribuição dos encargos do processo ao ministério responsável pela área laboral (80%) e a cada uma das partes (10%).

35. O Capítulo XXXIII trata da arbitragem para definição dos serviços mínimos a assegurar durante a greve quando estão em causa os serviços da administração directa do Estado ou empresa que se inclua no sector empresarial de Estado, o que constitui uma novidade particularmente relevante. O regime fixado assenta no acima descrito a propósito da arbitragem obrigatória para a resolução de conflitos colectivos, podendo salientar-se as seguintes especificidades:

1) A atribuição às entidades intervenientes (presidente e secretário-geral do Conselho Económico e Social e colégio arbitral) do poder de fixarem os prazos para a realização dos actos;

2) Em caso de impossibilidade de se constituir maioria para decisão do colégio arbitral, esta compete unicamente ao respectivo presidente.

36. O Capítulo XXXIV contém a matéria da pluralidade de infracções, cujo objectivo central é introduzir maior clareza e justiça na aplicação deste instituto.

Os pontos a salientar são:

1) Determinação de que a violação da lei afecta uma pluralidade de trabalhadores quando estes, no exercício das funções ou actividades que exercem na empresa, forem expostos a uma situação concreta de perigo ou sofram um dano que resulte da conduta ilícita do infractor;

2) Fixação de que a pluralidade de infracções dá origem a um único processo e que, por outro lado, as infracções são sancionadas com uma coima única que não pode exceder o dobro da coima máxima aplicável em concreto;

3) Prescrição de que, havendo benefício económico com a infracção, este deve ser tido em conta para a determinação da medida da coima.

37. O Capítulo XXXV plasma as regras atinentes aos mapas de quadro de pessoal, actualmente reguladas pelo Decreto-Lei n.° 332/93, de 25 de Setembro, com as respectivas alterações, não havendo alterações de fundo a salientar.

38. O Capítulo XXXVI contém as regras do balanço social, cuja regulação consta actualmente da Lei n.° 141/85, de 14 de Novembro, com as respectivas alterações, inexistindo alterações de fundo a salientar.

39. Do final do diploma constam os dois últimos Capítulos (XXXVII e XXVIII) que estabelecem, respectivamente, a responsabilidade penal e contra-ordenacional, devendo salientar-se, na esteira do regime constante do Código do Trabalho:

1) Fixação do princípio geral, segundo o qual o empregador incorre no crime de desobediência qualificada sempre que não apresentar à Inspecção-Geral do Trabalho os documentos por esta solicitados;

2) Criação de novos tipos de crimes, podendo referir-se, por um lado o encerramento ilícito e, por outro, a prática de actos patrimoniais proibidos em virtude do encerramento ilícito da empresa;

3) Actualização da classificação de algumas contra-ordenações e do montante das coimas.

LEI N.º 35/2004,

De 29 de Julho[1]

REGULAMENTA A LEI N.º 99/2003, DE 27 DE AGOSTO, QUE APROVOU O CÓDIGO DO TRABALHO

A Assembleia da República decreta, nos termos da alínea c) do artigo 161.º da Constituição, para valer como lei geral da República, o seguinte:

CAPÍTULO I
Disposições gerais

ARTIGO 1.º **(Âmbito)**

1 – O regime previsto na presente lei aplica-se aos contratos de trabalho regulados pelo Código do Trabalho, bem como aos contratos com regime especial relativamente às normas que não sejam incompatíveis com a especificidade destes, sem prejuízo do âmbito de aplicação de cada capítulo.

2 – A presente lei aplica-se ainda à relação jurídica de emprego público, nos termos do artigo 5.º da Lei n.º 99/2003, de 27 de Agosto.

NOTAS:

O âmbito de aplicação material do preceito abrange, além dos contratos de trabalho regulados pelo Código do Trabalho, os contratos com regime especial, *v.g.*, trabalho doméstico, trabalho desportivo, trabalho temporário, salvo incompatibilidades de regime.

O n.º 2 do preceito, dedicado à relação jurídica de emprego público, acolhe a norma de extensão do art. 5.º da Lei Preambular ao Código do Trabalho. Enquadra-se ainda no âmbito da presente RCT, o contrato de trabalho na Administração Pública (aprovado pela Lei n.º 23/2004, de 22.06), que admite, subsidiariamente, o regime do Código do Trabalho (art. 2.º, n.º 1).

---

[1] Com a redacção introduzida pela Lei n.º 9/2006, de 20.03 que alterou os arts. 407.º, 410.º, 412.º, 415.º, 416.º, 435.º, 436.º, 438.º, 442.º, 447.º e 448.º.

32   *Regulamentação do Código do Trabalho*

ARTIGO 2.º **(Transposição de directivas)**

Com a aprovação da presente lei, é efectuada a transposição, parcial ou total, das seguintes directivas comunitárias:

a) Directiva do Conselho n.º 75/117/CEE, de 10 de Fevereiro, relativa à aproximação das legislações dos Estados membros no que se refere à aplicação do princípio da igualdade de remuneração entre os trabalhadores masculinos e femininos;

b) Directiva do Conselho n.º 76/207/CEE, de 9 de Fevereiro, relativa à concretização do princípio da igualdade de tratamento entre homens e mulheres no que se refere ao acesso ao emprego, à formação e promoção profissionais e às condições de trabalho, alterada pela Directiva n.º 2002//73/CE, do Parlamento Europeu e do Conselho, de 23 de Setembro;

c) Directiva n.º 80/987/CEE, do Conselho, de 20 de Outubro, relativa à aproximação das legislações dos Estados membros respeitantes à protecção dos trabalhadores em caso de insolvência do empregador, alterada pela Directiva n.º 2002/74/CE, do Parlamento Europeu e do Conselho, de 23 de Setembro;

d) Directiva n.º 89/391/CEE, do Conselho, 12 de Junho, relativa à aplicação de medidas destinadas a promover a melhoria da segurança e da saúde dos trabalhadores no trabalho;

e) Directiva n.º 90/394/CEE, do Conselho, de 28 de Junho, relativa à protecção dos trabalhadores contra os riscos ligados à exposição a agentes cancerígenos durante o trabalho, alterada pela Directiva n.º 97/42/CE, do Conselho, de 27 de Junho, e pela Directiva n.º 1999/38/CE, do Conselho, de 29 de Abril;

f) Directiva n.º 90/679/CEE, do Conselho, de 26 de Novembro, relativa à protecção dos trabalhadores contra os riscos ligados à exposição a agentes biológicos durante o trabalho, alterada pela Directiva n.º 93/88//CEE, do Conselho, de 12 de Outubro;

g) Directiva n.º 92/85/CEE, do Conselho, de 19 de Outubro, relativa à implementação de medidas destinadas a promover a melhoria da segurança e da saúde das trabalhadoras grávidas, puérperas ou lactantes no trabalho;

h) Directiva n.º 93/104/CE, do Conselho, de 23 de Novembro, relativa a determinados aspectos da organização do tempo de trabalho, alterada pela Directiva n.º 2000/34/CE, do Parlamento Europeu e do Conselho, de 22 de Junho;

i) Directiva n.º 94/33/CE, do Conselho, de 22 de Junho, relativa à protecção dos jovens no trabalho;

j) Directiva n.º 94/45/CE, do Conselho, de 22 de Setembro, relativa à instituição de um conselho de empresa europeu ou de um procedimento de informação e consulta dos trabalhadores nas empresas ou grupos de empresas de dimensão comunitária;

l) Directiva n.° 96/34/CE, do Conselho, de 3 de Junho, relativa ao acordo quadro sobre a licença parental celebrado pela União das Confederações da Indústria e dos Empregadores da Europa (UNICE), pelo Centro Europeu das Empresas Públicas (CEEP) e pela Confederação Europeia dos Sindicatos (CES);

m) Directiva n.° 96/71/CE, do Parlamento Europeu e do Conselho, de 16 de Dezembro, relativa ao destacamento de trabalhadores no âmbito de uma prestação de serviços;

n) Directiva n.° 97/80/CE, do Conselho, de 15 de Dezembro, relativa ao ónus da prova nos casos de discriminação baseada no sexo;

o) Directiva n.° 98/24/CE, do Conselho, de 7 de Abril, relativa à protecção da segurança e da saúde dos trabalhadores contra os riscos ligados à exposição a agentes químicos no trabalho;

p) Directiva n.° 2000/43/CE, do Conselho, de 29 de Junho, que aplica o princípio da igualdade de tratamento entre as pessoas, sem distinção de origem racial ou étnica;

q) Directiva n.° 2000/78/CE, do Conselho, de 27 de Novembro, que estabelece um quadro geral de igualdade de tratamento no emprego e na actividade profissional;

r) Directiva n.° 2002/14/CE, do Parlamento Europeu e do Conselho, de 11 de Março, que estabelece um quadro geral relativo à informação e à consulta dos trabalhadores na Comunidade Europeia;

s) Directiva n.° 2003/88/CE, do Parlamento Europeu e do Conselho, de 4 de Novembro, relativa a determinados aspectos da organização do tempo de trabalho.

NOTAS:

Para além da transposição efectuada pela presente regulamentação, a Directiva n.° 2000/43/CE, do Conselho, de 29.06 (indicada na al. *p*) do preceito em anotação), foi também recebida pela Lei n.° 18/2004, de 11.05 (que estabelece um quadro jurídico para o combate à discriminação baseada em motivos de origem racial ou étnica).

A Directiva n.° 90/394/CEE, do Conselho, de 28 de Junho, relativa à protecção dos trabalhadores contra os riscos ligados à exposição a *agentes cancerígenos* durante o trabalho (indicada na al. *e*), do preceito em anotação), foi revogada pela Directiva n.° 2004//37/CE, de 29.04.

A Directiva n.° 90/679/CEE, do Conselho, de 26 de Novembro, relativa à protecção dos trabalhadores contra os riscos ligados à exposição a *agentes biológicos* durante o trabalho (indicada na al. *f*), do preceito em anotação), foi revogada pela Directiva n.º 2000/54/CE, do Parlamento Europeu e do Conselho, de 18.09.

ARTIGO 3.º **(Entrada em vigor)**

A presente lei entra em vigor 30 dias após a sua publicação.

ARTIGO 4.º **(Regiões autónomas)**

1 – Na aplicação da presente lei às Regiões Autónomas são tidas em conta as competências legais atribuídas aos respectivos órgãos e serviços regionais.

2 – Nas Regiões Autónomas, as publicações são feitas nas respectivas séries dos jornais oficiais.

3 – As Regiões Autónomas podem regular outras matérias laborais de interesse específico, nos termos gerais.

4 – A entidade competente para a recepção dos mapas dos quadros de pessoal nas Regiões Autónomas deve remeter os respectivos ficheiros digitais ou exemplares dos suportes de papel ao ministério responsável pela área laboral, para efeitos estatísticos.

ARTIGO 5.º **(Remissões)**

As remissões de normas contidas em diplomas legislativos ou regulamentares para a legislação revogada por efeito da presente lei consideram-se referidas às disposições correspondentes desta lei.

ARTIGO 6.º **(Aplicação no tempo)**

1 – Ficam sujeitos ao regime da presente lei os contratos de trabalho e os instrumentos de regulamentação colectiva de trabalho celebrados ou aprovados antes da sua entrada em vigor, salvo quanto às condições de validade e aos efeitos de factos ou situações totalmente passados anteriormente àquele momento.

2 – As estruturas de representação colectiva de trabalhadores constituídas antes da entrada em vigor da presente lei ficam sujeitas ao regime nela instituído, salvo quanto às condições de validade e aos efeitos relacionados com a respectiva constituição ou modificação.

ARTIGO 7.º **(Validade das convenções colectivas)**

1 – As disposições constantes de instrumento de regulamentação colectiva de trabalho que disponham de modo contrário às normas imperativas da presente lei têm de ser alteradas no prazo de 12 meses após a entrada em vigor desta lei, sob pena de nulidade.

Lei n.º 35/2004, de 29 de Julho

2 – O disposto no número anterior não convalida as disposições de instrumento de regulamentação colectiva de trabalho nulas ao abrigo da legislação revogada.

ARTIGO 8.º **(Relatório anual da actividade de segurança, higiene e saúde no trabalho)**

A obrigação de entregar o relatório anual da actividade de segurança, higiene e saúde no trabalho por meio informático é aplicável a empregadores:

a) Com mais de 20 trabalhadores, relativamente a 2004;
b) Com mais de 10 trabalhadores, a partir de 2005.

ARTIGO 9.º **(Revisão)**

A presente lei deve ser revista no prazo de quatro anos a contar da data da sua entrada em vigor.

ARTIGO 10.º **(Norma revogatória)**

1 – Com a entrada em vigor da presente lei, são revogados, sem prejuízo do previsto no n.º 2 do artigo 21.º do Código do Trabalho, os diplomas respeitantes às matérias nela reguladas, designadamente:

a) Portaria n.º 186/73, de 13 de Março;
b) Lei n.º 141/85, de 14 de Novembro;
c) Decreto-Lei n.º 440/91, de 14 de Novembro;
d) Decreto-Lei n.º 332/93, de 25 de Setembro;
e) Portaria n.º 229/96, de 26 de Junho.

2 – Mantêm-se em vigor os artigos 3.º a 8.º e 31.º da Lei n.º 4/84, de 5 de Abril, com a numeração e redacção constantes do Decreto-Lei n.º 70/2000, de 4 de Maio.

NOTAS:

O legislador refere, a título de norma revogatória, o art. 21.º, do Código do Trabalho, quando queria dizer art. 21.º, da Lei Preambular ao Código do Trabalho.

A presente regulamentação veio revogar, além das normas referenciadas no n.º 2 do art. 21.º do Código do Trabalho, os seguintes diplomas:

– Portaria n.º 186/73, de 13 de Março (Proíbe às mulheres os trabalhos que exijam a utilização e manipulação frequente e regular de diversas substâncias tóxicas);

– Decreto-Lei n.º 141/85, de 14 de Novembro (Balanço social);

– Decreto-Lei n.º 440/91, de 14 de Novembro (Trabalho ao domicílio);

– Decreto-Lei n.º 332/93, de 25 de Setembro (Mapas de quadros de pessoal);

– Portaria n.º 229/96, de 26 de Junho (Agentes, processos e condições de trabalho proibidos ou condicionados às mulheres grávidas, puérperas e lactantes).

36   *Regulamentação do Código do Trabalho*

Ficaram por revogar, entre outros diplomas de interesse, os seguintes regimes legais, que não constam quer da norma revogatória da Lei Preambular ao Código do Trabalho (art. 21.°), quer do presente preceito em anotação, mantendo-se assim em vigor:
- Trabalho doméstico (Decreto-Lei n.° 235/92, de 24.10);
- Trabalho temporário e cedência ocasional (Decreto-Lei n.° 358/89, de 17.10, arts. 1.° a 25.° e arts. 31.° a 36.°);
- Trabalho rural (PRT de 08/06/79);
- Trabalho desportivo (Lei n.° 28/98, de 26.06);
- Carteiras profissionais (Lei n.° 358/84, de 13.10);
- Lei Orgânica do Fundo de Garantia Salarial (Decreto-Lei n.° 139/2001, de 24.04);
- Ainda, o Decreto-Lei n.° 87/2004, de 17.04 repristinou os arts. 8.°, 9.°, 12.° e 15.° do Decreto-Lei n.° 261/91, de 25.07 (Pré-reforma), com efeitos desde 01.12.2003.

Igualmente se mantêm ainda em vigor, a aguardar revogação, a Lei dos acidentes de trabalho e doenças profissionais (Lei n.° 100/97, de 13.09), e respectiva regulamentação (Decreto-Lei n.° 143/99, de 30.04 e Decreto-Lei n.° 248/99, de 02 de Julho).

Já a formação profissional, encontra-se parcialmente regulamentada, *v*. notas ao art. 160.°.

Relativamente ao Decreto-Lei n.° 26/94, de 01.02, que regulava o regime de organização e funcionamento das actividades de segurança, higiene e saúde no trabalho, o mesmo foi total e tacitamente revogado pela presente Regulamentação (arts. 211.° a 263.°).

CAPÍTULO II
Destacamento

ARTIGO 11.° **(Âmbito)**

1 – O presente capítulo regula o n.° 2 do artigo 7.° e o artigo 8.° do Código do Trabalho.

2 – O presente capítulo é aplicável ao destacamento de trabalhador para prestar trabalho em território português, efectuado por empresa estabelecida noutro Estado, que ocorra numa das seguintes situações:

a) Em execução de contrato entre o empregador que efectua o destacamento e o beneficiário que exerce actividade em território português, desde que o trabalhador permaneça sob a autoridade e direcção daquele empregador;

b) Em estabelecimento da mesma empresa, ou empresa de outro empregador com o qual exista uma relação societária de participações recíprocas, de domínio ou de grupo;

c) Se o destacamento for efectuado por uma empresa de trabalho temporário ou empresa que coloque o trabalhador à disposição de um utilizador.

Lei n.° 35/2004, de 29 de Julho 37

3 – O presente capítulo é também aplicável ao destacamento efectuado nas situações referidas nas alíneas *a)* e *b)* do número anterior por um utilizador estabelecido noutro Estado, ao abrigo da respectiva legislação nacional, desde que o contrato de trabalho subsista durante o destacamento.

4 – O regime de destacamento em território português não é aplicável ao pessoal navegante da marinha mercante.

NOTAS:

O regime do destacamento vem acolher a Directiva 96/71/CE, do Parlamento Europeu e do Conselho, de 16.12, já parcialmente transposta pelo próprio Código do Trabalho (arts. 7.° a 9.°), segundo o disposto no art. 2.°, al. *i)* da Lei n.° 99/2003, de 27.08.

O regime anterior constava da Lei n.° 9/2000, de 15.06, norma revogada com a presente regulamentação do Código do Trabalho, segundo o disposto no art. 21.°, n.° 2, al. *p)* da Lei n.° 99/2003, de 27.08.

Dispõe o art. 7.° do Código do Trabalho:

"1 – O destacamento pressupõe que o trabalhador, contratado por um empregador estabelecido noutro Estado e enquanto durar o contrato de trabalho, preste a sua actividade em território português num estabelecimento do empregador ou em execução de contrato celebrado entre o empregador e o beneficiário da actividade, ainda que em regime de trabalho temporário.

2 – As normas deste Código são aplicáveis, com as limitações decorrentes do artigo seguinte, ao destacamento de trabalhadores para prestar trabalho em território português e que ocorra nas situações contempladas em legislação especial".

ARTIGO 12.° **(Condições de trabalho)**

1 – A retribuição mínima prevista na alínea *e)* do artigo 8.° do Código do Trabalho integra os subsídios ou abonos atribuídos aos trabalhadores por causa do destacamento, que não constituam reembolso de despesas efectivamente efectuadas, nomeadamente viagens, alojamento e alimentação.

2 – As férias, a retribuição mínima e o pagamento de trabalho suplementar, referidos nas alíneas *d)* e *e)* do artigo 8.° do Código do Trabalho, não são aplicáveis ao destacamento de trabalhador qualificado, por parte de empresa fornecedora de um bem, para efectuar a montagem ou a instalação inicial indispensável ao seu funcionamento, desde que a mesma esteja integrada no contrato de fornecimento e a sua duração não seja superior a oito dias no período de um ano.

3 – O disposto no número anterior não abrange o destacamento em actividades de construção que visem a realização, reparação, manutenção, alteração ou eliminação de construções, nomeadamente escavações, aterros, construção, montagem e desmontagem de elementos prefabricados, arranjo ou instalação de equipamentos, transformação, renovação, repara-

38   *Regulamentação do Código do Trabalho*

ção, conservação ou manutenção, designadamente pintura e limpeza, desmantelamento, demolição e saneamento.

NOTAS:

    O art. 8.º do Código do Trabalho dedicado às condições de trabalho, especifica na al. *e)* que o trabalhador tem direito à retribuição mínima e ao pagamento de trabalho suplementar.

ARTIGO 13.º **(Cooperação em matéria de informação)**
    Compete à Inspecção-Geral do Trabalho:
    a) Cooperar com os serviços de fiscalização das condições de trabalho de outros Estados membros do Espaço Económico Europeu, em especial no que respeita a informações sobre destacamentos efectuados em situações referidas na alínea *c)* do n.º 2 do artigo 11.º, incluindo abusos manifestos ou casos de actividades transnacionais presumivelmente ilegais;
    b) Prestar informações, a pedido de quem tenha legitimidade procedimental, nos termos do Código do Procedimento Administrativo, sobre as condições de trabalho referidas no artigo 8.º do Código do Trabalho, constantes da lei e de instrumento de regulamentação colectiva de trabalho de eficácia geral vigente em território nacional.

CAPÍTULO III
Trabalho no domicílio

ARTIGO 14.º **(Âmbito)**
    1 – O presente capítulo regula o artigo 13.º do Código do Trabalho.
    2 – O disposto no presente capítulo aplica-se aos contratos que tenham por objecto a prestação de actividade realizada, sem subordinação jurídica, no domicílio ou em estabelecimento do trabalhador, bem como aos contratos em que este compra as matérias-primas e fornece por certo preço ao vendedor delas o produto acabado, sempre que num ou noutro caso o trabalhador deva considerar-se na dependência económica do beneficiário da actividade.
    3 – Compreende-se no número anterior a situação em que, para um mesmo beneficiário da actividade, vários trabalhadores, sem subordinação jurídica nem dependência económica entre si, até ao limite de quatro, executam as respectivas incumbências no domicílio de um deles.

Lei n.º 35/2004, de 29 de Julho

4 – Sempre que razões de segurança ou saúde relativas ao trabalhador ou ao agregado familiar o justifiquem, a actividade prevista nos números anteriores pode ser executada em instalações não compreendidas no domicílio ou estabelecimento do trabalhador.

5 – É vedada ao trabalhador no domicílio ou estabelecimento a utilização de ajudantes, salvo tratando-se de membros do seu agregado familiar.

NOTAS:

O n.º 2, do artigo em anotação corresponde, com as devidas alterações, ao n.º 1, do art. 1.º, do Decreto-Lei n.º 440/91, de 14 de Novembro e ao art. 2.º, da LCT (Lei do Contrato de Trabalho, aprovada pelo Decreto-Lei n.º 49 408, de 24 de Novembro de 1969).

Os n.ºs 3, 4 e 5, do artigo em anotação correspondem, com as devidas alterações, aos n.ºs 2, 3 e 4, do art. 1.º, do Decreto-Lei n.º 440/91.

No quadro da LCT, ao trabalho no domicílio aplicavam-se os princípios aí definidos, "embora com regulamentação em legislação especial" (art. 2.º).

Regulamentação essa que, até 1991, não havia sido aprovada pois, "embora a realidade económica e social o justificasse de forma positiva, sempre se recearam os efeitos em relação a sectores da economia não estruturada", conforme se lê no preâmbulo do Decreto-Lei n.º 440/91, de 14 de Novembro.

Acontece que, o funcionamento desregulado do trabalho no domicílio implicava "distorções económico organizativas e injustiças sociais, susceptíveis de lesarem seriamente interesses de trabalhadores e de empresas".

Por outro lado, perfilava-se necessário equilibrar "a razoável flexibilização do mercado de trabalho e as necessidades atendíveis de trabalhadores e de empresas, com vista a salvaguardar-se o cumprimento simultâneo de objectivos económicos e sociais", *loc. cit.*.

Por tudo isto, o legislador viria a regulamentar o regime jurídico do trabalho no domicílio através do Decreto-Lei n.º 440/91, de 14 de Novembro. Regime que não "se confunde com o do contrato de trabalho, em que subsiste a subordinação jurídica traduzida na dependência pessoal do trabalhador, na sua sujeição às ordens do empregador e à disciplina da empresa", conforme, mais uma vez, refere o referido preâmbulo.

O Decreto-Lei n.º 440/91, de 14.11 (que havia sido alterado pelo Decreto-Lei n.º 392/98, de 04.12 e pela Lei n.º 114/99, de 03.08) foi revogado pela al. *c*), do art. 10.º, da presente regulamentação.

O n.º 1, do artigo em anotação regula o art. 13.º, do Código do Trabalho (que corresponde ao art. 2.º, da LCT) cujo texto se transcreve:

"Ficam sujeitos aos princípios definidos neste Código, nomeadamente quanto a direitos de personalidade, igualdade e não discriminação e segurança, higiene e saúde no trabalho, sem prejuízo de regulamentação em legislação especial, os contratos que tenham por objecto a prestação de trabalho, sem subordinação jurídica, sempre que o trabalhador deva considerar-se na dependência económica do beneficiário da actividade".

Da leitura conjugada do n.º 2, do artigo em anotação e do art. 13.º, do Código do Trabalho podemos concluir que duas das principais características do trabalho no domicílio são:

a) ausência de subordinação jurídica (que como sabemos continua a ser a característica identificadora por excelência do contrato de trabalho) e *b*) existência de dependência económica do trabalhador face ao beneficiário da actividade.

O trabalho no domicílio consiste numa relação de trabalho "*formalmente* autónomo (em que o trabalhador auto-organiza e auto-determina a actividade exercida em proveito alheio) mas que são *materialmente* próximas das de trabalho subordinado, induzindo necessidades idênticas de protecção. São aquelas em que o trabalhador se encontra *economicamente dependente* daquele que recebe o produto da sua actividade", MONTEIRO FERNANDES *in* "Direito do Trabalho", 12.° edição, Almedina, p. 150.

Conforme refere este autor, o art. 13.°, do Código do Trabalho "traduz o reconhecimento da proximidade material entre essas situações e a do trabalhador subordinado, mas não é inteiramente claro quanto às consequências jurídicas desse reconhecimento", não passando no fundo de "um «projecto» do legislador, no sentido de vir a regulamentar os mesmos contratos em moldes semelhantes ou de harmonia com inspiração idêntica (segundo os mesmos «princípios») à do regime do contrato de trabalho", *ob. cit.*, ps. 152 e 153.

O legislador, no domínio do trabalho no domicílio, adoptou a expressão "beneficiário da actividade", em substituição da expressão "dador de trabalho", que, em nosso entendimento, era mais susceptível de gerar equívocos.

ARTIGO 15.° – (**Direitos e deveres**)

1 – O beneficiário da actividade deve respeitar a privacidade do trabalhador e os tempos de descanso e de repouso do agregado familiar.

2 – A visita ao local de trabalho pelo beneficiário da actividade só deve ter por objecto o controlo da actividade laboral do trabalhador e do respeito das regras de segurança, higiene e saúde, bem como dos respectivos equipamentos e apenas pode ser efectuada em dia normal de trabalho, entre as nove e as 19 horas, com a assistência do trabalhador ou de pessoa por ele designada.

3 – Para efeitos do número anterior, o beneficiário da actividade deve informar o trabalhador da visita ao local de trabalho com a antecedência mínima de 24 horas.

4 – O trabalhador está obrigado a guardar segredo sobre as técnicas e modelos que lhe estejam confiados, bem como a observar as regras de utilização e funcionamento dos equipamentos.

5 – No exercício da sua actividade, o trabalhador não pode dar às matérias-primas e equipamentos fornecidos pelo beneficiário da actividade uso diverso do inerente ao cumprimento da sua prestação de trabalho.

NOTAS:

Os n.os 1, 4 e 5, do artigo em anotação correspondem, com as devidas alterações, aos n.os 1, 2 e 3, do art. 2.°, do Decreto-Lei n.° 440/91, de 14 de Novembro.

A este propósito convém referir que o dever de respeito pela reserva da intimidade da vida privada está previsto no art. 16.°, do Código do Trabalho.

Lei n.º 35/2004, de 29 de Julho 41

Conforme se lê no n.º 2, do referido artigo:
"O direito à reserva da intimidade da vida privada abrange quer o acesso, quer a divulgação de aspectos atinentes à esfera íntima e pessoal das partes, nomeadamente relacionados com a vida familiar, afectiva e sexual, com o estado de saúde e com as convicções políticas e religiosas".
Sobre ilícito contra-ordenacional: *v.* art. 470.º.

ARTIGO 16.º (Segurança, higiene e saúde no trabalho)

1 – O trabalhador é abrangido pelo regime jurídico relativo à segurança, higiene e saúde no trabalho, bem como pelo regime jurídico dos acidentes de trabalho e doenças profissionais.

2 – O beneficiário da actividade é responsável pela definição e execução de uma política de segurança, higiene e saúde que abranja os trabalhadores, aos quais devem ser proporcionados, nomeadamente, exames de saúde periódicos e equipamentos de protecção individual.

3 – No trabalho realizado no domicílio ou estabelecimento do trabalhador é, designadamente, proibida a utilização de:

a) Substâncias nocivas ou perigosas para a saúde do trabalhador ou do agregado familiar;

b) Equipamentos ou utensílios que não obedeçam às normas em vigor ou que ofereçam risco especial para o trabalhador, membros do agregado familiar ou terceiros.

NOTAS:

Os n.os 1 e 3, do artigo em anotação correspondem, com as devidas alterações, aos n.os 2 e 1, do art. 3.º, do Decreto-Lei n.º 440/91, de 14 de Novembro.
Sobre o regime jurídico da segurança, higiene e saúde no trabalho, *v.* o disposto nos arts. 272.º a 280.º, do Código do Trabalho.
Sobre o regime jurídico de acidentes de trabalho e doenças profissionais, *v.*:
– os arts. 281.º a 312.º, do Código do Trabalho e
– a Lei n.º 100/97, de 13.09 (Lei dos acidentes de trabalho e doenças profissionais), o Decreto-Lei n.º 143/99, de 30.04 (regulamento dos acidentes de trabalho) e o Decreto-Lei n.º 248/99, de 02.07 (regulamento das doenças profissionais), que não foram revogados nem pelo Código do Trabalho, nem pela presente Regulamentação.
Sobre ilícito contra-ordenacional: *v.* art. 470.º.

ARTIGO 17.º (Formação profissional)

O beneficiário da actividade deve dar formação ao trabalhador, no domicílio ou estabelecimento, similar à dada a trabalhador que realize idêntica actividade na empresa em cujo processo produtivo se insere a actividade realizada.

NOTAS:

Sobre ilícito contra-ordenacional: *v.* art. 470.°.

ARTIGO 18.° **(Exames de saúde)**

Sem prejuízo do previsto no artigo 16.°, tratando-se de actividade que envolva a utilização de géneros alimentícios, o exame de saúde de admissão, previsto no n.° 2 do artigo 245.°, deve realizar-se antes do início daquela, com o objectivo de certificar também a ausência de doenças transmissíveis pela actividade.

NOTAS:

No âmbito do Decreto-Lei n.° 440/91, de 14 de Novembro, o regime da submissão de trabalhadores a exames médicos estava regulado no art. 4.°, daquele diploma.

Por sua vez, no domínio da presente Regulamentação, o regime dos exames de saúde do trabalhador no domicilio está regulado no art. 245.° (aplicável em termos gerais) e no artigo em anotação.

O n.° 2, do art. 245.° prevê os exames de saúde de admissão, periódicos e ocasionais.

ARTIGO 19.° **(Registo dos trabalhadores no domicílio)**

1 – O beneficiário da actividade deve manter no estabelecimento em cujo processo produtivo se insere a actividade realizada, permanentemente actualizado, um registo dos trabalhadores no domicílio, do qual conste obrigatoriamente:

a) Nome e morada do trabalhador e o local do exercício da actividade;

b) Número de beneficiário da segurança social;

c) Número da apólice de seguro de acidentes de trabalho;

d) Data de início da actividade;

e) Actividade exercida, bem como as incumbências e respectivas datas de entrega;

f) Importâncias pagas nos termos do n.° 4 do artigo seguinte.

2 – Anualmente, entre 1 de Outubro e 30 de Novembro, o beneficiário da actividade deve remeter cópia do registo dos trabalhadores no domicílio à Inspecção-Geral do Trabalho.

NOTAS:

O artigo em anotação corresponde, com as devidas alterações, ao art. 5.°, do Decreto-Lei n.° 440/91, de 14 de Novembro.

O presente preceito afigura-se essencial para a organização dos serviços da empresa. Estes dados deverão ser correctamente fornecidos pelo trabalhador.

A al. *a*), do n.° 1, em particular, é essencial para o exercício das declarações e comunicações do empregador.

Lei n.° 35/2004, de 29 de Julho 43

Relembremos que, em certos casos, apesar do carácter receptício da declaração, esta produz igualmente efeitos quando não é recebida por culpa do trabalhador, em grosseira violação do dever de informação que lhe cabe (*v.g.*, art. 416.°, n.° 2, do Código do Trabalho).

Segundo Parecer n.° 11/2004, da CNPD (Comissão Nacional de Protecção de Dados), os dados a tratar afiguram-se adequados, necessários e não excessivos em relação à finalidade (cfr. art. 5.°, n.° 1, al. *c*), da Lei n.° 67/98, de 26 de Outubro).

Sobre ilícito contra-ordenacional: *v.* art. 470.°.

ARTIGO 20.° **(Remuneração)**

1 – Na fixação da remuneração do trabalho no domicílio, deve atender-se ao tempo médio de execução do bem ou do serviço e à retribuição estabelecida em instrumento de regulamentação colectiva de trabalho aplicável a idêntico trabalho subordinado prestado no estabelecimento em cujo processo produtivo se insere a actividade realizada ou, na sua falta, à retribuição mínima mensal garantida.

2 – Para efeitos do número anterior, considera-se tempo médio de execução aquele que normalmente seria despendido na execução de idêntico trabalho prestado no estabelecimento em cujo processo produtivo se insere a actividade exercida.

3 – Salvo acordo ou usos diversos, a obrigação de satisfazer a remuneração vence-se com a apresentação pelo trabalhador dos bens ou serviços executados.

4 – No acto de pagamento da remuneração, o beneficiário da actividade deve entregar ao trabalhador no domicílio documento do qual conste o nome completo deste, o número de beneficiário da segurança social, a quantidade e natureza do trabalho, os descontos e deduções efectuados e o montante líquido a receber.

NOTAS:

O artigo em anotação corresponde, com as devidas alterações, aos n.ᵒˢ 1, 2, 3 e 4, do art. 6.°, do Decreto-Lei n.° 440/91, de 14 de Novembro.

Sobre ilícito contra-ordenacional: *v.* art. 470.°.

ARTIGO 21.° **(Subsídio anual)**

Anualmente, de 1 de Outubro a 31 de Dezembro, o beneficiário da actividade deve pagar ao trabalhador no domicílio um subsídio de valor calculado nos termos do n.° 3 do artigo 24.°.

NOTAS:

O artigo em anotação corresponde, com as devidas alterações, ao art. 7.°, do Decreto-Lei n.° 440/91, de 14 de Novembro.

44   *Regulamentação do Código do Trabalho*

O subsídio deve ser calculado com base na média das remunerações auferidas nos últimos 12 meses ou nos meses de execução do contrato, caso seja de duração inferior (n.º 3, do art. 24.º *ex vi* artigo em anotação).

Sobre ilícito contra-ordenacional: *v.* art. 470.º.

ARTIGO 22.º **(Suspensão ou redução)**

A suspensão do contrato ou redução da actividade prevista, por motivo imputável ao beneficiário da actividade, que não seja recuperada nos três meses seguintes confere ao trabalhador o direito a uma compensação pecuniária por forma a garantir metade da remuneração correspondente ao período em falta ou, não sendo possível o seu apuramento, metade da remuneração média, calculada nos termos do n.º 3 do artigo 24.º.

NOTAS:

O artigo em anotação corresponde, com as devidas alterações, ao n.º 5, do art. 6.º, do Decreto-Lei n.º 440/91, de 14 de Novembro.

Sobre ilícito contra-ordenacional: *v.* art. 470.º.

ARTIGO 23.º **(Cessação do contrato)**

1 – Qualquer das partes pode, mediante comunicação escrita, denunciar o contrato para o termo de execução da incumbência de trabalho.

2 – Salvo acordo em contrário, a falta de trabalho que origine a inactividade do trabalhador por prazo superior a 60 dias consecutivos implica a caducidade do contrato a partir desta data, desde que o beneficiário da actividade comunique por escrito a sua ocorrência, mantendo o trabalhador no domicílio o direito a indemnização prevista no artigo seguinte.

3 – Qualquer das partes pode, mediante comunicação escrita, resolver o contrato por motivo de incumprimento, sem aviso prévio.

4 – O beneficiário da actividade pode, mediante comunicação escrita, resolver o contrato por motivo justificado que não lhe seja imputável nem ao trabalhador, desde que conceda o prazo mínimo de aviso prévio de 7, 30 ou 60 dias, conforme a execução do contrato tenha durado até seis meses, até dois anos ou por período superior, respectivamente.

5 – O trabalhador no domicílio pode, mediante comunicação escrita, denunciar o contrato desde que conceda o prazo mínimo de aviso prévio de 7 ou 15 dias, consoante o contrato tenha durado até seis meses ou mais de seis meses, respectivamente, salvo se tiver trabalho pendente em execução, caso em que o prazo é fixado para o termo da execução com o máximo de 30 dias.

Lei n.º 35/2004, de 29 de Julho   45

6 – No caso de extinção do contrato, o trabalhador no domicílio incorre em responsabilidade civil pelos danos causados ao beneficiário da actividade por recusa de devolução dos equipamentos, utensílios, materiais e outros bens que sejam pertença deste, sem prejuízo da responsabilidade penal a que houver lugar pela violação das obrigações do fiel depositário.

NOTAS:

O artigo em anotação corresponde, com as devidas alterações, ao art. 8.º, do Decreto-Lei n.º 440/91, de 14 de Novembro.

ARTIGO 24.º **(Indemnização)**

1 – A inobservância do prazo de aviso prévio por qualquer das partes confere à outra o direito a uma indemnização equivalente à remuneração correspondente ao período de aviso prévio em falta.

2 – A insubsistência dos motivos alegados pelo beneficiário da actividade para resolução do contrato, nos termos dos n.ºs 3 e 4 do artigo anterior, confere ao trabalhador o direito a uma indemnização igual a 60 ou 120 dias de remuneração, consoante o contrato tenha durado até dois anos ou mais de dois anos, respectivamente.

3 – Para efeitos de cálculo de indemnização, toma-se em conta a média das remunerações auferidas nos últimos 12 meses ou nos meses de execução do contrato, caso seja de duração inferior.

NOTAS:

O artigo em anotação corresponde, com as devidas alterações, ao art. 9.º, do Decreto-Lei n.º 440/91, de 14 de Novembro.

ARTIGO 25.º **(Proibição do trabalho no domicílio)**

Enquanto decorrer procedimento de redução temporária do período normal de trabalho ou suspensão do contrato de trabalho por facto respeitante ao empregador, de despedimento colectivo ou por extinção de posto de trabalho e, bem assim, nos três meses posteriores ao termo das referidas situações, é vedado à empresa contratar trabalhador no domicílio para produção de bens ou serviços na qual participem trabalhadores abrangidos pelo procedimento em causa, sem prejuízo da renovação da atribuição de trabalho em relação a trabalhadores contratados até 60 dias antes do início do referido procedimento.

NOTAS:

O artigo em anotação corresponde, com as devidas alterações, ao art. 10.º, do Decreto-Lei n.º 440/91, de 14 de Novembro.

Sobre ilícito contra-ordenacional: *v.* art. 470.º.

46 Regulamentação do Código do Trabalho

ARTIGO 26.º **(Segurança social)**
O trabalhador no domicílio e o beneficiário da actividade ficam abrangidos, como beneficiário e contribuinte, respectivamente, pelo regime geral de segurança social dos trabalhadores por conta de outrem, nos termos previstos em legislação especial.

NOTAS:

O artigo em anotação corresponde, com as devidas alterações, ao n.º 1, do art. 11.º, do Decreto-Lei n.º 440/91, de 14 de Novembro.

O enquadramento na segurança social dos trabalhadores no domicílio e respectivos empregadores, bem como a determinação do âmbito material da protecção social garantida foi consagrado pelo Decreto-Lei n.º 440/91, de 14.11 e pelo Decreto-Lei n.º 392/98, de 04.12.

Com a revogação do Decreto-Lei n.º 440/91, de 14.11, importava acautelar "os direitos e os deveres dos trabalhadores no domicílio e respectivas entidades empregadoras", clarificando-se "... o âmbito material da protecção social garantida", preâmbulo do Decreto-Lei n.º 98/2005, de 16.06.

Neste seguimento, o Decreto-Lei n.º 98/2005, de 16.06 veio definir a protecção garantida no âmbito do subsistema previdencial aos trabalhadores que exerçam a sua actividade no domicílio sem carácter de subordinação, nos termos do capítulo III, da Regulamentação do Código do Trabalho onde se insere o artigo em anotação.

Assim, aos trabalhadores no domicílio é garantida a protecção nas eventualidades maternidade, doenças profissionais, invalidez, velhice e morte (art. 2.º, n.º 1, do Decreto-Lei n.º 98/2005, de 16.06).

Em relação ao regime anterior é de salientar, a exclusão dos encargos familiares do âmbito material de protecção (cfr. art. 11.º, n.º 2, do Decreto-Lei n.º 440/91, de 14.11).

No que diz respeito à eventualidade doença, os trabalhadores no domicílio podem optar pela aplicação de um esquema de prestações alargado, nos termos fixados para os trabalhadores independentes. Tal opção é vinculativa para o dador de trabalho (art. 2.º, n.os 2 e 3, do Decreto-Lei n.º 98/2005, de 16.06).

O n.º 2, do art. 2.º, do Decreto-Lei n.º 98/2005, de 16.06 corresponde ao n.º 5, do Decreto-Lei n.º 440/91, de 14.11 (com a redacção introduzida pelo Decreto-Lei n.º 392/98, de 04.12).

O n.º 3, do art. 2.º, do Decreto-Lei n.º 98/2005, de 16.06 corresponde ao n.º 6, do Decreto-Lei n.º 440/91, de 14.11 (que, por sua vez, havia sido aditado pelo Decreto-Lei n.º 392/98, de 04.12).

O prazo de garantia do subsídio de doença conta-se a partir da data em que haja lugar à aplicação da taxa contributiva correspondente ao esquema alargado de protecção (art. 3.º, do Decreto-Lei n.º 98/2005, de 16.06 este artigo corresponde na integra ao art. 3.º, do Decreto-Lei n.º 392/98, de 04.12).

O disposto no Decreto-Lei n.º 98/2005, de 16.06 produz efeitos desde 29.08.2004 (art. 4.º, deste diploma).

CAPÍTULO IV
Direitos de personalidade

ARTIGO 27.º **(Dados biométricos)**

1 – O empregador só pode tratar dados biométricos do trabalhador após notificação à Comissão Nacional de Protecção de Dados.

2 – O tratamento de dados biométricos só é permitido se os dados a utilizar forem necessários, adequados e proporcionais aos objectivos a atingir.

3 – Os dados biométricos são conservados durante o período necessário para a prossecução das finalidades do tratamento a que se destinam, devendo ser destruídos no momento da transferência do trabalhador para outro local de trabalho ou da cessação do contrato de trabalho.

4 – A notificação a que se refere o n.º 1 deve ser acompanhada de parecer da comissão de trabalhadores ou, 10 dias após a consulta, comprovativo do pedido de parecer.

NOTAS:

A notificação obrigatória à CNPD, advém do enquadramento legal desta temática, previsto no art. 23.º, n.º 1, al. *c*) e 28.º, n.º 1, al. *d*), ambos da Lei n.º 67/98, de 26.10 (Protecção de Dados Pessoais).

As condições de legitimidade do tratamento, serão, nesta caso, as previstas na al. *e*), do art. 6.º, da LPD, que refere a "prossecução de interesses legítimos do responsável pelo tratamento ou de terceiro a quem os dados sejam comunicados (*v.g.*, controlo da assiduidade), desde que não devam prevalecer os interesses ou os direitos, liberdades e garantias do titular dos dados", independentemente do assentimento deste último. Contanto se dê cabal cumprimento ao disposto no art. 10.º da LPD, no que concerne ao alcance do direito de informação, afim de obter do trabalhador o chamado *consentimento informado*. Este último é dispensado havendo necessidade do tratamento para os fins indicados na 2.ª parte, do art. 6.º, da LPD.

O n.º 2 do preceito acompanha o disposto no art. 5.º, n.º 1, al. *c*) da LPD.

O n.º 3 dá cumprimento ao disposto na al. *e*), do art. 5.º, n.º 1, também da LPD.

O n.º 4 da norma refere a obrigatoriedade da notificação à CNPD, ser acompanhada de parecer da comissão de trabalhadores ou de comprovativo de tal ter sido pedido (a consulta prévia e obrigatória à comissão de trabalhadores também é ressalvada no art. 357.º, n.º 1, al. *b*), da RCT), prescindindo-se da concordância dos trabalhadores, face às já referidas condições legítimas de tratamento.

Cita-se de seguida algumas considerações preferidas pela CNPD em "Princípios sobre a utilização de dados biométricos no âmbito do controlo de acessos e de assiduidade" (www.cnpd.pt/bin/principiosmetrico.htm):

"9. Importa ter uma posição prudente e equilibrada que incentive os fabricantes de sistemas biométricos a adoptar soluções técnicas que, protegendo a privacidade, minimizem os riscos de utilizações indevidas.

10. Os equipamentos biométricos registam, normalmente, uma representação digital (*template*) e não uma amostra biométrica passível de ser reproduzida, ou seja, o *tem-*

48   *Regulamentação do Código do Trabalho*

plate armazenado não tem utilidade nenhuma noutros sistemas e não pode ser usado para reproduzir os dados biométricos originais. Isto é, na generalidade dos casos, os sistemas biométricos não utilizam a tecnologia de digitalização da imagem obtida, mas fazem a «codificação» dos dados recolhidos.

(…) 44. A operação de captação de dados biométricos – que implica a cooperação/anuência do trabalhador através da «exposição» da respectiva parte do seu corpo (dedos, mão, olho ou rosto) "para tratamento das características físicas ou morfológicas da sua identidade pessoal que se pretendem coligir para fins de identificação ou autenticação – não pode ser realizada com violação da sua identidade pessoal (art. 26.º da CRP), com lesão da sua integridade física (art. 25.º, n.º 1 da CRP) ou com intromissão na intimidade da vida privada (art. 26.º, da CRP)".

Para maiores desenvolvimentos sobre a biometria e a função geral dos sistemas, *v.* AMADEU GUERRA *in* "A privacidade no local de trabalho", Almedina, 2004, ps. 190 e ss..

Sobre ilícito contra-ordenacional: *v.* art. 471.º.

ARTIGO 28.º   (Utilização de meios de vigilância a distância)

1 – Para efeitos do n.º 2 do artigo 20.º do Código do Trabalho, a utilização de meios de vigilância a distância no local de trabalho está sujeita a autorização da Comissão Nacional de Protecção de Dados.

2 – A autorização referida no número anterior só pode ser concedida se a utilização dos meios for necessária, adequada e proporcional aos objectivos a atingir.

3 – Os dados pessoais recolhidos através dos meios de vigilância a distância são conservados durante o período necessário para a prossecução das finalidades da utilização a que se destinam, devendo ser destruídos no momento da transferência do trabalhador para outro local de trabalho ou da cessação do contrato de trabalho.

4 – O pedido de autorização a que se refere o n.º 1 deve ser acompanhado de parecer da comissão de trabalhadores ou, dez dias após a consulta, comprovativo do pedido de parecer.

NOTAS:

Esta matéria está sujeita a autorização da CNPD, nos termos do art. 27.º, da LPD.

O art. 20.º, do CT estatui a possibilidade de o empregador recorrer a meios de vigilância a distância, sempre que estes tenham por "finalidade a protecção e segurança de pessoas e bens (*v.g.*, estabelecimentos de venda ao público) ou quando particulares exigências inerentes à natureza da actividade o justifiquem (*v.g.*, fabrico e armazenagem de produtos explosivos)".

O n.º 2, do preceito acompanha o disposto no art. 5.º, n.º 1, al. *c*) da LPD.

O n.º 3 dá cumprimento ao disposto na al. *e*), do art. 5.º, n.º 1, também da LPD.

O n.º 4 acompanha o previsto no art. 357.º, n.º 1, al. *a*), da RCT.

Explica a CNPD, na Deliberação n.º 61/2004, "Princípios sobre tratamento de videovigilância" (www.cnpd.pt/actos/del/2004%20061-04.htm):

"O tratamento a realizar e os meios utilizados devem ser considerados os *necessários, adequados* e *proporcionados* com as finalidades estabelecidas: a protecção de pessoas

Lei n.° 35/2004, de 29 de Julho 49

e bens. Ou seja, para se poder verificar se uma medida restritiva de um direito fundamental supera o juízo de proporcionalidade importa verificar se foram cumpridas três condições: se a medida adoptada é idónea para conseguir o objectivo proposto (*princípio da idoneidade*); se é necessária, no sentido de que não existe outra medida capaz de assegurar o objectivo com igual grau de eficácia (*princípio da necessidade*); se a medida adoptada foi ponderada e é equilibrada ao ponto de, através dela, serem atingidos substanciais e superiores benefícios ou vantagens para o interesse geral quando confrontados com outros bens ou valores em conflito (*juízo de proporcionalidade em sentido restrito*)".

No Proc. n.° 3139/05, 4.ª Secção, www.stj.pt decorrente de acção intentada pelo Sindicato dos Trabalhadores da Química, Farmacêutica e Gás do Centro Sul e Ilhas contra a UFP – União dos Farmacêuticos de Portugal, CRL, o Supremo Tribunal de Justiça veio pronunciar-se sobre se as "vantagens económicas que derivam da sujeição dos trabalhadores a uma constante e ininterrupta vigilância por meio de câmaras de vídeo, dissuadindo-os de qualquer ilícita apropriação de produtos farmacêuticos, é, por si, suficiente para justificar a violação, por essa via, do direito à reserva da vida privada." O Tribunal entendeu que "A protecção da segurança das pessoas e bens, enquanto finalidade específica da recolha e tratamento de dados pessoais, tem em vista a prevenção da prática de crimes, o que pressupõe, pela natureza das coisas, que a utilização de videovigilância com esse objectivo deva reportar-se a locais onde exista um razoável risco de ocorrência de delitos contra as pessoas ou contra o património. E isso tanto é válido para a utilização de câmaras de vídeo pelas forças policiais relativamente a espaços públicos (…), como para a vigilância de instalações em estabelecimentos privados. (…). Neste condicionalismo, a videovigilância configura uma típica medida de polícia, que apenas poderia ser implementada dentro das competências específicas das autoridades oficiais, por períodos de tempo determinados, e com o objectivo preciso de recolha de informação destinada a habilitar a entidade competente a prevenir quaisquer possíveis perturbações da ordem e da segurança pública e a identificar os seus autores" (…). Concluindo que, "o empregador, ainda que com base num pretenso interesse público de segurança dos medicamentos, não pode sujeitar os seus trabalhadores a uma permanente medida de polícia, transformando-os indefinidamente em suspeitos de prática de ilícitos criminais, com clara violação dos seus direitos de personalidade."

Para maiores desenvolvimentos, *v.* AMADEU GUERRA *in* "A privacidade …", ps. 332 e ss..
Sobre ilícito contra-ordenacional: *v.* art. 472.°.

ARTIGO 29.° **(Informação sobre meios de vigilância a distância)**

Para efeitos do n.° 3 do artigo 20.° do Código do Trabalho, o empregador deve afixar nos locais de trabalho em que existam meios de vigilância a distância os seguintes dizeres, consoante os casos, "Este local encontra-se sob vigilância de um circuito fechado de televisão" ou "Este local encontra-se sob vigilância de um circuito fechado de televisão, procedendo-se à gravação de imagem e som", seguido de símbolo identificativo.

NOTAS:

O n.° 3, do art. 20.°, do Código do Trabalho, preceitua que:

"Nos casos do número anterior (utilização de meios de vigilância) o empregador deve informar o trabalhador sobre a existência e finalidade dos meios de vigilância utilizados".

"A declaração informativa surge, no texto legal, entre aspas, e como tal, deverá ser transcrita, não permitindo qualquer apropriação criativa por parte do empregador" [mantemos, portanto, acerca das (não) práticas informativas usuais, o já mencionado no nosso "Manual de Direito da Segurança, Higiene e Saúde no Trabalho", Almedina, 2006, p. 157].

CAPÍTULO V
Igualdade e não discriminação

SECÇÃO I
Âmbito

ARTIGO 30.° **(Âmbito)**

1 – O presente capítulo regula o artigo 32.° do Código do Trabalho.

2 – As disposições do presente capítulo aplicam-se aos contratos equiparados previstos no artigo 13.° do Código do Trabalho.

NOTAS:

Os artigos 22.° a 32.° do Código do Trabalho regem os princípios da igualdade e não discriminação.

Os contratos equiparados, consagrados no artigo 13.°, do Código do Trabalho, são os contratos que tenham por objecto a prestação de trabalho, sem subordinação jurídica, sempre que o trabalhador deva considerar-se na dependência económica do beneficiário da actividade.

SECÇÃO II
Igualdade e não discriminação

SUBSECÇÃO I
Disposições gerais

ARTIGO 31.° **(Dever de informação)**

O empregador deve afixar na empresa, em local apropriado, a informação relativa aos direitos e deveres do trabalhador em matéria de igualdade e não discriminação.

NOTAS:

O legislador deixou ao cuidado do empregador a formulação do conteúdo do dever de informar.

Lei n.° 35/2004, de 29 de Julho 51

Esse conteúdo encontra-se plasmado não só no próprio Código do Trabalho (arts. 22.° a 32.°), como ainda nas directivas comunitárias que abordam essa mesma temática (*v.* art. 2.°, als. *a*), *b*), *j*), *o*) e *p*) da Lei Preambular ao Código do Trabalho), como sendo:
– Directiva do Conselho n.° 75/117/CEE, de 10.02 (igualdade remuneratória);
– Directiva do Conselho n.° 76/207/CEE, de 09.02 (igualdade de tratamento), alterada pela Directiva n.° 2002/73/CE, do PE e do Conselho, de 23.09;
– Directiva n.° 97/80/CE, de 15.12 (ónus da prova);
– Directiva n.° 2000/43/CE, do Conselho, de 29.06 (igualdade racial ou étnica);
– Directiva n.° 2000/78, do Conselho, de 27.11 (quadro geral de igualdade de tratamento).
Sobre ilícito contra-ordenacional: *v.* art. 473.°, n.° 3.

ARTIGO 32.° **(Conceitos)**

1 – Constituem factores de discriminação, além dos previstos no n.° 1 do artigo 23.° do Código do Trabalho, nomeadamente, o território de origem, língua, raça, instrução, situação económica, origem ou condição social.

2 – Considera-se que existe:

a) Discriminação directa: sempre que, em razão de um dos factores indicados no referido preceito legal, uma pessoa seja sujeita a tratamento menos favorável do que aquele que é, tenha sido ou venha a ser dado a outra pessoa em situação comparável;

b) Discriminação indirecta: sempre que uma disposição, critério ou prática aparentemente neutro seja susceptível de colocar pessoas que se incluam num dos factores característicos indicados no referido preceito legal numa posição de desvantagem comparativamente com outras, a não ser que essa disposição, critério ou prática seja objectivamente justificado por um fim legítimo e que os meios para o alcançar sejam adequados e necessários;

c) Trabalho igual: aquele em que as funções desempenhadas ao mesmo empregador são iguais ou objectivamente semelhantes em natureza, qualidade e quantidade;

d) Trabalho de valor igual: aquele que corresponde a um conjunto de funções, prestadas ao mesmo empregador, consideradas equivalentes atendendo, nomeadamente, às qualificações ou experiência exigidas, às responsabilidades atribuídas, ao esforço físico e psíquico e às condições em que o trabalho é efectuado.

3 – Constitui discriminação uma ordem ou instrução que tenha a finalidade de prejudicar pessoas em razão de um factor referido no n.° 1 deste artigo ou no n.° 1 do artigo 23.° do Código do Trabalho.

NOTAS:

Ficou ao cuidado da regulamentação do Código do Trabalho, a definição conceptual. Essa conceitualização revela-se essencial para o enquadramento da proibição de discrimi-

52 Regulamentação do Código do Trabalho

nação (art. 23.° do Código do Trabalho), e da própria igualdade retributiva (art. 28.° do Código do Trabalho).

A recente alteração do art. 13.°, da CRP ("Princípio da igualdade"), pela Lei Constitucional n.° 1/2004, de 24 de Julho alargou o respectivo âmbito do n.° 2, segundo o qual:

"Ninguém pode ser privilegiado, beneficiado, prejudicado, privado de qualquer direito ou isento de qualquer dever em razão da ascendência, sexo, raça, língua, território de origem, religião, convicções políticas ou ideológicas, instrução, situação económica, condição social ou orientação sexual".

Os n.ᵒˢ 2 e 3 estendem o leque de censura da prática discriminatória.

As alíneas *c*) e *d*), do n.° 2 revelam-se essenciais para a determinação do valor da retribuição, que atende ao princípio de que para *trabalho igual, salário igual*, previsto no art. 263.°, do Código do Trabalho.

O legislador nacional acolheu no artigo em anotação, a definição de discriminação directa e indirecta prevista no n.° 2, do art. 2.°, das Directivas 76/207/CEE, 2000/43/CE e 2000/78/CE.

A definição legal de trabalho igual e de trabalho de valor igual (al. *c*) e *d*)), acompanha o previsto no revogado art. 2.°, al. *d*) e *e*), do Decreto-Lei n.° 392/79, de 20.09. (Igualdade e não discriminação em função do sexo), revogado pelo art. 21.°, n.° 2, al. *c*), da Lei 99/2003, de 27 de Agosto.

O n.° 3, do artigo em anotação corresponde ao art. 2.°, al. *a*), do Decreto-Lei n.° 392/79.

Sobre ilícito contra-ordenacional, *v.* art. 473.°, n.° 1.

JURISPRUDÊNCIA:

1. *"I, II – (…).*

III. A violação do princípio constitucional «para trabalho igual, salário igual» e a existência de discriminação de um trabalhador em relação aos seus colegas de secção, não pode fundar-se, apenas, no facto de ter a mesma categoria profissional, maior antiguidade e menor salário: é necessário ainda que se provem outros factos concretos integradores dessa violação e dessa discriminação, designadamente que se verificava uma situação de igualdade no trabalho que prestavam, quanto à sua natureza (isto é, que exerciam as mesmas funções nas mesmas condições de dificuldade, penosidade ou perigosidade), quanto à quantidade (que era idêntico o volume, duração e intensidade do trabalho, bem como os respectivos resultados) e qualidade (que eram idênticos os conhecimentos, as aptidões, a prática e a capacidade)."

Ac. do Supremo Tribunal de Justiça, de 07.05.2003, ADSTA, n.° 505, p. 158.

2. *"Do princípio «para trabalho igual salário igual» não decorre necessariamente a circunstância de trabalhadores da mesma categoria e da mesma empresa receberem igual salário; é necessário que se prove que essa diferenciação é injustificada, em virtude de o trabalho do trabalhador discriminado ser igual ao dos restantes quanto à natureza, qualidade e quantidade. Cabe ao trabalhador o ónus de provar tais factos."*

Ac. do Supremo Tribunal de Justiça, de 22.09.1993 *in* Colectânea de Jurisprudência, Ano I, Tomo III, p. 269.

Lei n.º 35/2004, de 29 de Julho 53

ARTIGO 33.º **(Direito à igualdade nas condições de acesso e no trabalho)**

1 – O direito à igualdade de oportunidades e de tratamento no que se refere ao acesso ao emprego, à formação e promoção profissionais e às condições de trabalho respeita:

a) Aos critérios de selecção e às condições de contratação, em qualquer sector de actividade e a todos os níveis hierárquicos;

b) Ao acesso a todos os tipos de orientação, formação e reconversão profissionais de qualquer nível, incluindo a aquisição de experiência prática;

c) À retribuição e outras prestações patrimoniais, promoções a todos os níveis hierárquicos e aos critérios que servem de base para a selecção dos trabalhadores a despedir;

d) À filiação ou participação em organizações de trabalhadores ou de empregadores, ou em qualquer outra organização cujos membros exercem uma determinada profissão, incluindo os benefícios por elas atribuídos.

2 – O disposto no número anterior não prejudica a aplicação das disposições legais relativas:

a) Ao exercício de uma actividade profissional por estrangeiro ou apátrida;

b) À especial protecção da gravidez, maternidade, paternidade, adopção e outras situações respeitantes à conciliação da actividade profissional com a vida familiar.

3 – Nos aspectos referidos no n.º 1, são permitidas diferenças de tratamento baseadas na idade que sejam necessárias e apropriadas à realização de um objectivo legítimo, designadamente de política de emprego, mercado de trabalho ou formação profissional.

4 – As disposições legais ou de instrumentos de regulamentação colectiva de trabalho que justifiquem os comportamentos referidos no n.º 3 devem ser avaliadas periodicamente e revistas se deixarem de se justificar.

NOTAS:

O preceito visa desenvolver o disposto no art. 22.º, do Código do Trabalho, que regula o direito à igualdade de oportunidades e de tratamento no que se refere ao acesso ao emprego, à formação e promoção profissionais e às condições de trabalho.

Para maiores desenvolvimentos, *v.* nosso "Código do Trabalho...", ps. 133 e ss..

Os n.ºs 2 e 3 cuidam das medidas especiais consentidas a trabalhadores estrangeiros ou apátridas, à protecção da gravidez, paternidade, adopção e outras situações de afinidade, e às diferenças de tratamento baseadas na idade, dando acolhimento às medidas de salvaguarda do n.º 2, do art. 23.º, do Código do Trabalho. Essas medidas não são configuradas como discriminatórias.

No entanto, realce-se que a prática discriminatória legitimada no n.º 3, do preceito em anotação tem vindo a ser questionada.

54   *Regulamentação do Código do Trabalho*

Acerca da discriminação com base na idade, na fase de recrutamento, *v.* a Carta do Provedor de Justiça Europeu ao Presidente do PE quanto ao serviço de recrutamento das CE (ombudsman.eu.int), em que alerta para o facto de "a administração da instituição a que V. Exa. preside ainda recorre ao limite de idade. Essa Instituição está, assim, a dar uma indicação aos empregadores de toda a Europa e dos países candidatos que as pessoas com mais de 45 anos (o limite de idade usado com maior frequência) podem ser legalmente discriminada e excluídas no mercado de trabalho, desrespeitando, dessa forma, a Carta dos Direitos Fundamentais".

No seguimento desta denúncia, a Comissão e o PE decidiram pôr imediatamente fim à utilização de limites de idade nos processos de recrutamento dos funcionários europeus".

O n.° 3, do preceito em anotação acolhe o disposto no art. 6.°, n.° 1, da Directiva 2000/78/CE do Conselho, de 27 de Novembro (que estabelece um quadro geral de igualdade de tratamento no emprego e na actividade profissional), o qual prevê o estabelecimento justificado de diferenças de tratamento com base na idade. Entre as exemplificações apresentadas figura a fixação de condições etárias mínimas e máximas (als. *b*) e *c*)), que na nossa lei não constam e que, de alguma forma, darão alguma *determinabilidade* aos conceitos de "política de emprego, mercado de trabalho ou formação profissional."

Para maiores desenvolvimentos *v.* nossa "Prática (Da) Laboral", 3.ª edição, p. 167.

ARTIGO 34.° **(Protecção contra actos de retaliação)**

É inválido qualquer acto que prejudique o trabalhador em consequência de rejeição ou submissão a actos discriminatórios.

NOTAS:

O preceito em anotação vem dar acolhimento ao previsto no art. 11.°, da Directiva 2000/78/CE, do Conselho, de 27 de Novembro, sob a epígrafe *Protecção contra actos de retaliação*. O legislador nacional declara inválido "qualquer acto" de retaliação do empregador, nomeadamente, despedimento, assédio, abaixamento retributivo, transferência ilegítima.

Já o revogado Decreto-Lei n.° 392/79, de 20.09 (art. 11.°), vedava ao empregador atitudes de represália, em consequência de uma reclamação do trabalhador alegando discriminação.

Sobre ilícito contra-ordenacional: *v.* art. 473.°, n.° 2.

ARTIGO 35.° **(Extensão da protecção em situações de discriminação)**

Em caso de invocação de qualquer prática discriminatória no acesso ao trabalho, à formação profissional e nas condições de trabalho, nomeadamente por motivo de licença por maternidade, dispensa para consultas pré-natais, protecção da segurança e saúde e de despedimento de trabalhadora grávida, puérpera ou lactante, licença parental ou faltas para assistência a menores, aplica-se o regime previsto no n.° 3 do artigo 23.° do Código do Trabalho em matéria de ónus da prova.

Lei n.º 35/2004, de 29 de Julho 55

NOTAS:

O presente dispositivo vem dar cumprimento ao disposto na Directiva 97/80/CE do Conselho, de 15.12, sobre ónus da prova nos casos de discriminação baseada no sexo.

Na referida Directiva prevê-se a inversão do ónus da prova, sempre que o requerente invoque uma presunção de discriminação, ou seja, "sempre que o requerente apresente um facto ou um conjunto de factos que correspondem, se não contestados, a uma discriminação directa ou indirecta" (art. 3.º).

O art. 23.º, n.º 3, do Código do Trabalho para o qual a norma remete, atribui igualmente ao trabalhador a demonstração comparativa da discriminação, e ao empregador o ónus da prova de inexistência de qualquer critério ou medida discriminatória.

SUBSECÇÃO II
Igualdade e não discriminação em função do sexo

DIVISÃO I – **Princípios gerais**

ARTIGO 36.º – **(Formação profissional)**

Nas acções de formação profissional dirigidas a profissões exercidas predominantemente por trabalhadores de um dos sexos deve ser dada, sempre que se justifique, preferência a trabalhadores do sexo com menor representação, bem como, em quaisquer acções de formação profissional, a trabalhadores com escolaridade reduzida, sem qualificação ou responsáveis por famílias monoparentais ou no caso de licença por maternidade, paternidade ou adopção.

NOTAS:

O dispositivo em análise inclui-se nas chamadas medidas de acção positiva, que o art. 25.º, do Código do Trabalho acolhe.

O preceito em anotação acolhe o disposto no art. 5.º, da Directiva 2000/43/CE, do Conselho, de 29.06.2000, e no art. 7.º, da Directiva 2000/78, do Conselho, de 27.11.

Também o art. 2.º, n.º 7, da Directiva 76/207/CEE, de 09.02, permitia um tratamento mais favorável das mulheres, no contexto da maternidade.

Para mais desenvolvimentos, *v.* nosso "Código do Trabalho ...", p. 142.

ARTIGO 37.º **(Igualdade de retribuição)**

1 – Para efeitos do n.º 1 do artigo 28.º do Código do Trabalho, a igualdade de retribuição implica, nomeadamente, a eliminação de qualquer discriminação fundada no sexo, no conjunto de elementos de que depende a sua determinação.

2 – Sem prejuízo do disposto no n.º 2 do artigo 28.º do Código do Trabalho, a igualdade de retribuição implica que para trabalho igual ou de valor igual:

a) Qualquer modalidade de retribuição variável, nomeadamente a paga à tarefa, seja estabelecida na base da mesma unidade de medida;

b) A retribuição calculada em função do tempo de trabalho seja a mesma.

3 – Não podem constituir fundamento das diferenciações retributivas, a que se refere o n.º 2 do artigo 28.º do Código do Trabalho, as licenças, faltas e dispensas relativas à protecção da maternidade e da paternidade.

NOTAS:

O art. 28.º, do Código do Trabalho, para o qual a norma do n.º 1 do preceito em anotação remete, vem assegurar a igualdade de condições de trabalho, e em especial, a igualdade retributiva, entre trabalhadores de ambos os sexos.

O n.º 2, do presente preceito estabelece uma espécie de base de cálculo retributivo para trabalho igual ou de valor igual, sem prejuízo, no entanto, do disposto no n.º 2 do art. 28.º, do Código do Trabalho, que não considera como discriminatórias as diferenciações retributivas, desde que assentes em critérios objectivos.

O n.º 3, do preceito refere expressamente que não podem servir de fundamento das referidas diferenciações, as licenças, faltas e dispensas relativas à tutela da maternidade e paternidade, consideradas como prestação efectiva de serviço.

ARTIGO 38.º **(Sanção abusiva)**

Presume-se abusivo o despedimento ou a aplicação de qualquer sanção sob a aparência de punição de outra falta, quando tenha lugar até um ano após a data da reclamação, queixa ou propositura da acção judicial contra o empregador.

NOTAS:

O preceito corresponde, com as devidas alterações, ao art. 11.º, n.º 2, do Decreto-Lei n.º 392/79, de 20.09.

ARTIGO 39.º **(Regras contrárias ao princípio da igualdade)**

1 – As disposições de estatutos das organizações representativas de empregadores e de trabalhadores, bem como os regulamentos internos de empresa que restrinjam o acesso a qualquer emprego, actividade profissional, formação profissional, condições de trabalho ou carreira profissional exclusivamente a trabalhadores masculinos ou femininos, fora dos

Lei n.º 35/2004, de 29 de Julho   57

casos previstos no n.º 2 do artigo 23.º e no artigo 30.º do Código do Trabalho, têm-se por aplicáveis a ambos os sexos.

2 – As disposições de instrumentos de regulamentação colectiva de trabalho, bem como os regulamentos internos de empresa que estabeleçam condições de trabalho, designadamente retribuições, aplicáveis exclusivamente a trabalhadores masculinos ou femininos para categorias profissionais com conteúdo funcional igual ou equivalente consideram-se substituídas pela disposição mais favorável, a qual passa a abranger os trabalhadores de ambos sexos.

3 – Para efeitos do número anterior, considera-se que a categoria profissional tem igual conteúdo funcional ou é equivalente quando a respectiva descrição de funções corresponder, respectivamente, a trabalho igual ou trabalho de valor igual, nos termos das alíneas *c*) e *d*) do n.º 1 do artigo 32.º.

NOTAS:

O preceito corresponde aos n.ºs 1 a 3 do art. 12.º, do Decreto-Lei n.º 392/79, de 20.09. O n.º 4 não recebeu acolhimento ("As convenções colectivas de trabalho deverão incluir, sempre que possível, disposições que visem a efectiva aplicação das normas do presente diploma, designadamente pela participação das associações sindicais no recrutamento, selecção e formação profissional").

ARTIGO 40.º **(Registos)**

Todas as entidades devem manter durante cinco anos registo dos recrutamentos feitos donde constem, por sexos, nomeadamente, os seguintes elementos:

a) Convites para o preenchimento de lugares;
b) Anúncios de ofertas de emprego;
c) Número de candidaturas apresentadas para apreciação curricular;
d) Número de candidatos presentes nas entrevistas de pré-selecção;
e) Número de candidatos aguardando ingresso;
f) Resultados dos testes ou provas de admissão ou selecção;
g) Balanços sociais, nos termos dos artigos 458.º a 464.º, bem como da legislação aplicável à Administração Pública, relativos a dados que permitam analisar a existência de eventual discriminação de um dos sexos no acesso ao emprego, formação e promoção profissionais e condições de trabalho.

NOTAS:

O preceito em anotação vem dar cumprimento ao disposto no art. 5.º, n.º 1, al. *e*), da Lei de Bases de Protecção de Dados Pessoais, aprovada pela Lei n.º 67/98, de 26.10, no que concerne à conservação de dados pessoais.

Sobre ilícito contra-ordenacional, *v.* art. 473.º, n.º 3.

58 Regulamentação do Código do Trabalho

DIVISÃO II – **Protecção do património genético**

SECÇÃO I
(Âmbito)

ARTIGO 41.° **(Agentes susceptíveis de implicar riscos para o património genético)**

1 – Os agentes biológicos, físicos ou químicos susceptíveis de implicar riscos para o património genético do trabalhador ou dos seus descendentes constam de lista elaborada pelo serviço competente do ministério responsável pela saúde e aprovada por portaria dos ministros responsáveis pelas áreas da saúde e laboral.

2 – A lista referida no número anterior, deve ser revista em função dos conhecimentos científicos e técnicos, competindo a promoção da sua actualização ao ministério responsável pela saúde.

3 – A regulamentação das actividades que são proibidas ou condicionadas por serem susceptíveis de implicar riscos para o património genético do trabalhador ou dos seus descendentes consta dos artigos 42.° a 65.°

NOTAS:

O art. 30.° do Código do Trabalho dedicado à protecção do património genético, proíbe ou condiciona os trabalhos que sejam considerados susceptíveis de implicar riscos para o património genético do trabalhador ou dos seus descendentes. Correspondendo, com as devidas alterações, ao art. 8.° do Decreto-Lei n.° 392/79, de 20.09.

A consideração dos trabalhos condicionados ou proibidos, que o art. 30.°, n.° 1, do Código do Trabalho, relegou para legislação especial, encontram-se agora regulados nos arts. seguintes.

A lista referida no n.° 1, do artigo em anotação ainda aguarda publicação.

Todo o presente Capítulo vem dar cumprimento à Directiva n.° 89/391/CEE, do Conselho, de 12.06, relativa à aplicação de medidas destinadas a promover a melhoria da segurança e da saúde dos trabalhadores no trabalho.

Sobre as directivas sectoriais aqui transpostas *v.* exposição de motivos:

I – Radiações ionizantes

1. Directiva 96/29/EURATOM, 13.05 – protecção contra radiações ionizantes
Transposição:
2. Decreto-Lei n.° 165/2002, de 17.07 – protecção contra radiações ionizantes
II – Agentes químicos
1. Directiva 98/24, de 07.04 – exposição a agentes químicos no trabalho
2. Directiva 91/322, de 29.05 – exposição a agentes químicos, físicos e biológicos durante o rabalho
3. Directiva 2000/39, de 08.06 – exposição a agentes químicos no trabalho
Transposição:
4. Decreto-Lei n.° 290/2001, de 19.11 – exposição a agentes e substâncias químicos

III – Amianto
1. *Directiva 83/477, de 19.09, alterada pelas Directivas n.ᵒˢ 91/382, de 25.06, 98/24, do Conselho, de 07.04 e 2003/18, do PE e do Conselho, de 27.03 – exposição ao amianto*
2. *Decreto-Lei n.ᵒ 284/89, de 24.08, alterado pelo Decreto-Lei n.ᵒ 389/93, de 20.11 e pela Lei n.ᵒ 113/99, de 03.09 – amianto*
IV – Agentes cancerígenos
1. *Directiva n.ᵒ 2004/37/CE, de 29.04 – agentes cancerígenos*
2. *Decreto-Lei n.ᵒ 301/2000, de 18.11 – agentes cancerígenos*
V – Atmosferas explosivas
1. *Directiva n.ᵒ 1999/92, de 16.12 – prescrições mínimas de segurança e de saúde dos trabalhadores susceptíveis de serem expostos a riscos derivados de atmosferas explosivas*
2. *Decreto-Lei n.ᵒ 236/2003, de 30.09 – atmosfera explosiva*
3. *Decreto-Lei n.ᵒ 376/84, de 30.11 e Decreto-Lei n.ᵒ 139/02, de 17.05 – Pirotecnia*
VI – Organismos geneticamente modificados
1. *Directiva 90/219/CEE, do Conselho, de 23.04, alterada pela Directiva n.ᵒ 98/ /81/CE, do Conselho, de 26.10 – Organismos geneticamente modificados*
Transposição
2. *Decreto-Lei n.ᵒ 2/2001, de 04.01 – Organismos geneticamente modificados*

DIVISÃO III – **Actividades proibidas que envolvam agentes biológicos, físicos ou químicos proibidos**

ARTIGO 42.ᵒ **(Agentes biológicos, físicos ou químicos proibidos)**

São proibidas aos trabalhadores as actividades que envolvam a exposição aos agentes biológicos, físicos ou químicos susceptíveis de implicar riscos para o património genético do trabalhador ou dos seus descendentes, que constam da lista referida no n.ᵒ 1 do artigo anterior com indicação de que determinam a proibição das mesmas.

NOTAS:

1. Quanto à legislação específica nesta matéria, *v.* os seguintes diplomas:
a) Decreto-Lei n.ᵒ 164/01, de 23.05 – acidentes graves que envolvam substâncias perigosas.
b) Decreto-Lei n.ᵒ 165/2002, de 17.07 – protecção contra radiações ionizantes
c) Decreto-Lei n.ᵒ 290/2001, de 19.11 – exposição a agentes e substâncias químicos
d) Decreto-Lei n.ᵒ 284/89, de 24.08, alterado pelo Decreto-Lei n.ᵒ 389/93, de 20.11 e pela Lei n.ᵒ 113/99, de 03.09 – amianto
e) Decreto-Lei n.ᵒ 301/2000, de 18.11 – agentes cancerígenos
f) Decreto-Lei n.ᵒ 236/2003, de 30.09 – atmosfera explosiva
g) Decreto-Lei n.ᵒ 376/84, de 30.11 e Decreto-Lei n.ᵒ 139/02, de 17.05 – pirotecnia
h) Decreto-Lei n.ᵒ 46/2006, de 24.02 – vibrações
2. Sobre ilícito contra-ordenacional: *v.* art. 474.ᵒ, n.ᵒ 1.

60   *Regulamentação do Código do Trabalho*

ARTIGO 43.° **(Utilizações permitidas de agentes proibidos)**

1 – A utilização dos agentes proibidos referidos no artigo anterior é permitida:

a) Para fins exclusivos de investigação científica;

b) Em actividades destinadas à respectiva eliminação.

2 – Nas utilizações previstas no número anterior, deve ser evitada a exposição dos trabalhadores aos agentes em causa, nomeadamente através de medidas que assegurem que a sua utilização decorra durante o tempo mínimo possível e que se realize num único sistema fechado, do qual só possam ser retirados na medida em que for necessário ao controlo do processo ou à manutenção do sistema.

3 – O empregador apenas pode fazer uso da permissão referida no n.° 1 após ter comunicado ao organismo do ministério responsável pela área laboral competente em matéria de segurança, higiene e saúde no trabalho as seguintes informações:

a) Agente e respectiva quantidade utilizada anualmente;

b) Actividades, reacções ou processos implicados;

c) Número de trabalhadores expostos;

d) Medidas técnicas e de organização tomadas para prevenir a exposição dos trabalhadores.

4 – A comunicação prevista no número anterior deve ser realizada com 15 dias de antecedência, podendo no caso da alínea *b)* do n.° 1 o prazo ser inferior desde que devidamente fundamentado.

5 – O organismo referido no n.° 3 confirma a recepção da comunicação com as informações necessárias, indicando, sendo caso disso, as medidas complementares de protecção dos trabalhadores que o empregador deve aplicar.

6 – O empregador deve, sempre que for solicitado, facultar às entidades fiscalizadoras os documentos referidos nos números anteriores.

DIVISÃO IV – **Actividades condicionadas que envolvam agentes biológicos, físicos ou químicos condicionados**

ARTIGO 44.° **(Disposições gerais)**

1 – São condicionadas aos trabalhadores as actividades que envolvam a exposição aos agentes biológicos, físicos ou químicos susceptíveis de implicar riscos para o património genético do trabalhador ou dos seus descendentes que constam da lista referida no n.° 1 do artigo 41.° com indicação de que determinam o condicionamento das mesmas.

Lei n.º 35/2004, de 29 de Julho   61

2 – As actividades referidas no número anterior estão sujeitas ao disposto nos artigos 45.º a 57.º, bem como às disposições específicas constantes dos artigos 58.º a 65.º.

ARTIGO 45.º **(Início da actividade)**

1 – A actividade susceptível de provocar exposição a agentes biológicos, físicos ou químicos que possam envolver riscos para o património genético só se pode iniciar após a avaliação dos riscos e a adopção das medidas de prevenção adequadas.

2 – O empregador deve notificar o organismo do ministério responsável pela área laboral competente em matéria de segurança, higiene e saúde no trabalho e a Direcção-Geral da Saúde com, pelo menos, 30 dias de antecedência, do início de actividades em que sejam utilizados, pela primeira vez, agentes biológicos, físicos ou químicos susceptíveis de implicar riscos para o património genético.

3 – A notificação deve conter os seguintes elementos:

a) Nome e endereço da empresa e estabelecimento, caso este exista;

b) Nome e habilitação do responsável pelo serviço de segurança, higiene e saúde no trabalho e, se for pessoa diferente, do médico do trabalho;

c) Resultado da avaliação dos riscos e a espécie do agente;

d) As medidas preventivas e de protecção previstas.

4 – O organismo do ministério responsável pela área laboral competente em matéria de segurança, higiene e saúde no trabalho pode determinar que a notificação seja feita em impresso de modelo apropriado ao tratamento informático dos seus elementos.

5 – Se houver modificações substanciais nos procedimentos com possibilidade de repercussão na saúde dos trabalhadores, deve ser feita, com quarenta e oito horas de antecedência, uma nova notificação.

NOTAS:

Sobre ilícito contra-ordenacional: *v.* art. 474.º, n.ºs 1 e 2.

ARTIGO 46.º **(Avaliação dos riscos)**

1 – Nas actividades susceptíveis de exposição a agentes biológicos, físicos ou químicos que possam implicar riscos para o património genético, o empregador deve avaliar os riscos para a saúde dos trabalhadores, determinando a natureza, o grau e o tempo de exposição.

2 – Nas actividades que impliquem a exposição a várias espécies de agentes, a avaliação dos riscos deve ser feita com base no perigo resultante da presença de todos esses agentes.

3 – A avaliação dos riscos deve ser repetida trimestralmente, bem como sempre que houver alterações das condições de trabalho susceptíveis de afectar a exposição dos trabalhadores a agentes referidos no número anterior e, ainda, nas situações previstas no n.º 5 do artigo 54.º.

4 – A avaliação dos riscos deve ter em conta todas as formas de exposição e vias de absorção, tais como a absorção pela pele ou através desta.

5 – O empregador deve atender, na avaliação dos riscos, aos resultados disponíveis de qualquer vigilância da saúde já efectuada, aos eventuais efeitos sobre a saúde de trabalhadores particularmente sensíveis aos riscos a que estejam expostos, bem como identificar os trabalhadores que necessitem de medidas de protecção especiais.

6 – O resultado da avaliação dos riscos deve constar de documento escrito.

NOTAS:

Sobre ilícito contra-ordenacional: *v.* art. 474.º, n.º 1.

ARTIGO 47.º **(Substituição e redução de agentes)**

1 – O empregador deve evitar ou reduzir a utilização de agentes biológicos, físicos ou químicos susceptíveis de implicar riscos para o património genético, substituindo-os por substâncias, preparações ou processos que, nas condições de utilização, não sejam perigosos ou impliquem menor risco para os trabalhadores.

2 – Se não for tecnicamente possível a aplicação do disposto no número anterior, o empregador deve assegurar que a produção ou a utilização do agente se faça em sistema fechado.

3 – Se a aplicação de um sistema fechado não for tecnicamente possível, o empregador deve assegurar que o nível de exposição dos trabalhadores seja reduzido ao nível mais baixo possível e não ultrapasse os valores limite estabelecidos em legislação especial sobre agentes cancerígenos ou mutagénicos.

NOTAS:

Sobre ilícito contra-ordenacional: *v.* art. 474.º, n.º 1.

ARTIGO 48.º **(Redução dos riscos de exposição)**

Nas actividades em que sejam utilizados agentes biológicos, físicos ou químicos susceptíveis de implicar riscos para o património genético, o empregador deve, além dos procedimentos referidos no artigo anterior, aplicar as seguintes medidas:

a) Limitação das quantidades do agente no local de trabalho;

b) Redução ao mínimo possível do número de trabalhadores expostos ou susceptíveis de o serem, da duração e respectivo grau de exposição;

c) Adopção de procedimentos de trabalho e de medidas técnicas que evitem ou minimizem a libertação de agentes no local de trabalho;

d) Eliminação dos agentes na fonte por aspiração localizada ou ventilação geral adequada e compatível com a protecção da saúde pública e do ambiente;

e) Utilização de métodos apropriados de medição de agentes, em particular para a detecção precoce de exposições anormais resultantes de acontecimento imprevisível;

f) Adopção de medidas de protecção colectiva adequadas ou, se a exposição não puder ser evitada por outros meios, medidas de protecção individual;

g) Adopção de medidas de higiene, nomeadamente a limpeza periódica dos pavimentos, paredes e outras superfícies;

h) Delimitação das zonas de riscos e utilização de adequada sinalização de segurança e de saúde, incluindo de proibição de fumar em áreas onde haja riscos de exposição a esses agentes;

i) Instalação de dispositivos para situações de emergência susceptíveis de originar exposições anormalmente elevadas;

j) Verificação da presença de agentes biológicos utilizados fora do confinamento físico primário, sempre que for necessário e tecnicamente possível;

l) Meios que permitam a armazenagem, manuseamento e transporte sem riscos, nomeadamente mediante a utilização de recipientes herméticos e rotulados de forma clara e legível;

m) Meios seguros de recolha, armazenagem e evacuação dos resíduos, incluindo a utilização de recipientes herméticos e rotulados de forma clara e legível, de modo a não constituírem fonte de contaminação dos trabalhadores e dos locais de trabalho, de acordo com a legislação especial sobre resíduos e protecção do ambiente;

n) Afixação de sinais de perigo bem visíveis, nomeadamente o sinal indicativo de perigo biológico;

o) Elaboração de planos de acção em casos de acidentes que envolvam agentes biológicos.

NOTAS:

Sobre ilícito contra-ordenacional: *v.* art. 474.°, n.ᵒˢ 1 e 2.

ARTIGO 49.° **(Informação das autoridades competentes)**

1 – Se a avaliação revelar a existência de riscos, o empregador deve conservar e manter disponíveis as informações sobre:

a) As actividades e os processos industriais em causa, as razões por que são utilizados agentes biológicos, físicos ou químicos susceptíveis de implicar riscos para o património genético e os eventuais casos de substituição;

b) Os elementos utilizados para efectuar a avaliação e o seu resultado;

c) As quantidades de substâncias ou preparações fabricadas ou utilizadas que contenham agentes biológicos, físicos ou químicos susceptíveis de implicar riscos para o património genético;

d) O número de trabalhadores expostos, bem como natureza, grau e tempo de exposição;

e) As medidas de prevenção tomadas e os equipamentos de protecção utilizados.

2 – O organismo do ministério responsável pela área laboral competente em matéria de segurança, higiene e saúde no trabalho e as autoridades de saúde têm acesso às informações referidas no número anterior, sempre que o solicitem.

3 – O empregador deve ainda informar as entidades mencionadas no número anterior, a pedido destas, sobre o resultado de investigações que promova sobre a substituição e redução de agentes biológicos, físicos ou químicos susceptíveis de implicar riscos para o património genético e a redução dos riscos de exposição.

4 – O empregador deve informar, no prazo de vinte e quatro horas, o organismo do ministério responsável pela área laboral competente em matéria de segurança, higiene e saúde no trabalho e a Direcção-Geral da Saúde de qualquer acidente ou incidente que possa ter provocado a disseminação de um agente susceptível de implicar riscos para o património genético.

NOTAS:

Sobre ilícito contra-ordenacional: *v.* art. 474.°, n.° 2.

Lei n.º 35/2004, de 29 de Julho

ARTIGO 50.º **(Exposição previsível)**

Nas actividades em que seja previsível um aumento significativo de exposição, se for impossível a aplicação de medidas técnicas preventivas suplementares para limitar a exposição, o empregador deve:

a) Reduzir ao mínimo a exposição dos trabalhadores e assegurar a sua protecção durante a realização dessas actividades;

b) Colocar à disposição dos trabalhadores vestuário de protecção e equipamento individual de protecção respiratória, a ser utilizado enquanto durar a exposição;

c) Assegurar que a exposição de cada trabalhador não tenha carácter permanente e seja limitada ao estritamente necessário;

d) Delimitar e assinalar as zonas onde se realizam essas actividades;

e) Só permitir acesso às zonas onde se realizam essas actividades a pessoas autorizadas.

NOTAS:

Sobre ilícito contra-ordenacional: *v.* art. 474.º, n.º 2.

ARTIGO 51.º **(Exposição imprevisível)**

Nas situações imprevisíveis em que o trabalhador possa estar sujeito a uma exposição anormal a agentes biológicos, físicos ou químicos susceptíveis de implicar riscos para o património genético, o empregador deve informar o trabalhador, os representantes dos trabalhadores para a segurança, higiene e saúde no trabalho e tomar, até ao restabelecimento da situação normal, as seguintes medidas:

a) Limitar o número de trabalhadores na zona afectada aos indispensáveis à execução das reparações e de outros trabalhos necessários;

b) Colocar à disposição dos trabalhadores referidos na alínea anterior vestuário de protecção e equipamento individual de protecção respiratória;

c) Impedir a exposição permanente e limitá-la ao estritamente necessário para cada trabalhador;

d) Impedir que qualquer trabalhador não protegido permaneça na área afectada.

NOTAS:

Sobre ilícito contra-ordenacional: *v.* art. 474.º, n.º 2.

ARTIGO 52.° **(Acesso às áreas de riscos)**

O empregador deve assegurar que o acesso às áreas onde decorrem actividades susceptíveis de exposição a agentes biológicos, físicos ou químicos que possam implicar riscos para o património genético seja limitado aos trabalhadores que nelas tenham de entrar por causa das suas funções.

NOTAS:

Sobre ilícito contra-ordenacional: *v.* art. 474.°, n.° 2.

ARTIGO 53.° **(Comunicação de acidente ou incidente)**

O trabalhador deve comunicar imediatamente qualquer acidente ou incidente, que envolva a manipulação de agentes biológicos, físicos ou químicos susceptíveis de implicar riscos para o património genético ao empregador e ao responsável pelos serviços de segurança, higiene e saúde no trabalho.

NOTAS:

Os serviços de segurança, higiene e saúde no trabalho são de constituição obrigatória (art. 219.°).

ARTIGO 54.° **(Vigilância da saúde)**

1 – O empregador deve assegurar a vigilância da saúde do trabalhador em relação ao qual o resultado da avaliação revele a existência de riscos, através de exames de saúde de admissão, periódicos e ocasionais, devendo os exames, em qualquer caso, ser realizados antes da exposição aos riscos.

2 – A vigilância da saúde deve permitir a aplicação de medidas de saúde individuais, dos princípios e práticas da medicina do trabalho, de acordo com os conhecimentos mais recentes, e incluir os seguintes procedimentos:

a) Registo da história clínica e profissional de cada trabalhador;
b) Avaliação individual do seu estado de saúde;
c) Vigilância biológica, sempre que necessária;
d) Rastreio de efeitos precoces e reversíveis.

3 – O empregador deve tomar, em relação a cada trabalhador, as medidas preventivas ou de protecção propostas pelo médico responsável pela vigilância da saúde do trabalhador.

4 – Se um trabalhador sofrer de uma doença identificável ou um efeito nocivo que possa ter sido provocado pela exposição a agentes biológicos, físicos ou químicos susceptíveis de implicar riscos para o património genético, o empregador deve:

a) Assegurar a vigilância contínua da saúde do trabalhador;

Lei n.° 35/2004, de 29 de Julho 67

b) Repetir a avaliação dos riscos;

c) Rever as medidas tomadas para eliminar ou reduzir os riscos, tendo em conta o parecer do médico responsável pela vigilância da saúde do trabalhador e incluindo a possibilidade de afectar o trabalhador a outro posto de trabalho em que não haja riscos de exposição.

5 – Nas situações referidas no número anterior, o médico responsável pela vigilância da saúde do trabalhador pode exigir que se proceda à vigilância da saúde de qualquer outro trabalhador que tenha estado sujeito a exposição idêntica, devendo nestes casos ser repetida a avaliação dos riscos.

6 – O trabalhador tem direito de conhecer os exames e o resultado da vigilância da saúde que lhe digam respeito e pode solicitar a revisão desse resultado.

7 – O empregador deve informar o médico responsável pela vigilância da saúde do trabalhador sobre a natureza e, se possível, o grau das exposições ocorridas, incluindo as exposições imprevisíveis.

8 – Devem ser prestados ao trabalhador informações e conselho sobre a vigilância da saúde a que deve ser submetido depois de terminar a exposição aos riscos.

9 – O médico responsável pela vigilância da saúde deve comunicar ao organismo do ministério responsável pela área laboral competente em matéria de segurança, higiene e saúde no trabalho os casos de cancro identificados como resultantes da exposição a um agente biológico, físico ou químico susceptível de implicar riscos para o património genético.

NOTAS:

A responsabilidade técnica da vigilância da saúde cabe ao médico do trabalho, de acordo com o disposto no art. 244.°.

Sobre ilícito contra-ordenacional: *v.* art. 474.°, n.° 2.

ARTIGO 55.° **(Higiene e protecção individual)**

1 – Nas actividades susceptíveis de contaminação por agentes biológicos, físicos ou químicos que possam implicar riscos para o património genético, o empregador deve:

a) Impedir os trabalhadores de fumar, comer ou beber nas áreas de trabalho em que haja riscos de contaminação;

b) Fornecer vestuário de protecção adequado;

68 — Regulamentação do Código do Trabalho

c) Assegurar que os equipamentos de protecção são guardados em local apropriado, verificados e limpos, se possível antes e, obrigatoriamente, após cada utilização, bem como reparados ou substituídos se tiverem defeitos ou estiverem danificados;

d) Pôr à disposição dos trabalhadores instalações sanitárias e vestiários adequados para a sua higiene pessoal.

2 – Em actividades em que são utilizados agentes biológicos susceptíveis de implicar riscos para o património genético, o empregador deve:

a) Definir procedimentos para a recolha, manipulação e tratamento de amostras de origem humana ou animal;

b) Assegurar a existência de colírios e anti-sépticos cutâneos em locais apropriados, quando se justificarem.

3 – Antes de abandonar o local de trabalho, o trabalhador deve retirar o vestuário de trabalho e os equipamentos de protecção individual que possam estar contaminados e guardá-los em locais apropriados e separados.

4 – O empregador deve assegurar a descontaminação, limpeza e, se necessário, destruição do vestuário e dos equipamentos de protecção individual referidos no número anterior.

5 – A utilização de equipamento de protecção individual das vias respiratórias deve:

a) Ser limitada ao tempo mínimo necessário, não podendo ultrapassar quatro horas diárias;

b) Tratando-se de aparelhos de protecção respiratória isolantes com pressão positiva, a sua utilização deve ser excepcional, por tempo não superior a quatro horas diárias, as quais, se forem seguidas, devem ser intercaladas por uma pausa de, pelo menos, 30 minutos.

NOTAS:

O art. 120.º, do Código do Trabalho estabelece como obrigações do empregador a prevenção de riscos e doenças profissionais (al. *g*)), a adopção, no que se refere à higiene, segurança e saúde no trabalho, das medidas legais e convencionais vigentes (al. *h*)), e a informação e formação adequadas dos trabalhadores para prevenção de riscos de acidente e doença (al. *i*)).

Sobre ilícito contra-ordenacional: *v.* art. 474.º, n.º 2.

ARTIGO 56.º (Registo e arquivo de documentos)

1 – O empregador deve organizar registos de dados e conservar arquivos actualizados sobre:

Lei n.° 35/2004, de 29 de Julho 69

a) Os resultados da avaliação dos riscos a que se referem os artigos 46.°, 58.° e 60.°, bem como os critérios e procedimentos da avaliação, os métodos de medição, análises e ensaios utilizados;

b) A lista dos trabalhadores expostos a agentes biológicos, físicos ou químicos susceptíveis de implicar riscos para o património genético, com a indicação da natureza e, se possível, do agente e do grau de exposição a que cada trabalhador esteve sujeito;

c) Os registos de acidentes e incidentes.

2 – O médico responsável pela vigilância da saúde deve organizar registos de dados e conservar arquivo actualizado sobre os resultados da vigilância da saúde de cada trabalhador, com a indicação do respectivo posto de trabalho, dos exames médicos e complementares realizados e de outros elementos que considere úteis.

NOTAS:

Segundo o Parecer n.° 11/2004, da CNPD os dados a tratar afiguram-se adequados, necessários e não excessivos em relação à finalidade (cfr. artigo 5.°, n.° 1, al. *c*), da Lei n.° 67/98, de 26 de Outubro).

Sobre ilícito contra-ordenacional: *v.* art. 474.°, n.° 2.

ARTIGO 57.° **(Conservação de registos e arquivos)**

1 – Os registos e arquivos referidos no artigo anterior devem ser conservados durante, pelo menos, 40 anos após ter terminado a exposição do trabalhador a que respeita.

2 – Se a empresa cessar a actividade, os registos e arquivos devem ser transferidos para o organismo do ministério responsável pela área laboral competente em matéria de segurança, higiene e saúde no trabalho, que assegura a sua confidencialidade.

3 – Ao cessar o contrato de trabalho, o médico responsável pela vigilância da saúde deve entregar ao trabalhador, a pedido deste, cópia da sua ficha clínica.

NOTAS:

O preceito em anotação vem dar cumprimento ao disposto no art. 5.°, n.° 1, al. *e*), da Lei de Bases de Protecção de Dados Pessoais, sobre conservação de dados pessoais.

Sobre ilícito contra-ordenacional: *v.* art. 474.°, n.° 2.

70 Regulamentação do Código do Trabalho

DIVISÃO V – **Actividades condicionadas que envolvam agentes biológicos condicionados**

ARTIGO 58.º (**Avaliação dos riscos**)

A avaliação dos riscos de exposição a agentes biológicos susceptíveis de implicar riscos para o património genético deve, sem prejuízo do disposto no artigo 46.º, ter em conta todas as informações disponíveis, nomeadamente:

a) Os riscos suplementares que os agentes biológicos podem constituir para trabalhadores cuja sensibilidade possa ser afectada, nomeadamente por doença anterior, medicação, deficiência imunitária, gravidez ou aleitamento;

b) As recomendações da Direcção-Geral da Saúde sobre as medidas de controlo de agentes nocivos à saúde dos trabalhadores;

c) As informações técnicas existentes sobre doenças relacionadas com a natureza do trabalho;

d) Os potenciais efeitos alérgicos ou tóxicos resultantes do trabalho;

e) O conhecimento de doença verificada num trabalhador que esteja directamente relacionada com o seu trabalho.

NOTAS:

Sobre ilícito contra-ordenacional: *v.* art. 474.º, n.º 2.

ARTIGO 59.º (**Vacinação dos trabalhadores**)

1 – O empregador deve promover a informação do trabalhador que esteja ou possa estar exposto a agentes biológicos sobre as vantagens e inconvenientes da vacinação e da sua falta.

2 – O médico responsável pela vigilância da saúde deve determinar que o trabalhador não imunizado contra os agentes biológicos a que esteja ou possa estar exposto seja sujeito a vacinação.

3 – A vacinação deve respeitar as recomendações da Direcção-Geral da Saúde, sendo anotada na ficha clínica do trabalhador e registada no seu boletim individual de saúde.

NOTAS:

Sobre ilícito contra-ordenacional: *v.* art. 474.º.

Lei n.º 35/2004, de 29 de Julho 71

DIVISÃO VI – **Actividades condicionadas que envolvam agentes químicos condicionados**

ARTIGO 60.º **(Avaliação dos riscos)**

1 – Se a avaliação revelar a existência de agentes químicos susceptíveis de implicar riscos para o património genético, o empregador deve avaliar os riscos para os trabalhadores tendo em conta, sem prejuízo do disposto no artigo 46.º, nomeadamente:

a) As informações relativas à saúde constantes das fichas de dados de segurança de acordo com a legislação especial sobre classificação, embalagem e rotulagem das substâncias e preparações perigosas e outras informações suplementares necessárias à avaliação dos riscos fornecidas pelo fabricante, em especial a avaliação específica dos riscos para os utilizadores;

b) As condições de trabalho que impliquem a presença desses agentes, incluindo a sua quantidade;

c) Os valores limite obrigatórios e os valores limite de exposição profissional com carácter indicativo estabelecidos em legislação especial.

2 – No caso em que for possível identificar a susceptibilidade do trabalhador para determinado agente químico a que seja exposto durante a actividade, deve esta situação ser considerada na avaliação dos riscos, bem como para a necessidade da mudança do posto de trabalho.

3 – A avaliação dos riscos deve ser repetida sempre que ocorram alterações significativas, nas situações em que tenha sido ultrapassado um valor limite de exposição profissional obrigatório ou um valor limite biológico e nas situações em que os resultados da vigilância da saúde o justifiquem.

NOTAS:

Sobre ilícito contra-ordenacional: *v.* art. 474.º.

ARTIGO 61.º **(Medição da exposição)**

1 – O empregador deve proceder à medição da concentração de agentes químicos susceptíveis de implicar riscos para o património genético, tendo em atenção os valores limite de exposição profissional constantes de legislação especial.

2 – A medição referida no número anterior deve ser periodicamente repetida, bem como se houver alteração das condições susceptíveis de se

repercutirem na exposição dos trabalhadores a agentes químicos que possam implicar riscos para o património genético.

3 – O empregador deve tomar o mais rapidamente possível as medidas de prevenção e protecção adequadas se o resultado das medições demonstrar que foi excedido um valor limite de exposição profissional.

NOTAS:

Sobre ilícito contra-ordenacional: *v.* art. 474.º.

ARTIGO 62.º **(Operações específicas)**

O empregador deve tomar as medidas técnicas e organizativas adequadas à natureza da actividade, incluindo armazenagem, manuseamento e separação de agentes químicos incompatíveis, pela seguinte ordem de prioridade:

a) Prevenir a presença de concentrações perigosas de substâncias inflamáveis ou de quantidades perigosas de substâncias quimicamente instáveis;

b) Se a natureza da actividade não permitir a aplicação do disposto na alínea anterior, evitar a presença de fontes de ignição que possam provocar incêndios e explosões ou de condições adversas que possam fazer que substâncias ou misturas de substâncias quimicamente instáveis provoquem efeitos físicos nocivos;

c) Atenuar os efeitos nocivos para a saúde dos trabalhadores no caso de incêndio ou explosão resultante da ignição de substâncias inflamáveis ou os efeitos físicos nocivos provocados por substâncias ou misturas de substâncias quimicamente instáveis.

NOTAS:

Sobre ilícito contra-ordenacional: *v.* art. 474.º, n.º 1.

ARTIGO 63.º **(Acidentes, incidentes e situações de emergência)**

1 – O empregador deve dispor de um plano de acção, em cuja elaboração e execução devem participar as entidades competentes, com as medidas adequadas a aplicar em situação de acidente, incidente ou de emergência resultante da presença no local de trabalho de agentes químicos susceptíveis de implicar riscos para o património genético.

2 – O plano de acção referido no número anterior deve incluir a realização periódica de exercícios de segurança e a disponibilização dos meios adequados de primeiros socorros.

Lei n.º 35/2004, de 29 de Julho   73

3 – Se ocorrer alguma das situações referidas no n.º 1, o empregador deve adoptar imediatamente as medidas adequadas, informar os trabalhadores envolvidos e só permitir a presença na área afectada de trabalhadores indispensáveis à execução das reparações ou outras operações estritamente necessárias.

4 – Os trabalhadores autorizados a exercer temporariamente funções na área afectada, nos termos do número anterior, devem utilizar vestuário de protecção, equipamento de protecção individual e equipamento e material de segurança específico adequados à situação.

5 – O empregador deve instalar sistemas de alarme e outros sistemas de comunicação necessários para assinalar os riscos acrescidos para a saúde, de modo a permitir a adopção de medidas imediatas adequadas, incluindo operações de socorro, evacuação e salvamento.

NOTAS:

Sobre ilícito contra-ordenacional: *v.* art. 474.º.

ARTIGO 64.º **(Instalações e equipamentos de trabalho)**

O empregador deve assegurar que:

a) Haja controlo suficiente de instalações, equipamento e máquinas ou equipamentos de prevenção ou limitação dos efeitos de explosões ou ainda que sejam adoptadas medidas imediatas adequadas para reduzir a pressão de explosão;

b) O conteúdo dos recipientes e canalizações utilizados por agentes químicos seja claramente identificado de acordo com a legislação respeitante à classificação, embalagem e rotulagem das substâncias e preparações perigosas e à sinalização de segurança no local de trabalho.

NOTAS:

Sobre ilícito contra-ordenacional: *v.* art. 474.º, n.º 2.

ARTIGO 65.º **(Informação sobre as medidas de emergência)**

1 – O empregador deve assegurar que as informações sobre as medidas de emergência respeitantes a agentes químicos susceptíveis de implicar riscos para o património genético sejam prestadas aos serviços de segurança, higiene e saúde no trabalho, bem como a outras entidades internas e externas que intervenham em situação de emergência ou acidente.

2 – As informações referidas no número anterior devem incluir:

a) Avaliação prévia dos perigos da actividade exercida, os modos de os identificar, as precauções e os procedimentos adequados para que os

74 *Regulamentação do Código do Trabalho*

serviços de emergência possam preparar os planos de intervenção e as medidas de precaução;

b) Informações disponíveis sobre os perigos específicos verificados ou que possam ocorrer num acidente ou numa situação de emergência, incluindo as informações relativas aos procedimentos previstos no artigo 63.º.

NOTAS:

Sobre ilícito contra-ordenacional: *v.* art. 474.º, n.º 2.

CAPÍTULO VI
Protecção da maternidade e da paternidade

SECÇÃO I
Âmbito

ARTIGO 66.º **(Âmbito)**

O presente capítulo regula o artigo 52.º do Código do Trabalho.

NOTAS:

O presente Capítulo corresponde ao preceituado na Lei n.º 4/84, de 05.05 (Lei da protecção da maternidade e paternidade), e no Decreto-Lei n.º 230/2000, de 23.09 (regulamentação do regime de protecção da maternidade e da paternidade), diplomas revogados com a presente regulamentação ao Código do Trabalho, segundo o disposto no art. 21.º, n.º 2, respectivamente, als. *d*) e *r*), da Lei n.º 99/2003, de 27.08. No entanto, esclarece a norma do n.º 2, do art. 10.º da presente Lei que se mantêm em vigor os arts. 3.º a 8.º e 31.º da Lei n.º 4/84, de 04 de Abril, com a numeração e redacção constantes do Decreto-Lei n.º 70/2001, de 04 de Maio.

Acolhem-se ainda as Directivas n.º 92/85/CEE, do Conselho, de 19.10 (relativa à implementação de medidas destinadas a promover a melhoria da segurança e da saúde das trabalhadoras grávidas, puérperas ou lactantes no trabalho) e n.º 96/34/CE, do Conselho, de 03.06 (sobre o acordo-quadro sobre a licença parental), já parcialmente transpostas pelo próprio Código do Trabalho, segundo o disposto no art. 2.º, als. *d*) e *h*) da Lei n.º 99/ /2003, de 27.08.

Os artigos 33.º a 52.º, do Código do Trabalho regulam a protecção da maternidade e da paternidade.

SECÇÃO II
Licenças, dispensas e faltas

ARTIGO 67.° **(Dever de informação)**

O empregador deve afixar na empresa, em local apropriado, a informação relativa aos direitos e deveres do trabalhador em matéria de maternidade e paternidade.

NOTAS:

O preceito consagra o dever geral de informação a cargo do empregador no que concerne aos direitos e deveres do trabalhador em matéria de maternidade e paternidade, de acordo com o consagrado no II Plano Nacional para a Igualdade 2003-2006.

Sobre ilícito contra-ordenacional: *v.* art. 475.°, n.° 4.

ARTIGO 68.° **(Licença por maternidade)**

1 – A trabalhadora pode optar por uma licença por maternidade superior em 25% à prevista no n.° 1 do artigo 35.° do Código do Trabalho, devendo o acréscimo ser gozado necessariamente a seguir ao parto, nos termos da legislação da segurança social.

2 – A trabalhadora deve informar o empregador até sete dias após o parto de qual a modalidade de licença por maternidade por que opta, presumindo-se, na falta de declaração, que a licença tem a duração de 120 dias.

3 – O regime previsto nos artigos anteriores aplica-se ao pai que goze a licença por paternidade nos casos previstos nos n.os 2 e 4 do artigo 36.° do Código do Trabalho.

4 – A trabalhadora grávida que pretenda gozar parte da licença por maternidade antes do parto, nos termos do n.° 1 do artigo 35.° do Código do Trabalho, deve informar o empregador e apresentar atestado médico que indique a data previsível do mesmo.

5 – A informação referida no número anterior deve ser prestada com a antecedência de 10 dias ou, em caso de urgência comprovada pelo médico, logo que possível.

6 – Em caso de internamento hospitalar da mãe ou da criança durante o período de licença a seguir ao parto, nos termos do n.° 5 do artigo 35.° do Código do Trabalho, a contagem deste período é suspensa pelo tempo de duração do internamento, mediante comunicação ao respectivo empregador, acompanhada de declaração emitida pelo estabelecimento hospitalar.

7 – O disposto nos n.ºs 4 e 5 aplica-se também, nos termos previstos no n.º 3 do artigo 35.º do Código do Trabalho, em situação de risco clínico para a trabalhadora ou para o nascituro, impeditivo do exercício de funções, que seja distinto de risco específico de exposição a agentes, processos ou condições de trabalho, se o mesmo não puder ser evitado com o exercício de outras tarefas compatíveis com o seu estado e categoria profissional ou se o empregador não o possibilitar.

NOTAS:

Nos termos do n.º 1, do art. 35.º, do Código do Trabalho, a trabalhadora ou o trabalhador (nos casos previstos nos n.ºs 2 e 4, do art. 36.º, do Código do Trabalho) têm direito a uma licença por maternidade ou paternidade de 120 dias consecutivos, 90 dos quais necessariamente a seguir ao parto, podendo os restantes ser gozados, total ou parcialmente, antes ou depois do parto.

Este período pode, por opção da trabalhadora ou do trabalhador, ser alargado para 150 dias, conforme dispõe o n.º 1, do artigo em anotação.

Nestas situações, o montante diário dos subsídios de maternidade e de paternidade é igual a 80% da remuneração de referência (art. 9.º, n.º 2, do Decreto-Lei n.º 154/88, de 29.04, na redacção introduzida pelo Decreto-Lei n.º 77/2005, de 13.04).

Por outro lado, o período de concessão dos subsídios corresponde ao tempo de duração das respectivas licenças não remuneradas (art. 14.º, n.º 2, do Decreto-Lei n.º 154/88, de 29.04, na redacção introduzida pelo Decreto-Lei n.º 77/2005, de 13.04).

No que diz respeito aos trabalhadores da função pública, a licença prevista no art. 35.º, do Código do Trabalho é considerada como prestação efectiva de trabalho, designadamente para efeitos do direito à remuneração por inteiro, de antiguidade e de abono de subsídio de refeição (art. 2.º, n.º 1, do Decreto-Lei n.º 77/2005, de 13.04).

Os trabalhadores da Administração Pública que efectuem a opção prevista no n.º 1, do artigo em anotação, têm direito a 80% da remuneração por inteiro referida na primeira parte do número anterior (art. 2.º, n.º 2, do Decreto-Lei n.º 77/2005, de 13.04).

Os efeitos do Decreto-Lei n.º 77/2005, de 13.04 reportam-se à data da entrada em vigor da Regulamentação do Código do Trabalho (art. 3.º, do Decreto-Lei n.º 77/2005, de 13.04).

O gozo da licença por maternidade é considerado como prestação efectiva de serviço, não determinando perda de quaisquer direitos, constituindo, no entanto, perda retributiva (art. 50.º, n.º 1, al. *a*), do Código do Trabalho).

V., ainda, o n.º 2, do art. 101.º.

Sobre ilícito contra-ordenacional: *v.* art. 475.º, n.º 1.

ARTIGO 69.º **(Licença por paternidade)**

1 – É obrigatório o gozo da licença por paternidade prevista no n.º 1 do artigo 36.º do Código do Trabalho, devendo o trabalhador informar o empregador com a antecedência de cinco dias relativamente ao início do período, consecutivo ou interpolado, de licença ou, em caso de urgência comprovada, logo que possível.

Lei n.° 35/2004, de 29 de Julho

2 – Para efeitos do gozo de licença em caso de incapacidade física ou psíquica ou morte da mãe, nos termos do n.° 2 do artigo 36.° do Código do Trabalho, o trabalhador deve, logo que possível, informar o empregador, apresentar certidão de óbito ou atestado médico comprovativo e, sendo caso disso, declarar qual o período de licença por maternidade gozado pela mãe.

3 – O trabalhador que pretenda gozar a licença por paternidade, por decisão conjunta dos pais, deve informar o empregador com a antecedência de 10 dias e:

a) Apresentar documento de que conste a decisão conjunta;

b) Declarar qual o período de licença por maternidade gozado pela mãe, que não pode ser inferior a seis semanas a seguir ao parto;

c) Provar que o empregador da mãe foi informado da decisão conjunta.

NOTAS:

O art. 36.°, n.° 1, do Código do Trabalho, atribui ao pai o direito ao gozo de uma licença de cinco dias úteis, seguidos ou interpolados, que são obrigatoriamente gozados no primeiro mês a seguir ao nascimento do filho.

O gozo da licença por paternidade é considerado como prestação efectiva de serviço, não determinando perda de quaisquer direitos, constituindo, no entanto, perda retributiva (art. 50.°, n.° 1, al. *b*), do Código do Trabalho).

V., ainda, o n.° 2, do art. 101.°.

ARTIGO 70.° **(Condições especiais de trabalho para assistência a filho com deficiência ou doença crónica)**

1 – Para efeitos do n.° 1 do artigo 37.° do Código do Trabalho, o trabalhador tem direito, nomeadamente, à redução de cinco horas do período normal de trabalho semanal para assistência a filho até 1 ano de idade com deficiência ou doença crónica se o outro progenitor exercer actividade profissional ou estiver impedido ou inibido totalmente de exercer o poder paternal.

2 – Se ambos os progenitores forem titulares do direito, a redução do período normal de trabalho pode ser utilizada por qualquer deles ou por ambos em períodos sucessivos.

3 – O trabalhador deve comunicar ao empregador que pretende reduzir o período normal de trabalho com a antecedência de 10 dias, bem como:

a) Apresentar atestado médico comprovativo da deficiência ou da doença crónica;

78   *Regulamentação do Código do Trabalho*

b) Declarar que o outro progenitor tem actividade profissional ou que está impedido ou inibido totalmente de exercer o poder paternal e, sendo caso disso, que não exerce ao mesmo tempo este direito.

4 – O empregador deve adequar a redução do período normal de trabalho tendo em conta a preferência do trabalhador, salvo se outra solução for imposta por exigências imperiosas do funcionamento da empresa.

NOTAS:

O art. 37.°, n.° 1, do Código do Trabalho, atribui à mãe ou ao pai o direito a condições especiais de trabalho, nomeadamente a redução do período normal de trabalho, se o menor for portador de deficiência ou doença crónica. Por outro lado, o art. 40.°, por remissão do art. 42.°, ambos do Código do Trabalho, concede um regime próprio de faltas para assistência, até ao limite máximo de 30 dias por ano, para prestar assistência inadiável e imprescindível, em caso de doença ou acidente, independentemente da idade do portador da deficiência ou doença crónica.

Sobre ilícito contra-ordenacional: *v.* art. 475.°, n.° 2.

ARTIGO 71.° (Licença por adopção)

1 – O período de licença por adopção, previsto no n.° 1 do artigo 38.° do Código do Trabalho, é acrescido, no caso de adopções múltiplas, de 30 dias por cada adopção além da primeira.

2 – Quando a confiança administrativa consistir na confirmação da permanência do menor a cargo do adoptante, este tem direito a licença desde que a data em que o menor ficou de facto a seu cargo tenha ocorrido há menos de 100 dias e até ao momento em que estes se completam.

3 – O trabalhador candidato a adopção deve informar o empregador do gozo da respectiva licença com a antecedência de 10 dias ou, em caso de urgência comprovada, logo que possível, fazendo prova da confiança judicial ou administrativa do adoptando e da idade deste.

4 – No caso de os cônjuges candidatos à adopção serem trabalhadores, o período de licença pode ser integralmente gozado por um deles ou por ambos, em tempo parcial ou em períodos sucessivos, conforme decisão conjunta.

5 – Em qualquer dos casos referidos no número anterior, o trabalhador deve:

a) Apresentar documento de que conste a decisão conjunta;

b) Declarar qual o período de licença gozado pelo seu cônjuge, sendo caso disso;

c) Provar que o seu cônjuge informou o respectivo empregador da decisão conjunta.

Lei n.º 35/2004, de 29 de Julho 79

6 – Se o trabalhador falecer durante a licença, o cônjuge sobrevivo que não seja adoptante tem direito a licença correspondente ao período não gozado ou a um mínimo de 14 dias se o adoptado viver consigo em comunhão de mesa e habitação.

7 – Em caso de internamento hospitalar do candidato à adopção ou do adoptando, o período de licença é suspenso pelo tempo de duração do internamento, mediante comunicação daquele ao respectivo empregador, acompanhada de declaração passada pelo estabelecimento hospitalar.

8 – O trabalhador candidato a adoptante não tem direito a licença por adopção do filho do cônjuge ou de pessoa que com ele viva em união de facto.

NOTAS:

O art. 38.º, n.º 1, do Código do Trabalho, dispõe que, em caso de adopção de menor de 15 anos, o candidato a adoptante tem direito a 100 dias consecutivos de licença. No caso de serem dois os candidatos, a licença pode ser repartida entre eles (n.º 2, do mesmo preceito).

O gozo da licença por adopção é considerado como prestação efectiva de serviço, não determinando perda de quaisquer direitos, constituindo, no entanto, perda retributiva (art. 50.º, n.º 1, al. *c*), do Código do Trabalho).

V., ainda, o n.º 2, do art. 101.º.

Foi introduzido um aumento da licença do cônjuge em caso de falecimento do trabalhador (n.º 6 do preceito).

Sobre ilícito contra-ordenacional: *v.* art. 475.º, n.º 2.

ARTIGO 72.º (Dispensa para consultas pré-natais)

1 – Para efeitos do n.º 1 do artigo 39.º do Código do Trabalho, a trabalhadora grávida deve, sempre que possível, comparecer às consultas pré-natais fora do horário de trabalho.

2 – Sempre que a consulta pré-natal só seja possível durante o horário de trabalho, o empregador pode exigir à trabalhadora a apresentação de prova desta circunstância e da realização da consulta ou declaração dos mesmos factos.

3 – Para efeito dos números anteriores, a preparação para o parto é equiparada a consulta pré-natal.

NOTAS:

Dispõe o n.º 1 do art. 39.º, do Código do Trabalho: "A trabalhadora grávida tem direito a dispensa de trabalho para se deslocar a consultas pré-natais, pelo tempo e número de vezes necessários e justificados".

Regulamentação do Código do Trabalho

O gozo da dispensa para consultas pré-natais não determina perda de quaisquer direitos e são consideradas como prestação efectiva de serviço (art. 50.°, n.° 2, do Código do Trabalho).
Sobre ilícito contra-ordenacional: *v*. art. 475.°, n.° 3.

ARTIGO 73.° **(Dispensas para amamentação e aleitação)**

1 – Para efeitos do n.° 2 do artigo 39.° do Código do Trabalho, a trabalhadora comunica ao empregador, com a antecedência de 10 dias relativamente ao início da dispensa, que amamenta o filho, devendo apresentar atestado médico após o 1.° ano de vida do filho.

2 – A dispensa para aleitação, prevista no n.° 3 do artigo 39.° do Código do Trabalho, pode ser exercida pela mãe ou pelo pai trabalhador, ou por ambos, conforme decisão conjunta, devendo o beneficiário em qualquer caso:

a) Comunicar ao empregador que aleita o filho, com a antecedência de 10 dias relativamente ao início da dispensa;

b) Apresentar documento de que conste a decisão conjunta;

c) Declarar qual o período de dispensa gozado pelo outro progenitor, sendo caso disso;

d) Provar que o outro progenitor informou o respectivo empregador da decisão conjunta.

3 – A dispensa diária para amamentação ou aleitação é gozada em dois períodos distintos, com a duração máxima de uma hora cada, salvo se outro regime for acordado com o empregador.

4 – No caso de nascimentos múltiplos, a dispensa referida no número anterior é acrescida de mais trinta minutos por cada gemelar além do primeiro.

5 – Se a mãe ou o pai trabalhar a tempo parcial, a dispensa diária para amamentação ou aleitação é reduzida na proporção do respectivo período normal de trabalho, não podendo ser inferior a 30 minutos.

6 – Na situação referida no número anterior, a dispensa diária é gozada em período não superior a uma hora e, sendo caso disso, num segundo período com a duração remanescente, salvo se outro regime for acordado com o empregador.

NOTAS:

Dispõe o n.° 2 do art. 39.°, do Código do Trabalho: "A mãe que, comprovadamente, amamente o filho tem direito a dispensa de trabalho para o efeito, durante todo o tempo que durar a amamentação".

Lei n.° 35/2004, de 29 de Julho   81

O gozo da dispensa para amamentação e aleitação não determina perda de quaisquer direitos e são consideradas como prestação efectiva de serviço (art. 50.°, n.° 2, do Código do Trabalho).

Sobre ilícito contra-ordenacional: *v*. art. 475.°, n.° 2.

ARTIGO 74.° **(Faltas para assistência a filho menor, com deficiência ou doença crónica)**

1 – Para efeitos de justificação das faltas a que se referem os artigos 40.° e 42.° do Código do Trabalho, o empregador pode exigir ao trabalhador:

a) Prova do carácter inadiável e imprescindível da assistência;

b) Declaração de que o outro progenitor tem actividade profissional e não faltou pelo mesmo motivo ou está impossibilitado de prestar a assistência.

2 – Em caso de hospitalização, o empregador pode exigir declaração de internamento passada pelo estabelecimento hospitalar.

NOTAS:

Os n.os 1 e 2 do art. 40.°, do Código do Trabalho, dedicado ao regime de faltas para assistência a menores dispõem:

"1 – Os trabalhadores têm direito a faltar ao trabalho, até um limite máximo de 30 dias por ano, para prestar assistência inadiável e imprescindível, em caso de doença ou acidente, a filhos, adoptados ou a enteados menores de 10 anos.

2 – Em caso de hospitalização, o direito a faltar estende-se pelo período em que aquela durar, se se tratar de menores de 10 anos, mas não pode ser exercido simultaneamente pelo pai e pela mãe ou equiparados."

O art. 42.°, do Código do Trabalho, é dedicado a faltas para assistência a filho, adoptado ou filho do cônjuge, com deficiência ou doença crónica, independentemente da idade, aplicando-se o disposto no art. 40.°, contanto que resida com o trabalhador.

As faltas para assistência a menores e a filhos com deficiência ou doença crónica são consideradas como prestação efectiva de serviço, não determinando perda de quaisquer direitos, constituindo, no entanto, perda retributiva (art. 50.°, n.° 1, als. *d*) e *g*), do Código do Trabalho).

ARTIGO 75.° **(Faltas para assistência a netos)**

1 – Para efeitos do artigo 41.° do Código do Trabalho, o trabalhador que pretenda faltar ao trabalho em caso de nascimento de netos que sejam filhos de adolescentes com idade inferior a 16 anos deve informar o empregador com a antecedência de cinco dias, declarando que:

a) O neto vive consigo em comunhão de mesa e habitação;

b) O neto é filho de adolescente com idade inferior a 16 anos;

c) O cônjuge do trabalhador exerce actividade profissional ou se encontra física ou psiquicamente impossibilitado de cuidar do neto ou não vive em comunhão de mesa e habitação com este.

2 – Se houver dois titulares do direito, estes podem gozar apenas um período de faltas, integralmente por um deles, ou por ambos em tempo parcial ou em períodos sucessivos, conforme decisão conjunta.

3 – Nos casos referidos no número anterior, o titular que faltar ao trabalho deve apresentar ao empregador:

a) O documento de que conste a decisão conjunta;

b) A prova de que o outro titular informou o respectivo empregador da decisão conjunta.

NOTAS:

O art. 41.°, do Código do Trabalho, permite que o trabalhador possa faltar até 30 dias consecutivos, a seguir ao nascimento de netos que sejam filhos de adolescentes com idade inferior a 16 anos, contanto que residam com o trabalhador em comunhão de mesa e habitação.

As faltas para assistência a netos são consideradas como prestação efectiva de serviço, não determinando perda de quaisquer direitos, constituindo, no entanto, perda retributiva, segundo dispõe o art. 101.°, n.° 1, colmatando a omissão do art. 50.°, do Código do Trabalho.

ARTIGO 76.° **(Licença parental)**

1 – Para efeitos dos n.ºs 1 e 2 do artigo 43.° do Código do Trabalho, o pai ou a mãe que pretenda utilizar a licença parental, ou os regimes alternativos de trabalho a tempo parcial ou de períodos intercalados de ambos, deve informar o empregador, por escrito, do início e termo do período de licença, do trabalho a tempo parcial ou dos períodos intercalados pretendidos.

2 – Se ambos os progenitores pretenderem gozar simultaneamente a licença e estiverem ao serviço do mesmo empregador, este pode adiar a licença de um deles com fundamento em exigências imperiosas ligadas ao funcionamento da empresa ou serviço e desde que seja fornecida por escrito a respectiva fundamentação.

NOTAS:

O artigo 43.°, do Código do Trabalho cuida da licença parental e especial para assistência a filho ou adoptado até aos 6 anos de idade da criança.

A licença parental e especial prevista nos n.ºs 1 e 2, do art. 43.°, do Código do Trabalho, é considerada como prestação efectiva de serviço, não determinando perda de quaisquer direitos, constituindo, no entanto, perda retributiva, segundo dispõe o art. 101.°, n.° 1, colmatando a omissão do art. 50.°, do Código do Trabalho.

A licença parental e especial prevista nos n.ºs 3, 4 e 5 do art. 43.°, do Código do Trabalho, suspendem os direitos, deveres e garantias das partes na medida em que pressupo-

Lei n.° 35/2004, de 29 de Julho 83

nham a efectiva prestação de serviço, designadamente a retribuição, mas não prejudicam a atribuição dos benefícios de assistência médica e medicamentosa a que o trabalhador tenha direito (art. 101.°, n.° 4).

V., ainda, o n.° 2, do art. 101.°.

Os períodos de licença parental e especial são tomados em consideração para a taxa de formação das pensões de invalidez e velhice dos regimes de segurança social (art. 50.°, n.° 3, do Código do Trabalho).

Sobre ilícito contra-ordenacional: *v.* art. 475.°, n.° 2.

ARTIGO 77.° **(Licenças para assistência a filho ou adoptado e pessoa com deficiência ou doença crónica)**

1 – Para efeitos dos n.os 3 e 4 do artigo 43.° e do n.° 1 do artigo 44.° do Código do Trabalho, o trabalhador tem direito a licença especial para assistência a filho ou adoptado ou a licença para assistência a pessoa com deficiência ou doença crónica se o outro progenitor exercer actividade profissional ou estiver impedido ou inibido totalmente de exercer o poder paternal.

2 – Se houver dois titulares, a licença pode ser gozada por qualquer deles ou por ambos em períodos sucessivos.

3 – O trabalhador deve informar o empregador, por escrito e com a antecedência de 30 dias, do início e termo do período em que pretende gozar a licença e declarar que o outro progenitor tem actividade profissional e não se encontra ao mesmo tempo em situação de licença ou está impedido ou inibido totalmente de exercer o poder paternal, que o filho faz parte do seu agregado familiar e não está esgotado o período máximo de duração da licença.

4 – Na falta de indicação em contrário por parte do trabalhador, a licença tem a duração de seis meses.

5 – O trabalhador deve comunicar ao empregador, por escrito e com a antecedência de 15 dias relativamente ao termo do período de licença, a sua intenção de regressar ao trabalho, ou de a prorrogar, excepto se o período máximo da licença entretanto se completar.

NOTAS:

O artigo 43.°, do Código do Trabalho regula a licença parental e especial para assistência a filho ou adoptado até aos 6 anos de idade da criança.

O art. 44.°, do Código do Trabalho regula a licença para assistência a pessoa com deficiência ou doença crónica.

As licenças especiais concedidas nos n.os 3 e 4, do art. 43.° e no n.° 1, do art. 44.°, ambos do Código do Trabalho, suspendem os direitos, deveres e garantias das partes na medida em que pressuponham a efectiva prestação de serviço, designadamente a retribui-

84 *Regulamentação do Código do Trabalho*

ção, mas não prejudicam a atribuição dos benefícios de assistência médica e medicamentosa a que o trabalhador tenha direito (art. 101.°, n.° 4).

Os períodos de licença especial são tomados em consideração para a taxa de formação das pensões de invalidez e velhice dos regimes de segurança social (art. 50.°, n.° 3, do Código do Trabalho).

SECÇÃO III
Regimes de trabalho especiais

ARTIGO 78.° **(Trabalho a tempo parcial)**

1 – Para efeitos dos n.ᵒˢ 1 e 2 do artigo 45.° do Código do Trabalho, o direito a trabalhar a tempo parcial pode ser exercido por qualquer dos progenitores, ou por ambos em períodos sucessivos, depois da licença parental, ou dos regimes alternativos de trabalho a tempo parcial ou de períodos intercalados de ambos.

2 – Salvo acordo em contrário, o período normal de trabalho a tempo parcial corresponde a metade do praticado a tempo completo numa situação comparável e é prestado diariamente, de manhã ou de tarde, ou em três dias por semana, conforme o pedido do trabalhador.

NOTAS:

O n.° 1 do artigo 45.°, do Código do Trabalho atribui ao trabalhador com um ou mais filhos menores de 12 anos, o direito a trabalhar a tempo parcial ou com flexibilidade de horário.

ARTIGO 79.° **(Flexibilidade de horário)**

1 – Para efeitos dos n.ᵒˢ 1 e 2 do artigo 45.° do Código do Trabalho, o direito a trabalhar com flexibilidade de horário pode ser exercido por qualquer dos progenitores ou por ambos.

2 – Entende-se por flexibilidade de horário aquele em que o trabalhador pode escolher, dentro de certos limites, as horas de início e termo do período normal de trabalho diário.

3 – A flexibilidade de horário deve:

a) Conter um ou dois períodos de presença obrigatória, com duração igual a metade do período normal de trabalho diário;

b) Indicar os períodos para início e termo do trabalho normal diário, cada um com duração não inferior a um terço do período normal de trabalho diário, podendo esta duração ser reduzida na medida do necessário para que o horário se contenha dentro do período de funcionamento do estabelecimento;

c) Estabelecer um período para intervalo de descanso não superior a duas horas.

4 – O trabalhador que trabalhe em regime de flexibilidade de horário pode efectuar até seis horas consecutivas de trabalho e até dez horas de trabalho em cada dia e deve cumprir o correspondente período normal de trabalho semanal, em média de cada período de quatro semanas.

5 – O regime de trabalho com flexibilidade de horário referido nos números anteriores deve ser elaborado pelo empregador.

NOTAS:

A trabalhadora grávida, puérpera ou lactante tem direito a ser dispensada de prestar a actividade em regime de adaptabilidade do período de trabalho (art. 45.°, n.° 3, do Código do Trabalho). O n.° 4, do mesmo preceito, refere que este direito se pode estender aos casos em que não há lugar a amamentação, mas a prática de horário organizado de acordo com o regime de adaptabilidade afecte as exigências de regularidade da aleitação.

A trabalhadora grávida ou com filhos de idade inferior a 12 meses não está obrigada à prestação de trabalho suplementar (art. 46.°, n.° 1, do Código do Trabalho).

A trabalhadora grávida e puérpera, nos casos previstos na lei, e lactante, enquanto amamentar, está dispensada da prestação de trabalho nocturno (art. 47.°, n.° 1, do Código do Trabalho).

JURISPRUDÊNCIA COMUNITÁRIA:

"1) *O artigo 7.°, n.° 1, da Directiva 93/104/CE do Conselho, de 23 de Novembro de 1993, relativa a determinados aspectos da organização do tempo de trabalho, o artigo 11.°, n.° 2, alínea a), da Directiva 92/85/CEE do Conselho, de 19 de Outubro de 1992, relativa à implementação de medidas destinadas a promover a melhoria da segurança e da saúde das trabalhadoras grávidas, puérperas ou lactantes no trabalho (Décima Directiva especial na acepção do n.° 1 do artigo 16.° da Directiva 89/291/CEE), e o artigo 5.°, n.° 1, da Directiva 76/207/CEE do Conselho, de 09 de Fevereiro de 1976, relativa à concretização do princípio da igualdade de tratamento entre homens e mulheres no que se refere ao acesso ao emprego, à formação e promoção profissionais e às condições de trabalho, devem ser interpretados no sentido de que uma trabalhadora deve poder gozar as suas férias anuais num período diferente do período em que se encontra de licença por maternidade igualmente no caso de coincidências entre o período de licença por maternidade e o período fixado a título geral por acordo colectivo para as férias anuais do pessoal.*

2) O artigo 11.°, n.° 2, alínea a), da Directiva 92/85 deve ser interpretado no sentido de que, nas circunstâncias do processo principal, visa igualmente o direito de uma trabalhadora a um período de férias anuais, previsto na legislação nacional, mais longo do que o mínimo previsto na Directiva 93/104."

Acórdão de 18.03.2004, Proc. n.° C-342/01, Maria Paz Merino Gómez *v*. Continental Industrias *in* www.euro.lex.

ARTIGO 80.º **(Autorização para trabalho a tempo parcial ou com fle-xibilidade de horário)**

1 – Para efeitos do artigo 45.º do Código do Trabalho, o trabalhador que pretenda trabalhar a tempo parcial ou com flexibilidade de horário deve solicitá-lo ao empregador, por escrito, com a antecedência de 30 dias, com os seguintes elementos:

a) Indicação do prazo previsto, até ao máximo de dois anos, ou de três anos no caso de três filhos ou mais;

b) Declaração que o menor faz parte do seu agregado familiar, que o outro progenitor não se encontra ao mesmo tempo em situação de traba-lho a tempo parcial, que não está esgotado o período máximo de duração deste regime de trabalho ou, no caso de flexibilidade de horário, que o outro progenitor tem actividade profissional ou está impedido ou inibido totalmente de exercer o poder paternal;

c) A repartição semanal do período de trabalho pretendida, no caso de trabalho a tempo parcial.

2 – O empregador apenas pode recusar o pedido com fundamento em exigências imperiosas ligadas ao funcionamento da empresa ou ser-viço, ou à impossibilidade de substituir o trabalhador se este for indis-pensável, carecendo sempre a recusa de parecer prévio favorável da enti-dade que tenha competência na área da igualdade de oportunidades entre homens e mulheres.

3 – Se o parecer referido no número anterior for desfavorável, o em-pregador só pode recusar o pedido após decisão judicial que reconheça a existência de motivo justificativo.

4 – O empregador deve informar o trabalhador, por escrito, no prazo de 20 dias contados a partir da recepção do mesmo, indicando o funda-mento da intenção de recusa.

5 – O trabalhador pode apresentar uma apreciação escrita do funda-mento da intenção de recusa, no prazo de cinco dias contados a partir da sua recepção.

6 – O empregador deve submeter o processo à apreciação da entidade que tenha competência na área da igualdade de oportunidades entre ho-mens e mulheres, nos cinco dias subsequentes ao fim do prazo para apre-ciação pelo trabalhador, acompanhado de cópia do pedido, do fundamento da intenção de o recusar e da apreciação do trabalhador.

7 – A entidade que tenha competência na área da igualdade de opor-tunidades entre homens e mulheres deve notificar o empregador e o traba-lhador do seu parecer, no prazo de 30 dias.

Lei n.º 35/2004, de 29 de Julho

8 – Se o parecer não for emitido no prazo referido no número anterior, considera-se que é favorável à intenção do empregador.

9 – Considera-se que o empregador aceita o pedido do trabalhador nos seus precisos termos:

a) Se não comunicar a intenção de recusa no prazo de 20 dias após a recepção do pedido;

b) Se, tendo comunicado a intenção de recusar o pedido, não informar o trabalhador da decisão sobre o mesmo nos cinco dias subsequentes à notificação referida no n.º 7 ou, consoante o caso, no fim do prazo estabelecido nesse número;

c) Se não submeter o processo à apreciação da entidade que tenha competência na área da igualdade de oportunidades entre homens e mulheres dentro do prazo previsto no n.º 6.

NOTAS:

Sobre ilícito contra-ordenacional: *v.* art. 475.º, n.º 2.

ARTIGO 81.º **(Prorrogação e cessação do trabalho a tempo parcial)**

1 – A prestação de trabalho a tempo parcial pode ser prorrogada até ao máximo de dois anos ou de três anos, no caso de terceiro filho ou mais, ou ainda quatro anos no caso de filho com deficiência ou doença crónica, sendo aplicável à prorrogação o disposto para o pedido inicial.

2 – A prestação de trabalho a tempo parcial cessa no termo do período para que foi concedida ou da sua prorrogação, retomando o trabalhador a prestação de trabalho a tempo completo.

ARTIGO 82.º **(Efeitos da redução do período normal de trabalho)**

1 – A redução do período normal de trabalho prevista no n.º 1 do artigo 70.º não implica diminuição de direitos consagrados na lei, salvo o disposto no número seguinte.

2 – As horas de redução do período normal de trabalho só são retribuídas na medida em que, em cada ano, excedam o número correspondente aos dias de faltas não retribuídas previstas no n.º 2 do artigo 232.º do Código do Trabalho.

ARTIGO 83.º **(Dispensa de trabalho nocturno)**

1 – Para efeitos do artigo 47.º do Código do Trabalho, a trabalhadora grávida, puérpera ou lactante que pretenda ser dispensada de prestar trabalho nocturno deve informar o empregador e apresentar ates-

88   *Regulamentação do Código do Trabalho*

tado médico, nos casos em que este seja legalmente exigido, com a antecedência de 10 dias.

2 – Em situação de urgência comprovada pelo médico, a informação referida no número anterior pode ser feita independentemente do prazo.

3 – Sem prejuízo do disposto nos números anteriores, a dispensa da prestação de trabalho nocturno deve ser determinada por médico do trabalho sempre que este, no âmbito da vigilância da saúde dos trabalhadores, identificar qualquer risco para a trabalhadora grávida, puérpera ou lactante.

NOTAS:

Tendo por denominador comum a informação, por escrito, e mediante a apresentação de atestado médico a lei considera, nos termos do art. 34.º, do Código do Trabalho:
– Trabalhadora grávida, aquela que se encontra em estado de gestação (al. *a*));
– Trabalhadora puérpera toda a trabalhadora parturiente e durante um período de cento e vinte dias imediatamente posteriores ao parto (al. *b*);
– Trabalhadora lactante, a que amamenta o filho (al. *c*)).
O n.º 1, do artigo 47.º, do Código do Trabalho dispõe que: "A trabalhadora (grávida, puérpera ou lactante) é dispensada de prestar trabalho entre as 20 horas de um dia e as 7 horas do dia seguinte", durante determinado período de tempo.
O n.º 3, do preceito em anotação atribui ao médico do trabalho (*v.* art. 244.º) a determinação de dispensa da prestação de trabalho nocturno, havendo risco para a trabalhadora grávida, puérpera ou lactante.
As dispensas de trabalho nocturno são consideradas como prestação efectiva de serviço, não determinando perda de quaisquer direitos, constituindo, no entanto, perda retributiva (art. 50.º, n.º 1, al. *f*), do Código do Trabalho).

SECÇÃO IV
Actividades condicionadas ou proibidas

SUBSECÇÃO I
Actividades condicionadas a trabalhadora grávida, puérpera ou lactante

ARTIGO 84.º **(Actividades condicionadas)**
Para efeitos dos n.ºs 2 e 6 do artigo 49.º do Código do Trabalho, são condicionadas à trabalhadora grávida, puérpera ou lactante as actividades referidas nos artigos 85.º a 88.º.

NOTAS:

O art. 49.°, do Código do Trabalho regula o regime de protecção da segurança e saúde da trabalhadora grávida, puérpera ou lactante.

Os n.ᵒˢ 2 e 6, do art. 49.°, do Código do Trabalho estabelecem que:

"2 – Sem prejuízo de outras obrigações previstas em legislação especial, nas actividades susceptíveis de apresentarem um risco específico de exposição a agentes, processos ou condições de trabalho, o empregador deve proceder à avaliação da natureza, grau e duração da exposição de trabalhadora grávida, puérpera ou lactante, de modo a determinar qualquer risco para a sua segurança e saúde e as repercussões sobre a gravidez ou amamentação, bem como as medidas a tomar".

"6 – As actividades susceptíveis de apresentarem um risco específico de exposição a agentes, processos ou condições de trabalho referidos no n.° 2, bem como os agentes e condições de trabalho referidos no número anterior, são determinados em legislação especial".

ARTIGO 85.° **(Agentes físicos)**

São condicionadas a trabalhadora grávida, puérpera ou lactante as actividades que envolvam a exposição a agentes físicos susceptíveis de provocar lesões fetais ou o desprendimento da placenta, nomeadamente:

a) Choques, vibrações mecânicas ou movimentos;

b) Movimentação manual de cargas que comportem riscos, nomeadamente dorso-lombares, ou cujo peso exceda 10 quilogramas;

c) Ruído;

d) Radiações não ionizantes;

e) Temperaturas extremas, de frio ou de calor;

f) Movimentos e posturas, deslocações quer no interior quer no exterior do estabelecimento, fadiga mental e física, e outras sobrecargas físicas ligadas à actividade exercida.

NOTAS:

O preceito vem acolher a Directiva 92/85, de 19 de Outubro (melhoria da segurança e da saúde das trabalhadores grávidas, puérperas ou lactantes no trabalho).

V., ainda, a seguinte legislação (além da referida em nota ao artigo 42.°):

– Decreto-Lei n.° 46/2006, de 24.02 (vibrações);

– Decreto-Lei n.° 330/93, de 25.09 (movimento manual de cargas), que transpôs a Directiva n.° 90/269, de 29.05;

– Decreto-Lei n.° 72/92, de 28.04, regulamentado pelo Decreto-Regulamentar n.° 9//92, de 28.04 (exposição ao ruído durante o trabalho);

– Decreto-Lei n.° 292/2000, de 14.11 (Regulamento Geral do Ruído);

– Directiva 2004/40, de 29.04 (agentes físicos).

Regulamentação do Código do Trabalho

ARTIGO 86.° **(Agentes biológicos)**

São condicionadas a trabalhadora grávida, puérpera ou lactante todas as actividades em que possa existir o risco de exposição a agentes biológicos classificados nos grupos de risco 2, 3, e 4, de acordo com a legislação relativa às prescrições mínimas de protecção da segurança e saúde dos trabalhadores contra os riscos da exposição a agentes biológicos durante o trabalho que não sejam mencionados no artigo 91.°.

NOTAS:

Ver Directiva 2000/54, de 18.09.

E o Decreto-Lei n.° 84/97, de 16.04, regulamentado pela Portaria n.° 405/98, de 11.07, alterada pela Portaria n.° 1036/98, de 15.12.

ARTIGO 87.° **(Agentes químicos)**

São condicionadas a trabalhadora grávida, puérpera ou lactante as actividades em que exista ou possa existir o risco de exposição a:

a) Substâncias químicas e preparações perigosas qualificadas com uma ou mais das frases de risco seguintes: "R40 – possibilidade de efeitos irreversíveis", "R45 – pode causar cancro", "R49 – pode causar cancro por inalação" e "R63 – possíveis riscos durante a gravidez de efeitos indesejáveis na descendência", nos termos da legislação sobre a classificação, embalagem e rotulagem das substâncias e preparações perigosas;

b) Auramina;

c) Mercúrio e seus derivados;

d) Medicamentos antimitóticos;

e) Monóxido de carbono;

f) Agentes químicos perigosos de penetração cutânea formal;

g) Substâncias ou preparações que se libertem nos processos industriais referidos no artigo seguinte.

NOTAS:

Ver Decreto-Lei n.° 290/2001, de 16.11 (agentes e substâncias químicas) e o Decreto-Lei n.° 274/89, de 21.08 (protecção dos trabalhadores contra os riscos da exposição ao chumbo).

ARTIGO 88.° **(Processos industriais e condições de trabalho)**

São condicionadas a trabalhadora grávida, puérpera ou lactante as actividades em locais de trabalho onde decorram ou possam decorrer os seguintes processos industriais:

a) Fabrico de auramina;

Lei n.º 35/2004, de 29 de Julho

b) Trabalhos susceptíveis de provocarem a exposição a hidrocarbonetos policíclicos aromáticos presentes nomeadamente na fuligem, no alcatrão, no pez, nos fumos ou nas poeiras de hulha;

c) Trabalhos susceptíveis de provocarem a exposição a poeiras, fumos ou névoas produzidos durante a calcinação e electrorrefinação de mates de níquel;

d) Processo de ácido forte durante o fabrico de álcool isopropílico;

e) Trabalhos susceptíveis de provocarem a exposição a poeiras de madeiras de folhosas.

SUBSECÇÃO II
Actividades proibidas a trabalhadora grávida

ARTIGO 89.º (**Actividades proibidas**)

Para efeitos do n.º 5 do artigo 49.º do Código do Trabalho, são proibidas à trabalhadora grávida as actividades referidas nos artigos 90.º a 93.º.

NOTAS:

Dispõe o n.º 5 do art. 49.º, do Código do Trabalho: "É vedado à trabalhadora grávida, puérpera ou lactante o exercício de todas as actividades cuja avaliação tenha revelado riscos de exposição aos agentes e condições de trabalho, que ponham em perigo a sua segurança ou saúde."

ARTIGO 90.º (**Agentes físicos**)

É proibida à trabalhadora grávida a realização de actividades em que esteja, ou possa estar, exposta aos seguintes agentes físicos:

a) Radiações ionizantes;

b) Atmosferas com sobrepressão elevada, nomeadamente câmaras hiperbáricas ou de mergulho submarino.

ARTIGO 91.º (**Agentes biológicos**)

É proibida à trabalhadora grávida a realização de qualquer actividade em que possa estar em contacto com vectores de transmissão do toxoplasma e com o vírus da rubéola, salvo se existirem provas de que a trabalhadora grávida possui anticorpos ou imunidade a esses agentes e se encontra suficientemente protegida.

92   *Regulamentação do Código do Trabalho*

ARTIGO 92.° **(Agentes químicos)**

É proibida à trabalhadora grávida a realização de qualquer actividade em que possa estar em contacto com:

a) As substâncias químicas perigosas, qualificadas com uma ou mais frases de risco seguintes: "R46 – pode causar alterações genéticas hereditárias", "R61 – risco durante a gravidez com efeitos adversos na descendência" e "R64 – pode causar dano nas crianças alimentadas com leite materno", nos termos da legislação sobre a classificação, embalagem e rotulagem das substâncias e preparações perigosas;

b) O chumbo e seus compostos na medida em que esses agentes podem ser absorvidos pelo organismo humano.

ARTIGO 93.° **(Condições de trabalho)**

É proibida à trabalhadora grávida a prestação de trabalho subterrâneo em minas.

NOTAS:

O regulamento geral de segurança e higiene nas minas e pedreiras é o constante do Decreto-Lei n.° 162/90, de 22.05. *V.* ainda o Decreto-Lei n.° 270/2001, de 06.10 (aprova o regime jurídico da pesquisa e exploração de massas minerais-pedreiras).

SUBSECÇÃO III
Actividades proibidas a trabalhadora lactante

ARTIGO 94.° **(Agentes e condições de trabalho)**

É proibida à trabalhadora lactante a realização de qualquer actividade que envolva a exposição aos seguintes agentes físicos e químicos:

a) Radiações ionizantes;

b) Substâncias químicas qualificadas com a frase de risco "R64 – pode causar dano nas crianças alimentadas com leite materno", nos termos da legislação sobre a classificação, embalagem e rotulagem das substâncias e preparações perigosas;

c) Chumbo e seus compostos na medida em que esses agentes podem ser absorvidos pelo organismo humano.

ARTIGO 95.° **(Condições de trabalho)**

É proibida à trabalhadora lactante a prestação de trabalho subterrâneo em minas.

Lei n.º 35/2004, de 29 de Julho 93

SECÇÃO V
Protecção no trabalho e no despedimento

ARTIGO 96.º **(Protecção no trabalho)**

O trabalhador, após terminar qualquer situação de licença, faltas, dispensa ou regime de trabalho especial regulado no presente capítulo, tem direito a retomar a actividade contratada.

NOTAS:

Sobre ilícito contra-ordenacional: *v.* art. 475.º, n.º 2.

ARTIGO 97.º **(Efeitos das licenças)**

1 – O gozo das licenças por maternidade e paternidade não afecta o aumento da duração do período de férias previsto no n.º 3 do artigo 213.º do Código do Trabalho.

2 – A licença parental, a licença especial para assistência a filho e a licença para assistência a pessoa com deficiência ou doença crónica, previstas nos artigos 43.º e 44.º do Código do Trabalho:

a) Suspendem-se por doença do trabalhador, se este informar o empregador e apresentar atestado médico comprovativo, e prosseguem logo após a cessação desse impedimento;

b) Não podem ser suspensas por conveniência do empregador;

c) Terminam em caso do falecimento do filho, que deve ser comunicado ao empregador no prazo de cinco dias.

3 – No caso previsto na alínea *c)* do número anterior, o trabalhador retoma a actividade contratada na primeira vaga que ocorrer na empresa ou, se esta entretanto se não verificar, no termo do período previsto para a licença.

4 – Terminadas as licenças referidas no n.º 2, o trabalhador deve apresentar-se ao empregador para retomar a actividade contratada, sob pena de incorrer em faltas injustificadas.

NOTAS:

O legislador veio clarificar a polémica gerada sobre os efeitos das licenças sobre a majoração do tempo de férias, concedido nos termos do n.º 3, do art. 213.º, do Código do Trabalho.

A solução acolhida equipara juridicamente a não prestação laboral, legitimada pelas orientações das políticas sociais, à prestação laboral de facto. A discriminação negativa sobre as mães e, em menor grau, sobre os pais, é, assim, afastada.

Conforme já admitimos (*v.* nosso "Código do Trabalho Anotado e Comentado", 4.ª ed., 2005, p. 494), para efeito de atribuição da majoração de férias prevista no n.º 1, do pre-

94   *Regulamentação do Código do Trabalho*

ceito, é de equiparar a licença por adopção (art. 38.°, do Código do Trabalho) ao regime das licenças por maternidade e paternidade.

Relativamente às situações de aborto, a própria norma do art. 35.°, do Código do Trabalho, enquadra-as na licença por maternidade (n.° 6). Quanto aos restantes regimes protectivos previstos no Código do Trabalho [dispensa para consultas pré-natais (art. 39.°); dispensa para amamentação e aleitação (art. 39.°); faltas para assistência a filho (menor) com deficiência ou doença crónica (art. 37.°); faltas para assistência a neto (art. 41.°); licença parental (art. 43.°) e licença para assistência a filho (menor ou maior) ou adoptado (menor ou maior) e pessoa com deficiência ou doença crónica (art. 42.°)] não recebem a protecção concedida pela norma.

Também a falta justificada para assistência a filho ou equiparado (art. 225.°, n.° 2, al. *e*), do Código do Trabalho), apesar de justificada, é desconsiderada para efeito da majoração de férias.

Sobre ilícito contra-ordenacional: *v.* art. 475.°, n.° 2.

ARTIGO 98.° **(Protecção no despedimento)**

1 – Para efeitos do artigo 51.° do Código do Trabalho, o empregador deve remeter cópia do processo à entidade que tenha competência na área da igualdade de oportunidade entre homens e mulheres, nos seguintes momentos previstos naquele diploma:

a) Depois das diligências probatórias referidas no n.° 3 do artigo 414.° ou no n.° 2 do artigo 418.°, no despedimento por facto imputável ao trabalhador;

b) Depois da fase de informações e negociações prevista no artigo 420.°, no despedimento colectivo;

c) Depois das consultas referidas nos n.os 1 e 2 do artigo 424.°, no despedimento por extinção de posto de trabalho;

d) Depois das consultas referidas no artigo 427.°, no despedimento por inadaptação.

2 – A exigência de parecer prévio da entidade que tenha competência na área da igualdade de oportunidades entre homens e mulheres considera-se verificada, e em sentido favorável ao despedimento, se a mesma não se pronunciar no prazo de 30 dias a contar da recepção da cópia do processo.

3 – A acção judicial a que se refere o n.° 5 do artigo 51.° do Código do Trabalho deve ser intentada nos 30 dias subsequentes à notificação do parecer prévio desfavorável ao despedimento emitido pela entidade que tenha competência na área da igualdade de oportunidades entre homens e mulheres.

4 – O pai tem direito, durante o gozo da licença por paternidade, à mesma protecção no despedimento de trabalhadora grávida, puérpera ou lactante.

NOTAS:

Tenhamos presente que o despedimento das grávidas, puérperas e lactantes, apresenta alguns desvios procedimentais que visam garantizar a posição da trabalhadora, nos termos previsto no art. 51.°, do Código do Trabalho.

O procedimento disciplinar carece de parecer prévio da Comissão para a Igualdade do Trabalho e no Emprego (CITE), sob pena de invalidade procedimental (art. 51.°, n.° 4, do Código do Trabalho), estabelecendo, o n.° 1, do preceito em anotação, os momentos em que esta entidade deve tomar conhecimento do desenrolar do procedimento.

Atendendo ao *estatuto* da trabalhadora, o despedimento presume-se feito sem justa causa (art. 51.°, n.° 2, do Código do Trabalho), constituindo esta solução, umas das principais especificidades de regime.

Na eventualidade de a CITE emitir parecer desfavorável ao despedimento, este só pode ser realizado após decisão judicial que reconheça a existência de motivo justificativo (art. 51.°, n.° 5, do Código do Trabalho). A acção judicial intentada para esse efeito deve ser proposta nos 30 dias subsequentes à notificação do parecer (n.° 3, do preceito em anotação).

A suspensão judicial de despedimento (como providência cautelar que visa assegurar ao trabalhador um meio eficaz e útil de manutenção do direito retributivo), só não será decretada se o parecer da CITE for favorável ao despedimento e o tribunal considerar que existe probabilidade séria de verificação de justa causa (art. 51.°, n.° 6, do Código do Trabalho).

Relativamente à indemnização por antiguidade, devida em caso de despedimento ilícito, esta é calculada entre 30 e 60 dias de retribuição-base e diuturnidade por cada ano completo ou fracção de ano de antiguidade (art. 439.°, n.° 4, do Código do Trabalho), não podendo ser inferior a seis meses (art. 438.°, n.° 5, por remissão do art. 51.°, n.° 7, ambos do Código do Trabalho). Sem prejuízo de indemnização por danos morais e responsabilidade penal e contra-ordenacional.

É excluído, ainda, o direito de oposição do empregador à reintegração pedida pela trabalhadora (art. 51.°, n.° 8, do Código do Trabalho).

Sobre ilícito contra-ordenacional: *v.* art. 475.°, n.° 2.

SECÇÃO VI
Disposições comuns

ARTIGO 99.° **(Extensão de direitos atribuídos aos progenitores)**

1 – O adoptante, o tutor ou a pessoa a quem for deferida a confiança judicial ou administrativa do menor, bem como o cônjuge ou a pessoa em união de facto com qualquer daqueles ou com o progenitor, desde que viva em comunhão de mesa e habitação com o menor, beneficia dos seguintes direitos:

a) Dispensa para aleitação;

96 *Regulamentação do Código do Trabalho*

b) Licença especial para assistência a filho e licença para assistência a pessoa com deficiência ou doença crónica;

c) Faltas para assistência a filho menor, ou pessoa com deficiência ou doença crónica;

d) Condições especiais de trabalho para assistência a filho com deficiência ou doença crónica;

e) Trabalho a tempo parcial;

f) Trabalho em regime de flexibilidade de horário.

2 – O adoptante e o tutor do menor beneficiam do direito a licença parental ou a regimes alternativos de trabalho a tempo parcial ou de períodos intercalados de ambos.

3 – O regime de faltas para assistência a netos, previsto no artigo 41.º do Código do Trabalho, é aplicável ao tutor do adolescente, a trabalhador a quem tenha sido deferida a confiança judicial ou administrativa do mesmo, bem como ao seu cônjuge ou pessoa em união de facto.

4 – Sempre que qualquer dos direitos referidos nos n.os 1 e 3 depender de uma relação de tutela ou confiança judicial ou administrativa do menor, o respectivo titular deve, para que o possa exercer, mencionar essa qualidade ao empregador.

NOTAS:

Sobre o regime da união de facto, *v.* Lei n.º 7/2001, de 11.05 (inserida na presente obra).

Sobre o regime de tutela, *v.* os arts. 1927.º e ss., e sobre a confiança judicial, o art. 1978.º, todos do Código Civil.

ARTIGO 100.º **(Condição de exercício do poder paternal)**

O trabalhador não deve estar impedido ou inibido totalmente de exercer o poder paternal para que possa exercer os seguintes direitos:

a) Licença por paternidade;

b) Licença por adopção;

c) Dispensa para aleitação;

d) Licença parental, ou os regimes alternativos de trabalho a tempo parcial ou de períodos intercalados de ambos;

e) Faltas para assistência a filho menor ou pessoa com deficiência ou doença crónica;

f) Licença especial para assistência a filho, incluindo pessoa com deficiência ou doença crónica;

g) Faltas para assistência a neto;

Lei n.º 35/2004, de 29 de Julho 97

h) Condições especiais de trabalho para assistência a filho com deficiência ou doença crónica;

i) Trabalho a tempo parcial para assistência a filho;

j) Trabalho em regime de flexibilidade de horário para assistência a filho.

ARTIGO 101.º **(Regime das licenças, dispensas e faltas)**

1 – As licenças, dispensas e faltas previstas no artigo 41.º e nos n.os 1 e 2 do artigo 43.º do Código do Trabalho não determinam perda de quaisquer direitos, sendo consideradas como prestação efectiva de serviço para todos os efeitos, salvo quanto à retribuição.

2 – As licenças por maternidade, paternidade, adopção e a licença parental:

a) Suspendem o gozo das férias, devendo os restantes dias ser gozados após o seu termo, mesmo que tal se verifique no ano seguinte;

b) Não prejudicam o tempo já decorrido de qualquer estágio ou curso de formação, sem prejuízo de o trabalhador cumprir o período em falta para o completar;

c) Adiam a prestação de provas para progressão na carreira profissional, as quais devem ter lugar após o termo da licença.

3 – As licenças, dispensas e faltas previstas no n.º 1 não são cumuláveis com outras similares consagradas em lei ou instrumento de regulamentação colectiva de trabalho.

4 – As licenças previstas nos n.os 3, 4 e 5 do artigo 43.º e no artigo 44.º do Código do Trabalho suspendem os direitos, deveres e garantias das partes na medida em que pressuponham a efectiva prestação de trabalho, designadamente a retribuição, mas não prejudicam a atribuição dos benefícios de assistência médica e medicamentosa a que o trabalhador tenha direito.

5 – Durante as licenças previstas nos artigos 43.º e 44.º do Código do Trabalho, o trabalhador tem direito a aceder à informação periódica emitida pelo empregador para o conjunto dos trabalhadores.

NOTAS:

O Código do Trabalho contempla as faltas para assistência a netos (art. 41.º), a licença parental e especial para assistência a filho ou adoptado, até aos 6 anos da criança (art. 43.º), e a licença para assistência a pessoa com deficiência crónica ou doença crónica, durante os primeiros 12 anos de vida da criança (o art. 44.º).

Sobre ilícito contra-ordenacional: *v.* art. 475.º, n.º 2.

98   *Regulamentação do Código do Trabalho*

ARTIGO 102.º **(Incompatibilidades)**

Durante o período de licença parental ou dos regimes alternativos de trabalho a tempo parcial ou de períodos intercalados de ambos, de licença especial para assistência a filho ou de licença para assistência a pessoa com deficiência ou doença crónica, ou ainda durante o período de trabalho a tempo parcial para assistência a filho, o trabalhador não pode exercer outra actividade incompatível com a respectiva finalidade, nomeadamente trabalho subordinado ou prestação continuada de serviços fora da sua residência habitual.

SECÇÃO VII
Regime de segurança social

ARTIGO 103.º **(Subsídio)**

1 – Durante as licenças, faltas e dispensas referidas nos artigos 35.º, 36.º, 38.º e 40.º, no n.º 3 do artigo 47.º e na alínea *c)* do n.º 4 do artigo 49.º do Código do Trabalho, bem como no artigo 68.º, o trabalhador tem direito a um subsídio, nos termos da legislação da segurança social.

2 – O disposto no número anterior é ainda aplicável aos primeiros 15 dias, ou período equivalente, da licença parental gozada pelo pai, desde que sejam imediatamente subsequentes à licença por maternidade ou por paternidade.

3 – No caso de trabalhadora lactante dispensada do trabalho, nos termos do n.º 3 do artigo 47.º ou da alínea *c)* do n.º 4 do artigo 49.º do Código do Trabalho, o direito referido no n.º 1 mantém-se até um ano após o parto.

NOTAS:

O Código do Trabalho cuida:
a) da licença por maternidade (art. 35.º);
b) da licença por paternidade (art. 36.º);
c) da adopção (art. 38.º) e
d) das faltas para assistência menores (art. 40.º).

O n.º 3, do art. 47.º, do Código do Trabalho, trata da dispensa de prestação de trabalho, nos casos em que, havendo dispensa de prestação de trabalho nocturno, não seja possível assegurar um horário de trabalho diurno compatível.

A al. *c)*, do n.º 4, do art. 49.º, do Código do Trabalho, impõe a dispensa do trabalho à trabalhadora grávida, puérpera e lactante, durante todo o período necessário para evitar a exposição aos riscos, sempre que não seja possível a adaptação das condições de trabalho ou a atribuição de outras tarefas compatíveis.

O art. 68.º, do Código do Trabalho, atribui o direito ao descanso semanal.

ARTIGO 104.° **(Subsídio em caso de faltas para assistência a menores)**

Em caso de faltas para assistência a menores, nos termos do artigo 40.° do Código do Trabalho, o trabalhador tem direito a um subsídio nos termos da legislação da segurança social.

ARTIGO 105.° **(Relevância para acesso a prestações de segurança social)**

Os períodos de licença previstos nos artigos 43.° e 44.° do Código do Trabalho são tomados em conta para o cálculo das prestações devidas pelos regimes de protecção social em caso de invalidez ou velhice.

ARTIGO 106.° **(Subsídio em caso de licença especial para assistência a pessoa com deficiência ou doença crónica)**

Durante a licença prevista no artigo 44.° do Código do Trabalho, o trabalhador tem direito a um subsídio para assistência a deficientes profundos e doentes crónicos, nos termos da legislação da segurança social.

SECÇÃO VIII
Administração Pública

SUBSECÇÃO I
Licenças, dispensas e faltas

ARTIGO 107.° **(Efeitos das licenças por maternidade, paternidade e adopção)**

1 – As licenças por maternidade, por paternidade e por adopção a que se referem os artigos 35.°, 36.° e 38.° do Código do Trabalho não determinam a perda de quaisquer direitos, sendo consideradas como prestação efectiva de serviço para todos os efeitos, designadamente de antiguidade e abono de subsídio de refeição.

2 – O acto de aceitação de nomeação ou posse de um lugar ou cargo que deva ocorrer durante o período de qualquer uma das licenças referidas no n.° 1 é transferido para o termo da mesma, produzindo todos os efeitos, designadamente antiguidade e retribuição, a partir da data da publicação do respectivo despacho de nomeação.

100 *Regulamentação do Código do Trabalho*

ARTIGO 108.º **(Efeitos das licenças parental, especial para assistência a filho ou adoptado e especial para assistência a pessoa com deficiência ou com doença crónica)**
As licenças especiais previstas nos artigos 43.º e 44.º do Código do Trabalho são consideradas para efeitos de aposentação, pensão de sobrevivência e atribuição dos benefícios da Assistência na Doença aos Servidores do Estado (ADSE).

ARTIGO 109.º **(Efeitos das dispensas e faltas)**
1 – As dispensas referidas no artigo 39.º, no n.º 3 do artigo 47.º e na alínea *c*) do n.º 4 do artigo 49.º do Código do Trabalho são consideradas como prestação efectiva de serviço para todos os efeitos, nomeadamente quanto à remuneração e ao desconto de tempo para qualquer efeito.

2 – As faltas previstas nos artigos 40.º e 42.º do Código do Trabalho contam para antiguidade na carreira e categoria.

3 – Às faltas previstas no artigo 41.º do Código do Trabalho aplica-se, com as necessárias adaptações, o disposto no artigo 107.º.

4 – A justificação e controlo das faltas previstas no n.º 2 são feitos em termos idênticos ao estabelecido na lei para as faltas por doença do trabalhador.

5 – O documento médico comprovativo da doença do familiar deve mencionar expressamente que o doente necessita de acompanhamento ou assistência permanente, com carácter inadiável e imprescindível.

6 – O documento referido no número anterior deve ser acompanhado de declaração do trabalhador da qual conste que ele é o familiar em melhores condições para a prestação do acompanhamento ou assistência e a indicação da sua ligação familiar com o doente.

7 – A contagem das faltas para assistência a menores é suspensa nos casos previstos no n.º 2 do artigo 40.º do Código do Trabalho e retomada após a alta do internamento.

SUBSECÇÃO II
Regime de trabalho especial na Administração Pública

ARTIGO 110.º **(Faltas para assistência a membros do agregado familiar)**
1 – O trabalhador tem direito a faltar ao trabalho até 15 dias por ano para prestar assistência inadiável e imprescindível em caso de doença ou acidente ao cônjuge, parente ou afim na linha recta ascendente

Lei n.º 35/2004, de 29 de Julho 101

ou no 2.º grau da linha colateral, filho, adoptado ou enteado com mais de 10 anos de idade.

2 – Aos 15 dias previstos no número anterior acresce um dia por cada filho, adoptado ou enteado além do primeiro.

3 – O disposto nos números anteriores é aplicável aos trabalhadores a quem tenha sido deferida a tutela de outra pessoa ou confiada a guarda de menor com mais de 10 anos por decisão judicial ou administrativa.

4 – Para justificação de faltas, o empregador pode exigir ao trabalhador:

a) Prova do carácter inadiável e imprescindível da assistência;

b) Declaração de que os outros membros do agregado familiar, caso exerçam actividade profissional, não faltaram pelo mesmo motivo ou estão impossibilitados de prestar a assistência.

5 – Às situações previstas nos números anteriores aplicam-se os n.ºs 2 e 4 do artigo 109.º.

ARTIGO 111.º **(Trabalho a tempo parcial e flexibilidade de horário)**

1 – Os regimes de trabalho a tempo parcial e de flexibilidade de horário previstos no artigo 45.º do Código do Trabalho são regulados pela legislação relativa à duração e horário de trabalho na Administração Pública.

2 – O regime de trabalho a tempo parcial e horários específicos com a necessária flexibilidade e sem prejuízo do cumprimento da duração semanal do horário de trabalho a que se refere o artigo 45.º do Código do Trabalho, são aplicados a requerimento dos interessados, de forma a não perturbar o normal funcionamento dos serviços, mediante acordo entre o dirigente e o trabalhador, com observância do previsto na lei geral, em matéria de duração e modalidades de horário de trabalho para os funcionários e agentes da Administração Pública.

3 – Sempre que o número de pretensões para utilização das facilidades de horários se revelar manifesta e comprovadamente comprometedora do normal funcionamento dos serviços e organismos, são fixados, pelo processo previsto no número anterior, o número e as condições em que são deferidas as pretensões apresentadas.

4 – Quando não seja possível a aplicação do disposto nos números anteriores, o trabalhador é dispensado por uma só vez ou interpoladamente em cada semana, em termos idênticos ao previsto na lei para a frequência de aulas no regime do trabalhador-estudante.

102   *Regulamentação do Código do Trabalho*

5 – A dispensa para amamentação ou aleitação, prevista no artigo 39.° do Código do Trabalho, pode ser acumulada com a jornada contínua e o horário de trabalhador-estudante, não podendo implicar no total uma redução superior a duas horas diárias.

ARTIGO 112.° **(Retribuição)**

1 – Durante as licenças, faltas e dispensas referidas nos artigos 35.°, 36.°, 38.°, 41.°, no n.° 3 do artigo 47.° e na alínea *c)* do n.° 4 do artigo 49.° do Código do Trabalho, o trabalhador abrangido pelo regime de protecção social da função pública mantém o direito à retribuição, incluindo os suplementos de carácter permanente sobre os quais incidam descontos para a Caixa Geral de Aposentações.

2 – O disposto no número anterior é ainda aplicável aos primeiros 15 dias, ou período equivalente, da licença parental gozada pelo pai, desde que sejam imediatamente subsequentes à licença por maternidade ou por paternidade.

3 – O gozo das licenças parental e especial previstas no artigo 43.° do Código do Trabalho não confere direito à retribuição ou a subsídio substitutivo, com excepção do disposto no número anterior.

4 – No caso de trabalhadora lactante dispensada do trabalho, nos termos do n.° 3 do artigo 47.° ou da alínea *c)* do n.° 4 do artigo 49.° do Código do Trabalho, os direitos referidos no n.° 1 mantêm-se até um ano após o parto.

5 – As faltas referidas nos artigos 40.° e 42.° do Código do Trabalho conferem direito à retribuição, entrando no cômputo das que podem implicar o desconto da retribuição de exercício.

ARTIGO 113.° **(Subsídio de refeição)**

1 – O direito ao subsídio de refeição é mantido em todas as situações previstas nos artigos 35.°, 36.°, 38.°, 39.°, 41.°, no n.° 3 do artigo 47.° e na alínea *c)* do n.° 4 do artigo 49.° do Código do Trabalho.

2 – O direito referido no número anterior mantém-se, ainda, na situação do n.° 2 do artigo anterior.

3 – As faltas referidas nos artigos 40.° e 42.° do Código do Trabalho implicam a perda do subsídio de refeição.

CAPÍTULO VII
Trabalho de menores

SECÇÃO I
Âmbito

ARTIGO 114.º **(Âmbito)**

1 – O presente capítulo regula:

a) Os trabalhos leves prestados por menor com idade inferior a 16 anos que tenha concluído a escolaridade obrigatória, a que se refere o n.º 3 do artigo 55.º do Código do Trabalho;

b) A formação de menor admitido ao trabalho que não tenha concluído a escolaridade obrigatória ou não tenha qualificação profissional, nos termos do n.º 1 do artigo 56.º e do artigo 57.º do Código do Trabalho;

c) Os incentivos e apoios financeiros à formação profissional dos menores previstos no artigo 57.º do Código do Trabalho;

d) Os trabalhos proibidos ou condicionados a menores previstos no n.º 2 do artigo 60.º do Código do Trabalho;

e) A bolsa para compensação da perda de retribuição, nos termos do n.º 2 do artigo 61.º do Código do Trabalho.

2 – Os artigos 127.º a 136.º aplicam-se à formação de menor que não tenha concluído a escolaridade obrigatória ou não tenha qualificação profissional.

NOTAS:

O presente capítulo acolhe a Directiva n.º 94/33/CE, do Conselho, de 22 de Junho, relativa à protecção dos jovens no trabalho, já considerada no próprio Código do Trabalho (*v.* art. 2.º, al. *f*) da Lei n.º 99/2003, de 27.08).

Este regime constava do Decreto-Lei n.º 107/2001, de 06.04 e do Decreto-Regulamentar n.º 16/2002, de 15.03, diplomas revogados com a presente regulamentação do Código do Trabalho (*v.* art. 21.º, n.º 2, als. *s*) e *v*) da Lei n.º 99/2003, de 27.08).

Conforme já indicamos ("Manual de Direito da Segurança...", p. 165), "Em princípio, só pode ser admitido a prestar trabalho, qualquer que seja a espécie e modalidade de pagamento, o menor que tenha completado a idade mínima de admissão (16 anos), tenha concluído a escolaridade obrigatória e disponha de capacidade física e psíquica adequadas ao posto de trabalho (art. 55.º, n.ᵒˢ 1 e 2, do CT).

No entanto, o menor com idade inferior a 16 anos pode prestar trabalho, contanto que:

104   *Regulamentação do Código do Trabalho*

– tenha concluído a escolaridade obrigatória;

– a natureza dos trabalhos, considerados leves, não possa prejudicar a segurança e saúde, a assiduidade escolar, a participação em programas de orientação ou de formação e a capacidade para beneficiar da instrução ministrada, ou o desenvolvimento físico, psíquico, moral, intelectual e cultural, do mesmo (art. 55.°, n.° 3, do CT), nos termos previstos no art. 115.°, da RCT.

A admissão de menor com idade inferior a 16 anos (com escolaridade obrigatória) mas sem qualificação profissional e de menor de 16 anos sem escolaridade obrigatória ou sem qualificação profissional obedece aos requisitos do art. 56.°, n.° 1, do CT.

Relativamente à vigilância na saúde, a lei obriga à realização de exames médicos para garantia da segurança e saúde do trabalhador (art. 60.°, n.° 1, do CT), sob pena de ilícito contra-ordenacional grave (art. 644.°, n.° 2, do CT)."

Segundo a exposição de motivos, considerou-se ainda o "Acordo sobre Política de Emprego, Mercado de Trabalho, Educação e Formação", assinado pelos parceiros sociais, a 09 de Fevereiro de 2001.

SECÇÃO II
Trabalhos leves e trabalhos proibidos ou condicionados a menor

SUBSECÇÃO I
Trabalhos leves

ARTIGO 115.° **(Trabalhos leves prestados por menor com idade inferior a 16 anos)**

1 – Para efeitos do n.° 3 do artigo 55.° do Código do Trabalho, consideram-se trabalhos leves os que consistem em tarefas simples e definidas que não exijam esforços físicos ou mentais susceptíveis de pôr em risco a integridade física, a saúde e o desenvolvimento físico, psíquico e moral do menor.

2 – Em empresa familiar, o menor com idade inferior a 16 anos deve trabalhar sob a vigilância e direcção de um membro do agregado familiar maior de idade.

3 – São proibidos a menor com idade inferior a 16 anos as actividades e trabalhos a que se referem os artigos 122.° a 126.°.

NOTAS:

O n.° 3 do art. 55.°, do Código do Trabalho dispõe que: "O menor com idade inferior a 16 anos que tenha concluído a escolaridade obrigatória pode prestar trabalhos

Lei n.º 35/2004, de 29 de Julho

leves que, pela natureza das tarefas ou pelas condições específicas em que são realizadas, não sejam susceptíveis de prejudicar a sua segurança e saúde, a sua assiduidade escolar, a sua participação em programas de orientação ou de formação e a sua capacidade para beneficiar da instrução ministrada, ou o seu desenvolvimento físico, psíquico, moral, intelectual e cultural em actividades e condições a determinar em legislação especial".

Sobre ilícito contra-ordenacional: *v.* art. 476.º, n.ᵒˢ 1 e 2. A decisão condenatória pode ser objecto de publicidade (n.º 4).

SUBSECÇÃO II
Actividades, processos e condições de trabalho proibidos a menor

ARTIGO 116.º **(Actividades)**

São proibidas ao menor as seguintes actividades:

a) Fabrico de auramina;

b) Abate industrial de animais.

NOTAS:

Sobre ilícito contra-ordenacional: *v.* art. 476.º, n.º 1. A decisão condenatória pode ser objecto de publicidade (n.º 4).

ARTIGO 117.º **(Agentes físicos)**

São proibidas ao menor as actividades em que haja risco de exposição aos seguintes agentes físicos:

a) Radiações ionizantes;

b) Atmosferas de sobrepressão elevada, nomeadamente em câmaras hiperbáricas e de mergulho submarino;

c) Poeiras, fumos ou névoas produzidos durante a calcinação e electrorrefinação de mates de níquel;

d) Contacto com energia eléctrica de alta tensão.

NOTAS:

Sobre ilícito contra-ordenacional: *v.* art. 476.º, n.º 1. A decisão condenatória pode ser objecto de publicidade (n.º 4).

ARTIGO 118.º **(Agentes biológicos)**

São proibidas ao menor as actividades em que haja risco de exposição a agentes biológicos classificados nos grupos de risco 3 e 4, de acordo

106 Regulamentação do Código do Trabalho

com a legislação relativa às prescrições mínimas de protecção da segurança e saúde dos trabalhadores contra os riscos da exposição a agentes biológicos durante o trabalho.

NOTAS:

V. legislação em nota ao art. 42.°.
Sobre ilícito contra-ordenacional: *v.* art. 476.°, n.° 1. A decisão condenatória pode ser objecto de publicidade (n.° 4).

ARTIGO 119.° **(Agentes, substâncias e preparações químicos)**
1 – São proibidas ao menor as actividades em que haja risco de exposição aos seguintes agentes químicos:
a) Amianto;
b) Chumbo e seus compostos iónicos, na medida em que estes agentes sejam susceptíveis de ser absorvidos pelo organismo humano;
c) Cloropromazina;
d) Tolueno e xileno;
e) Hidrocarbonetos policíclicos aromáticos presentes na fuligem, no alcatrão ou pez da hulha;
2 – São proibidas ao menor as actividades em que haja risco de exposição a substâncias e preparações que, nos termos da legislação aplicável sobre classificação, embalagem e rotulagem das substâncias e preparações perigosas, sejam classificadas como tóxicas (T), muito tóxicas (T+), corrosivas (C) ou explosivas (E).
3 – São proibidas ao menor as actividades em que haja risco de exposição a substâncias e preparações que, nos termos da legislação aplicável sobre classificação, embalagem e rotulagem das substâncias e preparações perigosas, sejam classificadas como nocivas (Xn) e qualificadas por uma ou mais das seguintes frases de risco:
a) 'R39 – perigo de efeitos irreversíveis muito graves';
b) 'R40 – possibilidade de efeitos irreversíveis';
c) 'R42 – pode causar sensibilização por inalação';
d) 'R43 – pode causar sensibilização por contacto com a pele';
e) 'R45 – pode causar cancro';
f) 'R46 – pode causar alterações genéticas hereditárias';
g) 'R48 – riscos de efeitos graves para a saúde em caso de exposição prolongada';
h) 'R60 – pode comprometer a fertilidade';

Lei n.º 35/2004, de 29 de Julho 107

i) 'R61 – risco durante a gravidez, com efeitos adversos na descendência'.

4 – São proibidas ao menor as actividades em que haja risco de exposição a substâncias e preparações que, nos termos da legislação aplicável sobre classificação, embalagem e rotulagem das substâncias e preparações perigosas, sejam classificadas como irritantes (Xi) e qualificadas por uma ou mais das seguintes frases de risco:

a) 'R12 – extremamente inflamável';
b) 'R42 – pode causar sensibilização por inalação';
c) 'R43 – pode causar sensibilização em contacto com a pele'.

NOTAS:

Sobre ilícito contra-ordenacional: *v.* art. 476.º, n.º 1. A decisão condenatória pode ser objecto de publicidade (n.º 4).

ARTIGO 120.º **(Processos)**

São proibidas ao menor as actividades em que haja risco de exposição aos seguintes processos:

a) Processo do ácido forte durante o fabrico do álcool isopropílico;
b) Fabrico e manipulação de engenhos, artifícios ou objectos que contenham explosivos.

NOTAS:

Sobre atmosferas explosivas, *v.* Decreto-Lei n.º 236/2003, de 30.09.

Sobre ilícito contra-ordenacional: *v.* art. 476.º, n.º 1. A decisão condenatória pode ser objecto de publicidade (n.º 4).

ARTIGO 121.º **(Condições de trabalho)**

1 – São proibidas ao menor as actividades cuja realização esteja sujeita às seguintes condições de trabalho:

a) Com risco de desabamento;
b) Que impliquem a manipulação de aparelhos de produção, de armazenamento ou de utilização de gases comprimidos, liquefeitos ou dissolvidos;
c) Que impliquem a utilização de cubas, tanques, reservatórios, garrafas ou botijas que contenham agentes, substâncias ou preparações químicos referidos no artigo 119.º;
d) Que impliquem a condução ou operação de veículos de transporte, tractores, empilhadores e máquinas de terraplanagem;

108 *Regulamentação do Código do Trabalho*

e) Que impliquem a libertação de poeiras de sílica livre, nomeadamente na projecção de jactos de areia;
f) Que impliquem o vazamento de metais em fusão;
g) Que impliquem operações de sopro de vidro;
h) Que sejam realizados em locais de criação ou conservação de animais ferozes ou venenosos;
i) Que sejam realizados no subsolo;
j) Que sejam realizados em sistemas de drenagem de águas residuais;
l) Que sejam realizados em pistas de aeroportos;
m) Que sejam realizados em actividades que decorram em clubes nocturnos e similares;
n) Cuja cadência seja condicionada por máquinas e a retribuição determinada em função do resultado.

2 – São proibidas a menor com idade inferior a 16 anos as actividades que sejam realizadas em discotecas e similares.

NOTAS:

Sobre ilícito contra-ordenacional: *v.* art. 476.º, n.º 1. A decisão condenatória pode ser objecto de publicidade (n.º 4).

SUBSECÇÃO III
Trabalhos condicionados a menores com idade igual ou superior a 16 anos

ARTIGO 122.º (**Actividades, processos e condições de trabalho condicionados**)

1 – Só podem ser realizadas por menor com idade igual ou superior a 16 anos as actividades, processos e condições de trabalho referidos nos artigos seguintes.

2 – O empregador deve, de modo especial, avaliar a natureza, grau e duração da exposição do menor a actividades ou trabalhos condicionados e tomar as medidas necessárias para evitar esse risco.

NOTAS:

Sobre ilícito contra-ordenacional: *v.* art. 476.º, n.º 2. A decisão condenatória pode ser objecto de publicidade (n.º 4).

Lei n.º 35/2004, de 29 de Julho

ARTIGO 123.º **(Agentes físicos)**

Só podem ser realizadas por menor com idade igual ou superior a 16 anos as actividades em que haja risco de exposição aos seguintes agentes físicos:

a) Radiações ultravioletas;

b) Níveis sonoros superiores a 85 dB (A), medidos através do $L_{EP,d}$, nos termos do regime relativo à protecção dos trabalhadores contra os riscos devidos à exposição ao ruído durante o trabalho;

c) Vibrações;

d) Temperaturas inferiores a 0.ºC ou superiores a 42.ºC;

e) Contacto com energia eléctrica de alta tensão.

NOTAS:

Sobre ilícito contra-ordenacional: *v.* art. 476.º, n.º 1. A decisão condenatória pode ser objecto de publicidade (n.º 4).

ARTIGO 124.º **(Agentes biológicos)**

Só podem ser realizadas por menor com idade igual ou superior a 16 anos as actividades em que haja risco de exposição a agentes biológicos dos grupos de risco 1 e 2, de acordo com a legislação relativa às prescrições mínimas de protecção da segurança e saúde dos trabalhadores contra os riscos da exposição a agentes biológicos durante o trabalho.

NOTAS:

Sobre ilícito contra-ordenacional: *v.* art. 476.º, n.º 1. A decisão condenatória pode ser objecto de publicidade (n.º 4).

ARTIGO 125.º **(Agentes químicos)**

Só podem ser realizadas por menor com idade igual ou superior a 16 anos as actividades em que haja risco de exposição aos seguintes agentes químicos:

a) Acetato de etilo;

b) Ácido úrico e seus compostos;

c) Álcoois;

d) Butano;

e) Cetonas;

f) Cloronaftalenos;

g) Enzimas proteolíticos;

h) Manganês, seus compostos e ligas;

i) Óxido de ferro;
j) Propano;
l) Sesquissulfureto de fósforo;
m) Sulfato de sódio;
n) Zinco e seus compostos.

NOTAS:

Sobre ilícito contra-ordenacional: *v.* art. 476.°, n.° 1. A decisão condenatória pode ser objecto de publicidade (n.° 4).

ARTIGO 126.° **(Condições de trabalho)**
Só podem ser realizadas por menor com idade igual ou superior a 16 anos as actividades sujeitas às seguintes condições de trabalho:
a) Que impliquem a utilização de equipamentos de trabalho que, nos termos do artigo 6.° do Decreto-Lei n.° 82/99, de 16 de Março, apresentem riscos específicos;
b) Que impliquem demolições;
c) Que impliquem a execução de manobras perigosas;
d) Que impliquem trabalhos de desmantelamento;
e) Que impliquem a colheita, manipulação ou acondicionamento de sangue, órgãos ou quaisquer outros despojos de animais, manipulação, lavagem e esterilização de materiais usados nas referidas operações;
f) Que impliquem a remoção e manipulação de resíduos provenientes de lixeiras e similares;
g) Que impliquem a movimentação manual de cargas com peso superior a 15 quilogramas;
h) Que impliquem esforços físicos excessivos, nomeadamente executados em posição ajoelhada ou em posições e movimentos que determinem compressão de nervos e plexos nervosos;
i) Que sejam realizados em silos;
j) Que sejam realizados em instalações frigoríficas em que possa existir risco de fuga do fluido de refrigeração;
l) Que sejam realizados em matadouros, talhos, peixarias, aviários, fábricas de enchidos ou conservas de carne ou de peixe, depósitos de distribuição de leite e queijarias.

NOTAS:

Sobre ilícito contra-ordenacional: *v.* art. 476.°, n.° 1. A decisão condenatória pode ser objecto de publicidade (n.° 4).

SECÇÃO III
Formação e apoios

ARTIGO 127.º **(Habilitação de menor sem escolaridade obrigatória ou qualificação profissional)**

1 – O menor admitido a prestar trabalho que não tenha concluído a escolaridade obrigatória ou não tenha qualificação profissional nos termos do n.º 1 do artigo 56.º do Código do Trabalho, deve frequentar, em alternativa:

a) Uma modalidade de educação que confira uma das habilitações em falta;

b) Uma modalidade de formação que confira uma das habilitações em falta;

c) Modalidades de educação e de formação que em conjunto confiram as habilitações em falta.

2 – A modalidade de formação que o menor frequentar rege-se pelo disposto nos artigos seguintes.

ARTIGO 128.º **(Caracterização da formação do menor)**

1 – A formação destina-se a conferir ao menor níveis crescentes de escolaridade ou de qualificação profissional.

2 – A formação é estruturada com base na modalidade existente e mais ajustada aos perfis de entrada e saída do menor.

3 – O perfil de formação mais adequado ao menor que não se integre nas modalidades existentes, nos termos da presente secção, deve ser aprovado pelos ministros responsáveis pela educação e pela área laboral.

4 – No caso de as actividades desenvolvidas terem perfis de formação validados pelo sistema de certificação profissional, a formação deve seguir esses perfis.

5 – A formação tem uma duração total não inferior a mil horas, devendo desenvolver-se por fases com duração entre duzentas e trezentas horas por trimestre.

6 – Se o menor, sem ter concluído a escolaridade obrigatória ou sem qualificação profissional, frequentar uma formação que confira qualificação profissional e uma progressão escolar não equivalente à escolaridade obrigatória, deve frequentar uma formação complementar que titule a escolaridade obrigatória.

NOTAS:

Segundo a exposição de motivos à presente regulamentação, procedeu-se à "elimi-

112   *Regulamentação do Código do Trabalho*

nação da exigência de que a formação deva conferir ao menor uma qualificação profissional 'na área da actividade profissional desenvolvida', permitindo-se uma escolha mais ampla da área de qualificação dos menores".

ARTIGO 129.º **(Trabalho a tempo parcial)**

A parte do período normal de trabalho reservada à formação prevista na alínea *c)* do n.º 1 do artigo 56.º do Código do Trabalho é reduzida proporcionalmente quando o menor realizar trabalho a tempo parcial.

ARTIGO 130.º **(Formação prática acompanhada por tutor)**

1 – A experiência decorrente de contrato de trabalho, acompanhada por tutor, integra o processo formativo e pode ser capitalizada como formação prática em contexto de trabalho, dispensando esta componente de formação nas ofertas que a contemplem.

2 – O tutor é indicado pelo empregador, mediante parecer favorável da entidade formadora, e é responsável por promover a articulação entre a experiência decorrente do contrato de trabalho e a formação.

ARTIGO 131.º **(Modalidades de execução da formação)**

1 – O empregador deve optar por uma das seguintes modalidades de execução da formação:

a) Formação assegurada pelo próprio empregador;

b) Formação assegurada pelo IEFP.

2 – O empregador deve comunicar a sua decisão ao IEFP, ao menor e aos seus representantes legais, no prazo de cinco dias úteis a contar da celebração do contrato de trabalho.

3 – O empregador e o IEFP podem assegurar a execução da formação pelos seus meios ou através de entidade formadora acreditada, pública ou privada.

4 – Quando o empregador optar por assegurar a formação, de acordo com a alínea *a)* do n.º 1, deve ainda comunicar ao Instituto do Emprego e Formação Profissional (IEFP) a identificação da entidade formadora que escolher.

NOTAS:

Sobre ilícito contra-ordenacional: *v.* art. 476.º, n.ᵒˢ 2 e 3. A decisão condenatória pode ser objecto de publicidade (n.º 4).

ARTIGO 132.° (Execução da formação assegurada pelo Instituto do Emprego e Formação Profissional)

1 – O IEFP, se lhe competir assegurar a execução da formação, deve, com o acordo do empregador, apresentar uma resposta formativa adequada à inserção profissional do menor, gerida por aquele ou por uma entidade formadora acreditada.

2 – Os itinerários de formação devem ser desenvolvidos, na medida do possível, em articulação com outras entidades, designadamente escolas, associações empresariais, associações sindicais ou de empregadores e associações de âmbito local ou regional, mediante protocolos, de modo a permitir o melhor aproveitamento dos recursos humanos, das estruturas físicas e dos equipamentos.

3 – Se a formação não for gerida pelo Instituto do IEFP, este pode abrir candidaturas a pedidos de financiamento de entidades formadoras externas, devidamente acreditadas, designadamente as previstas no número anterior.

4 – A formação deve iniciar-se no prazo de dois meses a contar da celebração do contrato de trabalho, do acordo de formação ou da recepção da comunicação prevista no n.° 2 do artigo anterior.

5 – Se o empregador não assegurar a execução da formação, nos termos da alínea b) do n.° 1 do artigo 131.°, a duração do contrato de trabalho deve permitir realizar no primeiro quadrimestre um tempo de formação de, no mínimo, duzentas horas, incluindo módulos certificados e capitalizáveis para uma formação qualificante e certificada.

6 – Se o contrato de trabalho cessar, por qualquer motivo, antes de concluída a formação, o IEFP assegura a conclusão da mesma, nas condições aplicáveis à nova situação do menor.

ARTIGO 133.° (Apoios ao empregador)

1 – O empregador tem o direito de ser compensado dos custos com a formação do menor mediante:

a) Uma compensação no valor de 40% do montante correspondente à retribuição do menor e outras prestações que constituam base de incidência da taxa social única, incluindo a totalidade do subsídio de refeição, referentes à duração total da formação, com o limite máximo de 50% da retribuição prevista para a respectiva actividade na regulamentação colectiva aplicável ou, na sua falta, da retribuição mínima mensal garantida;

b) Uma compensação financeira, nos termos aplicáveis ao sistema de aprendizagem, quando haja envolvimento de trabalhadores seus como tutores na formação prática em contexto de trabalho.

114   *Regulamentação do Código do Trabalho*

2 – O empregador tem, ainda, prioridade:

a) No acesso a apoios públicos para a formação qualificante do menor, quando lhe competir assegurar a sua execução, nos termos da alínea *a)* do n.º 1 do artigo 131.º;

b) No acesso à formação contínua dos seus trabalhadores e à formação específica pedagógica dos tutores no quadro da formação de formadores.

3 – A compensação referida na alínea *a)* do n.º 1 é revista em função da actualização de qualquer dos valores previstos, sendo paga pelo IEFP durante o período de duração da formação, em prestações certas mensais e após a apresentação de documentos justificativos dos encargos à delegação regional da área da sede do empregador.

4 – O IEFP concede apoio técnico e financeiro para a realização da formação profissional às entidades que apresentem pedidos de financiamento nos termos do n.º 3 do artigo 132.º, tendo em conta as normas comunitárias e nacionais aplicáveis ao Fundo Social Europeu, mediante acordo entre a entidade formadora e o IEFP, cujo modelo e conteúdo são definidos por este.

ARTIGO 134.º **(Bolsa para compensação da perda de retribuição)**

1 – A bolsa para compensação da perda de retribuição, prevista no n.º 2 do artigo 61.º do Código do Trabalho, concedida ao menor que se encontre em qualquer das situações referidas no n.º 1 do artigo 127.º e passe a trabalhar a tempo parcial, rege-se pelo disposto nos números seguintes.

2 – A bolsa é concedida ao menor durante o período de frequência da modalidade de educação, formação ou ambas.

3 – Se o período referido no número anterior for superior a um ano, a bolsa é renovada se o menor tiver aproveitamento na modalidade de educação, formação ou ambas, que frequentar.

4 – O montante mensal da bolsa é determinado em função da retribuição que o menor deixar de auferir e dos seguintes escalões do rendimento mensal do seu agregado familiar:

a) Inferior ou igual a metade do valor da retribuição mínima mensal garantida, 100% da retribuição que o menor deixar de auferir;

b) Superior a metade e inferior ou igual ao valor da retribuição mínima mensal garantida, 85% da retribuição que o menor deixar de auferir;

c) Superior à retribuição mínima mensal garantida e inferior ou igual a uma vez e meia esse valor, 70% da retribuição que o menor deixar de auferir;

Lei n.° 35/2004, de 29 de Julho 115

d) Superior a uma vez e meia a retribuição mínima mensal garantida e inferior ou igual a duas vezes e meia esse valor, 60% da retribuição que o menor deixar de auferir;

e) Superior a duas vezes e meia a retribuição mínima mensal garantida e inferior ou igual a cinco vezes esse valor, 50% da retribuição que o menor deixar de auferir;

f) Superior a cinco vezes a retribuição mínima mensal garantida, 40% da retribuição que o menor deixar de auferir.

5 – Em qualquer situação, o montante da bolsa tem por limite o valor da retribuição mínima mensal garantida.

6 – Se o menor sob tutela for tributado autonomamente, o montante mensal da bolsa é determinado em função do respectivo rendimento, sendo os escalões de rendimento referidos no n.° 4 reduzidos a um terço.

7 – A bolsa é paga mensalmente pelo IEFP.

NOTAS:

Segundo a exposição de motivos à presente regulamentação, regulou-se a "atribuição de uma bolsa para o menor que passe a regime de trabalho a tempo parcial, em virtude da frequência de modalidade de educação ou formação, de forma a compensá-lo pela perda de retribuição, norma que data de 1991 e nunca foi concretizada, o que constitui um marco assinalável".

ARTIGO 135.° **(Requerimento para concessão da bolsa)**

1 – O requerimento da bolsa, dirigido ao IEFP, deve ser entregue no centro de emprego da área do local de trabalho do menor, acompanhado dos seguintes documentos:

a) Declaração do empregador de que o menor foi admitido para trabalhar a tempo completo e passou a tempo parcial, com indicação da data do início deste regime, bem como das horas semanais de trabalho normal e das retribuições mensais a tempo inteiro e a tempo parcial;

b) Certificado de matrícula em qualquer modalidade de educação ou formação referida no n.° 1 do artigo 127.°, com indicação da respectiva duração, ou declaração do empregador se a formação for assegurada por este;

c) Cópia da declaração de rendimentos para efeitos do imposto sobre o rendimento de pessoas singulares dos progenitores ou adoptantes do menor relativa ao ano anterior;

d) Indicação dos montantes de prestações sociais compensatórias da perda ou inexistência de rendimentos, concedidas no âmbito dos regimes de protecção social a membros do agregado familiar do menor e relativos ao ano anterior, ou declaração da sua inexistência;

e) Nas situações em que o menor for tributado autonomamente, nos termos da legislação fiscal, consideram-se os rendimentos próprios e os do respectivo agregado familiar, sendo este o definido na legislação reguladora do imposto sobre o rendimento das pessoas singulares.

2 – O menor que frequentar uma modalidade de formação que seja directamente assegurada pelo IEFP deve mencionar esse facto no requerimento, sendo dispensada a prova da frequência.

3 – Se o menor, no caso de ser tributado autonomamente, ou o agregado familiar a que pertença, for legalmente dispensado de apresentar a declaração relativa aos rendimentos do ano anterior, deve mencionar essa situação no requerimento e declarar os rendimentos desse ano auferidos por si ou pelo agregado familiar, respectivamente.

4 – Para a determinação do montante da bolsa, consideram-se os rendimentos constantes da declaração referida na alínea *c*) do n.° 1 ou no número anterior e as prestações sociais referidas na alínea *d*) do n.° 1.

ARTIGO 136.° **(Acompanhamento)**

1 – O acompanhamento da aplicação do regime estabelecido nos artigos 127.° a 135.° compete:

a) Ao nível do continente, a uma comissão de acompanhamento, constituída por três representantes do ministério responsável pela área laboral, sendo um deles o director do Departamento de Formação Profissional do IEFP, que preside, dois representantes do ministério responsável pela educação e um representante de cada um dos parceiros sociais representados na Comissão Permanente de Concertação Social, que deve apresentar anualmente um relatório àqueles ministérios;

b) Ao nível regional, às delegações regionais do IEFP e às direcções regionais de educação, que devem apresentar anualmente um relatório à comissão de acompanhamento.

2 – O acompanhamento individualizado do cumprimento do disposto no Código do Trabalho e no presente capítulo sobre a execução da formação é feito com base em modelo simplificado aprovado pelo IEFP.

Lei n.º 35/2004, de 29 de Julho

SECÇÃO IV
Disposição final

ARTIGO 137.º **(Especialidades do regime de apoios a acções a financiar pelo Fundo Social Europeu)**

1 – O IEFP, para cumprimento das obrigações decorrentes dos artigos 127.º a 136.º, não está sujeito a limitações à contratação de outras entidades para realizar acções de formação financiadas pelo Fundo Social Europeu (FSE).

2 – O apoio a entidade formadora externa que execute a formação que o IEFP deve assegurar, nos termos do n.º 3 do artigo 131.º e n.º 4 do artigo 132.º, está sujeito ao regime dos apoios a acções financiadas pelo FSE, nomeadamente nos procedimentos para contratar a prestação de serviço por parte de outras entidades.

3 – A entidade formadora externa, nos casos referidos no número anterior, está sujeita aos deveres dos candidatos a financiamento de acções de formação previstos no regime dos apoios a acções financiadas pelo FSE.

CAPÍTULO VIII
Participação de menores em espectáculos e outras actividades

ARTIGO 138.º **(Âmbito)**

O presente capítulo regula o artigo 70.º do Código do Trabalho, com a extensão decorrente do n.º 5 do artigo 16.º da Lei n.º 99/2003, de 27 de Agosto, relativamente a menor com idade inferior a 16 anos.

NOTAS:

O presente capítulo vem também transpor (conforme já tinha ocorrido com o capítulo VII, dedicado ao trabalho de menores), a Directiva n.º 94/33/CE, do Conselho, de 22.06, relativa à protecção dos jovens no trabalho, em particular, no que concerne à participação de menores em espectáculos e outras actividades, nomeadamente culturais, artísticas, desportivas ou publicitárias.

Esta matéria não possuía enquadramento legal próprio, e o art. 70.º, do Código do Trabalho estabeleceu que a sua regulação iria ser realizada em sede de legislação complementar ao mesmo.

De acordo com a Convenção n.º 138, da OIT, relativa à idade mínima de admissão ao emprego, ratificada pelo Decreto do Presidente da República n.º 11/98, de 19.03,

118 — Regulamentação do Código do Trabalho

vem-se permitir que menores com idade inferior a dezasseis anos participem em espectá-culos e outras actividades, nos termos a seguir regulados.

ARTIGO 139.º **(Actividades permitidas ou proibidas)**
1 – O menor pode ter participação em espectáculos e outras actividades de natureza cultural, artística ou publicitária, designadamente como actor, cantor, dançarino, figurante, músico, modelo ou manequim, incluindo os correspondentes ensaios.
2 – O menor só pode participar em espectáculos circenses desde que tenha pelo menos 12 anos de idade e a sua actividade, incluindo os correspondentes ensaios, decorra sob a vigilância de um dos progenitores, representante legal ou irmão maior.
3 – As situações previstas nos números anteriores não podem envolver qualquer contacto com animais ferozes.

NOTAS:

Sobre ilícito contra-ordenacional: *v.* art. 477.º.

ARTIGO 140.º **(Períodos de actividade)**
1 – A actividade do menor não pode exceder, consoante a idade deste:
a) Menos de 3 anos: uma hora por semana ou duas horas por semana a partir de 1 ano de idade;
b) Entre 3 e 6 anos – duas horas por dia e quatro horas por semana;
c) Entre 7 e 11 anos – três horas por dia e seis horas por semana;
d) Entre 12 e 15 anos – quatro horas por dia e oito horas por semana.
2 – Durante o período de aulas da escolaridade obrigatória, a actividade do menor não deve coincidir com o respectivo horário, nem de qualquer modo impossibilitar a sua participação em actividades escolares.
3 – Durante o período de aulas da escolaridade obrigatória, entre a actividade do menor e a frequência das aulas deve haver um intervalo mínimo de duração de uma hora.
4 – A actividade do menor deve ser suspensa pelo menos um dia por semana, coincidindo com dia de descanso durante o período de aulas da escolaridade obrigatória.
5 – O menor pode exercer a actividade em metade do período de férias escolares, a qual não pode exceder, consoante a sua idade:
a) Entre 6 e 11 anos – seis horas por dia e doze horas por semana;
b) Entre 12 e 15 anos – sete horas por dia e dezasseis horas por semana.

Lei n.º 35/2004, de 29 de Julho   119

6 – Nas situações referidas nas alíneas *b), c)* e *d)* do n.º 1 e no n.º 5 deve haver uma ou mais pausas de pelo menos trinta minutos cada, de modo a que a actividade consecutiva do menor não seja superior a metade do período diário referido naqueles preceitos.

7 – O menor só pode exercer a actividade entre as 8 e as 20 horas ou, tendo idade igual ou superior a 7 anos e apenas para participar em espectáculos de natureza cultural ou artística, entre as 8 e as 24 horas.

8 – Os n.os 1 a 6 não se aplicam a menor que já não esteja obrigado à escolaridade obrigatória.

NOTAS:

Sobre ilícito contra-ordenacional: *v.* art. 477.º.

ARTIGO 141.º **(Autorização)**

1 – A participação do menor em qualquer das actividades referidas nos n.os 1 e 2 do artigo 139.º está sujeita a autorização.

2 – É competente para a autorização referida no número anterior a Comissão de Protecção de Crianças e Jovens da área da residência habitual do menor, funcionando em comissão restrita ou, na sua falta, aquela cuja sede estiver mais próxima da referida residência.

3 – A autorização caduca no termo da participação do menor na actividade a que respeita.

4 – A autorização carece de renovação ao fim de nove meses, sempre que o prazo da participação do menor for superior.

NOTAS:

Sobre ilícito contra-ordenacional: *v.* art. 477.º.

ARTIGO 142.º **(Pedido de autorização)**

1 – O requerimento de autorização deve ser apresentado por escrito pela entidade promotora do espectáculo ou da actividade e conter os seguintes elementos:

a) Identificação e data do nascimento do menor;

b) Estabelecimento de ensino frequentado pelo menor, se este estiver obrigado à frequência da escolaridade obrigatória;

c) Indicação do espectáculo ou actividade e local onde se realiza;

d) Tipo e duração da participação do menor, que pode ser para uma ou várias actuações, um prazo certo, uma temporada ou o período em que o espectáculo permaneça em cartaz;

120   *Regulamentação do Código do Trabalho*

e) Número de horas de actividade do menor em dias de ensaio ou actuação, bem como por semana;

f) Identificação da pessoa que exerce a vigilância do menor, no caso de espectáculo circense.

2 – O requerimento deve ser acompanhado dos seguintes elementos:

a) Certificado de que o menor tem capacidade física e psíquica adequada à natureza e intensidade da sua participação, emitido por médico do trabalho, depois de ouvido o médico assistente do menor;

b) Declaração do horário escolar e informação sobre o aproveitamento escolar do menor, se este estiver obrigado à frequência da escolaridade obrigatória, emitidas pelo estabelecimento de ensino;

c) Autorização dos representantes legais do menor, que deve mencionar os elementos referidos nas alíneas *c), d), e)* e, sendo caso disso, na alínea *f)* do número anterior;

d) Parecer do sindicato e da associação de empregadores envolvidos sobre a compatibilidade entre a participação e a educação, saúde, segurança e desenvolvimento físico, psíquico e moral do menor ou, na falta de resposta daqueles, prova de que foi solicitada com uma antecedência de 10 dias úteis relativamente à apresentação do requerimento;

e) A apreciação da entidade promotora relativamente a eventual parecer desfavorável do sindicato ou da associação de empregadores.

3 – São competentes para dar parecer sobre o pedido:

a) O sindicato representativo da actividade a exercer pelo menor, que tenha celebrado uma convenção colectiva que abranja a actividade promovida pela requerente e que tenha sido objecto de regulamento de extensão;

b) A associação de empregadores em que a entidade promotora esteja inscrita ou, na sua falta, que tenha celebrado uma convenção colectiva que abranja a actividade promovida pela requerente e que tenha sido objecto de regulamento de extensão;

c) Se mais de um sindicato ou associação de empregadores satisfizerem as condições referidas nas alíneas anteriores, qualquer um a quem o parecer seja solicitado.

ARTIGO 143.º **(Decisão da Comissão de Protecção de Crianças e Jovens)**

1 – A Comissão de Protecção de Crianças e Jovens autoriza a participação do menor se a actividade, o tipo de participação e o número de horas por dia e por semana respeitarem o disposto nos artigos anteriores e não prejudicarem a educação, saúde, segurança e desenvolvimento físico, psíquico e moral do menor.

Lei n.º 35/2004, de 29 de Julho   121

2 – A Comissão pode, ouvindo o requerente e os representantes legais do menor, autorizar a participação com o encargo de que esta decorra sob a vigilância de um dos representantes legais ou pessoa maior indicada por estes.

3 – A decisão deve ser proferida no prazo de 20 dias.

4 – Considera-se indeferido o requerimento que não seja decidido no prazo referido no número anterior, sem prejuízo do previsto no número seguinte.

5 – Considera-se deferido o requerimento que não seja decidido no prazo referido no n.º 3, se os elementos previstos nas alíneas *a)* a *d)* do n.º 2 do artigo 142.º contiverem informações favoráveis à participação do menor na actividade a que respeita ou se este já não estiver obrigado à frequência da escolaridade obrigatória.

6 – A autorização deve identificar a entidade promotora e mencionar os elementos referidos no n.º 1 do artigo 142.º.

7 – A Comissão de Protecção de Crianças e Jovens comunica a autorização e o prazo de validade da mesma ao requerente, à Inspecção-Geral do Trabalho, aos representantes legais do menor e, no caso de menor obrigado à frequência da escolaridade obrigatória, ao estabelecimento de ensino.

8 – Aplica-se à renovação da autorização o previsto nos números anteriores.

ARTIGO 144.º **(Celebração e regime do contrato)**

1 – O contrato que titula a participação do menor em espectáculo ou outra actividade referida nos n.ᵒˢ 1 e 2 do artigo 139.º é celebrado pelos seus representantes legais, por escrito e em dois exemplares, devendo indicar o espectáculo ou actividade, acção a realizar e duração da participação do menor, o número de horas a prestar por dia e por semana, a retribuição e a pessoa que exerce a vigilância do menor, nos casos previstos nos n.ᵒˢ 2 dos artigos 139.º e 143.º.

2 – O exemplar do contrato que ficar na posse da entidade promotora deve ter anexas cópias da decisão da Comissão de Protecção de Crianças e Jovens, do certificado de que o menor tem capacidade física e psíquica adequada e da declaração comprovativa do horário escolar se o menor estiver obrigado à frequência da escolaridade obrigatória, bem como de alterações do horário que ocorram durante a validade da autorização.

3 – A entidade promotora deve apresentar cópia do contrato, acompanhada dos anexos a que se refere o número anterior, à Inspecção-Geral

122   *Regulamentação do Código do Trabalho*

do Trabalho, bem como ao estabelecimento de ensino do menor obrigado à frequência da escolaridade obrigatória, antes do início da actividade deste.

NOTAS:

Sobre ilícito contra-ordenacional: *v.* art. 477.°.

ARTIGO 145.° **(Alteração do horário ou do aproveitamento escolar de menor)**

1 – Em caso de alteração de horário, o estabelecimento de ensino deve comunicar de imediato tal facto à entidade promotora, à Comissão de Protecção de Crianças e Jovens e aos representantes legais do menor.

2 – Na situação referida no número anterior, a entidade promotora deve comunicar ao estabelecimento escolar e à Comissão de Protecção de Crianças e Jovens as alterações do horário da prestação da actividade do menor necessárias para respeitar o disposto nos n.os 2 e 3 do artigo 140.°, sem as quais este não pode prosseguir a respectiva actividade.

3 – No caso de menor obrigado à frequência da escolaridade obrigatória, o estabelecimento de ensino deve comunicar à Comissão de Protecção de Crianças e Jovens qualquer relevante diminuição do aproveitamento escolar do menor durante o prazo de validade da autorização ou relevante afectação do comportamento do menor.

4 – Sempre que a alteração do horário escolar tornar este incompatível com a actividade exercida pelo menor ou esta tiver como consequência uma relevante diminuição do aproveitamento escolar com prejuízo para a sua educação ou uma relevante afectação do seu comportamento, a Comissão de Protecção de Crianças Jovens deve, sempre que considere viável, apresentar à entidade promotora, à Inspecção-Geral do Trabalho, aos representantes legais do menor e, no caso de menor obrigado à frequência da escolaridade obrigatória, ao estabelecimento de ensino, uma alteração das condições de participação do menor na actividade a que respeita, adequada a corrigir a situação existente.

5 – A Comissão de Protecção de Crianças e Jovens revoga a autorização sempre que a alteração prevista no número anterior não for cumprida ou considere inviável que qualquer alteração das condições de participação do menor na actividade a que respeita seja adequada a corrigir a situação existente.

6 – A Comissão de Protecção de Crianças e Jovens notifica a revogação da autorização à entidade promotora, à Inspecção-Geral do Traba-

Lei n.° 35/2004, de 29 de Julho 123

lho, aos representantes legais do menor e, no caso de menor obrigado à frequência da escolaridade obrigatória, ao estabelecimento de ensino.

7 –A revogação prevista no n.° 5 produz efeitos 30 dias após a notificação do acto, salvo se existirem riscos graves para o menor, competindo, neste caso, à Comissão de Protecção de Crianças e Jovens a fixação da data de produção de efeitos.

NOTAS:

> Sobre ilícito contra-ordenacional: *v.* art. 477.°.

ARTIGO 146.° **(Suprimento judicial)**

1 – Se a Comissão de Protecção de Crianças e Jovens não autorizar a participação ou revogar autorização anterior, os representantes legais do menor podem requerer ao tribunal de família e menores que autorize a participação ou mantenha a autorização anterior, mantendo-se, até ao trânsito em julgado, a deliberação da Comissão de Protecção de Crianças e Jovens.

2 – Ao processo referido no número anterior é aplicável, com as devidas adaptações, o regime do processo judicial de promoção e protecção previsto no diploma que regula a Comissão de Protecção de Crianças e Jovens.

CAPÍTULO IX
Trabalhador-estudante

ARTIGO 147.° **(Âmbito)**

1 – O presente capítulo regula o artigo 85.°, bem como a alínea *c)* do n.° 2 artigo 225.° do Código do Trabalho.

2 – Os artigos 79.° a 85.° do Código do Trabalho e o presente capítulo aplicam-se à relação jurídica de emprego público que confira ou não a qualidade de funcionário ou agente da Administração Pública.

NOTAS:

> O presente Capítulo vem reformular o estatuto do trabalhador-estudante, atendendo ao "Acordo sobre Política de Emprego, Mercado de Trabalho, Educação e Formação (2001)" e considerando as "actuais situações da vida quotidiana, a conciliação da actividade profissional com a condição de estudante e a competitividade das empresas" (segundo a exposição de motivos à presente regulamentação).
>
> O estatuto do trabalhador-estudante encontrava-se plasmado na Lei n.° 116/97, de 04.11. (Estatuto do Trabalhador-Estudante), diploma revogado pela presente regulamenta-

ção do Código do Trabalho (segundo o disposto no art. 21.°, n.° 2, al. *i*), da Lei n.° 99/2003, de 27.08).

O art. 79.°, do Código do Trabalho define trabalhador-estudante como "aquele que presta uma actividade sob autoridade e direcção de outrem e que frequente qualquer nível de educação escolar, incluindo cursos de pós-graduação, em instituição de ensino".

O art. 17.°, da Lei n.° 99/2003, de 27.08, acolhe uma norma de extensão, concedendo-se a tutela deste regime, em alguns dos seus aspectos, ao trabalhador por conta própria, ao estudante que frequente curso de formação profissional ou programa de ocupação temporária de jovens, desde que com duração igual ou superior a seis meses, e àquele que, estando abrangido pelo Estatuto de Trabalhador-Estudante, se encontre entretanto em situação de desemprego involuntário, inscrito em centro de emprego.

O art. 225.°, do Código do Trabalho regula o regime das faltas. As faltas motivadas pela prestação de provas em estabelecimento de ensino, são consideradas como faltas justificadas (art. 225.°, n.° 2, al. *c*)).

ARTIGO 148.° (Concessão do estatuto de trabalhador-estudante)

1 – Para poder beneficiar do regime previsto nos artigos 79.° a 85.° do Código do Trabalho, o trabalhador-estudante deve comprovar perante o empregador a sua condição de estudante, apresentando igualmente o respectivo horário escolar.

2 – Para efeitos do n.° 2 do artigo 79.° do Código do Trabalho, o trabalhador deve comprovar:

a) Perante o empregador, no final de cada ano lectivo, o respectivo aproveitamento escolar;

b) Perante o estabelecimento de ensino, a sua qualidade de trabalhador, mediante documento comprovativo da respectiva inscrição na segurança social ou que se encontra numa das situações previstas no artigo 17.° da Lei n.° 99/2003, de 27 de Agosto.

3 – Para efeitos do número anterior considera-se aproveitamento escolar o trânsito de ano ou a aprovação em, pelo menos, metade das disciplinas em que o trabalhador-estudante esteja matriculado ou, no âmbito do ensino recorrente por unidades capitalizáveis no 3.° ciclo do ensino básico e no ensino secundário, a capitalização de um número de unidades igual ou superior ao dobro das disciplinas em que aquele se matricule, com um mínimo de uma unidade de cada uma dessas disciplinas.

4 – É considerado com aproveitamento escolar o trabalhador que não satisfaça o disposto no número anterior por causa de ter gozado a licença por maternidade ou licença parental não inferior a um mês ou devido a acidente de trabalho ou doença profissional.

5 – O trabalhador-estudante tem o dever de escolher, de entre as possibilidades existentes no respectivo estabelecimento de ensino, o horário

Lei n.º 35/2004, de 29 de Julho 125

escolar compatível com as suas obrigações profissionais, sob pena de não poder beneficiar dos inerentes direitos.

NOTAS:

O preceito corresponde, com as devidas alterações, aos arts. 9.º e 10.º, da Lei n.º 116/97, de 4 de Novembro.

Estabelece-se um maior controlo para a concessão do estatuto, passando pela apresentação de documento comprovativo da respectiva inscrição na segurança social (n.º 2, al. *b*)).

Consagra-se expressamente a modalidade de ensino recorrente.

ARTIGO 149.º **(Dispensa de trabalho)**

1 – Para efeitos do n.º 2 do artigo 80.º do Código do Trabalho, o trabalhador-estudante beneficia de dispensa de trabalho até seis horas semanais, sem perda de quaisquer direitos, contando como prestação efectiva de serviço, se assim o exigir o respectivo horário escolar.

2 – A dispensa de trabalho para frequência de aulas prevista no n.º 1 pode ser utilizada de uma só vez ou fraccionadamente, à escolha do trabalhador-estudante, dependendo do período normal de trabalho semanal aplicável, nos seguintes termos:

a) Igual ou superior a vinte horas e inferior a trinta horas – dispensa até três horas semanais;

b) Igual ou superior a trinta horas e inferior a trinta e quatro horas – dispensa até quatro horas semanais;

c) Igual ou superior a trinta e quatro horas e inferior a trinta e oito horas – dispensa até cinco horas semanais;

d) Igual ou superior a trinta e oito horas – dispensa até seis horas semanais.

3 – O empregador pode, nos 15 dias seguintes à utilização da dispensa de trabalho, exigir a prova da frequência de aulas, sempre que o estabelecimento de ensino proceder ao controlo da frequência.

NOTAS:

O preceito corresponde, com as devidas alterações, ao art. 3.º, da Lei n.º 116/97, de 4 de Novembro.

O legislador da RCT não acolheu o regime de flexibilidade na prestação laboral, previsto na Lei n.º 116/97, de 04.11 (Estatuto do trabalhador-estudante), de modo a permitir ao trabalhador-estudante ajustar convenientemente a frequência das aulas e respectivas deslocações.

Consagra-se a faculdade do empregador exigir a prova da frequência de aulas (n.º 3).

126 *Regulamentação do Código do Trabalho*

O trabalhador-estudante que preste serviço em regime de turno, deve beneficiar de horários de trabalho ajustáveis à frequência das aulas e à inerente deslocação para os respectivos estabelecimentos de ensino (art. 80.°, n.° 1, por remissão do art. 82.°, ambos do Código do Trabalho).

Sobre ilícito contra-ordenacional: *v.* art. 478.°, n.° 1.

ARTIGO 150.° (Trabalho suplementar e adaptabilidade)

1 – Ao trabalhador-estudante não pode ser exigida a prestação de trabalho suplementar, excepto por motivo de força maior, nem exigida a prestação de trabalho em regime de adaptabilidade, sempre que colidir com o seu horário escolar ou com a prestação de provas de avaliação.

2 – No caso de o trabalhador realizar trabalho em regime de adaptabilidade tem direito a um dia por mês de dispensa de trabalho, sem perda de quaisquer direitos, contando como prestação efectiva de serviço.

3 – No caso de o trabalhador-estudante realizar trabalho suplementar, o descanso compensatório previsto no artigo 202.° do Código do Trabalho é, pelo menos, igual ao número de horas de trabalho suplementar prestado.

NOTAS:

O preceito corresponde, com as devidas alterações, ao art. 3.°, n.° 6, da Lei n.° 116//97, de 4 de Novembro.

Não pode ser exigida ao trabalhador-estudante a prestação de trabalho suplementar, excepto por motivos de força maior, sempre que colidir com o seu horário escolar ou com a prestação de provas de avaliação (n.° 1, 1.ª parte). No caso de este realizar trabalho suplementar, o descanso compensatório previsto no art. 202.°, do Código do Trabalho, é, pelo menos, igual ao número de horas de trabalho suplementar prestado (n.° 3), apresentando, assim, um desvio face ao regime geral, que atribui o direito a um descanso compensatório remunerado, correspondente a 25% das horas de trabalho suplementar prestado (nos casos de este ter ocorrido em dia útil, em dia de descanso semanal complementar e em dia feriado). Nos casos em que o trabalho suplementar é prestado ao domingo, é nosso entender, que se aplica exclusivamente o n.° 3, do art. 202.°, do Código do Trabalho, que não estabelece qualquer regra de proporcionalidade.

Estabelece-se a consagração expressa de um dia por mês de dispensa de trabalho quando o trabalhador realiza trabalho em regime de adaptabilidade (n.° 2).

O regime da adaptabilidade consta dos arts. 164.° a 166.°, do Código do Trabalho e o regime do trabalho suplementar dos arts. 197.° a 204.°, do mesmo Código.

Sobre ilícito contra-ordenacional: *v.* art. 478.°.

ARTIGO 151.° (Prestação de provas de avaliação)

1 – Para efeitos do artigo 81.° do Código do Trabalho, o trabalhador-estudante tem direito a faltar justificadamente ao trabalho para prestação de provas de avaliação nos seguintes termos:

Lei n.º 35/2004, de 29 de Julho 127

a) Até dois dias por cada prova de avaliação, sendo um o da realização da prova e o outro o imediatamente anterior, aí se incluindo sábados, domingos e feriados;

b) No caso de provas em dias consecutivos ou de mais de uma prova no mesmo dia, os dias anteriores são tantos quantas as provas de avaliação a efectuar, aí se incluindo sábados, domingos e feriados;

c) Os dias de ausência referidos nas alíneas anteriores não podem exceder um máximo de quatro por disciplina em cada ano lectivo.

2 – O direito previsto no número anterior só pode ser exercido em dois anos lectivos relativamente a cada disciplina.

3 – Consideram-se ainda justificadas as faltas dadas pelo trabalhador--estudante na estrita medida das necessidades impostas pelas deslocações para prestar provas de avaliação, não sendo retribuídas, independentemente do número de disciplinas, mais de 10 faltas.

4 – Para efeitos de aplicação deste artigo, consideram-se provas de avaliação os exames e outras provas escritas ou orais, bem como a apresentação de trabalhos, quando estes os substituem ou os complementam, desde que determinem directa ou indirectamente o aproveitamento escolar.

NOTAS:

O preceito corresponde, com as devidas alterações, ao art. 5.º, da Lei n.º 116/97, de 4 de Novembro.

No que concerne aos efeitos das faltas é de aplicar, naturalmente, o regime geral das faltas justificadas, previsto no art. 230.º, n.º 1, do Código do Trabalho, de acordo com o qual, "as faltas justificadas não determinam a perda ou prejuízo de quaisquer direitos do trabalhador".

Isto é, o legislador não pretende prejudicar o trabalhador no exercício *legítimo* da sua condição de estudante.

Este regime geral, quando é derrogado pelo legislador, é-o expressamente, por exemplo, no art. 50.º (referente à maternidade), do Código do Trabalho, o regime das licenças, faltas e dispensas "não determinam a perda de quaisquer direitos", salvo, *refere o legislador*, quanto à retribuição.

Sobre ilícito contra-ordenacional: *v.* art. 478.º, n.º 1.

ARTIGO 152.º **(Férias e licenças)**

1 – Para efeitos do n.º 1 do artigo 83.º do Código do Trabalho, o trabalhador-estudante tem direito a marcar o gozo de 15 dias de férias interpoladas, sem prejuízo do número de dias de férias a que tem direito.

2 – Para efeitos do n.º 2 do artigo 83.º do Código do Trabalho, o trabalhador-estudante, justificando-se por motivos escolares, pode utilizar

128   *Regulamentação do Código do Trabalho*

em cada ano civil, seguida ou interpoladamente, até 10 dias úteis de licença sem retribuição, desde que o requeira nos seguintes termos:

a) Com quarenta e oito horas de antecedência ou, sendo inviável, logo que possível, no caso de pretender um dia de licença;

b) Com oito dias de antecedência, no caso de pretender dois a cinco dias de licença;

c) Com 15 dias de antecedência, caso pretenda mais de 5 dias de licença.

NOTAS:

O preceito corresponde, com as devidas alterações, ao art. 6.º, da Lei n.º 116/97, de 4 de Novembro.

O art. 83.º, n.º 1, do Código do Trabalho confere o direito à marcação das férias de acordo com as necessidades escolares, salvo se daí resultar comprovada incompatibilidade com o mapa de férias elaborado pelo empregador.

O n.º 1, do artigo em anotação permite, por sua vez, o gozo de 15 dias de férias interpolados, sem prejuízo do gozo, no mínimo, de 10 dias úteis consecutivos de férias, conforme dispõe o art. 217.º, n.º 6, do Código do Trabalho.

O n.º 2, do preceito em anotação vem regular o disposto no n.º 2, do art. 83.º, do Código do Trabalho (que prevê a atribuição de uma licença a regular em legislação especial).

Sobre ilícito contra-ordenacional: *v.* art. 478.º, n.º 2.

ARTIGO 153.º **(Cessação de direitos)**

1 – Os direitos conferidos ao trabalhador-estudante em matéria de horário de trabalho, de férias e licenças, previstos nos artigos 80.º e 83.º do Código do Trabalho e nos artigos 149.º e 152.º, cessam quando o trabalhador-estudante não conclua com aproveitamento o ano escolar ao abrigo de cuja frequência beneficiou desses mesmos direitos.

2 – Os restantes direitos conferidos ao trabalhador-estudante cessam quando este não tenha aproveitamento em dois anos consecutivos ou três interpolados.

3 – Os direitos dos trabalhadores-estudantes cessam imediatamente no ano lectivo em causa em caso de falsas declarações relativamente aos factos de que depende a concessão do estatuto ou a factos constitutivos de direitos, bem como quando tenham sido utilizados para fins diversos.

4 – No ano lectivo subsequente àquele em que cessaram os direitos previstos no Código do Trabalho e neste capítulo, pode ao trabalhador-estudante ser novamente concedido o exercício dos mesmos, não podendo esta situação ocorrer mais do que duas vezes.

NOTAS:

Estatui-se a cessação imediata dos direitos dos trabalhadores-estudantes em caso de falsas declarações relativamente aos factos de que depende a concessão do estatuto ou a factos constitutivos de direitos, bem como quando tenham sido utilizados para fins diversos (n.º 3).

ARTIGO 154.º **(Excesso de candidatos à frequência de cursos)**

1 – Sempre que a pretensão formulada pelo trabalhador-estudante no sentido de lhe ser aplicado o disposto no artigo 80.º do Código do Trabalho e no artigo 149.º se revele, manifesta e comprovadamente, comprometedora do normal funcionamento da empresa, fixa-se, por acordo entre o empregador, trabalhador interessado e comissão de trabalhadores ou, na sua falta, comissão intersindical, comissões sindicais ou delegados sindicais, as condições em que é decidida a pretensão apresentada.

2 – Na falta do acordo previsto na segunda parte do número anterior, o empregador decide fundamentadamente, informando por escrito o trabalhador interessado.

NOTAS:

O preceito corresponde, com as devidas alterações, ao art. 11.º, da Lei n.º 116/97, de 4 de Novembro.

ARTIGO 155.º **(Especificidades da frequência de estabelecimento de ensino)**

1 – O trabalhador-estudante não está sujeito à frequência de um número mínimo de disciplinas de determinado curso, em graus de ensino em que isso seja possível, nem a regimes de prescrição ou que impliquem mudança de estabelecimento de ensino.

2 – O trabalhador-estudante não está sujeito a qualquer disposição legal que faça depender o aproveitamento escolar de frequência de um número mínimo de aulas por disciplina.

3 – O trabalhador-estudante não está sujeito a limitações quanto ao número de exames a realizar na época de recurso.

4 – No caso de não haver época de recurso, o trabalhador-estudante tem direito, na medida em que for legalmente admissível, a uma época especial de exame em todas as disciplinas.

5 – O estabelecimento de ensino com horário pós-laboral deve assegurar que os exames e as provas de avaliação, bem como serviços mínimos de apoio ao trabalhador-estudante decorram, na medida do possível, no mesmo horário.

130   *Regulamentação do Código do Trabalho*

6 – O trabalhador-estudante tem direito a aulas de compensação ou de apoio pedagógico que sejam consideradas imprescindíveis pelos órgãos do estabelecimento de ensino.

NOTAS:

O preceito corresponde, com as devidas alterações, ao art. 8.°, da Lei n.° 116/97, de 4 de Novembro.

ARTIGO 156.° **(Cumulação de regimes)**
O trabalhador-estudante não pode cumular perante o estabelecimento de ensino e o empregador os benefícios conferidos no Código do Trabalho e neste capítulo com quaisquer regimes que visem os mesmos fins, nomeadamente no que respeita à inscrição, dispensa de trabalho para frequência de aulas, licenças por motivos escolares ou prestação de provas de avaliação.

NOTAS:

Prevê-se expressamente a não cumulação do regime de trabalhador-estudante com outros que visem o mesmo propósito.

CAPÍTULO X
Trabalhadores estrangeiros e apátridas

ARTIGO 157.° **(Âmbito)**
O presente capítulo regula o n.° 1 do artigo 88.° e o n.° 1 do artigo 89.° do Código do Trabalho.

NOTAS:

O regime dos trabalhadores estrangeiros encontrava-se regulado na Lei n.° 20/98, de 12 de Maio, diploma revogado pela presente regulamentação do Código do Trabalho (segundo o disposto no art. 21.°, n.° 2, al. *j*) da Lei n.° 99/2003, de 27.08).

O regime de entrada, permanência, saída e expulsão de cidadãos estrangeiros encontra-se regulado no Decreto-Lei n.° 244/98, de 08.08 (alterado pela Lei n.° 97/99, de 26 de Julho, pelo Decreto-Lei n.° 4/2001, de 10.01 e pelo Decreto-Lei n.° 34/2003, de 25.02). O Decreto-Regulamentar n.° 6/2004, de 26 de Abril regulamentou o diploma citado.

O Decreto-Lei n.° 67/2004, de 25.03 regula o registo nacional de menores estrangeiros que se encontrem irregulares no território nacional, destinando-se exclusivamente "a assegurar o acesso dos menores ao benefício dos cuidados de saúde e à educação pré-escolar e escolar" (art. 2.°, n.° 1). Este diploma foi regulamentado pela Portaria n.° 995/2004, de 09.08.

Lei n.º 35/2004, de 29 de Julho 131

ARTIGO 158.º **(Formalidades)**

1 – Para efeitos do n.º 1 do artigo 88.º do Código do Trabalho, o contrato de trabalho deve conter, sem prejuízo de outras exigíveis para a celebração do contrato a termo previstas no Código do Trabalho, as seguintes indicações:

a) Nome ou denominação e domicílio ou sede dos contraentes;

b) Referência ao visto de trabalho ou ao título de autorização de residência ou permanência do trabalhador em território português;

c) Actividade do empregador;

d) Actividade contratada e retribuição do trabalhador;

e) Local e período normal de trabalho;

f) Valor, periodicidade e forma de pagamento da retribuição;

g) Datas da celebração do contrato e do início da prestação de actividade.

2 – Para efeitos do n.º 1 do artigo 88.º do Código do Trabalho, o trabalhador deve ainda anexar ao contrato a identificação e domicílio da pessoa ou pessoas beneficiárias de pensão em caso de morte resultante de acidente de trabalho ou doença profissional.

3 – O contrato de trabalho deve ser elaborado em triplicado, entregando o empregador um exemplar ao trabalhador.

4 – O exemplar do contrato que ficar com o empregador deve ter apensos documentos comprovativos do cumprimento das obrigações legais relativas à entrada e à permanência ou residência do cidadão estrangeiro em Portugal, sendo apensas cópias dos mesmos documentos aos restantes exemplares.

NOTAS:

O n.º 1 do art. 88.º, do Código do Trabalho dispõe que: "O contrato de trabalho celebrado com um cidadão estrangeiro, para a prestação de actividade executada em território português, para além de revestir a forma escrita, deve cumprir as formalidades reguladas em legislação especial."

Consagra-se, pela primeira vez, a obrigatoriedade de o trabalhador anexar ao contrato a identificação e domicílio da pessoa ou pessoas beneficiárias de pensão em caso de morte resultante de acidente de trabalho ou doença profissional (n.º 2).

Face ao regime contratual geral, em particular, no que concerne às formalidades dos contratos a termo (art. 131.º, do CT) são ainda de destacar as seguintes especificidades do contrato com trabalhador estrangeiro e apátrida:

– redução a escrito, salvo disposição legal em contrário (art. 103.º, n.º 1, al. *d*), do CT);

– indicação do visto de trabalho (art. 36.º do Decreto-Lei n.º 244/98, de 08.08) ou do título de autorização de residência (art. 83.º do Decreto-Lei n.º 244/98) ou permanência (art. 84.º do Decreto-Lei n.º 244/98), segundo a previsão da al. *b*) do n.º 1 do preceito em análise;

132 Regulamentação do Código do Trabalho

– indicação da actividade do empregador (al. *c*));
– especificação do valor, periodicidade e forma de pagamento da retribuição (al. *f*)).
O contrato deve, ainda, ser elaborado em triplicado (n.° 3). O exemplar entregue ao empregador deverá conter em apenso os documentos comprovativos da entrada regular do trabalhador em Portugal [*documento de viagem* (arts. 12.° e 59.°, do Decreto-Lei n.° 244/ /98, de 08.08) e *visto válido e adequado* (arts. 13.° e 27.°, do Decreto-Lei n.° 244/98, de 09.09]. A lei, ao indicar que quanto aos restantes exemplares, apenas basta cópia, parece querer efectivamente que o empregador sirva de *fiel depositário* dos referidos documentos, retendo-os legitimamente. Entendemos que esta faculdade assim consentida, estiola gravemente os direitos dos cidadãos estrangeiros, e, em particular, o preceituado no art. 15.°, n.° 1 da CRP ("Os estrangeiros e os apátridas que se encontrem ou residam em Portugal gozam dos direitos e estão sujeitos aos deveres do cidadão português").
V., ainda, para efeito de emissão do visto, o disposto no art. 43.°, do Decreto-Lei n.° 244/98, de 08.08.
Sobre ilícito contra-ordenacional: *v.* art. 479.°.

ARTIGO 159.° **(Comunicação da celebração e da cessação)**

1 – Para efeitos do n.° 1 do artigo 89.° do Código do Trabalho, antes do início da prestação de trabalho por parte do trabalhador estrangeiro ou apátrida, o empregador deve comunicar, por escrito, a celebração do contrato à Inspecção-Geral do Trabalho.

2 – A comunicação deve ser acompanhada de um exemplar do contrato de trabalho, que fica arquivado no serviço competente.

3 – Verificando-se a cessação do contrato de trabalho, o empregador deve comunicar, por escrito, esse facto, no prazo de 15 dias, à Inspecção--Geral do Trabalho.

4 – O disposto nos números anteriores não é aplicável à celebração de contratos de trabalho com cidadãos nacionais dos países membros do espaço económico europeu ou outros relativamente aos quais vigore idêntico regime.

NOTAS:

O preceito corresponde, com as devidas alterações, ao art. 4.°, da Lei n.° 20/98, de 12.05.
Dispõe o n.° 1 do art. 89.°, do Código do Trabalho: "A celebração ou cessação de contratos de trabalho a que se refere esta subsecção determina o cumprimento de deveres de comunicação à entidade competente, regulados em legislação especial".
Substituiu-se a obrigatoriedade de depósito do contrato pelos respectivos envio e arquivo (n.° 2).
Sobre ilícito contra-ordenacional: *v.* art. 479.°.

Lei n.° 35/2004, de 29 de Julho 133

CAPÍTULO XI
Formação profissional

SECÇÃO I
Âmbito

ARTIGO 160.° **(Âmbito)**
O presente capítulo regula o artigo 126.° do Código do Trabalho.

NOTAS:

O regime da formação profissional foi inspirado no "Acordo sobre Política de Emprego, Mercado de Trabalho, Educação e Formação", sob a égide do Conselho Económico e Social (2001).

O artigo 126.°, do Código do Trabalho reservou para legislação especial a regulamentação da formação profissional. O presente capítulo apenas regula a formação profissional que tem subjacente a existência de subordinação jurídica do formando. Assim, as alíneas *a*), *d*), *e*) e *f*) do art. 124.°, do Código do Trabalho ainda se encontram por regulamentar.

SECÇÃO II
Formação a cargo do empregador

SUBSECÇÃO I
Qualificação inicial dos jovens

ARTIGO 161.° **(Qualificação inicial dos jovens)**
1 – A qualificação inicial dos jovens admitidos a prestar trabalho e que dela careçam é assegurada através da frequência de uma modalidade de educação ou formação exigida a menor com idade inferior a 16 anos que tenha concluído a escolaridade obrigatória mas não possua uma qualificação profissional, bem como a menor que tenha completado a idade mínima de admissão sem ter concluído a escolaridade obrigatória ou que não possua qualificação profissional.

2 – A frequência, por parte do menor sem escolaridade obrigatória ou sem qualificação profissional, de uma modalidade de educação ou formação é regulada nos artigos 127.° a 136.°.

NOTAS:

Sobre ilícito contra-ordenacional: *v.* 654.°, do Código do Trabalho.

134   *Regulamentação do Código do Trabalho*

SUBSECÇÃO II
Formação contínua dos trabalhadores

ARTIGO 162.º (Direito individual à formação)

1 – O direito individual à formação vence-se no dia 1 de Janeiro de cada ano civil, sem prejuízo do disposto no número seguinte.

2 – No ano da contratação, o trabalhador tem direito à formação, após seis meses de duração do contrato, devendo o número de horas ser proporcional àquela duração.

3 – O direito individual à formação do trabalhador concretiza-se, na parte a que o empregador está adstrito, através da formação contínua.

NOTAS:

> Estabelece-se um direito geral à formação profissional dos trabalhadores.
> Sobre ilícito contra-ordenacional: *v.* 654.º, do Código do Trabalho.

ARTIGO 163.º (Mínimo de horas anuais de formação)

1 – O empregador deve assegurar o cumprimento de um número mínimo de horas anuais de formação certificada que pode ser realizado através de uma ou mais acções de formação.

2 – A formação certificada a que se refere o número anterior pode ser realizada directamente pelo empregador ou através de entidade formadora acreditada.

NOTAS:

> O legislador, lamentavelmente, não definiu o conceito «formação certificada», o que começa a levantar consideráveis questões de índole prática.
> O art. 125.º, do Código do Trabalho, dedicado à formação contínua, indica que esta deve ser assegurada pelo menos a 10% dos trabalhadores com contrato sem termo (n.º 2), sendo de, no mínimo, vinte horas anuais (n.º 3), que passam a 35 horas, a partir de 2006 (n.º 4). As horas de formação certificada que não forem organizadas sob a responsabilidade do empregador, por motivo que lhe seja imputável, são transformadas em créditos acumuláveis ao longo de três anos, no máximo (n.º 5).
> No caso de contrato a termo, a norma aplicável, é a constante do art. 137.º, do Código do Trabalho, que também concede o direito a formação profissional sempre que o contrato tenha duração, inicial ou renovada, superior a seis meses (n.º 1).

ARTIGO 164.º (Conteúdo da formação)

1 – A área em que é ministrada a formação profissional pode ser fixada por acordo e, na falta deste, é determinada pelo empregador.

Lei n.° 35/2004, de 29 de Julho 135

2 – Sendo fixada pelo empregador, a área de formação profissional tem de coincidir ou ser afim com a actividade desenvolvida pelo trabalhador nos termos do contrato.

NOTAS:

Sobre ilícito contra-ordenacional: *v.* art. 480.°, n.° 1.

ARTIGO 165.° **(Plano de formação)**

1 – O empregador deve elaborar planos de formação, anuais ou plurianuais, com base no diagnóstico das necessidades de qualificação dos trabalhadores.

2 – O plano de formação deve especificar, nomeadamente, os objectivos, as acções que dão lugar à emissão de certificados de formação profissional, as entidades formadoras, o local e horário de realização das acções.

3 – Os elementos referidos no número anterior, que o plano de formação não possa desde logo especificar, devem ser comunicados aos trabalhadores interessados, à comissão de trabalhadores ou, na sua falta, à comissão sindical ou intersindical ou aos delegados sindicais, logo que possível.

4 – O disposto nos números anteriores não se aplica às microempresas.

NOTAS:

Impõe-se ao empregador a elaboração de planos de formação.
Sobre ilícito contra-ordenacional: *v.* 654.°, do Código do Trabalho e 480.°, n.° 1 desta Lei.

ARTIGO 166.° **(Relatório anual da formação contínua)**

1 – O empregador deve elaborar um relatório anual sobre a execução da formação contínua, indicando o número total de trabalhadores da empresa, trabalhadores abrangidos por cada acção, respectiva actividade, acções realizadas, seus objectivos e número de trabalhadores participantes, por áreas de actividade da empresa, bem como os encargos globais da formação e fontes de financiamento.

2 – O modelo de relatório de formação profissional é aprovado por portaria do ministro responsável pela área laboral.

NOTAS:

Impõe-se ao empregador a elaboração de um relatório anual de formação contínua.
Sobre ilícito contra-ordenacional: *v.* art. 480.°, n.° 1.

ARTIGO 167.º (Informação e consulta)

1 – O empregador deve dar conhecimento do diagnóstico das necessidades de qualificação e do projecto de plano de formação aos trabalhadores, na parte que a cada um respeita, bem como à comissão de trabalhadores ou, na sua falta, à comissão sindical ou intersindical ou aos delegados sindicais.

2 – Os trabalhadores, na parte que a cada um diga respeito, a comissão de trabalhadores ou, na sua falta, a comissão sindical ou intersindical ou os delegados sindicais podem emitir parecer sobre o diagnóstico de necessidades de qualificação e o projecto de plano de formação, no prazo de 15 dias.

3 – A comissão de trabalhadores ou, na sua falta, a comissão sindical ou intersindical ou os delegados sindicais podem emitir parecer sobre o relatório anual da formação contínua, no prazo de 15 dias a contar da sua recepção.

4 – Decorrido o prazo referido no número anterior sem que qualquer dos pareceres tenha sido entregue ao empregador, considera-se satisfeita a exigência de consulta.

NOTAS:

Impõe-se ao empregador o dever de informar e consultar os trabalhadores sobre o diagnóstico e o projecto do plano de formação.

Sobre ilícito contra-ordenacional: *v.* art. 480.º, n.º 1.

ARTIGO 168.º (Crédito de horas para formação contínua)

1 – O trabalhador pode utilizar o crédito de horas correspondente ao número mínimo de horas de formação contínua anuais, se esta não for assegurada pelo empregador ao longo de três anos por motivo que lhe seja imputável, para a frequência de acções de formação por sua iniciativa, mediante comunicação ao empregador com a antecedência mínima de 10 dias.

2 – Sempre que haja interesse para a empresa e para o trabalhador pode ocorrer a antecipação, até ao máximo de três anos, do número de horas anuais de formação.

3 – Nas situações de acumulação de créditos, a imputação da formação realizada inicia-se pelas horas dos anos mais distantes, sendo o excesso imputado às horas correspondentes ao ano em curso.

4 – O conteúdo da formação referida no n.º 1 é escolhido pelo trabalhador, devendo ter correspondência com a actividade prestada ou respeitar a qualificações básicas em tecnologias de informação e comunicação, segurança, higiene e saúde no trabalho ou numa língua estrangeira.

Lei n.° 35/2004, de 29 de Julho 137

5 – O crédito de horas para formação é referido ao período normal de trabalho, confere direito a retribuição e conta como tempo de serviço efectivo.

NOTAS:

O direito à formação profissional estabelecido no art. 159.° quando não assegurado pelo empregador por motivo que lhe seja imputável, atribui ao trabalhador um crédito de horas para formação contínua.

Sobre ilícito contra-ordenacional: *v.* arts. 654.°, do Código do Trabalho.

ARTIGO 169.° **(Cessação da relação de trabalho)**
Cessando o contrato de trabalho, o trabalhador tem direito a receber a retribuição correspondente ao crédito de horas para formação que não lhe tenha sido proporcionado.

NOTAS:

Sobre ilícito contra-ordenacional: *v.* art. 480.°, n.° 1.

SUBSECÇÃO III
Envio e arquivo do relatório da formação contínua

ARTIGO 170.° **(Envio e arquivo do relatório da formação contínua)**
1 – O relatório anual da formação contínua deve ser apresentado à Inspecção-Geral do Trabalho até 31 de Março de cada ano.

2 – O relatório referido no número anterior pode ser apresentado por meio informático, nomeadamente em suporte digital ou correio electrónico, ou em suporte de papel.

3 – No caso de pequena, média ou grande empresa, o empregador deve apresentar o relatório anual da formação profissional por meio informático.

4 – Os elementos necessários ao preenchimento do relatório da formação contínua são fornecidos pelo serviço competente do ministério responsável pela área laboral, em endereço electrónico adequadamente publicitado.

5 – O modelo de preenchimento manual do relatório anual da formação contínua é impresso e distribuído pela Imprensa Nacional Casa da Moeda S.A., nas condições acordadas com o serviço competente do ministério responsável pela área laboral.

6 – O empregador deve manter um exemplar do relatório previsto no número anterior durante cinco anos.

138   *Regulamentação do Código do Trabalho*

NOTAS:

Impõe-se o dever de envio e arquivo do relatório da formação contínua à IGT.

A dimensão das pequenas, médias e grandes empresas está consagrada no art. 91.º, n.º 1, do Código do Trabalho.

Sobre ilícito contra-ordenacional: *v.* art. 480.º, n.º 2.

CAPÍTULO XII
Taxa social única

ARTIGO 171.º **(Âmbito)**

O presente capítulo regula o artigo 138.º do Código do Trabalho.

NOTAS:

O capítulo em anotação vem consagrar um aumento da taxa retributiva, para os contratos com duração superior a três anos, atenta agora a permissão do n.º 2, do art. 139.º, do Código do Trabalho, que prevê uma *renovação excepcional* dos contratos a termo.

Conforme dispunha o art. 3.º, n.º 3, da Lei Preambular ao Código do Trabalho, a possibilidade contemplada no n.º 2, do art. 139.º só se aplicaria depois da entrada em vigor da legislação especial.

O art. 138.º, do Código do Trabalho dispõe que:

"1 – A taxa social única pode ser aumentada relativamente aos empregador em função do número de trabalhadores contratados a termo na empresa e da respectiva duração dos seus contratos de trabalho, nos termos a definir em legislação especial.

2 – O disposto no número anterior não se aplica nas situações previstas na alínea *b)* do n.º 3 do art. 129.º"".

ARTIGO 172.º **(Taxa social única)**

A parcela da taxa social única a cargo de empregador, cuja percentagem de trabalhadores contratados a termo certo seja igual ou superior a 15%, é aumentada, relativamente a todos os trabalhadores contratados a termo certo, em:

a) 0,6% a partir do início do quarto ano da duração do contrato e até ao final do quinto;

b) 1% a partir do início do sexto ano da duração do contrato.

NOTAS:

O aumento da taxa social única atende a dois requisitos cumulativos:

– número de trabalhadores contratados a termo certo;

Lei n.º 35/2004, de 29 de Julho 139

– duração dos contratos de trabalho,
e só é aplicável aos contratados a termo certo.

Explica-se na exposição de motivos: "a imposição do limiar mínimo (de 15%) implica que, em empresas com percentagem inferior de trabalhadores contratados a termo certo, não se aplica o aumento da taxa social única em relação aos trabalhadores com contratos a termo certo com duração superior a três anos".

ARTIGO 173.º **(Determinação do número de trabalhadores)**

A percentagem de trabalhadores contratados a termo prevista no artigo anterior é calculada com base nos números médios do total de trabalhadores contratados a termo certo e do total de trabalhadores da empresa, relativos ao mês precedente.

ARTIGO 174.º **(Compensação do aumento da taxa social única)**

1 – No caso de trabalhador contratado a termo certo cujo contrato passe a sem termo, o empregador tem direito a compensar o aumento da parcela da taxa social única com uma redução, relativamente a esse trabalhador, igual em percentagem e período do aumento ocorrido nos termos do artigo 172.º.

2 – A redução referida no número anterior não é cumulável com qualquer outra redução da parcela da taxa social única a cargo do empregador e relativa ao mesmo trabalhador.

CAPÍTULO XIII
Períodos de funcionamento

ARTIGO 175.º **(Âmbito)**

O presente capítulo regula o n.º 2 do artigo 171.º do Código do Trabalho.

NOTAS:

Dispõe o art. 171.º, do Código do Trabalho:

"1 – O empregador legalmente sujeito a regime de período de funcionamento deve respeitar esse regime na organização dos horários de trabalho para os trabalhadores ao seu serviço.

2 – Os períodos de funcionamento constam de legislação especial".

140   *Regulamentação do Código do Trabalho*

ARTIGO 176.º **(Período de laboração)**

1 – O período de laboração é fixado entre as 7 e as 20 horas.

2 – O ministro responsável pela área laboral, ouvidas as entidades públicas competentes, pode autorizar períodos de laboração do estabelecimento com amplitude superior à definida no número anterior, por motivos económicos ou tecnológicos.

3 – Os ministros responsáveis pela área laboral e pelo sector de actividade em causa podem, mediante despacho conjunto, autorizar a laboração contínua do estabelecimento por motivos económicos ou tecnológicos.

4 – Para efeitos dos n.ºs 2 e 3, o empregador deve apresentar à Inspecção-Geral do Trabalho, a quem compete a direcção da instrução do processo, requerimento devidamente fundamentado, acompanhado de:

a) Parecer da comissão de trabalhadores ou, na sua falta, da comissão sindical ou intersindical ou dos delegados sindicais ou, 10 dias após a consulta, comprovativo do pedido de parecer;

b) Projecto de mapa de horário de trabalho a aplicar;

c) Comprovativo do licenciamento da actividade da empresa;

d) Declarações emitidas pelas autoridades competentes comprovativas de que tem a situação contributiva regularizada perante a administração tributária e a segurança social.

NOTAS:

Sobre ilícito contra-ordenacional: *v.* art. 481.º.

CAPÍTULO XIV
Alteração do horário de trabalho

ARTIGO 177.º **(Âmbito)**

O presente capítulo regula o n.º 2 do artigo 173.º do Código do Trabalho.

NOTAS:

O n.º 2, do art. 173.º, do Código do Trabalho dispõe que: "Todas as alterações dos horários de trabalho devem ser precedidas de consulta aos trabalhadores afectados, à comissão de trabalhadores ou, na sua falta, à comissão sindical ou intersindical ou aos delegados sindicais, ser afixadas na empresa com antecedência de sete dias, ainda que vigore

Lei n.° 35/2004, de 29 de Julho

um regime de adaptabilidade, e comunicadas à Inspecção-Geral do Trabalho, nos termos previstos em legislação especial".

Também o art. 357.°, n.° 1, al. *e*), obriga a que a definição e organização dos horários de trabalho, sejam sujeitos a parecer escrito da comissão de trabalhadores.

ARTIGO 178.° **(Comunicação da alteração dos horários de trabalho)**

A comunicação de alterações dos horários de trabalho deve ser feita nos termos previstos para os mapas de horário de trabalho.

NOTAS:

V., em particular, o art. 182.°.

CAPÍTULO XV
Mapas de horário de trabalho

ARTIGO 179.° **(Âmbito)**

O presente capítulo regula o n.° 1 do artigo 179.° do Código do Trabalho.

NOTAS:

O presente capítulo corresponde, com as devidas alterações, ao Despacho Normativo n.° 36/87, de 04.04.

O art. 179.°, n.° 1, do Código do Trabalho dispõe que: "Sem prejuízo do disposto no n.° 4 do art. 173.°, em todos os locais de trabalho deve ser afixado, em lugar bem visível, um mapa de horário de trabalho, elaborado pelo empregador de harmonia com as disposições legais e com os instrumentos de regulamentação colectiva de trabalho aplicáveis".

ARTIGO 180.° **(Mapa de horário de trabalho)**

1 – Do mapa de horário de trabalho deve constar:

a) Firma ou denominação do empregador;

b) Actividade exercida;

c) Sede e local de trabalho;

d) Começo e termo do período de funcionamento da empresa ou estabelecimento, consoante o caso;

e) Dia de encerramento ou suspensão de laboração, salvo tratando--se de empregador isento dessa obrigatoriedade;

f) Horas de início e termo dos períodos normais de trabalho, com indicação dos intervalos de descanso;

142   *Regulamentação do Código do Trabalho*

g) Dia de descanso semanal e dia ou meio dia de descanso semanal complementar, se este existir;

h) Instrumento de regulamentação colectiva de trabalho aplicável, se o houver;

i) Regime resultante do acordo individual que institui a adaptabilidade, se o houver.

2 – Quando as indicações referidas no número anterior não forem comuns a todos os trabalhadores, devem também constar dos mapas de horário de trabalho os nomes dos trabalhadores cujo regime seja diferente do estabelecido para os restantes, sem prejuízo do n.º 4.

3 – Sempre que os horários de trabalho incluam turnos de pessoal diferente, devem constar ainda do respectivo mapa:

a) Número de turnos;

b) Escala de rotação, se a houver;

c) Horas de início e termo dos períodos normais de trabalho, com indicação dos intervalos de descanso;

d) Dias de descanso do pessoal de cada turno;

e) Indicação dos turnos em que haja menores.

4 – A composição dos turnos, de harmonia com a respectiva escala, se a houver, é registada em livro próprio ou em suporte informático e faz parte integrante do mapa de horário de trabalho.

NOTAS:

Sobre ilícito contra-ordenacional: *v.* art. 482.º, n.º 1.

ARTIGO 181.º **(Afixação e envio do mapa de horário de trabalho)**

1 – O empregador procede à afixação nos locais de trabalho do mapa de horário de trabalho.

2 – Quando várias empresas, estabelecimentos ou serviços desenvolvam, simultaneamente, actividades no mesmo local de trabalho, deve o empregador em cujas instalações os trabalhadores prestam serviço afixar os diferentes mapas de horário de trabalho.

3 – Na mesma data, o empregador deve apresentar cópia do mapa de horário de trabalho à Inspecção-Geral do Trabalho, nomeadamente através de correio electrónico.

NOTAS:

Sobre ilícito contra-ordenacional: *v.* art. 482.º, n.º 2.

Lei n.° 35/2004, de 29 de Julho 143

ARTIGO 182.° **(Alteração do mapa de horário de trabalho)**

A alteração de qualquer elemento constante do mapa de horário de trabalho está sujeita às normas fixadas para a sua elaboração e afixação.

NOTAS:

Sobre ilícito contra-ordenacional: *v.* art. 482.°, n.° 1.

CAPÍTULO XVI
Condições ou garantias da prestação do trabalho nocturno

ARTIGO 183.° **(Âmbito)**

O presente capítulo regula o artigo 196.° do Código do Trabalho.

NOTAS:

Segundo a exposição de motivos, o presente capítulo visa dar acolhimento à Directiva n.° 93/104/CE, do Conselho, de 23.11., relativa a determinados aspectos da organização do tempo de trabalho. No entanto, é de relevar que a referida Directiva foi já revogada pela Directiva n.° 2003/88/CE, do Parlamento Europeu e do Conselho, de 04.11, tendo sido esta última transposta pela presente regulamentação, conforme previsto no art. 2.°, al. *s*).

O art. 196.°, do Código do Trabalho, que corresponde ao artigo 9.°, da Lei n.° 73/98, de 10.11, diploma revogado pelo Código do Trabalho (segundo o disposto no art. 21.°, n.° 1, al. *v*), da Lei n.° 99/2003, de 27.08), dispõe que: "São definidas em legislação especial as condições ou garantias a que está sujeita a prestação de trabalho nocturno por trabalhadores que corram riscos de segurança ou de saúde relacionados com o trabalho durante o período nocturno, bem como as actividades que impliquem para o trabalhador nocturno riscos especiais ou uma tensão física ou mental significativa, conforme o referido no n.° 3 do artigo 194.°".

Conforme já explicamos ("Manual de Direito da Segurança…", p. 183), "Na ausência de fixação por instrumento de regulamentação colectiva de trabalho, considera-se trabalho nocturno o prestado entre as 22 horas de um dia e as 7 horas do dia seguinte (art. 192.°, n.° 2, do CT).

A prestação de trabalho nocturno beneficia de um acréscimo de 25% relativamente à retribuição do trabalho equivalente prestado durante o dia (art. 257.°, n.° 1, do CT).

O dever legal de prestação é, no entanto, afastado nos seguintes casos:

– Trabalhadora grávida, durante um período de 112 dias antes e depois do parto, no restante período de gravidez, se apresentar atestado médico que certifique que tal é necessário para a sua saúde ou para a do nascituro, e enquanto amamentar (nos casos previstos no art. 47.°, n.° 1, do CT);

– Trabalhadores menores (art. 65.°, do CT).

144 *Regulamentação do Código do Trabalho*

Dispõe o n.° 1, do art. 65.°, do CT, que: «É proibido o trabalho de menor com idade inferior a 16 anos entre as 20 horas de um dia e as 7 horas do dia seguinte».

Quanto ao menor com idade igual ou superior a 16 anos, a prestação de trabalho nocturno (excepto entre as 0 e as 5 horas) somente pode ser realizada mediante instrumento de regulamentação colectiva de trabalho, e é limitada a sectores de actividades específicos (art. 65.°, n.os 2 e 3, do CT), salvo o disposto no n.° 6.

– Trabalhadores com deficiência ou portadores de doença crónica, contanto seja «apresentado atestado médico do qual conste que tal prática pode prejudicar a sua saúde ou a segurança no trabalho» (art. 77.°, do CT)".

Sobre ilícito contra-ordenacional: *v.* art. 662.°, do Código do Trabalho.

ARTIGO 184.° **(Actividades)**

Entende-se que implicam para o trabalhador nocturno riscos especiais ou uma tensão física ou mental significativa as actividades:

a) Monótonas, repetitivas, cadenciadas e isoladas;

b) Realizadas em obras de construção, escavação, movimentação de terras, túneis, com riscos de quedas de altura ou de soterramento, demolição e intervenção em ferrovias e rodovias sem interrupção de tráfego;

c) Realizadas na indústria extractiva;

d) Realizadas no fabrico, transporte e utilização de explosivos e pirotecnia;

e) Que envolvam contactos com correntes eléctricas de média e alta tensão;

f) Realizadas na produção e transporte de gases comprimidos, liquefeitos ou dissolvidos ou com utilização significativa dos mesmos;

g) Que, em função da avaliação dos riscos a ser efectuada pelo empregador, assumam a natureza de particular penosidade, perigosidade, insalubridade ou toxicidade.

NOTAS:

O preceito apresenta uma listagem de actividades que implicam riscos especiais ou uma tensão física ou mental significativa.

V., a título informativo, a seguinte legislação:

I – Movimentação manual de cargas

1. Directiva n.° 90/269, de 29.05 – Prescrições mínimas de segurança e de saúde respeitantes à movimentação manual de cargas que comportem riscos.

Transposição:

2. Decreto-Lei n.° 330/93, de 25.09 – Prescrições mínimas de segurança e de saúde respeitantes à movimentação manual de cargas que comportem riscos.

II – Acidentes graves que envolvem substâncias perigosas

1. Directiva 96/82, de 09.12, alterada pelo Regulamento n.° 1882/2003, de 29.09 e pela Directiva 2003/105/CE, do Parlamento Europeu e do Conselho, de 16.12 – Perigos associados a acidentes graves que envolvem substâncias perigosas.

Lei n.º 35/2004, de 29 de Julho 145

Transposição:

2. Decreto-Lei n.º 164/01, de 23.05 – Prevenção de acidentes graves que envolvem substâncias perigosas.

III – Atmosferas explosivas

1. Directiva n.º 1999/92, de 16.12 – Prescrições mínimas de segurança e de saúde dos trabalhadores susceptíveis de serem expostos a riscos derivados de atmosferas explosivas.

2. Decreto-Lei n.º 236/2003, de 30.09 – Atmosfera explosiva.

3. Decreto-Lei n.º 376/84, de 30.11 e Decreto-Lei n.º 139/02, de 17.05 – Pirotecnia

IV – Actividade de construção

1. Decreto-Lei n.º 12/2004, de 09.01 – Regime jurídico de ingresso e permanência na actividade de construção.

2. Portarias n.ºs 15/2004 e 19/2004, ambas de 10.01.

V – Estaleiros temporários ou móveis

1. Directiva n.º 92/57, de 24.06 – Prescrições mínimas de segurança e de saúde a aplicar nos estaleiros temporários ou móveis.

Transposição

2. Decreto-Lei n.º 273/2003, de 29.10 – Prescrições mínimas de segurança e de saúde a aplicar nos estaleiros temporários ou móveis.

Portaria n.º 101/96, de 03.04 – Regulamentação.

VI – Indústrias extractivas a céu aberto ou subterrâneas

1. Directivas n.ºs 92/91/CEE, de 03.11 e 92/104/CEE, de 03.12 – Prescrições mínimas de segurança e de saúde a aplicar indústrias extractivas a céu aberto ou subterrâneas.

Transposição

2. Decreto-Lei n.º 324/95, de 29.11, alterado pela Lei n.º 113/99, de 03.08 – Indústria extractiva.

VII – Minas e pedreiras

1. Decreto-Lei n.º 162/90, de 22.05 – Regulamento geral de segurança e de saúde nas minas e pedreiras.

ARTIGO 185.º **(Avaliação de riscos)**

1 – O empregador deve avaliar os riscos inerentes à actividade do trabalhador, tendo presente, nomeadamente, a sua condição física e psíquica, em momento anterior ao início da actividade e posteriormente, de seis em seis meses, bem como antes da alteração das condições de trabalho.

2 – A avaliação referida no número anterior consta de documento que deve ser facultado à Inspecção-Geral do Trabalho sempre que solicitado.

NOTAS:

Impõe-se ao empregador um especial dever de avaliação de riscos.

ARTIGO 186.º **(Consulta)**

O empregador deve consultar os representantes dos trabalhadores para a segurança, higiene e saúde no trabalho ou, na falta destes, os pró-

146   *Regulamentação do Código do Trabalho*

prios trabalhadores relativamente ao início da prestação de trabalho nocturno, às formas de organização do trabalho nocturno que melhor se adapte ao trabalhador, bem como sobre as medidas de segurança, higiene e saúde a adoptar para a prestação desse trabalho.

NOTAS:

Impõe-se ao empregador um dever de consulta dos representantes dos trabalhadores para a segurança, higiene e saúde no trabalho (arts. 264.° e ss.), ou, na falta destes, dos próprios trabalhadores.

CAPÍTULO XVII
Registo do trabalho suplementar

ARTIGO 187.° **(Âmbito)**

O presente capítulo regula o n.° 3 do artigo 204.° do Código do Trabalho.

NOTAS:

O presente Capítulo foi inspirado no Despacho de 27.10.92, DR, II, de 17.11.1992.

O art. 204.°, do Código do Trabalho, corresponde ao art. 10.°, do Decreto-Lei n.° 421/83, de 02.12, diploma revogado pelo art. 21.°, n.° 1, al. *i*), da Lei n.° 99/2003, de 27.08.

O n.° 3, do art. 204.°, do Código do Trabalho, dispõe: "Do registo previsto no número anterior deve constar sempre a indicação expressa do fundamento da prestação de trabalho suplementar, além de outros elementos fixados em legislação especial".

ARTIGO 188.° **(Registo)**

1 – Sem prejuízo do n.° 2 do artigo 204.° do Código do Trabalho, o visto do registo das horas de início e termo do trabalho suplementar é dispensado quando o registo for directamente efectuado pelo trabalhador.

2 – O registo de trabalho suplementar deve conter os elementos e ser efectuado de acordo com o modelo aprovado por portaria do ministro responsável pela área laboral.

3 – O registo referido no número anterior é efectuado em suporte documental adequado, nomeadamente em impressos adaptados a sistemas de relógio de ponto, mecanográficos ou informáticos, devendo reunir as condições para a sua imediata consulta e impressão, sempre que necessário.

4 – Os suportes documentais de registo de trabalho suplementar devem encontrar-se permanentemente actualizados, sem emendas nem rasuras não ressalvadas.

Lei n.° 35/2004, de 29 de Julho 147

NOTAS:

Segundo o Parecer n.° 11/2004, da CNPD os dados a tratar afiguram-se adequados, necessários e não excessivos em relação à finalidade (cfr. artigo 5.°, n.° 1, al. *c*), da Lei n.° 67/98, de 26 de Outubro).

Por imposição do n.° 3, do art. 204.°, do Código do Trabalho, o registo do trabalho suplementar deve conter ainda a indicação expressa do fundamento da prestação.

ARTIGO 189.° **(Actividade realizada no exterior da empresa)**

1 – O trabalhador que realize o trabalho suplementar no exterior da empresa deve visar imediatamente o registo do trabalho suplementar após o seu regresso ou mediante devolução do registo devidamente visado.

2 – A empresa deve possuir, devidamente visado, o registo de trabalho suplementar no prazo máximo de 15 dias a contar da prestação.

NOTAS:

O preceito apresenta uma novidade assinalável, regulando agora a prestação de trabalho suplementar pelos trabalhadores que prestem actividade no exterior da empresa, e que, por conseguinte, não têm possibilidade de visar o documento de registo de trabalho suplementar logo após a realização da prestação laboral.

CAPÍTULO XVIII
Fiscalização de doenças durante as férias

SECÇÃO I
Âmbito

ARTIGO 190.° **(Âmbito)**

O presente capítulo regula o n.° 9 do artigo 219.° do Código do Trabalho.

NOTAS:

O presente Capítulo inspirou-se no regime de verificação de incapacidades, no âmbito da segurança social (Decreto-Lei n.° 360/97, de 17.12, alterado pelo Decreto-Lei n.° 165/99, de 13.05).

O art. 219.°, do Código do Trabalho, visa controlar a doença no período de férias. O n.° 9, deste dispositivo remete para legislação especial que concretiza o procedimento de controlo da doença.

148   *Regulamentação do Código do Trabalho*

O n.º 7, do art. 219.º, do Código do Trabalho admite uma escusa ao cumprimento por parte do trabalhador dos deveres inerentes à verificação da doença, assente em motivo atendível. Sobre esse conceito indeterminado, a regulamentação ao Código do Trabalho nada diz.

SECÇÃO II
Verificação da situação de doença por médico designado pela segurança social

ARTIGO 191.º **(Requerimento)**

1 – Para efeitos de verificação da situação de doença do trabalhador, o empregador deve requerer a designação de médico aos serviços da segurança social da área da residência habitual do trabalhador.

2 – O empregador deve, na mesma data, informar o trabalhador do requerimento referido no número anterior.

NOTAS:

Segundo o disposto no n.º 4, do art. 219.º, do Código do Trabalho a doença do trabalhador pode ser fiscalizada por médico designado pela segurança social, mediante requerimento do empregador.

Atente-se no especial dever de informação previsto no n.º 2.

ARTIGO 192.º **(Designação de médico)**

1 – Os serviços da segurança social devem, no prazo de vinte e quatro horas a contar da recepção do requerimento:

a) Designar o médico de entre os que integram comissões de verificação de incapacidade temporária;

b) Comunicar a designação do médico ao empregador;

c) Convocar o trabalhador para o exame médico, indicando o local, dia e hora da sua realização, que deve ocorrer nas setenta e duas horas seguintes;

d) Informar o trabalhador de que a sua não comparência ao exame médico, sem motivo atendível, tem como consequência que os dias de alegada doença são considerados dias de férias, bem como que deve apresentar, aquando da sua observação, informação clínica e os elementos auxiliares de diagnóstico de que disponha, comprovativos da sua incapacidade.

Lei n.º 35/2004, de 29 de Julho 149

2 – Os serviços de segurança social, caso não possam cumprir o disposto no número anterior, devem, dentro do mesmo prazo, comunicar essa impossibilidade ao empregador.

NOTAS:

O art. 219.º, n.º 5, do Código do Trabalho, prevê a indicação de médico pelos serviços da segurança social, no prazo de 24h. Nos termos da al. *c*), do n.º 1 do preceito em anotação cabe aos serviços da segurança social a convocação do trabalhador para realização do exame médico, que deverá ocorrer nas 72h.

Cabe ainda na competência dos serviços de segurança social, nos termos na al. *d*) do preceito, a informação, entre outras indicações, de que a não comparência ao exame médico, sem motivo atendível, converte os dias de alegada doença em dias de férias.

Na eventualidade dos serviços da segurança social não cumprirem o previsto no preceito, devem, comunicar essa impossibilidade ao empregador, dentro do mesmo prazo (n.º 2, do artigo em anotação).

O suprimento do incumprimento por parte dos serviços está previsto no art. 193.º, dando-se assim ao empregador a faculdade de:

– designar médico para verificação da doença (193.º, n.º 1, al. *a*));

– convocar o trabalhador para o exame médico (art. 193.º, n.º 2, que remete para o art. 192.º, n.º 1, al. *c*));

– informar o trabalhador das consequências da sua não comparência (art. 193.º, n.º 2, que remete para o art. 192.º, n.º 1, al. *d*)**.**

A intervenção do empregador em substituição dos serviços, também ocorre sempre que:

– por motivo não imputável ao trabalhador, não se tenha realizado o exame médico nas 72h seguintes à convocação (art. 193.º, n.º 1, al. *a*), 1.º parte); ou, no caso de impossibilidade por parte do trabalhador de comparência ao exame médico, não se tenha o mesmo realizado dentro da nova marcação (48h seguintes), nos termos do art. 193.º, n.º 1, al. *a*), 2.ª parte e art. 197.º, n.º 2;

– o empregador não receba a comunicação dos serviços, informando da impossibilidade de darem cumprimento à lei (art. 193.º, n.º 1, al. *b*), 1.ª parte);

– os serviços não indiquem o médico nas 48h seguintes ao pedido de designação de médico (art. 193.º, n.º 1, al. *b*), 2.ª parte).

SECÇÃO III
Verificação da situação de doença por médico designado pelo empregador

ARTIGO 193.º **(Designação de médico)**

1 – O empregador pode designar um médico para efectuar a verificação da situação de doença do trabalhador:

150   *Regulamentação do Código do Trabalho*

a) Não se tendo realizado o exame no prazo previsto na alínea *c)* do n.º 1 do artigo 192.º por motivo não imputável ao trabalhador ou, sendo caso disso, do n.º 2 do artigo 197.º;

b) Não tendo recebido a comunicação prevista no n.º 2 do artigo 192.º ou, na falta desta, se não tiver obtido indicação do médico por parte dos serviços da segurança social nas quarenta e oito horas após a apresentação do requerimento previsto no n.º 1 do artigo 191.º.

2 – Na mesma data da designação prevista no número anterior o empregador deve dar cumprimento ao disposto nas alíneas *c)* e *d)* do n.º 1 do artigo 192.º.

NOTAS:

Cabe aos serviços de segurança social designar médico no prazo de 24h a contar do pedido das partes, e ainda convocar o trabalhador para exame médico no prazo de 72h. Na eventualidade destes prazos não serem cumpridos, pode o empregador designar médico para realizar a fiscalização.

SECÇÃO IV
Reavaliação da situação de doença

ARTIGO 194.º **(Comissão de reavaliação)**

1 – Para efeitos do n.º 6 do artigo 219.º do Código do Trabalho, a reavaliação da situação de doença do trabalhador é feita por intervenção de comissão de reavaliação dos serviços da segurança social da área da residência habitual deste.

2 – Sem prejuízo do previsto no número seguinte, a comissão de reavaliação é constituída por três médicos, um designado pelos serviços da segurança social, que preside com o respectivo voto de qualidade, devendo ser, quando se tenha procedido à verificação da situação de doença ao abrigo do artigo 192.º, o médico que a realizou, um indicado pelo trabalhador e outro pelo empregador.

3 – A comissão de reavaliação é constituída por apenas dois médicos no caso de:

a) O trabalhador ou empregador não ter procedido à respectiva designação;

b) O trabalhador e empregador não terem procedido à respectiva designação, cabendo aos serviços de segurança social a designação de outro médico.

NOTAS:

O n.° 6, do art. 219.°, do Código do Trabalho, refere que, em caso de desacordo entre os pareceres médicos, deve ser requerida, por qualquer das partes, a intervenção de junta médica. A função da junta médica é, na presente lei, assegurada pela comissão de reavaliação, composta por três médicos, um designado pelos serviços da segurança social, que preside com o respectivo voto de qualidade; um indicado pelo trabalhador, e outro pelo empregador.

ARTIGO 195.° **(Requerimento)**

1 – Qualquer das partes pode requerer a reavaliação da situação de doença nas vinte e quatro horas subsequentes ao conhecimento do resultado da verificação da mesma, devendo, na mesma data, comunicar esse pedido à contraparte.

2 – O requerente deve indicar o médico referido no n.° 3 do artigo anterior ou declarar que prescinde dessa faculdade.

3 – A contraparte pode indicar o médico nas vinte e quatro horas seguintes ao conhecimento do pedido.

ARTIGO 196.° **(Procedimento)**

1 – Os serviços da segurança social devem, no prazo de vinte e quatro horas a contar da recepção do requerimento, dar cumprimento ao disposto nas alíneas *c)* e *d)* do n.° 1 do artigo 192.°.

2 – No prazo de oito dias a contar da apresentação do requerimento, a comissão deve proceder à reavaliação da situação de doença do trabalhador e comunicar o resultado da mesma a este e ao empregador.

SECÇÃO V
Disposições comuns

ARTIGO 197.° **(Impossibilidade de comparência ao exame médico)**

1 – O trabalhador convocado para exame médico fora do seu domicílio que, justificadamente, não se possa deslocar, deve, em qualquer caso, informar dessa impossibilidade a entidade que o tiver convocado, até à data prevista para o exame ou, se não tiver sido possível, nas vinte e quatro horas seguintes.

2 – Consoante a natureza do impedimento do trabalhador, é determinada nova data para o exame e, se necessário, a sua realização no domicílio do trabalhador, dentro das quarenta e oito horas seguintes.

150 *Regulamentação do Código do Trabalho*

ARTIGO 198.º **(Comunicação do resultado da verificação)**

1 – O médico que proceda à verificação da situação de doença só pode comunicar ao empregador se o trabalhador está ou não apto para desempenhar a actividade, salvo autorização deste.

2 – O médico que proceda à verificação da situação de doença deve proceder à comunicação prevista no número anterior nas vinte e quatro horas subsequentes.

NOTAS:

O preceito acompanha o disposto no n.º 3, do art. 19.º, do Código do Trabalho, que obriga o médico responsável pelos testes e exames médicos a comunicar apenas a aptidão ou não aptidão do trabalhador, salvo autorização do trabalhador.

Questionamos o grau de disponibilidade conferido ao trabalhador que o preceito expressamente acolhe, na expressa "salvo autorização deste", bem como a falta de clareza e alcance desse consentimento na *devassa* de dados sensíveis (assim considerados pelo art. 5.º, n.º 1, da Lei de Protecção de Dados, prevista na Lei n.º 67/98, de 26.10).

ARTIGO 199.º **(Comunicações)**

As comunicações previstas no presente capítulo devem ser efectuadas por escrito e por meio célere, designadamente telegrama, telefax ou correio electrónico.

ARTIGO 200.º **(Eficácia do resultado da verificação da situação de doença)**

O empregador não pode fundamentar qualquer decisão desfavorável para o trabalhador no resultado da verificação da situação de doença do mesmo, efectuada nos termos dos artigos 192.º ou 193.º, enquanto decorrer o prazo para requerer a intervenção da comissão de reavaliação, nem até à decisão final, se esta for requerida.

NOTAS:

O preceito obriga o empregador a suster uma eventual decisão desfavorável até decorrer o prazo para requerer a intervenção da comissão de reavaliação, ou até à decisão final, se esta for requerida.

Lei n.º 35/2004, de 29 de Julho

SECÇÃO VI
Taxas

ARTIGO 201.º **(Taxas)**

O requerente da nomeação de médico pelos serviços da segurança social ou da intervenção da comissão de reavaliação está sujeito a taxa, a fixar por portaria conjunta dos ministros responsáveis pelas áreas das finanças e laboral.

CAPÍTULO XIX
Faltas para assistência à família

ARTIGO 202.º **(Âmbito)**

O presente capítulo regula a alínea *e)* do n.º 2 do artigo 225.º do Código do Trabalho.

NOTAS:

O presente Capítulo foi inspirado no art. 32.º, do Decreto-Lei n.º 70/2000, de 04.05, que corrigiu e republicou a Lei n.º 4/84, de 05.04, diploma parcialmente revogado pela presente regulamentação (segundo o disposto no art. 21.º, n.º 2, al. *d*), da Lei n.º 99/2003, de 27.08).

A al. *e*), do n.º 2, do artigo 225.º, do Código do Trabalho reporta-se às faltas "motivadas pela necessidade de prestação de assistência inadiável e imprescindível a membros do agregado familiar". Faltava concretizar o alcance do conceito "agregado familiar".

ARTIGO 203.º **(Faltas para assistência a membros do agregado familiar)**

1 – O trabalhador tem direito a faltar ao trabalho até 15 dias por ano para prestar assistência inadiável e imprescindível em caso de doença ou acidente ao cônjuge, parente ou afim na linha recta ascendente ou no 2.º grau da linha colateral, filho, adoptado ou enteado com mais de 10 anos de idade.

2 – Aos 15 dias previstos no número anterior acresce 1 dia por cada filho, adoptado ou enteado além do primeiro.

3 – O disposto nos números anteriores é aplicável aos trabalhadores a quem tenha sido deferida a tutela de outra pessoa ou confiada

154   *Regulamentação do Código do Trabalho*

a guarda de menor com mais de 10 anos, por decisão judicial ou administrativa.

4 – Para justificação de faltas, o empregador pode exigir ao trabalhador:

    a) Prova do carácter inadiável e imprescindível da assistência;

    b) Declaração de que os outros membros do agregado familiar, caso exerçam actividade profissional, não faltaram pelo mesmo motivo ou estão impossibilitados de prestar a assistência.

NOTAS:

Relativamente ao filho, adoptado ou enteado, até 10 anos de idade, a norma de protecção consta do art. 40.°, do Código do Trabalho, que dispõe que "Os trabalhadores têm direito a faltar ao trabalho, até um limite máximo de 30 dias por ano, para prestar assistência inadiável e imprescindível, em caso de doença ou acidente, a filhos, adoptados ou a enteados menores de 10 anos".

Estas faltas não determinam perda de quaisquer direitos e são consideradas, salvo quanto à retribuição, como prestação efectiva de serviço (art. 50.°, n.° 1, al. *d*), do Código do Trabalho).

A partir dos 10 anos, a norma resolutiva é a constante do preceito em anotação.

O regime é agora mais abrangente, passando a incluir o parente ou afim no 2.° grau da linha colateral (n.° 1). Aos 15 dias, acresce, ainda, mais um dia de falta por cada filho, adoptado ou enteado além do primeiro (n.° 2).

Quanto à união de facto e economia em comum, também beneficiam do disposto no preceito, de acordo com o *princípio da equiparação* previsto na lei (respectivamente art. 3.°, al. *b*) da Lei n.° 7/2001, de 11.05 e art. 4.°, n.° 1, al. *b*) da Lei n.° 6/2001, de 11.05), que a RCT não afasta.

O n.° 3 confere igual regime ao titular da tutela de outra pessoa ou confiança a guarda de menor com mais de 10 anos (n.° 3).

A al. *a*) do n.° 4 acolhe os requisitos de inadiabilidade e imprescindibilidade, constantes também do art. 225.°, n.° 2, al. *e*), do Código do Trabalho.

A al. *b*) do n.° 4 obriga a uma espécie de cruzamento de informação, para comprovação da veracidade da natureza urgente e exclusiva da prestação de assistência por parte do trabalhador.

ARTIGO 204.° **(Efeitos)**

As faltas previstas no artigo anterior não determinam a perda de quaisquer direitos e são consideradas, salvo quanto à retribuição, como prestação efectiva de serviço.

NOTAS:

De assinalar o desvio ao regime geral das faltas justificadas previsto no art. 230.°, n.° 1, do Código do Trabalho.

Lei n.º 35/2004, de 29 de Julho

CAPÍTULO XX
Fiscalização de doença

ARTIGO 205.º **(Âmbito)**

O presente capítulo regula o n.º 8 do artigo 229.º do Código do Trabalho.

NOTAS:

O art. 229.º, do Código do Trabalho, visa fiscalizar a doença do trabalhador que motivou a falta. O n.º 8 deste dispositivo remete para legislação especial a concretização do procedimento de controlo da doença.

ARTIGO 206.º **(Regime)**

1 – Aplica-se ao presente capítulo o regime previsto nos artigos 191.º a 201.º, sem prejuízo do disposto no número seguinte.

2 – A entidade que proceder à convocação do trabalhador para o exame médico deve informá-lo de que a sua não comparência ao exame médico, sem motivo atendível, tem como consequência a não justificação das faltas dadas por doença, bem como que deve apresentar, aquando da sua observação, informação clínica e os elementos auxiliares de diagnóstico de que disponha, comprovativos da sua incapacidade.

NOTAS:

Segundo o disposto no n.º 4, do art. 229.º, do Código do Trabalho, a doença do trabalhador pode ser fiscalizada por médico designado pela segurança social, mediante requerimento do empregador. Atendendo a que o presente capítulo acompanha o capítulo XVIII, *v.* notas inseridas nos artigos 190.º a 201.º.

Sobre o regime jurídico de protecção social na eventualidade de doença, *v.* o Decreto-Lei n.º 28/2004, de 04.02, rectificado pela Declaração de Rectificação n.º 29/2004, de 23.03; e a Portaria n.º 337/2004, de 31.03, rectificada pelo Decreto-Regulamentar n.º 36/2004, de 24.04.

CAPÍTULO XXI
Retribuição mínima mensal garantida

ARTIGO 207.º **(Âmbito)**

1 – A retribuição mínima mensal garantida aos trabalhadores, prevista no artigo 266.º do Código do Trabalho, está sujeita às disposições seguintes.

156 *Regulamentação do Código do Trabalho*

2 – A retribuição mínima mensal garantida não inclui subsídios, prémios, gratificações ou outras prestações de atribuição acidental ou por períodos superiores ao mês, com excepção das:

a) Comissões sobre vendas e outros prémios de produção;

b) Gratificações que, nos termos do n.º 2 do artigo 261.º do Código do Trabalho, constituam retribuição.

3 – No montante da retribuição mínima mensal garantida é incluído o valor de prestações em espécie, nomeadamente a alimentação e o alojamento cuja atribuição seja devida ao trabalhador como contrapartida do seu trabalho normal.

4 – O valor das prestações em espécie é calculado segundo os preços correntes na região, não podendo, no entanto, ser superior aos seguintes montantes ou percentagens do valor da retribuição mínima mensal garantida ou do determinado por aplicação das percentagens de redução a que se refere o n.º 6:

a) 35% para a alimentação completa;

b) 15% para a alimentação constituída por uma só refeição principal;

c) 12% para o alojamento do trabalhador;

d) 10 por divisão assoalhada para a habitação do trabalhador e seu agregado familiar;

e) 50% para o total das prestações em espécie.

5 – O valor mencionado na alínea *d)* do número anterior é actualizado, sempre que se verifique a revisão do montante da retribuição mínima mensal garantida, por aplicação do coeficiente de actualização das rendas de habitação.

6 – O valor da retribuição mínima mensal garantida sofre as reduções constantes do artigo 209.º relativamente à qualificante profissional do trabalhador e à sua aptidão para o trabalho.

NOTAS:

O presente capítulo foi inspirado no Decreto-Lei n.º 69-A/87, de 09.02 (Lei do salário mínimo), diploma revogado pelo art. 21.º, n.º 1, al. *l*), da Lei n.º 99/2003, de 27.08.

Da retribuição mínima mensal garantida foram expressamente excluídos os subsídios, prémios ou gratificações ou outras prestações de atribuição acidental ou por períodos superiores ao mês, salvo as excepções aí referidas (n.º 2, als. *a)* e *b)*). Suprimiu-se, ainda, a possibilidade de reduções retributivas no serviço doméstico e nas actividades de natureza artesanal.

O n.º 1, artigo 266.º, do Código do Trabalho, prevê que: "A todos os trabalhadores é garantida uma retribuição mínima mensal"

Lei n.º 35/2004, de 29 de Julho 157

Sobre ilícito contra-ordenacional: *v.* art. 483.º. A decisão que aplicar a coima deve conter a ordem de pagamento do quantitativo da retribuição em dívida ao trabalhador (n.º 2).

ARTIGO 208.º **(Retribuição mínima horária garantida)**

1 – Para determinação da retribuição mínima mensal garantida devida nas situações de trabalho em regime de tempo parcial ou com pagamento à quinzena, semana ou dia, utiliza-se a regra de cálculo do valor da retribuição horária estabelecida no artigo 264.º do Código do Trabalho, sendo Rm o valor da retribuição mínima mensal garantida.

2 – Sempre que o período normal de trabalho for de duração variável, atende-se ao seu valor médio anual.

NOTAS:

A fórmula de cálculo do valor da retribuição mínima mensal garantida devida nas situações previstas no artigo em anotação é a seguinte:

$(Rm \times 12) : (52 \times n)$ em que *Rm* é o valor da retribuição mínima mensal e *n* o período normal de trabalho semanal (conforme leitura conjugada do n.º 1, do artigo e do art. 264.º, do Código do Trabalho).

ARTIGO 209.º **(Reduções relacionadas com o trabalhador)**

1 – A retribuição mínima mensal garantida é objecto das seguintes reduções relativas ao trabalhador:

a) Praticantes, aprendizes e estagiários que se encontrem numa situação caracterizável como de formação certificada – 20%;

b) Trabalhador com capacidade de trabalho reduzida: redução correspondente à diferença entre a capacidade plena para o trabalho e o coeficiente de capacidade efectiva para o desempenho da actividade contratada, se aquela diferença for superior a 10%, mas não podendo resultar redução de retribuição superior a 50%.

2 – A redução prevista na alínea *a)* do número anterior não é aplicável por período superior a um ano, o qual inclui o tempo de formação passado ao serviço de outros empregadores, desde que documentado e visando a mesma qualificação.

3 – O período estabelecido no número anterior é reduzido a seis meses no caso de trabalhadores habilitados com curso técnico-profissional ou curso obtido no sistema de formação profissional qualificante para a respectiva profissão.

4 – A certificação do coeficiente de capacidade efectiva é feita, a pedido do trabalhador, do candidato a emprego ou do empregador, pelo IEFP ou pelos serviços de saúde.

158   *Regulamentação do Código do Trabalho*

ARTIGO 210.º **(Actualização da retribuição mínima mensal garantida)**

Sem prejuízo do disposto no n.º 2 do artigo 266.º do Código do Trabalho, a actualização da retribuição mínima mensal garantida tem em vista a sua adequação aos critérios da política de rendimentos e preços.

NOTAS:

O n.º 2, do art. 266.º, do Código do Trabalho, prevê que:

"Na definição dos valores da retribuição mínima mensal garantida são ponderados, entre outros factores, as necessidades dos trabalhadores, o aumento do custo de vida e a evolução da produtividade".

CAPÍTULO XXII
Segurança, higiene e saúde no trabalho

SECÇÃO I
Âmbito

ARTIGO 211.º **(Âmbito)**

O presente capítulo regula o artigo 280.º do Código do Trabalho.

NOTAS:

O art. 280.º, do Código do Trabalho, enquadra-se no Capítulo IV, dedicado à segurança, higiene e saúde no trabalho.

SECÇÃO II
Disposições gerais

ARTIGO 212.º **(Trabalhador por conta própria)**

Os artigos 272.º a 278.º do Código do Trabalho, bem como o disposto no presente capítulo, são aplicáveis, com as necessárias adaptações, ao trabalhador por conta própria.

NOTAS:

O presente capítulo vem dar acolhimento à Directiva n.° 89/381/CEE, do Conselho, de 12.06, relativa à aplicação de medidas destinadas a promover a melhoria da segurança e da saúde dos trabalhadores no trabalho.

Nos termos do n.° 1, do seu art. 2.°, o respectivo âmbito de aplicação material, abrange todos os sectores de actividade, privados ou públicos (actividades industriais, agrícolas, comerciais, administrativas, de serviços, educativas, culturais, de ocupação de tempos livres...). O n.° 2 permite uma derrogação da respectiva aplicação, relativamente a certas actividades específicas da função pública, nomeadamente das forças armadas ou da polícia, ou a outras actividades específicas dos serviços de protecção civil.

Para FERNANDO CABRAL e MANUEL ROXO ("Segurança e saúde no trabalho – Legislação Anotada", 3.ª ed., 2004, p. 81), o «quadro preexistente à Directiva era caracterizado por um conjunto de regras de conformidade técnica dos locais e equipamentos de trabalho quanto a determinados riscos específicos, daí resultando uma abordagem preventiva de natureza correctiva. Aquela Directiva veio introduzir uma nova óptica, configurada numa obrigação de resultado, que consiste na responsabilidade transferível de o empregador assegurar a segurança e a saúde dos trabalhadores em todos os aspectos relacionados com o trabalho (vd. Artigo 5.° da Directiva)».

Constituindo, portanto, para o empregador, uma *obrigação de resultado*, atendendo, em especial, ao *desempenho de mero perigo* (e não necessariamente de dano) que da actividade económica pode resultar.

Repetindo o que já enunciamos ("Manual de Direito da Segurança...", p. 41): «O poder conformador desse resultado por parte do empregador é ainda vinculado aos parâmetros impostos pela lei, que lhe concede algum poder discricionário na respectiva concretização prática.

Por oposição à *responsabilidade reactiva* (que responde ao dano causado) pretende-se, neste contexto jurídico, promover a *responsabilidade antecipativa,* apelando-se a uma maior responsabilidade por parte do empregador na prevenção (art. 7.°), informação (art. 10.°) e formação dos trabalhadores (art. 12.°) e na promoção de melhores condições de trabalho, na acepção mais abrangente do termo, segundo o art. 6.°, n.° 1.

A acção formativa incide sobre todos os trabalhadores em geral, tendo em conta "o posto de trabalho e o exercício de actividades de risco elevado" (art. 278.°, n.° 1, do CT), e, em especial, sobre os representantes dos trabalhadores para a segurança, higiene e saúde no trabalho, concedendo, se necessário, licença com ou sem retribuição (art. 216.°, n.° 1, da RCT) e sobre os trabalhadores responsáveis pelas acções de emergência, assim denominada a "aplicação das medidas de primeiros socorros, de combate a incêndios e de evacuação de trabalhadores" (art. 217.°, da RCT).

A directiva indica no n.° 2, do art. 6.°, as medidas a tomar por parte do empregador (sempre assumindo o *princípio da menor perigosidade* do desempenho, na impossibilidade de se estabelecer a perigosidade zero).

Ainda, o n.° 3, obriga o empregador a, atenta a natureza das actividades da empresa e/ou do estabelecimento, *avaliar os inerentes riscos* para a segurança e saúde dos trabalhadores, inclusivamente na escolha dos equipamentos de trabalho e das substâncias ou preparados químicos e na concepção dos locais de trabalho (al. *a*))».

160   *Regulamentação do Código do Trabalho*

O art. 7.º, n.º 1, da Directiva, preceitua que incumbe ao empregador designar um ou mais trabalhadores para se ocuparem das actividades de protecção e de prevenção dos riscos profissionais na empresa e/ou no estabelecimento (art. 7.º, n.º 1).

O art. 272.º, n.º 1, do Código do Trabalho, preceitua que "O trabalhador tem direito à prestação de trabalho em condições de segurança, higiene e saúde asseguradas pelo empregador". Toda a temática da segurança, higiene e saúde no trabalho vem dar acolhimento ao Decreto-Lei n.º 441/91, de 14.11 (Lei-Quadro sobre segurança e saúde no trabalho).

Aplicando-se o Código do Trabalho (atenta a noção de contrato de trabalho prevista no art. 10.º do diploma), aos trabalhadores por conta de outrem, o presente preceito consagra uma norma de extensão, referindo que os arts. 272.º a 278.º, do Código do Trabalho, bem como o disposto no presente Capítulo, se aplicam igualmente ao trabalhador por conta própria.

ARTIGO 213.º (Conceitos)

1 – Para efeitos do disposto nos artigos 272.º a 278.º do Código do Trabalho, bem como no presente capítulo, entende-se por:

a) Representante dos trabalhadores – trabalhador eleito para exercer funções de representação dos trabalhadores nos domínios da segurança, higiene e saúde no trabalho;

b) Componentes materiais do trabalho – o local de trabalho, o ambiente de trabalho, as ferramentas, as máquinas e materiais, as substâncias e agentes químicos, físicos e biológicos, os processos de trabalho e a organização do trabalho;

c) Prevenção – conjunto de actividades ou medidas adoptadas ou previstas no licenciamento e em todas as fases de actividade da empresa, do estabelecimento ou do serviço, com o fim de evitar, eliminar ou diminuir os riscos profissionais.

2 – Consideram-se de risco elevado:

a) Trabalhos em obras de construção, escavação, movimentação de terras, túneis, com riscos de quedas de altura ou de soterramento, demolições e intervenção em ferrovias e rodovias sem interrupção de tráfego;

b) Actividades de indústrias extractivas;

c) Trabalho hiperbárico;

d) Actividades que envolvam a utilização ou armazenagem de quantidades significativas de produtos químicos perigosos susceptíveis de provocar acidentes graves;

e) Fabrico, transporte e utilização de explosivos e pirotecnia;

f) Actividades de indústria siderúrgica e construção naval;

g) Actividades que envolvam contacto com correntes eléctricas de média e alta tensão;

Lei n.° 35/2004, de 29 de Julho 161

h) Produção e transporte de gases comprimidos, liquefeitos ou dissolvidos, ou a utilização significativa dos mesmos;

i) Actividades que impliquem a exposição a radiações ionizantes;

j) Actividades que impliquem a exposição a agentes cancerígenos, mutagénicos ou tóxicos para a reprodução;

l) Actividades que impliquem a exposição a agentes biológicos do grupo 3 ou 4;

m) Trabalhos que envolvam risco de silicose.

NOTAS:

V. legislação indicada na anotação ao art. 184.°.

A al. *a*), do n.° 1 corresponde ao art. 2.°, al. *d*), do Decreto-Lei n.° 26/94, de 01.02 (regime de organização e funcionamento das actividades de segurança, higiene e saúde no trabalho).

A al. *b*), do n.° 1 corresponde ao art. 2.°, al. *f*), do Decreto-Lei n.° 26/94, de 01.02.

A al. *c*), do n.° 1 corresponde ao art. 2.°, al. *g*), do Decreto-Lei n.° 26/94, de 01.02.

O n.° 2 corresponde ao art. 5.°, n.° 4, do Decreto-Lei n.° 26/94, de 01.02.

ARTIGO 214.° **(Consulta e participação)**

Na promoção e avaliação, a nível nacional, das medidas de política sobre segurança, higiene e saúde no trabalho deve assegurar-se a consulta e a participação das organizações mais representativas dos empregadores e trabalhadores.

NOTAS:

O preceito corresponde ao art. 7.°, n.° 1 do Decreto-Lei n.° 441/91, de 14.11.

ARTIGO 215.° **(Comissões de segurança, higiene e saúde no trabalho)**

1 – Por instrumento de regulamentação colectiva de trabalho negocial, podem ser criadas comissões de segurança, higiene e saúde no trabalho, de composição paritária.

2 – A comissão de segurança, higiene e saúde no trabalho criada nos termos do número anterior é constituída pelos representantes dos trabalhadores para a segurança, higiene e saúde no trabalho, de acordo com a proporcionalidade dos resultados da eleição prevista nos artigos 265.° a 279.°.

NOTAS:

O preceito corresponde ao art. 11.°, do Decreto-Lei n.° 441/91, de 14.11, regulando-se agora expressamente a eleição das comissões de segurança, higiene e saúde no trabalho (arts. 265.° a 279.°).

162   *Regulamentação do Código do Trabalho*

ARTIGO 216.° **(Formação dos representantes dos trabalhadores)**

1 – O empregador deve proporcionar condições para que os representantes dos trabalhadores para a segurança, higiene e saúde no trabalho recebam formação adequada, concedendo, se necessário, licença com retribuição ou sem retribuição nos casos em que outra entidade atribua aos trabalhadores um subsídio específico.

2 – Para efeitos do disposto no número anterior, o empregador e as respectivas associações representativas podem solicitar o apoio dos serviços públicos competentes quando careçam dos meios e condições necessários à realização da formação, bem como as estruturas de representação colectiva dos trabalhadores no que se refere à formação dos respectivos representantes.

NOTAS:

O preceito corresponde ao art. 12.°, n.ᵒˢ 1 e 4, do Decreto-Lei n.° 441/91, de 14.11, embora este diploma se reportasse à formação dos trabalhadores.

Sobre ilícito contra-ordenacional: *v.* art. 484.°, n.° 2.

ARTIGO 217.° **(Formação dos trabalhadores)**

1 – Sem prejuízo do disposto no artigo 278.° do Código do Trabalho, o empregador deve formar, em número suficiente, tendo em conta a dimensão da empresa e os riscos existentes, os trabalhadores responsáveis pela aplicação das medidas de primeiros socorros, de combate a incêndios e de evacuação de trabalhadores, bem como facultar-lhes material adequado.

2 – Para efeitos da formação dos trabalhadores, é aplicável o disposto na primeira parte do n.° 2 do artigo anterior.

NOTAS:

V. nota ao art. 212.°.

O preceito corresponde ao art. 11.°, n.° 6, do Decreto-Lei n.° 441/91, de 14.11.

Lei n.º 35/2004, de 29 de Julho   163

SECÇÃO III
Serviços de segurança, higiene e saúde no trabalho

SUBSECÇÃO I
Disposições gerais

ARTIGO 218.º **(Âmbito)**

1 – A presente secção regula o artigo 276.º do Código do Trabalho.

2 – A presente secção não se aplica aos sectores da marinha de comércio e das pescas, com excepção da de companha, que são objecto de regulamentação específica.

NOTAS:

O artigo 276.º, do Código do Trabalho, prevê que: "O empregador deve garantir a organização e o funcionamento dos serviços de segurança, higiene e saúde no trabalho, nos termos previstos em legislação especial".

O regime de segurança e de saúde no trabalho a bordo dos navios de pesca, consta do Decreto-Lei n.º 116/97, de 12.05, regulamentado pela Portaria n.º 356/98, de 24.06.

SUBSECÇÃO II
Organização dos serviços

DIVISÃO I – **Disposições gerais**

ARTIGO 219.º **(Modalidades)**

1 – Na organização dos serviços de segurança, higiene e saúde no trabalho, o empregador pode adoptar, sem prejuízo do disposto no número seguinte, uma das seguintes modalidades:

   a) Serviços internos;

   b) Serviços interempresas;

   c) Serviços externos.

2 – Se na empresa ou estabelecimento não houver meios suficientes para desenvolver as actividades integradas no funcionamento dos serviços de segurança, higiene e saúde no trabalho, por parte de serviços internos, ou estando em causa, nos termos do artigo 225.º, as actividades de segurança e higiene por parte de trabalhadores designados ou do próprio empregador, este deve utilizar serviços interempresas ou serviços externos

164 *Regulamentação do Código do Trabalho*

ou, ainda, técnicos qualificados em número suficiente para assegurar o desenvolvimento de todas ou parte daquelas actividades.

3 – O empregador pode adoptar diferentes modalidades de organização em cada estabelecimento.

4 – As actividades de saúde podem ser organizadas separadamente das de segurança e higiene, observando-se, relativamente a cada uma, o disposto no número anterior.

5 – Os serviços organizados em qualquer das modalidades referidas no n.º 1 devem ter capacidade para exercer as actividades principais de segurança, higiene e saúde no trabalho.

6 – A utilização de serviços interempresas ou de serviços externos não isenta o empregador das responsabilidades que lhe são atribuídas pela demais legislação sobre segurança, higiene e saúde no trabalho.

NOTAS:

As modalidades de organização dos serviços de segurança, higiene e saúde no trabalho, prescritas no n.º 1 do preceito, acompanham o previsto no n.º 1, do artigo 4.º, do Decreto-Lei n.º 26/94, de 01.02 (que aprovou o regime de organização e funcionamento das actividades de segurança, higiene e saúde no trabalho), na redacção dada pela Lei n.º 7/95, de 29.03, pela Lei n.º 118/99, de 11.08 e pelo Decreto-Lei n.º 109/00, de 30.06.

Entendemos que este diploma foi tacitamente revogado pela presente regulamentação. Invocamos uma revogação tácita, porquanto o intuito revogatório não consta expressamente de qualquer norma do Código do Trabalho ou da regulamentação do Código do Trabalho.

Assim, os trabalhadores por conta de outrem recebem toda a matéria tratada pelo Código do Trabalho e pela Regulamentação do Código do Trabalho. Por sua vez, aos trabalhadores por conta própria são aplicáveis os artigos 272.º a 278.º, do Código do Trabalho e os artigos 213.º a 289.º, da RCT (por remissão do art. 212.º).

Pela primeira vez e dando cumprimento ao disposto no art. 10.º, do Decreto-Lei n.º 441/91 (agora art. 277.º, do Código do Trabalho), a Regulamentação do Código do Trabalho regula a eleição dos representantes dos trabalhadores para a segurança, higiene e saúde no trabalho (art. 265.º a 289.º).

Relativamente ao enquadramento da segurança, higiene e saúde no trabalho na Administração Pública, mantém-se em vigor o Decreto-Lei n.º 488/99, de 17.11.

Os princípios orientadores do enquadramento das modalidades dos serviços de segurança, higiene e saúde são os seguintes:
– Princípio da adequabilidade;
– Princípio da qualidade;
– Princípio da suficiência;
– Princípio da economia;
– Princípio da publicitação.

Sobre a correspondência entre o Decreto-Lei n.º 26/94, de 01.02 e a Regulamentação do Código do Trabalho, *v.* tabela inserida no nosso "Manual de Direito da Segurança ...", p. 66 e ss.

Sobre ilícito contra-ordenacional: *v.* art. 484.º, n.º 2.

Lei n.º 35/2004, de 29 de Julho 165

ARTIGO 220.º **(Primeiros socorros, combate a incêndios e evacuação de trabalhadores)**

A empresa ou estabelecimento, qualquer que seja a organização dos serviços de segurança, higiene e saúde no trabalho, deve ter uma estrutura interna que assegure as actividades de primeiros socorros, de combate a incêndios e de evacuação de trabalhadores em situações de perigo grave e iminente, designando os trabalhadores responsáveis por essas actividades.

NOTAS:

O preceito corresponde, salvo algumas alterações, ao art. 4.º, n.º 5 do Decreto-Lei n.º 26/94, de 01.02.

Sobre ilícito contra-ordenacional: *v.* art. 484.º, n.º 1.

ARTIGO 221.º **(Serviço Nacional de Saúde)**

1 – A promoção e vigilância da saúde podem ser asseguradas através das instituições e serviços integrados no Serviço Nacional de Saúde nos seguintes casos:

a) Trabalhador independente;

b) Trabalhador agrícola sazonal e a termo;

c) Aprendiz ao serviço de artesão;

d) Trabalhador do serviço doméstico;

e) Pesca de companha;

f) Trabalhador de estabelecimento referido no n.º 1 do artigo 225.º.

2 – O empregador e o trabalhador independente devem fazer prova da situação prevista no número anterior que confira direito à assistência através de instituições e serviços integrados no Serviço Nacional de Saúde, bem como pagar os respectivos encargos.

NOTAS:

O preceito corresponde, salvo algumas alterações, ao art. 11.º do Decreto-Lei n.º 26/94, de 01.02.

O Estatuto do Seviço Nacional de Saúde foi aprovado pelo Decreto-Lei n.º 11/93, de 15 de Janeiro, alterado pelos Decretos-Leis n.º 53/98, de 11 de Março, 401/98, de 17 de Dezembro e 223/2004, de 03 de Dezembro.

ARTIGO 222.º **(Representante do empregador)**

Se a empresa ou estabelecimento adoptar serviço interempresas ou serviço externo, o empregador deve designar, em cada estabeleci-

166   *Regulamentação do Código do Trabalho*

mento, um trabalhador com formação adequada que o represente para acompanhar e coadjuvar a adequada execução das actividades de prevenção.

NOTAS:

O preceito vem dar acolhimento ao previsto no art. 12.°, n.° 3, do Decreto-lei n.° 441/91, de 14.11 e no n.° 6, do art. 4.°, do Decreto-Lei n.° 26/94, de 01.02.

Sobre ilícito contra-ordenacional: *v.* art. 484.°, n.° 2.

ARTIGO 223.° **(Formação adequada)**

Para efeitos do artigo anterior, considera-se formação adequada a que permita a aquisição de competências básicas em matéria de segurança e higiene no trabalho, saúde, ergonomia, ambiente e organização do trabalho, que seja validada pelo organismo do ministério responsável pela área laboral competente em matéria de segurança, higiene e saúde no trabalho, ou inserida no sistema educativo, ou promovida por departamentos da Administração Pública com responsabilidade no desenvolvimento de formação profissional.

NOTAS:

O preceito corresponde, salvo algumas alterações, ao n.° 2, do art. 6.°, do Decreto-Lei n.° 26/94, de 01.02.

DIVISÃO II – Serviços internos

ARTIGO 224.° **(Serviços internos)**

1 – Os serviços internos são criados pelo empregador e abrangem exclusivamente os trabalhadores que prestam serviço na empresa.

2 – Os serviços internos fazem parte da estrutura da empresa e dependem do empregador.

3 – A empresa ou estabelecimento que desenvolva actividades de risco elevado, a que estejam expostos pelo menos 30 trabalhadores, deve ter serviços internos.

4 – A empresa com, pelo menos, 400 trabalhadores no mesmo estabelecimento ou no conjunto dos estabelecimentos distanciados até 50 Km do de maior dimensão, qualquer que seja a actividade desenvolvida, deve ter serviços internos.

Lei n.° 35/2004, de 29 de Julho 167

NOTAS:

O preceito corresponde, salvo algumas alterações, ao art. 5.° do Decreto-Lei n.° 26/94, de 01.02, exceptuando o n.° 4, que recebeu acolhimento no art. 213.°, n.° 2, da presente regulamentação.

Sobre o conceito de *risco elevado*, *v.* n.° 2, do art. 213.°.

Na empresa, estabelecimento ou conjunto de estabelecimentos distanciados até 50 km do de maior dimensão, que empregue no máximo 10 trabalhadores e cuja actividade *não seja de risco elevado*, as actividades de segurança e higiene no trabalho podem ser exercidas directamente pelo próprio empregador, se tiver formação adequada (definida no art. 223.°) e permanecer habitualmente nos estabelecimentos (art. 225.°, n.° 1).

A exemplo da lei anterior (art. 7.°, do Decreto-Lei n.° 26/94, de 01.02), também o art. 226.°, admite em termos delimitados a *dispensa de serviços internos* (em empresa com, pelo menos, 400 trabalhadores no mesmo estabelecimento ou no conjunto dos estabelecimentos distanciados até 50 km a partir do de maior dimensão, a pedido do empregador (e mediante autorização administrativa revogável), contanto que a empresa não exerça actividade de risco elevado.

Sobre ilícito contra-ordenacional: *v.* art. 484.°, n.° 2.

ARTIGO 225.° (Actividades exercidas pelo empregador ou por trabalhador designado)

1 – Na empresa, estabelecimento ou conjunto de estabelecimentos distanciados até 50 Km do de maior dimensão, que empregue no máximo 10 trabalhadores e cuja actividade não seja de risco elevado, as actividades de segurança e higiene no trabalho podem ser exercidas directamente pelo próprio empregador, se tiver formação adequada e permanecer habitualmente nos estabelecimentos.

2 – Nas situações referidas no número anterior, o empregador pode designar um ou mais trabalhadores para se ocuparem de todas ou algumas das actividades de segurança e higiene no trabalho que tenham formação adequada e disponham do tempo e dos meios necessários.

3 – À formação adequada referida nos números anteriores aplica-se o disposto no artigo 223.°.

4 – O exercício das actividades previsto nos n.os 1 e 2 depende de autorização concedida pelo organismo do ministério responsável pela área laboral competente em matéria de prevenção da segurança, higiene e saúde no trabalho.

5 – Os trabalhadores designados nos termos do n.° 2 não devem ser prejudicados por causa do exercício das actividades.

6 – A autorização referida no n.° 4 é revogada se a empresa, estabelecimento ou conjunto dos estabelecimentos apresentar, por mais de uma

168   *Regulamentação do Código do Trabalho*

vez num período de cinco anos, taxas de incidência e de gravidade de acidentes de trabalho superiores à média do respectivo sector.

7 – No caso referido no número anterior, o empregador deve adoptar outra modalidade de organização dos serviços de segurança e higiene no trabalho no prazo de três meses.

NOTAS:

O preceito corresponde, salvo algumas alterações, ao n.º 1, do art. 6.º, do Decreto--Lei n.º 26/94, de 01.02.
Sobre ilícito contra-ordenacional: *v.* art. 484.º, n.º 2.

ARTIGO 226.º **(Dispensa de serviços internos)**

1 – A empresa com, pelo menos, 400 trabalhadores no mesmo estabelecimento ou no conjunto dos estabelecimentos distanciados até 50 Km a partir do de maior dimensão, que não exerça actividades de risco elevado, pode utilizar serviços interempresas ou serviços externos, mediante autorização do organismo do ministério responsável pela área laboral competente em matéria de prevenção da segurança, higiene e saúde no trabalho, desde que:

a) Apresente taxas de incidência e de gravidade de acidentes de trabalho, nos dois últimos anos, não superiores à média do respectivo sector;

b) O empregador não tenha sido punido por infracções muito graves respeitantes à violação de legislação de segurança, higiene e saúde no trabalho, praticadas no mesmo estabelecimento, nos dois últimos anos;

c) Se verifique, através de vistoria, que respeita os valores limite de exposição a substâncias ou factores de risco.

2 – O requerimento de autorização deve ser acompanhado de parecer dos representantes dos trabalhadores para a segurança, higiene e saúde no trabalho ou, na sua falta, dos próprios trabalhadores.

3 – A autorização referida no n.º 1 é revogada se a empresa ou estabelecimento apresentar taxas de incidência e de gravidade de acidentes de trabalho superiores à média do respectivo sector, em dois anos consecutivos.

4 – Se a autorização referida no n.º 1 for revogada, a empresa ou estabelecimento deve adoptar serviços internos no prazo de seis meses.

NOTAS:

O preceito corresponde, com as devidas alterações, ao art. 7.º, do Decreto-Lei n.º 26/94, de 01.02.

Lei n.º 35/2004, de 29 de Julho 169

A dispensa de serviços internos exige o preenchimento cumulativo dos requisitos previstos no n.º 1, do preceito, como sendo:

– Taxas de incidência e de gravidade de acidentes de trabalho, nos últimos dois anos, não superiores à média do respectivo sector (al. *a)*), as quais são apuradas pelo serviço competente do ministério da tutela (art. 227.º).

A informação estatística sobre acidentes de trabalho e doenças profissionais impõe às entidades seguradoras, bem como aos serviços da administração pública central, regional e local, e aos institutos públicos o dever de enviar (ao Departamento de Estatística do Ministério da tutela) até ao dia 15 de cada mês, um exemplar de cada uma das participações de acidentes de trabalho que lhes tenham sido dirigidas no decurso do mês anterior (art. 5.º, do Decreto-Lei n.º 362/93, de 15.10).

– Cadastro laboral, nos últimos dois anos, que não apresente punições por contra-ordenações muito graves (al. *b*)).

Os valores máximos das coimas aplicáveis a infracções muito graves previstos no n.º 4, do art. 620.º, do Código do Trabalho, são elevados para o dobro nas situações de violação de normas sobre trabalho de menores, segurança, higiene e saúde no trabalho, direitos dos organismos representativos dos trabalhadores, nomeadamente das comissões de trabalhadores, bem como de direitos das associações sindicais, dos dirigentes e delegados sindicais ou equiparados e, ainda, do direito à greve (art. 622.º, n.º 1, do Código do Trabalho).

– Respeito pelos valores limite de exposição a substâncias ou factores de risco, a verificar, mediante vistoria (al. *c*)).

Demonstrando o papel de consulta que cabe aos representantes dos trabalhadores para a segurança, higiene e saúde no trabalho, ou, na sua falta, aos próprios trabalhadores, o pedido de autorização é instruído com o parecer por eles formulado (n.º 2).

Sobre ilícito contra-ordenacional: *v.* art. 484.º, n.º 2.

ARTIGO 227.º **(Taxas de incidência e de gravidade de acidentes de trabalho)**

Para efeitos dos artigos anteriores, as taxas de incidência e de gravidade de acidentes de trabalho médias do sector são as apuradas pelo serviço competente do ministério responsável pela área laboral, correspondentes às empresas obrigadas a elaborar balanços sociais, e respeitantes aos últimos anos com apuramentos disponíveis.

NOTAS:

O preceito corresponde, com as devidas alterações, ao n.º 4 do art. 7.º, do Decreto-Lei n.º 26/94, de 01.02.

O regime do balanço social contido na Lei n.º 141/85, de 14.11, foi revogado pelo art. 10.º, al. *b),* constando agora dos artigos 458.º a 464.º.

De acordo com o art. 460.º, n.º 1, as pequenas, médias e grandes empresas devem elaborar o balanço social até 31 de Março do ano seguinte a que respeita, sob pena de ilícito contra-ordenacional (art. 491.º).

DIVISÃO III – Serviços interempresas

ARTIGO 228.° (Serviços interempresas)

1 – Os serviços interempresas são criados por várias empresas ou estabelecimentos para utilização comum dos respectivos trabalhadores.

2 – O acordo que institua os serviços interempresas deve ser celebrado por escrito e aprovado pelo organismo do ministério responsável pela área laboral competente em matéria de segurança, higiene e saúde no trabalho.

NOTAS:

O preceito corresponde, com as devidas alterações aos n.os 1 e 2, do art. 8.°, do Decreto-Lei n.° 26/94, de 01.02.

Este tipo de serviço não isenta o empregador das responsabilidades que lhe são atribuídas pela legislação sobre segurança, higiene e saúde no trabalho (art. 219.°, n.° 6).

Por remissão do art. 238.°, é exigível a satisfação dos requisitos constantes do art. 230.°, n.° 3, als. b) a e), quanto às instalações, equipamentos, e utensílios, qualidade técnica dos procedimentos e recurso a contratação.

O empregador deve ainda designar um trabalhador com preparação adequada que o represente, para acompanhar e coadjuvar a adequada execução das actividades de prevenção (art. 222.°).

Sobre ilícito contra-ordenacional: v. art. 484.°, n.° 2.

DIVISÃO IV – Serviços externos

ARTIGO 229.° (Serviços externos)

1 – Consideram-se serviços externos os contratados pelo empregador a outras entidades.

2 – Os serviços externos têm as seguintes modalidades:

a) Associativos – prestados por associações com personalidade jurídica sem fins lucrativos;

b) Cooperativos – prestados por cooperativas cujo objecto estatutário compreenda, exclusivamente, a actividade de segurança, higiene e saúde no trabalho;

c) Privados – prestados por sociedades de cujo pacto social conste o exercício de actividades de segurança, higiene e saúde no trabalho, ou por pessoa individual com habilitação e formação legais adequadas;

d) Convencionados – prestados por qualquer entidade da administração pública central, regional ou local, instituto público ou instituição integrada no Serviço Nacional de Saúde.

Lei n.º 35/2004, de 29 de Julho

3 – O empregador pode adoptar um modo de organização dos serviços externos diferente das modalidades previstas no número anterior, desde que seja previamente autorizado, nos termos dos artigos 230.º a 237.º.

4 – O contrato entre o empregador e a entidade que assegura a prestação de serviços externos deve ser celebrado por escrito.

NOTAS:

O preceito corresponde, com as devidas alterações ao art. 9.º e ao n.º 1, do art. 10.º, do Decreto-Lei n.º 26/94, de 01.02.

O exercício das actividades de segurança, higiene e saúde; de segurança e higiene; e de saúde (modalidades que a lei admite, nos termos do n.º 2, do art. 230.º, do Código do Trabalho, bem como a extensão do serviço a prestar, ou seja sectores amplos ou restritos de actividade, actividades de risco elevado) por parte dos serviços externos exige um procedimento de acreditação perante o ISHST, sob pena de prática de ilícito contra-ordenacional muito-grave (art. 484.º, n.º 1).

Por sua vez, o empregador que contrate com empresa não autorizada, e apesar de ausência de norma condenatória própria, deve igualmente ser censurado, à falta de solução mais adequada, por incapacidade dos serviços (do empregador) para exercer as actividades principais de segurança, higiene e saúde no trabalho (art. 484.º, n.º 2).

O n.º 2, do preceito permite, entre outras (n.º 3), as seguintes modalidades:

– Associativos (al. *a*)), com ou sem exclusividade do objecto de prestação de serviço externo;

– Cooperativos (al. *b*)), com exclusividade do objecto de prestação de serviço externo;

– Privados (al. *c*)), os quais são prestados por sociedades, de cujo pacto social conste o exercício de actividades de segurança, higiene e saúde (1.ª parte do preceito) ou por, pessoa individual, com habilitação e formação adequadas (2.ª parte).

O regime societário comercial ou não comercial encontra-se regulado no art. 1.º, n.ºs 2 e 4, do Código das Sociedades Comerciais.

Relativamente ao exercício por parte de pessoa singular, pensamos, conforme já demonstrado, que exige a constituição de uma empresa para o efeito, para além da habilitação e formação adequadas do titular.

– Convencionados (al. *d*)).

O contrato de prestação deve ser reduzido a escrito, deixando, aparentemente, às partes intervenientes, total liberdade de estipulação. Conforme já manifestamos, esta tolerância legal pode não ser razoável nos casos, que constituirão a maioria, em que o beneficiário da prestação desconhece ou desconhece em rigor qual o verdadeiro alcance e conteúdo dos serviços de prestação (a título de proposta de contrato de prestação de serviço externo, *v.* nosso "Manual de Direito da Segurança...", p. 85).

172   *Regulamentação do Código do Trabalho*

DIVISÃO V – **Autorização de serviços externos**

ARTIGO 230.° **(Autorização)**

1 – Os serviços externos, com excepção dos prestados por instituição integrada no Serviço Nacional de Saúde, carecem de autorização para o exercício da actividade de segurança, higiene e saúde no trabalho.

2 – A autorização pode ser concedida para actividades das áreas de segurança, higiene e saúde, de segurança e higiene ou de saúde, para todos ou alguns sectores de actividade, bem como para determinadas actividades de risco elevado.

3 – A autorização depende da satisfação dos seguintes requisitos:

a) Recursos humanos suficientes com as qualificações legalmente exigidas, no mínimo dois técnicos superiores de segurança e higiene no trabalho e um médico do trabalho, para autorização das actividades de segurança e higiene e de saúde, respectivamente;

b) Instalações devidamente equipadas, com condições adequadas ao exercício da actividade;

c) Equipamentos e utensílios de avaliação das condições de segurança, higiene e saúde no trabalho nas empresas e equipamentos de protecção individual a utilizar pelo pessoal técnico do requerente;

d) Qualidade técnica dos procedimentos;

e) Recurso a subcontratação de serviços apenas em relação a tarefas de elevada complexidade e pouco frequentes.

4 – A autorização para actividades de risco elevado depende de a qualificação dos recursos humanos, as instalações e os equipamentos serem adequados às mesmas.

5 – O serviço externo pode requerer que a autorização seja ampliada ou reduzida no que respeita a áreas de segurança, higiene e saúde no trabalho, a sectores de actividade e a actividades de risco elevado.

NOTAS:

O preceito corresponde, com as devidas alterações, ao art. 12.°, do Decreto-Lei n.° 26/94, de 01.02. e ao n.° 1, do art. 3.°, da Portaria n.° 467/2002, de 23.04.

Pelo Decreto-Lei n.° 171/2004, de 17.07 procedeu-se à extinção do Instituto de Desenvolvimento e Inspecção das Condições de Trabalho (IDICT) e criou-se o Instituto de Segurança, Higiene e Saúde no Trabalho (ISHST), que visa promover a segurança, higiene, saúde e bem estar no trabalho, coordenando, executando e avaliando as políticas no âmbito do Sistema Nacional de Prevenção de Riscos Profissionais (art. 25.°, do diploma citado).

É perante o ISHST que deve ser solicitada autorização para prestação de serviços externos, com excepção dos prestados por instituição integrada no Serviço Nacional de Saúde (n.° 1, do art. 230.°), que tem ao seu cuidado os trabalhadores referidos no art. 221.°.

Lei n.º 35/2004, de 29 de Julho 173

A autorização solicitada pode incluir as áreas de segurança, higiene e saúde, as áreas de segurança e higiene ou a área de saúde; e ainda a extensão das actividades a beneficiar dos serviços (n.º 2).

A autorização depende da satisfação dos seguintes requisitos:

– Suficiência e aptidão dos recursos humanos (n.º 3, al. *a*)), garantidos por técnico superior de segurança e higiene no trabalho e por técnico de segurança e higiene do trabalho, para as actividades de segurança e higiene (segundo o Decreto-Lei n.º 110/2000, de 30.06, alterado pela Lei n.º 14/2001, de 04.06), e por médico do trabalho e enfermeiro, para a actividade de saúde no trabalho (arts. 244.º e 246.º).

– Instalações devidamente equipadas, em condições adequadas ao exercício da actividade (al. *b*)), que deverão cumprir o regulamento geral de higiene e segurança no trabalho nos estabelecimentos comerciais, de escritórios e serviços, previsto no Decreto-Lei n.º 243/86, de 20.08.

– Equipamentos e utensílios de avaliação das condições de segurança, higiene e saúde no trabalho nas empresas e equipamentos de protecção individual a utilizar pelo pessoal técnico do requerente (al. *c*)).

– Qualidade técnica dos procedimentos (al. *d*)).

– Recurso a subcontratação de serviços apenas em relação a tarefas de elevada complexidade e pouco frequentes (al. *e*)).

A autorização para actividades de risco elevado (art. 213.º, n.º 2), mantém-se autónoma (n.º 4).

Sobre ilícito contra-ordenacional: *v*. art. 484.º, n.º 1.

ARTIGO 231.º **(Requerimento de autorização de serviços externos)**

1 – O requerimento de autorização de serviços externos deve ser apresentado pelo respectivo titular ao organismo do ministério responsável pela área laboral competente em matéria de prevenção da segurança, higiene e saúde no trabalho.

2 – O requerimento deve indicar a modalidade de serviço externo, as áreas de segurança, higiene e saúde, de segurança e saúde ou de saúde, os sectores de actividade, bem como, sendo caso disso, as actividades de risco elevado para que se pretende autorização, e conter os seguintes elementos:

a) A identificação do requerente através do nome, estado civil, profissão e residência ou, consoante os casos, do nome e número de identificação de pessoa colectiva, ou ainda da designação da entidade da administração pública central, regional ou local ou de instituto público;

b) O objecto social, se o requerente for pessoa colectiva;

c) A localização da sede e dos seus estabelecimentos.

3 – O requerimento deve, ainda, ser acompanhado de:

a) Cópia autenticada da respectiva escritura pública e das alterações e indicação da publicação no *Diário da República*, no caso de pessoa colectiva;

174   *Regulamentação do Código do Trabalho*

b) Enumeração do pessoal técnico superior e técnico de segurança e higiene do trabalho, médico do trabalho e enfermeiro, consoante as actividades de segurança, higiene e saúde, de segurança e saúde ou de saúde para que se pretende autorização, com indicação da natureza dos respectivos vínculos e dos períodos normais de trabalho ou tempos mensais de afectação;

c) Enumeração de outros recursos humanos, com a indicação das qualificações, das funções, da natureza dos respectivos vínculos e dos períodos normais de trabalho ou tempos mensais de afectação;

d) Organograma funcional;

e) Área geográfica em que se propõe exercer a actividade;

f) Indicação do número de trabalhadores que pretende abranger com os serviços em estabelecimentos industriais e em estabelecimentos comerciais;

g) Indicação das actividades ou funções para as quais se prevê o recurso a subcontratação;

h) Memória descritiva e plantas das instalações;

i) Inventário dos equipamentos de trabalho a utilizar na sede e nos seus estabelecimentos;

j) Inventário dos utensílios e equipamentos a utilizar na avaliação das condições de segurança, higiene e saúde, de segurança e saúde ou de saúde no trabalho, com indicação das respectivas características técnicas, marcas e modelos;

l) Inventário dos equipamentos de protecção individual a utilizar em certas tarefas ou actividades que comportem risco específico para a segurança e saúde, com indicação das respectivas marcas e modelos e, quando se justifique, dos códigos de marcação;

m) Manual de procedimentos no âmbito da gestão do serviço, nomeadamente sobre a política de qualidade, o planeamento das actividades e a política de subcontratação, bem como no âmbito dos procedimentos técnicos nas áreas de actividade para que se requer autorização, com referência aos diplomas aplicáveis, a guias de procedimentos de organismos internacionais reconhecidos, a códigos de boas práticas e a listas de verificação.

4 – Se for requerida autorização para determinadas actividades de risco elevado, o requerimento deve ser acompanhado de elementos comprovativos de que a qualificação dos recursos humanos e os utensílios e equipamentos são adequados às mesmas.

NOTAS:

O preceito corresponde, com as devidas alterações, ao art. 1.°, n.° 1, da Portaria n.° 467/2002, de 23.04.

Lei n.º 35/2004, de 29 de Julho 175

O requerimento é apresentado ao ISHST (n.º 1), indicando o requerente, conforme dispõe o n.º 2, 1.ª parte:

– A modalidade de serviço externo, de acordo com os tipos legalmente previstos ou outros (art. 229.º, n.º 2 e 3);

– As áreas de prestação (segurança, higiene e saúde/segurança e saúde/saúde);

– Os sectores de actividade;

– As actividades de risco elevado, se as houver (art. 213.º, n.º 2) e

– Os restantes elementos constantes das alíneas *a*) a *c*), do n.º 2.

Sendo o mesmo instruído com os elementos previstos no n.º 3.

O manual de procedimentos no âmbito da gestão do serviço, previsto no n.º 3, al. *m*), é dividido em V pontos:

I. Gestão do serviço;

II. Política de qualidade;

III. Planeamento das actividades;

IV. Política de subcontratação;

V. Procedimentos técnicos nas áreas de actividade para que se requer autorização.

(Para análise deste, *v*. nosso "Manual de Direito da Segurança…", p. 239 e ss).

ARTIGO 232.º **(Instrução e vistoria)**

1 – A direcção da instrução do procedimento de autorização de serviços externos compete ao organismo do ministério responsável pela área laboral competente em matéria de segurança, higiene e saúde no trabalho.

2 – O organismo que assegura a direcção da instrução remete à Direcção-Geral da Saúde cópia do requerimento e dos elementos que o acompanham, podendo esta solicitar àquele os elementos necessários à instrução do requerimento, bem como esclarecimentos ou informações complementares.

3 – O organismo que assegura a direcção da instrução pode solicitar ao requerente os elementos, esclarecimentos ou informações necessários.

4 – Depois de verificada a conformidade dos requisitos susceptíveis de apreciação documental, o organismo que assegura a direcção da instrução notifica o requerente para que indique um prazo, não superior a 30 dias, após o qual a vistoria é realizada.

5 – Mediante pedido fundamentado, o organismo que assegura a direcção da instrução pode prorrogar por mais 10 dias o prazo referido no número anterior.

6 – As instalações, bem como os equipamentos e utensílios referidos nas alíneas *i*), *j*) e *l*) do n.º 3 do artigo anterior, são objecto de vistoria realizada pelas entidades seguintes:

a) A Direcção-Geral da Saúde e a Inspecção-Geral do Trabalho, no que respeita às instalações, tendo em conta as condições de segurança, higiene e saúde no trabalho;

b) A Direcção-Geral da Saúde, no que respeita às condições de funcionamento do serviço na área da saúde no trabalho, em matéria de equipamentos de trabalho na sede e nos respectivos estabelecimentos e de equipamentos para avaliar as condições de saúde no trabalho;

c) O organismo que assegura a direcção da instrução, no que respeita a condições de funcionamento do serviço na área da segurança e higiene no trabalho, em matéria de equipamentos de trabalho a utilizar na sede e nos respectivos estabelecimentos, de utensílios e equipamentos para a avaliação da segurança e higiene no trabalho e de equipamentos de protecção individual.

7 – As entidades referidas no número anterior elaboram os relatórios das vistorias no prazo de 15 dias.

NOTAS:

O preceito corresponde, com as devidas alterações, ao art. 2.º, da Portaria n.º 467//2002, de 23.04.

ARTIGO 233.º **(Elementos de apreciação)**

1 – O requerimento de autorização é objecto de apreciação tendo em conta os elementos referidos no n.º 3 do artigo 230.º, bem como a natureza jurídica e o objecto social do requerente, se for pessoa colectiva.

2 – Constituem elementos de apreciação no domínio dos recursos humanos:

a) Técnicos com as qualificações legalmente exigidas, tendo em conta as actividades das áreas de segurança, higiene e saúde no trabalho para que se pede autorização;

b) A natureza dos vínculos e os períodos normais de trabalho ou tempos mensais de afectação do pessoal técnico superior e técnico de segurança e higiene do trabalho, do médico do trabalho e enfermeiro, consoante as áreas para que se pretende autorização.

3 – Constituem elementos de apreciação das condições de segurança, higiene e saúde no trabalho nas instalações do requerente:

a) Conformidade das instalações e dos equipamentos com as prescrições mínimas de segurança e saúde no trabalho;

b) Adequação dos equipamentos de trabalho às tarefas a desenvolver e ao número máximo de trabalhadores que, em simultâneo, deles possam necessitar.

Lei n.° 35/2004, de 29 de Julho 177

4 – Constituem elementos de apreciação no domínio dos equipamentos e utensílios de avaliação das condições de segurança, higiene e saúde, de segurança e saúde ou de saúde no trabalho nas empresas, consoante o conteúdo do requerimento:

a) Características dos equipamentos e utensílios a utilizar na avaliação das condições de segurança, higiene e saúde no trabalho, tendo em conta os riscos potenciais dos sectores de actividade para que se pretende autorização;

b) Procedimentos no domínio da metrologia relativos aos equipamentos e utensílios referidos na alínea anterior.

5 – Constituem elementos de apreciação no domínio da qualidade técnica dos procedimentos as especificações do manual referido na alínea *m)* do n.° 3 do artigo 231.°.

NOTAS:

O preceito corresponde, com as devidas alterações, aos n.ᵒˢ 2, 3, 4 e 5, do art. 3.°, da Portaria n.° 467/2002, de 23.04.

Os tempos de afectação do médico do trabalho, do enfermeiro e dos técnicos de segurança e higiene e dos técnicos superiores de segurança e higiene, previstos no n.° 2, al. *b)*, não estão regulados na lei. Esta apenas estabelece a garantia mínima de funcionamento dos serviços. Os de segurança e higiene, constam do art. 242.°, e os de saúde do art. 250.°.

ARTIGO 234.° **(Alteração da autorização)**

1 – Ao requerimento de alteração da autorização, no que respeita a actividades de segurança, higiene e saúde, de segurança e saúde ou de saúde no trabalho, a sectores de actividade em que são exercidas, ou a actividades de risco elevado em que o serviço pode ser prestado, é aplicável o disposto nos artigos anteriores, tendo em consideração apenas os elementos que devam ser modificados por causa da alteração.

2 – Há lugar a uma nova vistoria se os elementos modificados por causa da alteração da autorização incluírem as instalações, bem como os equipamentos e os utensílios referidos nas alíneas *i), j)* e *l)* do n.° 3 do artigo 231.°.

NOTAS:

O preceito corresponde, com as devidas alterações, ao art. 4.°, da Portaria n.° 467/ /2002, de 23.04.

ARTIGO 235.° **(Audiência do interessado)**

1 – Se os elementos constantes do procedimento conduzirem a uma decisão desfavorável ao requerente, o organismo que assegura a direcção

178   *Regulamentação do Código do Trabalho*

da instrução deve informá-lo, sendo caso disso, na audiência do interessado, da possibilidade de reduzir o pedido no que respeita a áreas de segurança, higiene e saúde no trabalho e a sectores de actividade potencialmente abrangidos.

2 – No caso de o pedido abranger a actividade de saúde no trabalho, a informação ao requerente referida no número anterior efectua-se de harmonia com parecer prévio emitido pela Direcção-Geral da Saúde.

3 – Considera-se favorável o parecer que não for emitido no prazo de 15 dias a contar da data da sua solicitação pelo organismo que assegura a direcção da instrução.

NOTAS:

O preceito corresponde, com as devidas alterações, ao art. 5.°, da Portaria n.° 467/ /2002, de 23.04.

ARTIGO 236.° **(Pagamento de taxas)**

1 – Depois de definido o prazo após o qual a vistoria pode ser realizada, de acordo com os n.ᵒˢ 4 ou 5 do artigo 232.°, o organismo que assegura a direcção da instrução notifica o requerente para o pagamento prévio da taxa referente à vistoria.

2 – Após a instrução do procedimento de autorização ou para alteração desta, o organismo que assegura a direcção da instrução notifica o requerente, antes de apresentar o relatório com a proposta de decisão, para pagar a taxa devida pela apreciação do requerimento.

NOTAS:

O regime de pagamento das taxas consta da Portaria n.° 467/2002, de 23.04 (art. 6.°, n.ᵒˢ 1 e 2).

ARTIGO 237.° **(Decisão)**

1 – A autorização do serviço externo, a sua alteração e revogação são decididas por despacho conjunto dos ministros responsáveis pela área laboral e pelo sector da saúde.

2 – O procedimento relativo aos actos referidos no número anterior é regulado pelo Código do Procedimento Administrativo, considerando-se haver indeferimento tácito se o requerimento não tiver decisão final no prazo de 90 dias.

Lei n.º 35/2004, de 29 de Julho 179

3 – A autorização deve especificar as áreas de segurança, higiene e saúde, os sectores de actividade e, se for caso disso, as actividades de risco elevado abrangidas.

NOTAS:

Consagrou-se o princípio decisório do indeferimento tácito, que ocorre automaticamente "se o requerimento não tiver decisão final no prazo de 90 dias" (n.º 2).

DIVISÃO VI – **Qualificação dos restantes serviços**

ARTIGO 238.º **(Qualificação)**

A organização dos serviços internos e dos serviços interempresas deve atender aos requisitos definidos nas alíneas *b)* a *e)* do n.º 3 do artigo 230.º, bem como, quanto aos recursos humanos, ao disposto nos artigos 242.º e 250.º.

NOTAS:

O preceito corresponde, com as devidas alterações, ao art. 14.º, da Portaria n.º 467/ /2002, de 23.04.
Sobre ilícito contra-ordenacional: *v.* art. 484.º, n.º 2.

SUBSECÇÃO III
Funcionamento dos serviços de segurança, higiene e saúde no trabalho

DIVISÃO I – **Princípios gerais**

ARTIGO 239.º **(Objectivos)**

A acção dos serviços de segurança, higiene e saúde no trabalho tem os seguintes objectivos:

a) Estabelecimento e manutenção de condições de trabalho que assegurem a integridade física e mental dos trabalhadores;

b) Desenvolvimento de condições técnicas que assegurem a aplicação das medidas de prevenção previstas no artigo 273.º do Código do Trabalho;

c) Informação e formação dos trabalhadores no domínio da segurança, higiene e saúde no trabalho;

180   *Regulamentação do Código do Trabalho*

d) Informação e consulta dos representantes dos trabalhadores ou, na sua falta, dos próprios trabalhadores.

NOTAS:

O preceito em anotação corresponde, com as devidas alterações, ao art. 15.°, do Decreto-Lei n.° 26/94, de 01.02.

ARTIGO 240.° **(Actividades principais)**

1 – Os serviços de segurança, higiene e saúde no trabalho devem tomar as medidas necessárias para prevenir os riscos profissionais e promover a segurança e a saúde dos trabalhadores.

2 – Os serviços de segurança, higiene e saúde no trabalho devem realizar, nomeadamente, as seguintes actividades:

a) Informação técnica, na fase de projecto e de execução, sobre as medidas de prevenção relativas às instalações, locais, equipamentos e processos de trabalho;

b) Identificação e avaliação dos riscos para a segurança e saúde no local de trabalho e controlo periódico da exposição a agentes químicos, físicos e biológicos;

c) Planeamento da prevenção, integrando, a todos os níveis e para o conjunto das actividades da empresa, a avaliação dos riscos e as respectivas medidas de prevenção;

d) Elaboração de um programa de prevenção de riscos profissionais;

e) Promoção e vigilância da saúde, bem como a organização e manutenção dos registos clínicos e outros elementos informativos relativos a cada trabalhador;

f) Informação e formação sobre os riscos para a segurança e saúde, bem como sobre as medidas de prevenção e protecção;

g) Organização dos meios destinados à prevenção e protecção, colectiva e individual, e coordenação das medidas a adoptar em caso de perigo grave e iminente;

h) Afixação de sinalização de segurança nos locais de trabalho;

i) Análise dos acidentes de trabalho e das doenças profissionais;

j) Recolha e organização dos elementos estatísticos relativos à segurança e saúde na empresa;

l) Coordenação de inspecções internas de segurança sobre o grau de controlo e sobre a observância das normas e medidas de prevenção nos locais de trabalho.

Lei n.º 35/2004, de 29 de Julho 181

3 – Os serviços de segurança, higiene e saúde no trabalho devem, ainda, manter actualizados, para efeitos de consulta, os seguintes elementos:

a) Resultados das avaliações dos riscos relativas aos grupos de trabalhadores a eles expostos;

b) Lista de acidentes de trabalho que tenham ocasionado ausência por incapacidade para o trabalho;

c) Relatórios sobre acidentes de trabalho que tenham ocasionado ausência por incapacidade para o trabalho superior a três dias;

d) Lista das situações de baixa por doença e do número de dias de ausência ao trabalho, a ser remetidos pelo serviço de pessoal e, no caso de doenças profissionais, a respectiva identificação;

e) Lista das medidas, propostas ou recomendações formuladas pelos serviços de segurança e saúde no trabalho.

4 – Se as actividades referidas nos números anteriores implicarem a adopção de medidas cuja concretização dependa essencialmente de outros responsáveis da empresa, os serviços de segurança, higiene e saúde no trabalho devem informá-los sobre as mesmas e cooperar na sua execução.

NOTAS:

O preceito em anotação corresponde, com as devidas alterações, ao art. 16.º, do Decreto-Lei n.º 26/94, de 01.02.

Segundo o Parecer n.º 11/2004, da CNPD os dados a tratar afiguram-se adequados, necessários e não excessivos em relação à finalidade (cfr. artigo 5.º, n.º 1, al. *c*), da Lei n.º 67/98, de 26 de Outubro).

O preceito, a exemplo do Código do Trabalho, valoriza o dever de informação que cabe ao empregador, transpondo o disposto na Directiva 2002/14/CE, do Parlamento Europeu e do Conselho, de 11 de Março, que estabelece um quadro geral relativo à informação e à consulta dos trabalhadores na Comunidade Europeia.

"O art. 275.º, n.º 1, do CT, acolhe um dever de informação relativamente aos riscos para a segurança e saúde, e respectivas medidas de prevenção (al. *a*)); medidas e instruções a adoptar em caso de perigo grave e iminente (al. *b*)); e medidas de primeiros socorros, de combate a incêndios e de evacuação dos trabalhadores em caso de sinistro (al. *c*)).

No n.º 2, do mesmo dispositivo, prevêem-se os *momentos* em que a informação deve ser fornecida ou actualizada, sendo apresentados os casos seguintes:

– Admissão na empresa (al. *a*));

– Mudança de posto de trabalho ou de funções (al. *b*));

– Introdução de novos equipamentos de trabalho ou alteração dos existentes (al. *c*));

– Adopção de uma nova tecnologia (al. *d*));

– Actividades que envolvam trabalhadores de diversas empresas (al. *e*))", *in* "Manual de Direito de Segurança ...", p. 101.

O art. 257.º obriga o empregador a comunicar à Inspecção-Geral do Trabalho, os acidentes mortais ou que evidenciem uma situação particularmente grave, nas vinte e quatro horas seguintes à ocorrência.

182 Regulamentação do Código do Trabalho

A documentação relativa às actividades a que se reporta o preceito deve ser conservada, pelo período de 5 anos, para efeito de consulta por parte das entidades fiscalizadoras (art. 260.°).
Sobre ilícito contra-ordenacional: *v.* art. 484.°, n.° 2.

DIVISÃO II – **Segurança e higiene no trabalho**

ARTIGO 241.° **(Actividades técnicas)**

1 – As actividades técnicas de segurança e higiene no trabalho são exercidas por técnicos superiores ou técnico-profissionais certificados pelo organismo do ministério responsável pela área laboral competente em matéria de prevenção da segurança, higiene e saúde no trabalho, nos termos de legislação especial.

2 – Os profissionais referidos nos números anteriores exercem as respectivas actividades com autonomia técnica.

NOTAS:

O preceito em anotação corresponde, com as devidas alterações, ao art. 24.°, do Decreto-Lei n.° 26/94, de 01.02.

As actividades de segurança, higiene e saúde são autonomizadas em segurança e higiene (arts. 241.° a 243.°) e saúde (arts. 244.° a 250.°).

A legislação especial a que se reporta a parte final do n.° 1, do preceito, consta do Decreto-Lei n.° 110/2000, de 30.06, alterado pela Lei n.° 14/2001, de 04.06.

Nos termos do art. 2.°, do diploma citado, entende-se por *técnico superior de segurança e higiene do trabalho,* "o profissional que organiza, desenvolve, coordena e controla as actividades de prevenção e de protecção contra riscos profissionais" e por *técnico de segurança e higiene do trabalho,* "o profissional que desenvolve actividades de prevenção e de protecção contra riscos profissionais".

O regime legal que enquadra o exercício da actividade apresenta um leque vasto de princípios deontológicos (art. 4.°, n.° 1), dispondo o n.° 2 que são consideradas nulas as cláusulas contratuais que violem estes princípios. O art. 10.°, n.° 1, do mesmo diploma, prevê como sanção, para tal violação (grave), a suspensão ou cassação do certificado de aptidão profissional.

Para além destes técnicos, deve a empresa possuir ainda nos respectivos recursos humanos, os representantes dos trabalhadores para a segurança, higiene e saúde no trabalho (arts. 264.° a 289.°).

Sobre ilícito contra-ordenacional: *v.* art. 484.°, n.° 2.

ARTIGO 242.° **(Garantia mínima de funcionamento)**

1 – A actividade dos serviços de segurança e higiene deve ser assegurada regularmente no próprio estabelecimento, durante o tempo necessário.

2 – A afectação dos técnicos às actividades de segurança e higiene no trabalho, por empresa, é estabelecida nos seguintes termos:

Lei n.º 35/2004, de 29 de Julho 183

a) Em estabelecimento industrial – até 50 trabalhadores, 1 técnico e, acima de 50, 2 técnicos, por cada 1500 trabalhadores abrangidos ou fracção, sendo, pelo menos, um deles técnico superior;

b) Nos restantes estabelecimentos – até 50 trabalhadores, 1 técnico e, acima de 50 trabalhadores, 2 técnicos, por cada 3000 trabalhadores abrangidos ou fracção, sendo, pelo menos, um deles técnico superior.

3 – O organismo do ministério responsável pela área laboral competente em matéria de segurança, higiene e saúde no trabalho, mediante parecer das autoridades com competência fiscalizadora, pode determinar uma duração maior da actividade dos serviços de segurança e higiene em estabelecimento em que, independentemente do número de trabalhadores, a natureza ou a gravidade dos riscos profissionais, bem como os indicadores de sinistralidade, justifiquem uma acção mais eficaz.

NOTAS:

O preceito em anotação corresponde, com as devidas alterações, aos n.os 4 e 5, do art. 17.º, do Decreto-Lei n.º 26/94, de 01.02.

Os tempos de afectação são deixados ao cuidado do empregador.

Sobre ilícito contra-ordenacional: *v.* art. 484.º, n.º 2.

ARTIGO 243.º **(Informação técnica)**

1 – O empregador deve fornecer aos serviços de segurança e higiene no trabalho os elementos técnicos sobre os equipamentos e a composição dos produtos utilizados.

2 – Os serviços de segurança e higiene no trabalho devem ser informados sobre todas as alterações dos componentes materiais do trabalho e consultados, previamente, sobre todas as situações com possível repercussão na segurança e higiene dos trabalhadores.

3 – As informações referidas nos números anteriores ficam sujeitas a sigilo profissional, sem prejuízo de as informações pertinentes para a protecção da segurança e saúde deverem ser comunicadas aos trabalhadores envolvidos e aos representantes dos trabalhadores para a segurança, higiene e saúde no trabalho, sempre que tal se mostre necessário.

NOTAS:

O preceito em anotação corresponde, com as devidas alterações, o art. 18.º, do Decreto-Lei n.º 26/94, de 01.02.

O preceito valoriza o cumprimento do dever de informação que cabe ao empregador para correcta execução das actividades de segurança e higiene.

Sobre ilícito contra-ordenacional: *v.* art. 484.º, n.º 3.

DIVISÃO III – **Saúde no trabalho**

ARTIGO 244.º **(Vigilância da Saúde)**
A responsabilidade técnica da vigilância da saúde cabe ao médico do trabalho.

NOTAS:

O preceito em anotação corresponde, com as devidas alterações, ao n.º 1, do art. 25.º, do Decreto-Lei n.º 26/94, de 01.02.

AMADEU GUERRA, apresenta a definição de vigilância da saúde como a "função de prevenção de riscos laborais à análise das condições de trabalho e dos estados de saúde dos trabalhadores com o objectivo de detectar os problemas de saúde relacionados com o trabalho e controlar os riscos derivados da execução do mesmo, factores que podem causar um dano para a saúde do trabalhador com o fim de assegurar, posteriormente, uma planificação e adequada intervenção para fazer frente a esses problemas e riscos", in "A privacidade no local de trabalho…", Almedina, 2004, p. 257.

O art. 256.º define o conceito " médico do trabalho".

ARTIGO 245.º **(Exames de saúde)**
1 – O empregador deve promover a realização de exames de saúde, tendo em vista verificar a aptidão física e psíquica do trabalhador para o exercício da actividade, bem como a repercussão desta e das condições em que é prestada na saúde do mesmo.

2 – Sem prejuízo do disposto em legislação especial, devem ser realizados os seguintes exames de saúde:

a) Exames de admissão, antes do início da prestação de trabalho ou, se a urgência da admissão o justificar, nos 15 dias seguintes;

b) Exames periódicos, anuais para os menores e para os trabalhadores com idade superior a 50 anos, e de dois em dois anos para os restantes trabalhadores;

c) Exames ocasionais, sempre que haja alterações substanciais nos componentes materiais de trabalho que possam ter repercussão nociva na saúde do trabalhador, bem como no caso de regresso ao trabalho depois de uma ausência superior a 30 dias por motivo de doença ou acidente.

3 – Para completar a observação e formular uma opinião precisa sobre o estado de saúde do trabalhador, o médico do trabalho pode solicitar exames complementares ou pareceres médicos especializados.

4 – O médico do trabalho, face ao estado de saúde do trabalhador e aos resultados da prevenção dos riscos profissionais na empresa, pode reduzir ou aumentar a periodicidade dos exames, devendo, contudo, realizá-los dentro do período em que está estabelecida a obrigatoriedade de novo exame.

Lei n.º 35/2004, de 29 de Julho 185

5 – O médico do trabalho deve ter em consideração o resultado de exames a que o trabalhador tenha sido submetido e que mantenham actualidade, devendo instituir-se a cooperação necessária com o médico assistente.

NOTAS:

O preceito em anotação corresponde, com as devidas alterações, ao art. 19.º, n.os 1 a 5, do Decreto-Lei n.º 26/94, de 01.02.

Segundo o Parecer n.º 11/2004, da CNPD, "A redacção genérica do art. 239.º (agora art. 245.º) e a obrigatoriedade de o trabalhador 'comparecer às consultas e exames médicos determinados pelo médico do trabalho" (art. 255.º, n.º 1, al. *b*)) continuam a conferir uma 'margem de discricionariedade' aos serviços de medicina do trabalho. Pensamos que o artigo poderia estabelecer limites à realização de exames de saúde, consagrando, nomeadamente, alguns limites ao tipo de exames".

Questiona-se o grau de sujeição do trabalhador perante a obrigatoriedade dos exames de saúde previstos no preceito.

De facto, conforme já referimos, "A Directiva-Quadro n.º 89/391/CEE, de 12 de Junho de 1989 (relativa à melhoria da segurança e da saúde dos trabalhadores) atenua, bastante esse dever de cumprimento, ao indicar apenas que «as medidas destinadas a assegurar a vigilância adequada da saúde no local de trabalho», serão de molde a «permitir que, *caso o deseje*, cada trabalhador possa submeter-se a um controlo de saúde a intervalos regulares " (itálico nosso) (art. 14.º, n.os 1 e 3). Esse controlo de saúde pode estar incluído num sistema nacional de saúde (n.º 3).

A imperatividade prevista na lei nacional (como um dever de saúde) parece apontar para um excesso de zelo transpositivo e a vacuidade das próprias normas pode determinar uma intromissão dificilmente tolerável na vida privada dos trabalhadores" (*in* "Manual de Direito da Segurança...", p. 109).

Questiona-se ainda qual a censura a aplicar a trabalhador que não comparece ou se recusa a comparecer aos exames de saúde. A prática agora usual de o médico do trabalho, como medida de precaução, considerar o trabalhador faltoso temporariamente inapto, além de ilegal, por excessiva (dado que o poder sancionatório apenas pertence ao empregador), viola as garantias e os direitos básicos do trabalhador (desde logo, o direito a prestar trabalho). A sanção a aplicar, sendo esse o caso, só poderá ser de índole disciplinar, nos termos tratados pelo Código do Trabalho, e com observância estrita dos princípios da adequabilidade e proporcionalidade aí contidos.

A tipologia dos exames é ainda, totalmente desconhecida pelo trabalhador ou candidato, tendo o médico do trabalho total autonomia, contanto que os exames visem conhecer da aptidão física e psíquica do trabalhador para o desempenho laboral. (n.º 1). No entanto, os dados relativos à saúde (ou estado de gravidez) só podem ser pedidos ao trabalhador ou candidato a emprego, no caso em que "particulares exigências inerentes à natureza da actividade profissional o justifiquem e seja fornecida por escrito a respectiva fundamentação" (n.º 2, do art. 17.º, do Código do Trabalho). Estas informações "são prestadas a médico, que só pode comunicar ao empregador se o trabalhador está ou não apto a desempenhar a actividade, salvo autorização escrita deste" (n.º 3, do indicado preceito).

Relembre-se que a saúde constitui um *dado pessoal sensível*, com protecção própria, nos termos da Lei n.º 67/98, de 16.10 (Lei de Protecção de Dados Pessoais), cujo tratamento

186   *Regulamentação do Código do Trabalho*

só é consentido para efeitos de medicina preventiva, de diagnóstico médico, de prestação de cuidados médicos ou tratamento médicos ou de gestão de serviços de saúde, desde que seja efectuado por um profissional de saúde obrigado a sigilo ou por outra pessoa sujeita igualmente a segredo profissional, que haja notificação à Comissão Nacional de Protecção de Dados (CNPD) e sejam garantidas medidas adequadas de segurança da informação (art.7.°, n.° 4).

Sobre ilícito contra-ordenacional: *v.* art. 484.°, n.° 2.

ARTIGO 246.° **(Enfermeiro)**

Em grande empresa, o médico do trabalho deve ser coadjuvado por um enfermeiro com experiência adequada.

NOTAS:

Para a definição de grande empresa, *v.* art. 91.°, n.° 1, al. *d*), do Código do Trabalho.

O preceito em anotação corresponde, com as devidas alterações, ao n.° 6, do art. 19.°, do Decreto-Lei n.° 26/94, de 01.02.

Sobre ilícito contra-ordenacional: *v.* art. 484.°, n.° 2.

ARTIGO 247.° **(Ficha clínica)**

1 – As observações clínicas relativas aos exames de saúde são anotadas na ficha clínica do trabalhador.

2 – A ficha clínica está sujeita ao segredo profissional, só podendo ser facultada às autoridades de saúde e aos médicos da Inspecção-Geral do Trabalho.

3 – O médico responsável pela vigilância da saúde deve entregar ao trabalhador que deixar de prestar serviço na empresa, a pedido deste, cópia da ficha clínica.

NOTAS:

O preceito em anotação corresponde, com as devidas alterações, ao art. 20.°, do Decreto-Lei n.° 26/94, de 01.02.

O n.° 2 do preceito dá cumprimento ao previsto no art. 11.°, da Lei n.° 67/98, de 26.10 (Lei de Protecção de Dados Pessoais).

Segundo o art. 68.°, do Código Deontológico da Ordem dos Médicos, "o segredo profissional abrange todos os factos que tenham chegado ao conhecimento do Médico no exercício do seu mister ou por causa dele."

E nos termos do art. 77.°, do mesmo Código:

"1. O Médico, seja qual for o estatuto a que se submeta a sua acção profissional, tem o direito e o dever de registar cuidadosamente os resultados que considere relevantes das observações clínicas dos doentes a seu cargo, conservando-as ao abrigo de qualquer indiscrição, de acordo com as normas do segredo profissional.

2. A ficha clínica do doente, que constitui a memória escrita do Médico, pertence a este e não àquele, sem prejuízo do disposto nos Artigos 69.° e 80.°.

Lei n.º 35/2004, de 29 de Julho

3. Os exames complementares de diagnóstico e terapêutica, que constituem a parte objectiva do processo do doente, poderão ser-lhe facultados quando este os solicite, aceitando-se no entanto que o material a fornecer seja constituído por cópias correspondentes aos elementos constantes do Processo Clínico."

A lei de informação genética pessoal e informação de saúde, aprovada pela Lei n.º 12/2005, de 26.01, entende que a informação de saúde, definida como "todo o tipo de informação directa ou indirectamente ligada à saúde, presente ou futura, de uma pessoa, quer se encontre com vida ou tenha falecido, e a sua história clínica e familiar (art. 2.º), é "propriedade da pessoa" (art. 3.º, n.º 1).

Sobre o direito de propriedade de dados subjectivos (decorrente da interpretação do médico do trabalho), matéria hoje sensível, a lei não é clara (para mais desenvolvimentos, *v.* nosso "Manual de Direito da Segurança…", p. 149).

Sobre ilícito contra-ordenacional: *v.* art. 484.º, n.º 2.

ARTIGO 248.º **(Ficha de aptidão)**

1 – Face ao resultado do exame de admissão, periódico ou ocasional, o médico do trabalho deve preencher uma ficha de aptidão e remeter uma cópia ao responsável dos recursos humanos da empresa.

2 – Se o resultado do exame de saúde revelar a inaptidão do trabalhador, o médico do trabalho deve indicar, sendo caso disso, outras funções que aquele possa desempenhar.

3 – A ficha de aptidão não pode conter elementos que envolvam segredo profissional.

4 – Sempre que a repercussão do trabalho e das condições em que o mesmo é prestado se revelar nociva para a saúde do trabalhador, o médico do trabalho deve, ainda, comunicar tal facto ao responsável pelos serviços de segurança, higiene e saúde no trabalho e, bem assim, se o estado de saúde o justificar, solicitar o seu acompanhamento pelo médico assistente do centro de saúde, ou outro médico indicado pelo trabalhador.

5 – O modelo da ficha de aptidão é fixado por portaria do ministro responsável pela área laboral.

NOTAS:

O preceito em anotação corresponde, com as devidas alterações, ao art. 21.º, do Decreto-Lei n.º 26/94, de 01.02.

Nos termos da Portaria n.º 1031/2002, de 10.08, da ficha de aptidão constará o nome, função e outros elementos identificativos do trabalhador; a avaliação da aptidão em relação ao desempenho pretendido pelo empregador; e o resultado da avaliação, que pode ser o de:

– Apto (sem restrições/com as restrições que são discriminadas/sob vigilância técnica);

– Não apto (definitivamente/temporariamente para a função);

188 *Regulamentação do Código do Trabalho*

– Apto condicionalmente;
– Inapto temporariamente;
– Inapto definitivamente.

O Tribunal Constitucional, pelo Ac. 368/2002, de 25.10.2003, DR, II série, n.° 247, confirmou a constitucionalidade da realização dos exames de aptidão física e psíquica (ainda ao tempo da vigência do Decreto-Lei n.° 26/94, de 01.02), tendo declarado que:

"O médico do trabalho está vinculado, nos exames a que procede ou manda proceder, ao aludido objectivo legal (aferir da aptidão física e psíquica do trabalhador) o que implica, necessariamente, que ele se confine a um exame limitado e perfeitamente balizado por aquele objectivo, devendo ater-se ao estritamente necessário, adequado e proporcionado à verificação de alterações na saúde do trabalhador causadas pelo exercício da sua actividade profissional e à determinação da aptidão física ou psíquica do trabalhador para o exercício das funções correspondentes à respectiva categoria profissional, bem como ao seu estado de saúde presente."

Sobre a problemática da atribuição de poder discricionário de avaliação ao médico do trabalho, que é dispensado de fundamentar a declaração de Não Apto, *v.* o nosso "Manual de Direito da Segurança...", p. 146.

Sobre ilícito contra-ordenacional: *v.* art. 484.°, n.° 2.

ARTIGO 249.° **(Informação técnica)**

O médico do trabalho tem acesso às informações referidas nos n.os 1 e 2 do artigo 243.°, sujeitas a sigilo profissional nos termos do n.° 3 do mesmo artigo.

NOTAS:

O preceito corresponde, com as devidas alterações aos n.os 4 e 5, do art. 18.°, do Decreto-Lei n.° 26/94, de 01.02.

Sobre ilícito contra-ordenacional: *v.* art. 484.°, n.° 3.

ARTIGO 250.° **(Garantia mínima de funcionamento)**

1 – O médico do trabalho deve prestar actividade durante o número de horas necessário à realização dos actos médicos, de rotina ou de emergência, e outros trabalhos que deva coordenar.

2 – O médico do trabalho deve conhecer os componentes materiais do trabalho com influência sobre a saúde dos trabalhadores desenvolvendo para este efeito a actividade no estabelecimento, nos seguintes termos:

a) Em estabelecimento industrial, pelo menos uma hora por mês por cada grupo de 10 trabalhadores ou fracção;

b) Nos restantes estabelecimentos, pelo menos uma hora por mês por cada grupo de 20 trabalhadores ou fracção.

3 – Ao médico do trabalho é proibido assegurar a vigilância da saúde de um número de trabalhadores a que correspondam mais de cento e cinquenta horas de actividade por mês.

Lei n.° 35/2004, de 29 de Julho 189

NOTAS:

O preceito corresponde, com as devidas alterações, aos n.ᵒˢ 1 a 3, do art. 17.°, do Decreto-Lei n.° 26/94, de 01.02.

Sobre ilícito contra-ordenacional: *v.* art. 484.°, n.° 2.

DIVISÃO IV – **Acompanhamento e auditoria dos serviços externos**

ARTIGO 251.° **(Acompanhamento)**

Os serviços externos, com excepção dos serviços convencionados, devem comunicar ao organismo do ministério responsável pela área laboral competente em matéria de segurança, higiene e saúde no trabalho, no prazo de 30 dias após a ocorrência, a interrupção ou cessação do seu funcionamento, bem como quaisquer alterações que afectem a natureza jurídica e objecto social, localização da sede ou dos seus estabelecimentos, bem como os requisitos referidos no n.° 3 do artigo 230.°, designadamente as que se reportem a:

a) Diminuição do número ou da qualificação dos técnicos;

b) Redução dos recursos técnicos necessários à avaliação das condições de segurança, higiene e saúde no trabalho;

c) Aumento do recurso a subcontratação de serviços.

NOTAS:

O preceito corresponde, com as devidas alterações, ao n.° 1, do art. 13.°, do Decreto-Lei n.° 26/94, de 01.02.

Sobre ilícito contra-ordenacional: *v.* art. 484.°, n.° 2.

ARTIGO 252.° **(Auditoria)**

1 – A capacidade dos serviços externos autorizados é avaliada através de auditoria, que incide sobre os requisitos referidos no n.° 3 do artigo 230.°, concretizados nos termos dos n.ᵒˢ 2, 3, 4 e 5 do artigo 233.°.

2 – A auditoria é realizada pelos serviços a seguir referidos, por sua iniciativa ou, sendo caso disso, na sequência das comunicações referidas no artigo anterior:

a) A Direcção-Geral da Saúde e a Inspecção-Geral do Trabalho, no que respeita às instalações, tendo em conta as condições de segurança, higiene e saúde no trabalho;

b) A Direcção-Geral da Saúde, no que respeita às condições de funcionamento do serviço na área da saúde no trabalho, nomeadamente o efectivo de pessoal técnico, recurso a subcontratação, equipamentos de

190   *Regulamentação do Código do Trabalho*

trabalho na sede e nos estabelecimentos e equipamentos para avaliar as condições de saúde;

c) O organismo do ministério responsável pela área laboral competente em matéria de segurança, higiene e saúde no trabalho, em relação às condições de funcionamento do serviço na área da segurança e higiene no trabalho, nomeadamente o efectivo de pessoal técnico, recurso a subcontratação, equipamentos de trabalho na sede e nos estabelecimentos, equipamentos para a avaliação da segurança e higiene no trabalho e equipamentos de protecção individual, sem prejuízo das competências atribuídas por lei à Inspecção-Geral do Trabalho.

3 – As entidades referidas no número anterior, no desempenho das competências aí previstas, podem recorrer à contratação externa de serviços de técnicos especializados, atendendo à complexidade ou especialização técnica das tarefas a realizar.

4 – Tendo em consideração as alterações comunicadas nos termos do artigo anterior ou verificadas através de auditoria, ou a falta de requisitos essenciais ao funcionamento dos serviços externos, o organismo do ministério responsável pela área laboral competente em matéria de segurança, higiene e saúde no trabalho promove a revogação da autorização ou a sua redução no que respeita a áreas de actividade de segurança, higiene e saúde no trabalho ou a sectores de actividade.

NOTAS:

O preceito corresponde, com as devidas alterações, aos n.os 2 a 5, do art. 13.º, do Decreto-Lei n.º 26/94, de 01.02.

SUBSECÇÃO IV
Informação e consulta e deveres dos trabalhadores

ARTIGO 253.º **(Informação e consulta)**

O empregador, se não acolher o parecer dos representantes dos trabalhadores para a segurança, higiene e saúde no trabalho ou, na sua falta, dos próprios trabalhadores, consultados nos termos das alíneas *e)*, *f)* e *g)* do n.º 3 do artigo 275.º do Código do Trabalho, deve informá-los dos fundamentos:

a) Do recurso a técnicos qualificados para assegurar o desenvolvimento de todas ou parte das actividades de segurança, higiene e saúde no trabalho;

Lei n.° 35/2004, de 29 de Julho 191

b) Da designação dos trabalhadores responsáveis pelas actividades de primeiros socorros, combate a incêndios e evacuação de trabalhadores;

c) Da designação do representante do empregador que acompanha a actividade do serviço interempresas ou do serviço externo;

d) Da designação dos trabalhadores que prestam actividades de segurança e higiene no trabalho;

e) Do recurso a serviços interempresas ou a serviços externos.

NOTAS:

O preceito só é aplicável na eventualidade de o empregador não acolher a proposta dos representantes dos trabalhadores para a segurança, higiene e saúde no trabalho, ou na falta destes, dos próprios trabalhadores, relativa aos aspectos indicados nas alíneas *e*), *f*) e *g*), do n.° 3, do Código do Trabalho, ou seja:

e) A designação e a exoneração dos trabalhadores que desempenham funções específicas nos domínios da segurança, higiene e saúde no local de trabalho;

f) A designação dos trabalhadores responsáveis pela aplicação das medidas de primeiros socorros, de combate a incêndios e de evacuação de trabalhadores, a respectiva formação e o material disponível;

g) O recurso a serviços exteriores à empresa ou a técnicos qualificados para assegurar o desenvolvimento de todas ou parte das actividades de segurança, higiene e saúde no local de trabalho, deve informar os trabalhadores dos fundamentos para as medidas que o preceito apresenta.

Sobre ilícito contra-ordenacional: *v.* art. 484.°, n.° 2.

ARTIGO 254.° **(Consulta)**

1 – Na consulta dos representantes dos trabalhadores ou, na sua falta, dos próprios trabalhadores, nos termos do n.° 3 do artigo 275.° do Código do Trabalho, o respectivo parecer deve ser emitido no prazo de 15 dias ou em prazo superior fixado pelo empregador atendendo à extensão ou complexidade da matéria.

2 – Decorrido o prazo referido no número anterior sem que o parecer tenha sido entregue ao empregador, considera-se satisfeita a exigência da consulta.

ARTIGO 255.° **(Deveres dos trabalhadores)**

1 – Os trabalhadores devem cooperar para que seja assegurada a segurança, higiene e saúde no trabalho e, em especial:

a) Tomar conhecimento da informação prestada pelo empregador sobre segurança, higiene e saúde no trabalho;

b) Comparecer às consultas e exames médicos determinados pelo médico do trabalho.

192   *Regulamentação do Código do Trabalho*

2 – Os trabalhadores com funções de direcção e os quadros técnicos devem cooperar, de modo especial, em relação aos serviços sob o seu enquadramento hierárquico e técnico, com os serviços de segurança, higiene e saúde no trabalho na execução das medidas de prevenção e de vigilância da saúde.

NOTAS:

O preceito em anotação corresponde, com as devidas alterações, ao art. 22.°, do Decreto-Lei n.° 26/94, de 01.02.

Conforme já manifestamos, o quadro de censura perante a violação dos deveres dos trabalhadores contidos no n.° 1, deverá ser encontrado no próprio regime disciplinar laboral.

O art. 274.°, do Código do Trabalho, apresenta ainda um núcleo essencial de deveres que cabe ao trabalhador acatar, visando a promoção e execução da segurança e saúde no trabalho.

Relativamente à lei anterior, foi eliminado o dever de informação por parte do trabalhador do seu estado de saúde, matéria que agora apresenta maior resguardo. Eventualmente até pela própria protecção do património genético, conferido na Lei 12/2005, de 26.11, que proíbe discriminações em função dessa referência. A informação sobre a aptidão física e psíquica é vista como um direito do empregador, atentos certos limites, e não como um dever do trabalhador.

SUBSECÇÃO V
Disposições finais

ARTIGO 256.° **(Médico do trabalho)**

1 – Considera-se médico do trabalho o licenciado em medicina com especialidade de medicina do trabalho reconhecida pela Ordem dos Médicos.

2 – Considera-se, ainda, médico do trabalho aquele a quem for reconhecida idoneidade técnica para o exercício das respectivas funções, nos termos de legislação especial.

3 – No caso de insuficiência comprovada de médicos do trabalho qualificados nos termos referidos nos números anteriores, a Direcção-Geral da Saúde pode autorizar outros licenciados em medicina a exercer as respectivas funções, os quais, no prazo de três anos a contar da respectiva autorização, devem apresentar prova da obtenção de especialidade em medicina do trabalho, sob pena de lhes ser vedada a continuação do exercício das referidas funções.

Lei n.° 35/2004, de 29 de Julho 193

NOTAS:

O preceito em anotação corresponde, com as devidas alterações, aos n.ᵒˢ 2 a 4, do art. 25.°, do Decreto-Lei n.° 26/94, de 01.02.

A actividade técnica de saúde no trabalho é assegurada pelo médico do trabalho, como tal, reconhecido pela respectiva Ordem (n.° 1).

Considera-se, ainda, médico do trabalho, aquele a quem for reconhecida idoneidade técnica para o exercício das respectivas funções, nos termos do Decreto n.° 47 512, de 25 de Janeiro de 1967 (que aprovou o regulamento dos serviços médicos do trabalho das empresas, art. 37.°, §1), dispõe o n.° 2.

No caso de comprovada insuficiência destes, a Direcção-Geral de Saúde pode autorizar outros licenciados em medicina a exercer a função de vigilância na saúde, os quais, no prazo de três anos a contar da respectiva autorização, devem apresentar prova de obtenção de especialidade em medicina do trabalho, sob pena de lhes ser vedada a continuação do exercício das referidas funções (n.° 3).

ARTIGO 257.° **(Comunicação à Inspecção-Geral do Trabalho)**

1 – Sem prejuízo de outras notificações previstas em legislação especial, o empregador deve comunicar à Inspecção-Geral do Trabalho os acidentes mortais ou que evidenciem uma situação particularmente grave, nas vinte e quatro horas seguintes à ocorrência.

2 – A comunicação prevista no número anterior deve ser acompanhada de informação, e respectivos registos, sobre todos os tempos de trabalho prestado pelo trabalhador nos 30 dias que antecederam o acidente.

NOTAS:

O preceito corresponde, com as devidas alterações, ao art. 14.°, do Decreto 441/91, de 14.11.

Também o art. 279.°, do Código do Trabalho, atribui à Inspecção-Geral de Trabalho, esta competência fiscalizadora.

O art. 275.°, n.° 3, al. *j*), do Código do Trabalho, obriga à consulta dos representantes dos trabalhadores ou na sua falta, dos trabalhadores, sobre a "lista anual de acidentes de trabalho mortais e dos que ocasionem incapacidade para o trabalho superior a três dias úteis".

Sobre o regime da sinistralidade laboral, *v.* Decreto-Lei n.° 362/93, de 15.10.

Sobre ilícito contra-ordenacional: *v.* art. 484.°, n.° 2.

ARTIGO 258.° **(Notificações)**

1 – O empregador deve notificar o organismo do ministério responsável pela área laboral competente em matéria de segurança, higiene e saúde no trabalho da modalidade adoptada para a organização dos serviços de segurança, higiene e saúde, bem como da sua alteração, nos 30 dias seguintes à verificação de qualquer dos factos.

194   *Regulamentação do Código do Trabalho*

2 – O modelo da notificação é fixado por portaria do ministro responsável pela área laboral.

3 – O organismo do ministério responsável pela área laboral competente em matéria de prevenção da segurança, higiene e saúde no trabalho remete à Direcção-Geral da Saúde a notificação prevista no n.° 1.

4 – O empregador deve comunicar ao organismo do ministério responsável pela área laboral competente em matéria de prevenção da segurança, higiene e saúde no trabalho e à Direcção-Geral da Saúde, no prazo de 30 dias a contar do início da actividade dos serviços externos, os seguintes elementos:

    a) Identificação completa da entidade prestadora dos serviços externos;

    b) O local ou locais da prestação do serviço;

    c) Data de início da actividade;

    d) Termo da actividade, quando tenha sido fixado;

    e) Identificação do técnico responsável pelo serviço e, se for pessoa diferente, do médico do trabalho;

    f) Número de trabalhadores potencialmente abrangidos;

    g) Número de horas mensais de afectação de pessoal à empresa;

    h) Actos excluídos do âmbito do contrato.

5 – O empregador deve comunicar ao organismo do ministério responsável pela área laboral competente em matéria de prevenção da segurança, higiene e saúde no trabalho e à Direcção-Geral da Saúde, no prazo de 30 dias a contar do início da actividade dos serviços interempresas, os elementos referidos no número anterior.

6 – As alterações aos elementos referidos nos n.ºs 4 e 5 devem ser comunicadas nos 30 dias subsequentes.

NOTAS:

O preceito em anotação corresponde, em parte, ao art. 27.°, do Decreto-Lei n.° 26/94, de 01.02.

A portaria indicada no n.° 2, é ainda a Portaria n.° 1179/95, de 26.09 (que aprovou o modelo da ficha de notificação da modalidade de segurança, higiene e saúde no trabalho adoptada).

Sobre ilícito contra-ordenacional: *v.* art. 484.°, n.° 3.

ARTIGO 259.° **(Relatório de actividades)**

1 – O empregador deve elaborar, para cada um dos estabelecimentos, um relatório anual da actividade dos serviços de segurança, higiene e saúde no trabalho.

Lei n.º 35/2004, de 29 de Julho   195

2 – O modelo do relatório é fixado por portaria do ministro responsável pela área laboral.

3 – O relatório deve ser apresentado, no mês de Abril do ano seguinte àquele a que respeita, ao delegado concelhio de saúde e ao organismo do ministério responsável pela área laboral competente em matéria de segurança, higiene e saúde no trabalho da área da localização do estabelecimento ou, se este mudar de localização durante o ano a que o relatório respeita, da área da sede do empregador.

4 – Se o empregador tiver mais de 10 trabalhadores, o relatório deve ser apresentado por meio informático.

5 – O empregador com até 10 trabalhadores pode apresentar o relatório por meio informático, nomeadamente em suporte digital ou correio electrónico, ou em suporte de papel.

6 – Os elementos auxiliares necessários ao preenchimento do relatório são fornecidos pelo Departamento de Estudos, Estatística e Planeamento do ministério responsável pela área laboral, em endereço electrónico adequadamente publicitado.

7 – O modelo de suporte de papel do relatório anual é impresso e distribuído pela Imprensa Nacional-Casa da Moeda, S.A..

8 – O organismo do ministério responsável pela área laboral competente em matéria de segurança, higiene e saúde no trabalho deve remeter cópias dos relatórios anuais ao serviço referido no n.º 6, para efeitos estatísticos.

NOTAS:

O preceito em anotação corresponde, em parte, ao art. 26.º, do Decreto-Lei n.º 26//94, de 01.02.

A portaria indicada no n.º 2, é ainda a Portaria n.º 1184/2002, de 29.08 (que aprovou o modelo de relatório anual da actividade dos serviços de segurança, higiene e saúde no trabalho).

Sobre ilícito contra-ordenacional: *v.* art. 484.º, n.º 3.

ARTIGO 260.º **(Documentação)**

O empregador deve manter à disposição das entidades com competência fiscalizadora a documentação relativa à realização das actividades a que se refere o artigo 240.º, durante cinco anos.

NOTAS:

Sobre ilícito contra-ordenacional: *v.* art. 484.º, n.º 2.

196   *Regulamentação do Código do Trabalho*

ARTIGO 261.º **(Encargos)**

O empregador suporta os encargos com a organização e funcionamento dos serviços de segurança, higiene e saúde no trabalho, incluindo exames, avaliações de exposições, testes e demais acções realizadas para a prevenção dos riscos profissionais e a vigilância da saúde.

NOTAS:

O preceito em anotação corresponde, com as devidas alterações, ao art. 23.º do Decreto-Lei n.º 26/94, de 01.02.

ARTIGO 262.º **(Taxas)**

1 – Estão sujeitos a taxas os seguintes actos relativos à autorização ou avaliação da capacidade de serviços externos:

a) Apreciação de requerimento de autorização ou alteração desta;

b) Vistoria prévia à decisão do requerimento de autorização ou alteração desta;

c) Auditoria de avaliação da capacidade do serviço externo realizada na sequência da comunicação referida no artigo 251.º ou por iniciativa dos serviços competentes se a autorização for reduzida ou revogada.

2 – As taxas referidas no número anterior são estabelecidas em portaria conjunta dos ministros responsáveis pelas áreas das finanças e laboral, tendo em conta os tipos de actos, as áreas de segurança, higiene e saúde no trabalho a que os mesmos respeitam e as actividades de risco elevado integradas nos sectores de actividade a que a autorização se refere.

NOTAS:

O preceito em anotação corresponde, com as devidas alterações, ao art. 28.º, do Decreto-Lei n.º 26/94, de 01.02.

A portaria indicada no n.º 2, é ainda a Portaria n.º 1009/2002, de 09.08 (que aprovou as taxas de actos relativos à autorização ou à avaliação da capacidade de serviços externos de segurança, higiene e saúde no trabalho).

ARTIGO 263.º **(Produto das taxas)**

O produto das taxas referidas no artigo anterior reverte para o organismo do ministério responsável pela área laboral competente em matéria de segurança, higiene e saúde no trabalho e para a Direcção-Geral da Saúde, na seguinte proporção:

a) 70% para o organismo do ministério responsável pela área laboral competente em matéria de segurança, higiene e saúde no trabalho e 30% para a Direcção-Geral da Saúde, no caso de vistoria ou apreciação de re-

Lei n.º 35/2004, de 29 de Julho

querimento para autorização ou alteração desta, referente a serviços de segurança, higiene e saúde no trabalho, ou saúde no trabalho;

b) 100% para o organismo do ministério responsável pela área laboral competente em matéria de segurança, higiene e saúde no trabalho, no caso de vistoria ou apreciação de requerimento para autorização ou alteração desta, referente a serviços de segurança e higiene no trabalho.

NOTAS:

O preceito em anotação corresponde, com as devidas alterações, ao art. 6.º, da Portaria n.º 467/2002, de 23.04.

SECÇÃO IV
Representantes dos trabalhadores para a segurança, higiene e saúde no trabalho

SUBSECÇÃO I
Disposição geral

ARTIGO 264.º **(Âmbito)**
A presente secção regula o artigo 277.º do Código do Trabalho.

NOTAS:

O art. 277.º, do CT corresponde, com as devidas alterações, ao art. 10.º, do Decreto-Lei n.º 441/91, de 14.11.

Finalmente a Regulamentação do Código do Trabalho veio regular o regime jurídico dos representantes dos trabalhadores para a segurança, higiene e saúde no trabalho (arts. 265.º a 289.º), com funções eminentemente consultivas.

SUBSECÇÃO II
Eleição dos representantes dos trabalhadores para a segurança, higiene e saúde no trabalho

ARTIGO 265.º **(Capacidade eleitoral)**
Nenhum trabalhador da empresa pode ser prejudicado nos seus direitos de eleger e ser eleito, nomeadamente por motivo de idade ou função.

198   *Regulamentação do Código do Trabalho*

NOTAS:

Conforme é dito na exposição de motivos à presente Lei, "desde 1991 – isto é, há 12 anos – se aguardava pela regulamentação do regime de eleição dos representantes dos trabalhadores para a segurança, higiene e saúde no trabalho, cujo regime consta finalmente do presente Capítulo".

ARTIGO 266.º **(Promoção da eleição)**

1 – Os trabalhadores ou o sindicato que tenha trabalhadores representados na empresa promovem a eleição dos representantes dos trabalhadores para a segurança, higiene e saúde no trabalho.

2 – No caso do acto eleitoral ser promovido pelos trabalhadores, a convocatória deve ser subscrita, no mínimo, por 100 ou 20% dos trabalhadores da empresa.

3 – Os trabalhadores ou o sindicato que promovem a eleição comunicam aos serviços competentes do ministério responsável pela área laboral e ao empregador, com a antecedência mínima de 90 dias, a data do acto eleitoral.

ARTIGO 267.º **(Publicidade)**

Após a recepção da comunicação prevista no artigo anterior:

a) Os serviços competentes do ministério responsável pela área laboral procedem de imediato à publicação da comunicação no *Boletim do Trabalho e Emprego*;

b) O empregador deve afixá-la de imediato em local apropriado na empresa e estabelecimento, devendo juntar uma referência à obrigatoriedade de publicação no Boletim do Trabalho e Emprego.

NOTAS:

Sobre ilícito contra-ordenacional: *v.* art. 485.º, n.º 2.

ARTIGO 268.º **(Comissão eleitoral)**

1 – A comissão eleitoral é constituída por:

a) Um presidente: trabalhador com mais antiguidade na empresa e, em caso de igualdade, o que tiver mais idade e, mantendo-se a igualdade, o que tiver mais habilitações;

b) Um secretário: trabalhador com menos antiguidade na empresa, desde que superior a dois anos e, em caso de igualdade, o que tiver mais idade e, mantendo-se a igualdade, o que tiver mais habilitações;

Lei n.º 35/2004, de 29 de Julho 199

c) Dois trabalhadores escolhidos de acordo com os critérios fixados nas alíneas anteriores, salvo tratando-se de microempresa ou de pequena empresa;

d) Um representante de cada lista.

2 – Em caso de recusa de participação na comissão eleitoral, procede-se a nova escolha de acordo com os critérios previstos no número anterior.

3 – O presidente, secretário e os trabalhadores escolhidos de acordo com a alínea *c)* do n.º 1 são investidos nas funções, após declaração de aceitação, no prazo de cinco dias a contar da publicação da convocatória do acto eleitoral no *Boletim do Trabalho e Emprego.*

4 – Os representantes das listas integram a comissão eleitoral, após declaração de aceitação, no dia subsequente à decisão de admissão das listas.

5 – A composição da comissão eleitoral deve ser comunicada ao empregador no prazo de 48 horas, a contar da declaração de aceitação dos membros referidos no n.º 1.

NOTAS:

Sobre ilícito contra-ordenacional: *v.* art. 485.º, n.º 2.

ARTIGO 269.º **(Competência e funcionamento da comissão eleitoral)**

1 – Compete ao presidente da comissão eleitoral afixar as datas de início e termo do período para apresentação de listas, em local apropriado na empresa e estabelecimento, o qual não pode ser inferior a cinco nem superior a 15 dias, bem como dirigir a actividade da comissão.

2 – Compete à comissão eleitoral dirigir o procedimento da eleição, nomeadamente:

a) Receber as listas de candidaturas;

b) Verificar a regularidade das listas, em especial no que respeita aos proponentes, número de candidatos e a sua qualidade de trabalhadores da empresa;

c) Afixar as listas na empresa e estabelecimento;

d) Fixar o período durante o qual as listas candidatas podem afixar comunicados nos locais apropriados na empresa e estabelecimento;

e) Fixar o número e a localização das secções de voto;

f) Realizar o apuramento global do acto eleitoral;

g) Proclamar os resultados;

h) Comunicar os resultados da eleição aos serviços competentes do ministério responsável pela área laboral;

i) Resolver dúvidas e omissões do procedimento da eleição.

200   *Regulamentação do Código do Trabalho*

3 – A comissão eleitoral delibera por maioria, tendo o presidente voto de qualidade.

ARTIGO 270.° **(Caderno eleitoral)**

1 – O empregador deve entregar à comissão eleitoral, no prazo de quarenta e oito horas após a recepção da comunicação que identifica o presidente e o secretário, o caderno eleitoral, procedendo aquela à imediata afixação na empresa e estabelecimento.

2 – O caderno eleitoral deve conter o nome dos trabalhadores da empresa e, sendo caso disso, identificados por estabelecimento, à data da marcação do acto eleitoral.

NOTAS:

Sobre ilícito contra-ordenacional: *v.* arts. 485.°, n.° 1.

ARTIGO 271.° **(Reclamações)**

1 – Os trabalhadores da empresa podem reclamar, no prazo de cinco dias a contar da afixação prevista no n.° 1 do artigo anterior, para a comissão eleitoral de quaisquer erros ou omissões constantes do caderno eleitoral.

2 – A comissão eleitoral decide as reclamações apresentadas no prazo máximo de 10 dias, após o qual afixa as correcções do caderno eleitoral que se tenham verificado.

ARTIGO 272.° **(Listas)**

1 – As listas de candidaturas devem ser entregues, acompanhadas de declaração de aceitação dos respectivos trabalhadores, ao presidente da comissão eleitoral.

2 – A comissão eleitoral decide sobre a admissão das listas apresentadas nos cinco dias seguintes ao termo do período de apresentação.

3 – Em caso de rejeição de admissibilidade de qualquer lista apresentada, os seus proponentes podem sanar os vícios existentes no prazo de quarenta e oito horas.

4 – Após a decisão da admissão de cada lista, o presidente da comissão eleitoral atribui-lhe uma letra do alfabeto de acordo com a ordem de apresentação.

5 – As listas devem ser imediatamente afixadas, em locais apropriados, na empresa e estabelecimento.

Lei n.º 35/2004, de 29 de Julho

ARTIGO 273.º **(Boletins de voto e urnas)**

1 – Os boletins de voto são elaborados pela comissão eleitoral nos 15 dias anteriores à data do acto eleitoral.

2 – Os boletins de voto devem conter por ordem alfabética de admissão as listas concorrentes.

3 – As urnas devem ser providenciadas pela comissão eleitoral, devendo assegurar a segurança dos boletins.

ARTIGO 274.º **(Secções de voto)**

1 – Em cada estabelecimento com um mínimo de 10 trabalhadores deve existir, pelo menos, uma secção de voto.

2 – A cada secção de voto não podem corresponder mais de 500 eleitores.

3 – Cada mesa de voto é composta por um presidente, que dirige a respectiva votação, e um secretário, escolhidos pelo presidente da comissão eleitoral nos termos do artigo 268.º, e por um representante de cada lista, ficando, para esse efeito, dispensados da respectiva prestação de trabalho.

NOTAS:

Sobre ilícito contra-ordenacional: *v.* art. 485.º.

ARTIGO 275.º **(Acto eleitoral)**

1 – As urnas de voto são colocadas nos locais de trabalho, de modo a permitir que todos os trabalhadores possam votar sem prejudicar o normal funcionamento da empresa ou estabelecimento.

2 – A votação é efectuada no local e durante as horas de trabalho.

3 – A votação deve ter a duração mínima de três horas e máxima de cinco, competindo à comissão eleitoral fixar o seu horário de funcionamento, cinco dias antes da data do acto eleitoral, não podendo o encerramento ocorrer depois das 21 horas.

4 – No caso de trabalho por turnos ou de horários diferenciados na empresa, o acto eleitoral do turno da noite deve preceder o do turno de dia.

5 – Os trabalhadores podem votar durante o seu horário de trabalho, para o que cada um dispõe do tempo para tanto indispensável.

6 – Nas empresas com estabelecimentos geograficamente dispersos, o acto eleitoral realiza-se em todos eles no mesmo dia, horário e nos mesmos termos.

202 *Regulamentação do Código do Trabalho*

7 – Quando, devido ao trabalho por turnos ou outros motivos, não seja possível respeitar o disposto no número anterior, deve ser simultânea a abertura das urnas de voto para o respectivo apuramento em todos os estabelecimentos da empresa.

8 – Os votantes devem ser identificados e registados em documento próprio, com termo de abertura e encerramento, assinado e rubricado em todas as folhas pela mesa eleitoral.

NOTAS:

Sobre ilícito contra-ordenacional: *v.* art. 485.°.

ARTIGO 276.° **(Apuramento do acto eleitoral)**

1 – O apuramento do acto eleitoral deve realizar-se imediatamente após o encerramento das urnas.

2 – O apuramento do resultado da votação na secção de voto é realizado pela respectiva mesa, competindo ao seu presidente comunicar de imediato os resultados à comissão eleitoral.

3 – O apuramento global do acto eleitoral é feito pela comissão eleitoral.

ARTIGO 277.° **(Acta)**

1 – A acta deve conter as deliberações da comissão eleitoral e das mesas de voto, bem como tudo o que se passar no procedimento eleitoral, nomeadamente quaisquer incidentes ocorridos e o apuramento do resultado.

2 – Os membros da comissão eleitoral e das mesas de voto aprovam, rubricam e assinam as respectivas actas.

3 – O documento previsto no n.° 8 do artigo 275.° deve ser anexo à acta da respectiva secção de voto.

ARTIGO 278.° **(Publicidade do resultado da eleição)**

1 – A comissão eleitoral deve proceder à afixação dos elementos de identificação dos representantes eleitos, bem como da cópia da acta da respectiva eleição, durante 15 dias, a partir da data do apuramento, no local ou locais em que a eleição teve lugar e remetê-los, dentro do mesmo prazo, ao ministério responsável pela área laboral, bem como aos órgãos de gestão da empresa.

2 – O ministério responsável pela área laboral regista o resultado da eleição e publica-o imediatamente no *Boletim do Trabalho e Emprego*.

Lei n.º 35/2004, de 29 de Julho

NOTAS:

Sobre ilícito contra-ordenacional: *v.* art. 485.º, n.º 2.

ARTIGO 279.º **(Início de actividades)**

Os representantes dos trabalhadores só podem iniciar o exercício das respectivas actividades depois da publicação da eleição no *Boletim do Trabalho e Emprego.*

SUBSECÇÃO III
Protecção dos representantes dos trabalhadores para a segurança, higiene e saúde no trabalho

ARTIGO 280.º **(Crédito de horas)**

1 – Cada representante dos trabalhadores para a segurança, higiene e saúde no trabalho dispõe, para o exercício das suas funções, de um crédito de cinco horas por mês.

2 – O crédito de horas é referido ao período normal de trabalho e conta como tempo de serviço efectivo.

3 – Sempre que pretenda exercer o direito ao gozo do crédito de horas, o representante dos trabalhadores para a segurança, higiene e saúde no trabalho deve avisar, por escrito, o empregador com a antecedência mínima de dois dias, salvo motivo atendível.

NOTAS:

O preceito corresponde, com as devidas alterações, ao n.º 7, do art. 10.º, do Decreto-Lei n.º 441/91, de 14.11.

O regime de tutela conferido aos representantes dos trabalhadores para a segurança, higiene e saúde no trabalho foi inspirado no próprio regime de protecção especial dos representantes dos trabalhadores (*v.,* em particular, arts. 454.º a 460.º, do Código do Trabalho).

Sobre ilícito contra-ordenacional: *v.* art. 485.º, n.º 2.

ARTIGO 281.º **(Faltas)**

1 – As ausências dos representantes dos trabalhadores para a segurança, higiene e saúde no trabalho no desempenho das suas funções e que excedam o crédito de horas consideram-se faltas justificadas e contam, salvo para efeito de retribuição, como tempo de serviço efectivo.

2 – As ausências a que se refere o número anterior são comunicadas, por escrito, com um dia de antecedência, com referência às datas e ao nú-

204 Regulamentação do Código do Trabalho

mero de dias de que os respectivos trabalhadores necessitam para o exercício das suas funções, ou, em caso de impossibilidade de previsão, nas quarenta e oito horas imediatas ao primeiro dia de ausência.

3 – A inobservância do disposto no número anterior torna as faltas injustificadas.

NOTAS:

Sobre ilícito contra-ordenacional: *v.* art. 485.°, n.° 2.

ARTIGO 282.° **(Protecção em caso de procedimento disciplinar e despedimento)**

1 – A suspensão preventiva de representante dos trabalhadores para a segurança, higiene e saúde no trabalho não obsta a que o mesmo possa ter acesso aos locais e actividades que se compreendam no exercício normal dessas funções.

2 – O despedimento de trabalhador candidato a representante dos trabalhadores para a segurança, higiene e saúde no trabalho, bem como do que exerça ou haja exercido essas funções há menos de três anos, presume-se feito sem justa causa.

3 – No caso de representante dos trabalhadores para a segurança, higiene e saúde no trabalho ser despedido e ter sido interposta providência cautelar de suspensão do despedimento, esta só não é decretada se o tribunal concluir pela existência de probabilidade séria de verificação da justa causa invocada.

4 – As acções de impugnação judicial do despedimento de representante dos trabalhadores para a segurança, higiene e saúde no trabalho têm natureza urgente.

5 – Não havendo justa causa, o trabalhador despedido tem o direito de optar entre a reintegração na empresa e uma indemnização calculada nos termos previstos nos n.ᵒˢ 4 e 5 do artigo 439.° do Código do Trabalho ou estabelecida em instrumento de regulamentação colectiva de trabalho, e nunca inferior à retribuição base e diuturnidades correspondentes a seis meses.

NOTAS:

O regime do preceito acompanha a protecção no despedimento dos trabalhadores eleitos para as estruturas de representantes de trabalhadores (art. 456.°, do Código do Trabalho).

A suspensão preventiva dos representantes dos trabalhadores para a segurança, higiene e saúde no trabalho não impede que estes tenham acesso aos locais e actividades que se compreendam no exercício normal dessas funções (n.° 1, do preceito).

Lei n.º 35/2004, de 29 de Julho   205

No que concerne à responsabilidade contra-ordenacional decorrente do impedimento por parte do empregador a esse livre acesso, e, apesar de o art. 684.º, do Código do Trabalho, regular apenas o direito de acesso do trabalhador eleito para as estruturas de representação colectiva, entendemos, ser de aplicar, perante a omissão da lei, e, por extensão, esse regime aos representantes do trabalhadores para a segurança, higiene e saúde no trabalho, configurando tal prática contra-ordenação muito grave (subscrevemos o entendimento já manifestado no nosso "Manual de Direito da Segurança...", p. 173, nota 276).

A indemnização por antiguidade, prevista no n.º 5, do preceito, devida, em substituição da reintegração do trabalhador, em caso de despedimento ilícito, é calculada entre 30 e 60 dias de retribuição-base e diuturnidades por cada ano completo ou fracção de ano de antiguidade, não podendo ser inferior a 6 meses (por remissão para o art. 439.º, n.ºs 4 e 5, do Código do Trabalho).

Relativamente ao direito de veto à reintegração atribuído ao empregador, parece-nos não ser de excluir neste caso (ao contrário do que a lei estipula, relativamente às trabalhadoras grávidas, puérperas e lactantes, art. 51.º, n.º 8, do Código do Trabalho), podendo, portanto, o trabalhador, ser confrontado com uma declaração da recusa ao seu pedido de reintegração.

ARTIGO 283.º **(Protecção em caso de transferência)**

Os representantes dos trabalhadores para a segurança, higiene e saúde no trabalho não podem ser transferidos de local de trabalho sem o seu acordo, salvo quando a transferência resultar da mudança total ou parcial do estabelecimento onde aqueles prestam serviço.

NOTAS:

Sobre ilícito contra-ordenacional: *v.* art. 485.º, n.º 2.

SUBSECÇÃO IV
Direitos

ARTIGO 284.º **(Apoio aos representantes dos trabalhadores)**

1 – Os órgãos de gestão das empresas devem pôr à disposição dos representantes dos trabalhadores para a segurança, higiene e saúde no trabalho as instalações adequadas, bem como os meios materiais e técnicos necessários ao desempenho das suas funções.

2 – Os representantes dos trabalhadores têm igualmente direito a distribuir informação relativa à segurança, higiene e saúde no trabalho, bem como à sua afixação em local adequado que for destinado para esse efeito.

NOTAS:

Sobre ilícito contra-ordenacional: *v.* art. 485.º, n.º 2.

206   *Regulamentação do Código do Trabalho*

ARTIGO 285.° **(Reuniões com os órgãos de gestão da empresa)**

1 – Os representantes dos trabalhadores para a segurança, higiene e saúde no trabalho têm o direito de reunir periodicamente com o órgão de gestão da empresa para discussão e análise dos assuntos relacionados com a segurança, higiene e saúde no trabalho, devendo realizar-se, pelo menos, uma reunião em cada mês.

2 – Da reunião referida no número anterior é lavrada acta, que deve ser assinada por todos os presentes.

NOTAS:

Sobre ilícito contra-ordenacional: *v.* art. 485.°, n.° 2.

ARTIGO 286.° **(Exercício abusivo)**

1 – O exercício dos direitos por parte dos representantes dos trabalhadores para a segurança, higiene e saúde no trabalho, quando considerado abusivo, é passível de responsabilidade disciplinar, civil ou criminal, nos termos gerais.

2 – Durante a tramitação do respectivo processo judicial, o membro visado mantém-se em funções, não podendo ser prejudicado, quer nas suas funções no órgão a que pertença, quer na sua actividade profissional.

NOTAS:

Sobre ilícito contra-ordenacional: *v.* art. 485.°, n.° 2.

SUBSECÇÃO V
Dever de reserva e confidencialidade

ARTIGO 287.° **(Informações confidenciais)**

1 – Os representantes dos trabalhadores para a segurança, higiene e saúde no trabalho não podem revelar aos trabalhadores ou a terceiros as informações que, no exercício legítimo da empresa ou do estabelecimento, lhes tenham sido comunicadas com menção expressa da respectiva confidencialidade.

2 – O dever de confidencialidade mantém-se após a cessação do mandato.

3 – A violação do dever de sigilo estabelecido nos números anteriores dá lugar a responsabilidade civil, nos termos gerais, sem prejuízo das sanções aplicáveis em procedimento disciplinar.

Lei n.º 35/2004, de 29 de Julho

NOTAS:

Esta subsecção acompanha os arts. 458.º a 460.º, do Código do Trabalho, sobre o dever de reserva e confidencialidades dos membros das estruturas de representantes de trabalhadores, seus limites, justificação e controlo judicial.

ARTIGO 288.º **(Limite aos deveres de informação e consulta)**

O empregador não é obrigado a prestar informações ou a proceder a consultas cuja natureza seja susceptível de prejudicar ou afectar gravemente o funcionamento da empresa ou do estabelecimento.

ARTIGO 289.º **(Justificação e controlo judicial)**

1 – Tanto a qualificação das informações como confidenciais como a não prestação de informação ou a não realização de consultas ao abrigo do disposto no artigo anterior devem ser justificadas por escrito, com base em critérios objectivamente aferíveis e que assentem em exigências de gestão.

2 – A qualificação como confidenciais das informações prestadas e a recusa fundamentada de prestação de informação ou da realização de consultas podem ser impugnadas pelos representantes dos trabalhadores, nos termos previstos no Código do Processo do Trabalho.

NOTAS:

A qualificação como confidenciais das informações prestadas e a recusa da prestação de informação podem ser impugnadas nos termos dos arts. 44.º e ss., do Código de Processo do Trabalho (referente ao procedimento cautelar especificado de protecção da segurança, higiene e saúde no trabalho). Nos termos do n.º 1, do art. 44.º, do CPT, os trabalhadores individual ou colectivamente, bem como os seus representantes, podem requerer ao tribunal providências que, em função da gravidade da situação e das demais circunstâncias do caso, se mostrem adequadas a prevenir ou a afastar aquele perigo.

CAPÍTULO XXIII
Balanço social relativamente aos trabalhadores em situação de cedência ocasional

ARTIGO 290.º **(Âmbito)**

O presente capítulo regula o n.º 5 do artigo 327.º do Código do Trabalho.

208   *Regulamentação do Código do Trabalho*

NOTAS:

O art. 327.°, n.° 5, do Código do Trabalho dispõe que:
"Os trabalhadores cedidos ocasionalmente não são considerados para efeito de balanço social, sendo incluídos no número de trabalhadores da empresa cedente, de acordo com as adaptações a definir em legislação especial".

ARTIGO 291.° (Balanço social)

Os trabalhadores cedidos ocasionalmente são incluídos no balanço social da empresa cedente, devendo a informação ser autonomizada nos termos da portaria que regula esta matéria.

NOTAS:

Sobre cedência ocasional, *v.* o Decreto-Lei n.° 358/89, de 17.10, apenas parcialmente revogado pelo Código do Trabalho (mais propriamente os arts. 26.° a 30.°), conforme disposto no art. 21.°, n.° 1, al. *n*), da Lei n.° 99/2003, de 27.08.

CAPÍTULO XXIV
Redução da actividade e suspensão do contrato

SECÇÃO I
Âmbito

ARTIGO 292.° (Âmbito)

O presente capítulo regula o artigo 332.° do Código do Trabalho.

NOTAS:

O art. 332.°, do Código do Trabalho dispõe que a secção IV do diploma, sob a epígrafe "Redução da actividade e suspensão do contrato" é objecto de regulamentação em legislação especial.

SECÇÃO II
Compensação retributiva

ARTIGO 293.° (Redução do período normal de trabalho)

1 – A retribuição do trabalhador durante a redução do período normal de trabalho, nas situações previstas no artigo 343.° do Código do Traba-

lho, é calculada proporcionalmente por aplicação da fórmula fixada no artigo 264.º do mesmo diploma.

2 – Se a retribuição determinada nos termos do número anterior for inferior a dois terços da retribuição normal ilíquida ou à retribuição mínima mensal garantida, o trabalhador tem direito ao montante mais elevado, sendo-lhe devida uma compensação retributiva de valor igual à diferença.

NOTAS:

O art. 343.º, do Código do Trabalho regula a compensação retributiva devida ao trabalhador em caso de redução temporária do período normal de trabalho ou suspensão do contrato de trabalho por facto respeitante ao empregador, em particular, motivadas por situações de crise empresarial.

ARTIGO 294.º **(Subsídio de férias)**

Ao trabalhador em situação de redução do período normal de trabalho ou de suspensão do contrato de trabalho é devido, pelo empregador, subsídio de férias de montante igual ao que teria direito em regime de prestação normal de trabalho.

NOTAS:

O preceito vem desenvolver o disposto no art. 346.º, n.º 2, do Código do Trabalho que refere: "A redução ou suspensão não prejudica a marcação e o gozo de férias nos termos gerais, tendo o trabalhador direito ao subsídio de férias que lhe seria devido em condições normais de trabalho".

ARTIGO 295.º **(Subsídio de Natal)**

O trabalhador tem direito ao subsídio de Natal por inteiro, sendo este pago em montante correspondente a 50% da compensação salarial pela segurança social e o restante pelo empregador.

NOTAS:

O preceito vem desenvolver o disposto no art. 347.º, do Código do Trabalho que refere: "O trabalhador tem direito ao subsídio de Natal por inteiro".

SECÇÃO III
Encerramento temporário

ARTIGO 296.º **(Procedimento)**

1 – O encerramento temporário da empresa ou estabelecimento por facto imputável ao empregador, sem que este tenha iniciado um procedi-

mento com vista ao despedimento colectivo, por extinção de postos de trabalho, à redução temporária do período normal de trabalho ou à suspensão do contrato de trabalho por facto respeitante ao empregador nos termos do Código do Trabalho rege-se pelo disposto nos números seguintes.

2 – Para efeitos do número anterior, considera-se que há encerramento temporário da empresa ou estabelecimento por facto imputável ao empregador sempre que, por decisão deste, a empresa ou estabelecimento deixar de exercer a sua actividade, bem como se houver interdição de acesso aos locais de trabalho ou recusa em fornecer trabalho, condições e instrumentos de trabalho que determine ou possa determinar a paralisação da empresa ou estabelecimento.

3 – O empregador deve informar os trabalhadores e a comissão de trabalhadores ou, na sua falta, a comissão intersindical ou as comissões sindicais da empresa, com uma antecedência não inferior a 15 dias, da fundamentação, duração previsível e consequências do encerramento temporário da empresa ou estabelecimento, bem como prestar garantia nos termos dos números seguintes.

4 – O empregador deve prestar garantia das retribuições em mora, se existirem, das retribuições referentes ao período de encerramento temporário da empresa ou estabelecimento e dos valores correspondentes à compensação por despedimento colectivo, relativamente aos trabalhadores abrangidos pelo encerramento.

5 – Decorridos 15 dias após o não pagamento da retribuição, a garantia deve obrigatoriamente ser utilizada.

6 – A garantia deve ser reconstituída no prazo de quarenta e oito horas a contar do dia em que for utilizada.

7 – O empregador não está adstrito ao cumprimento da obrigação de prestar a garantia prevista na parte final do n.º 4, sempre que dois terços dos trabalhadores da empresa tenham manifestado a sua concordância escrita e expressa.

8 – O disposto nos números anteriores aplica-se igualmente em caso de aumento da duração do encerramento temporário da empresa ou estabelecimento.

NOTAS:

A presente secção enquadra-se na política de combate dos chamados "encerramentos selvagens".

O legislador procedeu à definição de encerramento temporário da empresa ou estabelecimento por facto imputável ao empregador (n.º 2 do preceito).

A aplicação das regras aqui delineadas concernentes ao "encerramento temporário da empresa ou estabelecimento por facto imputável ao empregador", são de natureza supletiva, sendo afastadas no caso de o empregador lançar mão das formas extintivas ou suspensivas previstas no n.º 1 (despedimento colectivo, despedimento por extinção de postos de trabalho, redução temporária do período normal de trabalho ou suspensão do contrato de trabalho).

O n.º 3 do artigo cuida do sentido e alcance do dever de informação que cabe ao empregador.

O n.º 4 vem desenvolver o disposto no art. 351.º, do Código do Trabalho, que refere: "No caso de encerramento temporário do estabelecimento ou diminuição de actividade por facto imputável ao empregador ou por motivo do interesse deste, os trabalhadores afectados mantêm o direito à retribuição". Impõe-se, ainda, ao empregador o dever de prestação de garantia para cobrir as retribuições devidas, mas omite-se a respectiva forma de prestação. Resta-nos remeter para as disposições civis, em particular, na parte concernente às garantias especiais das obrigações (arts. 623.º e ss. do CC).

A garantia é activada decorridos 15 dias após o não pagamento da retribuição (n.º 5), e deve ser reconstituída no prazo de 48h após a respectiva utilização (n.º 6).

No entanto, dispõe o n.º 7, a obrigação de prestação de garantia da compensação por despedimento colectivo, pode ser afastada sempre que 2/3 dos trabalhadores da empresa (e não 2/3 dos trabalhadores afectados pela medida) tenham manifestado a respectiva concordância escrita e expressa.

O procedimento previsto no presente artigo aplica-se também em caso de aumento da duração do encerramento temporário da empresa ou estabelecimento (n.º 8).

A violação dolosa do disposto no artigo em anotação constitui crime punido com pena de prisão até dois anos ou com pena de multa até 240 dias (art. 465.º). Por sua vez, a violação não dolosa constitui contra-ordenação muito grave (art. 486.º).

De atender à criação de um novo tipo de crime, o de *encerramento ilícito*, previsto no artigo 465.º, o qual dispõe: "A violação culposa do disposto nos artigos 296.º e 299.º é punida com pena de prisão até dois anos ou com pena de multa até 240 dias".

O art. 357.º, n.º 1, al. *h*), obriga à obtenção de parecer prévio da comissão de trabalhadores relativamente a "quaisquer medidas de que resulte uma diminuição substancial do número de trabalhadores da empresa ou agravamento substancial das suas condições de trabalho e, ainda, as decisões susceptíveis de desencadear mudanças substanciais no plano da organização de trabalho ou dos contratos de trabalho", sob pena de ilícito contra-ordenacional grave (art. 488.º, n.º 2).

ARTIGO 297.º (Inibição de prática de certos actos)

1 – No caso de encerramento temporário da empresa ou estabelecimento por facto imputável ao empregador, este não pode:

a) Distribuir lucros ou dividendos, pagar suprimentos e respectivos juros e amortizar quotas sob qualquer forma;

b) Remunerar os membros dos corpos sociais por qualquer meio, em percentagem superior à paga aos respectivos trabalhadores;

c) Comprar ou vender acções ou quotas próprias aos membros dos corpos sociais;

212   *Regulamentação do Código do Trabalho*

d) Efectuar pagamentos a credores não titulares de garantia ou privilégio oponível aos créditos dos trabalhadores, salvo se tais pagamentos se destinarem a permitir o reinício da actividade da empresa;

e) Efectuar pagamentos a trabalhadores que não correspondam ao rateio proporcional do montante disponível;

f) Efectuar quaisquer liberalidades, seja a que título for;

g) Renunciar a direitos com valor patrimonial;

h) Celebrar contratos de mútuo na qualidade de mutuante;

i) Proceder a levantamentos de tesouraria para fins alheios à actividade da empresa.

2 – A proibição constante das alíneas *d)*, *e)*, *f)* e *g)* do número anterior cessa com a concordância escrita e expressa de dois terços dos trabalhadores da empresa.

NOTAS:

O n.º 1 do preceito em anotação formula uma inibição para a prática de certos actos, que potencialmente, afectariam a garantia patrimonial dos créditos dos trabalhadores.

O n.º 2, a exemplo do n.º 7 do artigo anterior, permite uma derrogação voluntária (assente na concordância de 2/3 dos trabalhadores da empresa) de alguns dos casos de inibição previstos no artigo.

De atender à criação de um novo tipo de crime, o de realização de *actos proibidos em caso de encerramento temporário*, previsto no artigo 466.º, o qual dispõe: "A violação do artigo 297.º é punida com pena de prisão até três anos, sem prejuízo de pena mais grave aplicável ao caso".

ARTIGO 298.º **(Actos de disposição)**

1 – Os actos de disposição do património da empresa a título gratuito realizados em situação de encerramento temporário da empresa ou estabelecimento são anuláveis por iniciativa de qualquer interessado ou da estrutura representativa dos trabalhadores.

2 – O mesmo regime aplica-se aos actos de disposição do património da empresa a título oneroso, realizados durante o mesmo período, se deles resultar diminuição da garantia patrimonial dos créditos dos trabalhadores.

NOTAS:

O preceito acolhe uma solução inspirada no art. 610.º, do Código Civil que regula a figura da impugnação pauliana.

ARTIGO 299.º **(Encerramento definitivo)**

O regime previsto nos artigos 296.º, 297.º e 298.º aplica-se, com as devidas adaptações, ao encerramento definitivo da empresa ou estabeleci-

Lei n.° 35/2004, de 29 de Julho 213

mento, sempre que este tenha ocorrido sem ter sido iniciado um procedimento com vista ao despedimento colectivo ou, tratando-se de microempresa, cumprido o dever de informação previsto no n.° 4 do artigo 390.° do Código do Trabalho ou despedimento por extinção de posto de trabalho, sem prejuízo do disposto no n.° 2 do artigo 390.° daquele diploma.

NOTAS:

O preceito em anotação cuida da conversão do encerramento temporário em encerramento definitivo.

Apesar da redacção dúbia do preceito, parece-nos ser de enquadrar o procedimento do encerramento temporário (art. 296.°), a inibição de prática de certos actos (art. 297.°) e a impugnação de actos de disposição (art. 298.°), também nos casos e sempre que o empregador não actuou de acordo com o procedimento próprio do despedimento colectivo, previsto nos arts. 419.° e ss., do Código do Trabalho (ou não procedeu ao cumprimento do dever de informação, no caso de microempresa, n.° 4 do art. 390.°, do Código do Trabalho), ou do despedimento por extinção de posto de trabalho (arts. 423.° e ss., do Código do Trabalho).

O legislador considera que não há despedimento ilícito por invalidade procedimental (respectivamente, arts. 431.° e 432.°, do Código do Trabalho), mas caducidade dos respectivos contratos de trabalho, nos casos em que o encerramento definitivo tenha ocorrido sem ter sido iniciado o procedimento devido, atenta a remissão para o n.° 2 do art. 390.°, do Código do Trabalho (1.ª parte, acrescentaríamos), que estatui que o "encerramento total e definitivo da empresa determina a caducidade do contrato de trabalho".

A redacção do preceito é pouco clara. Aparentemente parece convidar às "cessações selvagens", ao remeter exclusivamente para o n.° 2, do art. 390.°, do CT. Consideramos, no entanto, que também será de aplicar o n.° 5, do art. 390.°, do CT, que atribui ao trabalhador o direito à compensação estabelecida para o despedimento colectivo (art. 401.°, do CT).

Conjugar o presente preceito com o disposto no art. 186.°, do Código da Insolvência e da Recuperação de Empresas (CIRE), aprovado pelo Decreto-Lei n.° 53/2004, de 18.03, e alterado pelo Decreto-Lei n.° 200/2004, de 18.08, dedicado à insolvência culposa.

A violação dolosa do disposto no artigo em anotação constitui crime punido com pena de prisão até dois anos ou com pena de multa até 240 dias (art. 465.°). Por sua vez, a violação não dolosa constitui contra-ordenação muito grave (art. 486.°).

Conforme já manifestamos: "De referir, ainda, que a solução prevista na RCT só será aplicável os casos em que, de facto, se esteja perante um despedimento colectivo, ou um despedimento por extinção de posto de trabalho. Os restantes casos apontados pelo Acórdão do Tribunal de Justiça, de 12 de Outubro de 2004 [que condenou o Estado português por transposição incorrecta da Directiva n.° 98/59/CRE, do Conselho, de 20 de Julho, relativa aos despedimentos colectivos, *in* http://curia.eu.int/juris] (*v. g.,* falência, morte do empregador, dissolução da pessoa colectiva empregadora) não recebem aí qualquer regulação. (…), a cessação dos contratos de trabalho em violação do regime previsto, não configura qualquer tipo de crime" (*in* nosso "O regime jurídico dos despedimentos", Almedina, 2005, p. 123).

214   *Regulamentação do Código do Trabalho*

CAPÍTULO XXV
Incumprimento do contrato

SECÇÃO I
Âmbito

ARTIGO 300.º (Âmbito)
O presente capítulo regula o n.º 2 do artigo 364.º do Código do Trabalho.

NOTAS:

O capítulo XXIV corresponde, salvo as devidas alterações, à Lei n.º 17/86, de 14 de Junho, diploma revogado com a publicação da presente regulamentação, segundo o disposto no art. 21.º, n.º 2, al. *e*) da Lei n.º 99/2003, de 27.08.

Nos termos do art. 269.º, n.º 4, do Código do Trabalho, o empregador fica constituído em mora "se o trabalhador, por facto que não lhe for imputável, não puder dispor do montante da retribuição na data do vencimento".

Ainda, de acordo com o artigo 364.º, n.º 1, do mesmo Código, o empregador que falte culposamente ao cumprimento de prestações pecuniárias, constitui-se na obrigação de pagar os correspondentes juros de mora.

Em tal caso, o trabalhador, dispõe o n.º 2, daquele artigo, pode suspender a prestação de trabalho nos 15 dias seguintes ou resolver o respectivo contrato, nos 60 posteriores.

Este prazo resolutivo visa, segundo o legislador, demonstrar uma presunção de justa causa para a resolução do contrato de trabalho, ou seja, presume-se com justa causa, uma resolução contratual assente no incumprimento culposo continuado do empregador por um período superior a 60 dias.

Legitimada, então a resolução (em justa causa) tem o trabalhador 30 dias, para, sob pena de caducidade, a invocar (art. 442.º, n.º 1, do Código do Trabalho).

SECÇÃO II
Efeitos do não pagamento pontual da retribuição

SUBSECÇÃO I
Efeitos gerais

ARTIGO 301.º (Inibição de prática de certos actos)
1 – O empregador em situação de falta de pagamento pontual de retribuições não pode:

a) Distribuir lucros ou dividendos, pagar suprimentos e respectivos juros e amortizar quotas sob qualquer forma;

Lei n.º 35/2004, de 29 de Julho 215

b) Remunerar os membros dos corpos sociais por qualquer meio, em percentagem superior à paga aos respectivos trabalhadores;

c) Comprar ou vender acções ou quotas próprias aos membros dos corpos sociais;

d) Efectuar pagamentos a credores não titulares de garantia ou privilégio oponível aos créditos dos trabalhadores, salvo se tais pagamentos se destinarem a impedir a paralisação da actividade da empresa;

e) Efectuar pagamentos a trabalhadores que não correspondam ao rateio proporcional do montante disponível;

f) Efectuar quaisquer liberalidades, seja a que título for;

g) Renunciar a direitos com valor patrimonial;

h) Celebrar contratos de mútuo na qualidade de mutuante;

i) Proceder a levantamentos de tesouraria para fins alheios à actividade da empresa.

2 – A proibição constante das alíneas *d), e), f)* e *g)* cessa com a concordância escrita e expressa de dois terços dos trabalhadores da empresa.

NOTAS:

O artigo em anotação corresponde, com as devidas alterações, ao art. 13.º, da Lei n.º 17/86, de 14.06.

O preceito reproduz o disposto no art. 297.º. O fundamento é o mesmo: impedir actos que possam prejudicar a garantia patrimonial dos créditos dos trabalhadores.

De atender à criação de um novo tipo de crime, o de realização de actos proibidos em caso de incumprimento do contrato, previsto no artigo 467.º, o qual dispõe: "A violação do n.º 1 do artigo 301.º é punida com pena de prisão até três anos, sem prejuízo de pena mais grave aplicável ao caso".

ARTIGO 302.º **(Actos de disposição)**

1 – Os actos de disposição do património da empresa a título gratuito realizados em situação de falta de pagamento pontual das retribuições ou nos seis meses anteriores são anuláveis por iniciativa de qualquer interessado ou da estrutura representativa dos trabalhadores.

2 – O mesmo regime se aplica aos actos de disposição do património da empresa a título oneroso, realizados durante o mesmo período, se deles resultar diminuição da garantia patrimonial dos créditos dos trabalhadores.

NOTAS:

O artigo em anotação corresponde, com as devidas alterações, ao art. 14.º, da Lei n.º 17/86, de 14.06.

O preceito reproduz o disposto no art. 298.º.

216   *Regulamentação do Código do Trabalho*

SUBSECÇÃO II
Suspensão do contrato de trabalho

ARTIGO 303.° **(Suspensão do contrato de trabalho)**

1 – Quando a falta de pagamento pontual da retribuição se prolongue por período de 15 dias sobre a data do vencimento, pode o trabalhador suspender o contrato de trabalho, após comunicação ao empregador e à Inspecção-Geral do Trabalho, com a antecedência mínima de oito dias em relação à data do início da suspensão.

2 – A faculdade de suspender o contrato de trabalho pode ser exercida antes de esgotado o período de 15 dias referido no número anterior, quando o empregador declare por escrito a previsão de não pagamento, até ao termo daquele prazo, do montante da retribuição em falta.

3 – A falta de pagamento pontual da retribuição que se prolongue por período de 15 dias deve ser declarada pelo empregador, a pedido do trabalhador, no prazo de cinco dias ou, em caso de recusa, suprida mediante declaração da Inspecção-Geral do Trabalho após solicitação do trabalhador.

NOTAS:

O artigo em anotação corresponde, com as devidas alterações, ao art. 3.°, da Lei n.° 17/86, de 14.06.

O *período de espera* de 15 dias após o vencimento da retribuição para a suspensão do contrato de trabalho, previsto no n.° 1 do preceito, pode ser reduzido, nos casos em que o empregador declare por escrito a previsão de não pagamento, até ao termo daquele prazo, do montante da retribuição em falta (n.° 2).

A suspensão da prestação laboral obedece ainda a um outro requisito, além do temporal, já referido: comunicação ao empregador e à IGT, com uma antecedência mínima de 8 dias à data da produção de efeitos da declaração (n.° 1, 2.ª parte).

Para efeitos probatórios, o n.° 3 do preceito prevê uma declaração confirmativa do empregador, quanto ao não pagamento da retribuição, sempre que este se prolongue por período de 15 dias, que pode ser suprida mediante declaração da IGT (n.° 3).

Sobre ilícito contra-ordenacional: *v.* art. 487.°.

ARTIGO 304.° **(Efeitos da suspensão)**

1 – Durante a suspensão mantêm-se os direitos, deveres e garantias das partes na medida em que não pressuponham a efectiva prestação do trabalho, mantendo o trabalhador o direito à retribuição vencida até ao início da suspensão e respectivos juros de mora.

2 – Os juros de mora por dívida de retribuição são os juros legais, salvo se por acordo das partes ou por instrumento de regulamentação colectiva de trabalho for devido um juro moratório superior ao legal.

Lei n.° 35/2004, de 29 de Julho 217

NOTAS:

O artigo em anotação corresponde, com as devidas alterações, ao art. 10.°, da Lei n.° 17/86, de 14.06.

O preceito acompanha o disposto no art. 331.°, do Código do Trabalho, com expressa indicação de que, apesar de os *direitos, deveres e garantias das partes se suspenderem, na medida em que não pressuponham a efectiva prestação do trabalho*, se mantém o direito à retribuição vencida até ao início da suspensão e respectivos juros de mora.

Relativamente ao direito a férias o mesmo é igualmente suspenso. Cessada a suspensão, questiona-se à luz de que preceito é recuperado este direito, que por força da lei, se suspendeu. Aplica-se o art. 346.°, do Código do Trabalho, situado no contexto da crise empresarial ou o art. 220.°, do Código do Trabalho, relativo à suspensão do contrato de trabalho por impedimento prolongado?

Parece-nos que o regime aceitável será o previsto no art. 346.°, do Código do Trabalho, atendendo a que a suspensão não é imputável ao trabalhador nem ocorre por força de qualquer impossibilidade ou incapacidade deste, outrossim em virtude de determinada *forma de crise empresarial*, manifestada no não pagamento pontual da retribuição.

O mesmo raciocínio, pensamos, será de aplicar ao direito ao subsídio de Natal (art. 347.°, do Código do Trabalho).

ARTIGO 305.° **(Cessação da suspensão)**

A suspensão do contrato de trabalho cessa:

a) Mediante comunicação do trabalhador ao empregador e à Inspecção-Geral do Trabalho, nos termos previstos no n.° 1 do artigo 303.°, de que põe termo à suspensão a partir de determinada data, que deve ser expressamente mencionada na comunicação;

b) Com o pagamento integral das retribuições em dívida e respectivos juros de mora;

c) Com a celebração de acordo tendente à regularização das retribuições em dívida e respectivos juros de mora.

NOTAS:

O artigo em anotação corresponde, com as devidas alterações, ao art. 5.°, da Lei n.° 17/86, de 14.06.

A suspensão termina com a declaração extintiva da suspensão (al. *a*), do preceito); com o pagamento integral das retribuições e respectivos juros moratórios (al. *b*)); e com a celebração de acordo de pagamento dos créditos devidos (al. *c*)).

ARTIGO 306.° **(Direito a prestações de desemprego)**

1 – A suspensão do contrato de trabalho confere ao trabalhador o direito a prestações de desemprego, durante o período da suspensão.

2 – As prestações de desemprego podem também ser atribuídas em relação ao período a que respeita a retribuição em mora, desde que tal seja

218 *Regulamentação do Código do Trabalho*

requerido e o empregador declare, a pedido do trabalhador, no prazo de cinco dias, ou em caso de recusa, mediante declaração da Inspecção-Geral do Trabalho, o incumprimento da prestação no período em causa, não podendo, porém, o seu quantitativo ser superior a um subsídio por cada três retribuições mensais não recebidas.

3 – Confere igualmente direito a prestações de desemprego o não pagamento pontual:

a) Da retribuição determinada pela suspensão do contrato de trabalho por facto respeitante ao empregador ou encerramento da empresa por período igual ou superior a 15 dias;

b) Da compensação retributiva em situações de crise empresarial.

4 – A atribuição das prestações de desemprego a que se referem os números anteriores está sujeita ao cumprimento dos prazos de garantia, às demais condições exigidas e aos limites fixados no regime de protecção no desemprego.

ARTIGO 307.° **(Prestação de trabalho durante a suspensão)**

Durante a suspensão do contrato de trabalho, o trabalhador pode dedicar-se a outra actividade, desde que não viole as suas obrigações para com o empregador originário e a segurança social, com sujeição ao previsto no regime de protecção no desemprego.

NOTAS:

O artigo em anotação corresponde, com as devidas alterações, ao art. 10.°, da Lei n.° 17/86, de 14.06.

O preceito acompanha o disposto na al. *c*), do n.° 1, do artigo 341.°, do Código do Trabalho.

SUBSECÇÃO III
Resolução

ARTIGO 308.° **(Resolução)**

1 – Quando a falta de pagamento pontual da retribuição se prolongue por período de 60 dias sobre a data do vencimento, o trabalhador, independentemente de ter comunicado a suspensão do contrato de trabalho, pode resolver o contrato nos termos previstos no n.° 1 do artigo 442.° do Código do Trabalho.

2 – O direito de resolução do contrato pode ser exercido antes de esgotado o período referido no número anterior, quando o empregador, a pe-

dido do trabalhador, declare por escrito a previsão de não pagamento, até ao termo daquele prazo, do montante da retribuição em falta.

3 – O trabalhador que opte pela resolução do contrato de trabalho tem direito a:

a) Indemnização nos termos previstos no artigo 443.º do Código do Trabalho;

b) Prestações de desemprego;

c) Prioridade na frequência de curso de reconversão profissional, subsidiado pelo serviço público competente na área da formação profissional.

4 – A atribuição das prestações de desemprego a que se refere a alínea *b)* está sujeita ao cumprimento dos prazos de garantia, às demais condições exigidas e aos limites fixados no regime de protecção no desemprego.

NOTAS:

O artigo em anotação corresponde, com as devidas alterações, ao art. 3.º, da Lei n.º 17/86, de 14.06.

O art. 364.º, n.º 2, do Código do Trabalho prevê o direito resolutivo do trabalhador, a exercer nos 60 dias após o não pagamento da retribuição. *V.* nota ao art. 303.º.

Ficou resolvida com o presente preceito a dúvida que advinha do regime anterior, a de saber se o direito à suspensão e o direito à resolução são autónomos ou se o primeiro condiciona o segundo. O legislador optou pelo primeiro entendimento (n.º 1).

A exemplo do previsto no art. 303.º, n.º 2, o período de espera para o exercício do direito resolutivo pode ser encurtado, mediante declaração do empregador, por escrito, quanto à previsão de não pagamento, até ao termo daquele prazo, do montante da retribuição em falta (n.º 2).

A al. *a)* do n.º 3 do preceito atribui ao trabalhador direito a indemnização a fixar entre 15 e 45 dias de retribuição base e diuturnidades por cada ano completo de antiguidade (art. 443.º, do Código do Trabalho).

São conferidos ainda os direitos às prestações de desemprego (embora condicionadas ao disposto no n.º 4) e à prioridade na frequência de curso de reconversão profissional (respectivamente, als. *b)* e *c)* do n.º 3 do preceito).

ARTIGO 309.º (Segurança social)

O beneficiário com retribuições em dívida, bem como o seu agregado familiar, mantêm os direitos e deveres no âmbito do sistema da segurança social.

NOTAS:

O artigo em anotação corresponde, com as devidas alterações, ao art. 18.º, da Lei n.º 17/86, de 14.06.

SECÇÃO III
Suspensão de execuções

ARTIGO 310.º **(Execução fiscal)**

1 – O processo de execução fiscal suspende-se quando o executado seja trabalhador com retribuições em mora por período superior a 15 dias, se provar que de tal facto resulta o não pagamento da quantia exequenda.

2 – A suspensão referida no número anterior mantém-se até dois meses após a regularização das retribuições em dívida, findos os quais se renova a execução em causa.

NOTAS:

O artigo em anotação corresponde, com as devidas alterações, ao art. 23.º, da Lei n.º 17/86, de 14.06.

ARTIGO 311.º **(Venda de bens penhorados ou dados em garantia)**

1 – A venda, judicial ou extrajudicial, de bens penhorados ou dados em garantia justificada por falta de pagamento de dívidas relacionadas com a aquisição desses bens suspende-se quando o executado prove que o incumprimento se deve ao facto de ter retribuições em mora por período superior a 15 dias.

2 – Os bens a que se refere o número anterior incluem somente o imóvel que constitui a residência permanente e os demais imprescindíveis a qualquer economia doméstica, desde que se encontrem naquela residência.

NOTAS:

O regime da venda, em sede de execução, está previsto nos arts. 886.º e ss., do Código de Processo Civil.

ARTIGO 312.º **(Execução de sentença de despejo)**

A execução de sentença de despejo em que a causa de pedir tenha sido a falta de pagamento das rendas suspende-se quando o executado prove que o incumprimento do contrato se deve ao facto de ter retribuições em mora por período superior a 15 dias.

NOTAS:

O artigo em anotação corresponde, com as devidas alterações, ao art. 24.º, n.º 1, da Lei n.º 17/86, de 14.06.

Quanto ao regime da acção de despejo *vide* o art. 14.°, da Lei n.° 6/2006, de 27.02 (que aprovou o Novo Regime do Arrendamento Urbano).

De referir, ainda, o novo regime de execução para entrega de coisa imóvel arrendada previsto nos arts. 930.°-A a 930.°-E, do Código de Processo Civil, na redacção introduzida pela Lei n.° 6/2006, de 27.02 (que aprovou o Novo Regime do Arrendamento Urbano).

ARTIGO 313.° **(Salvaguarda dos direitos do credor)**

O tribunal notifica a entidade responsável pelas prestações de desemprego da decisão que ordene a suspensão da execução da sentença de despejo, bem como da identidade do credor e do montante das prestações ou rendas em mora, afim de que esta assegure o respectivo pagamento, nos termos previstos em legislação especial.

NOTAS:

O artigo em anotação corresponde, com as devidas alterações, ao art. 25.°, da Lei n.° 17/86, de 14.06.

ARTIGO 314.° **(Cessação da suspensão da instância)**

1 – Sempre que o pagamento das prestações ou rendas não tenha sido assegurado pela entidade responsável pelas prestações de desemprego, a suspensão da instância cessa oito dias após o recebimento, pelo trabalhador, das retribuições em mora.

2 – Se o trabalhador não tiver recebido as retribuições em mora, a suspensão cessa decorrido um ano sobre o seu início, salvo se o executado provar que se encontra pendente acção judicial destinada ao pagamento dessas retribuições, caso em que a suspensão cessa na data em que se verifique o pagamento coercivo das mesmas ou a impossibilidade do pagamento.

3 – Requerido o prosseguimento dos autos, o executado é notificado para, no prazo de 10 dias, provar o pagamento ou depósito, em singelo, das prestações ou rendas em mora.

NOTAS:

Os n.ºs 1 e 3, do artigo em anotação correspondem, com as devidas alterações, ao art. 26.°, da Lei n.° 17/86, de 14.06.

222   *Regulamentação do Código do Trabalho*

SECÇÃO IV
Disposição comum

ARTIGO 315.° **(Sub-rogação legal)**

1 – A entidade responsável pelas prestações de desemprego fica sub-rogada nos direitos do trabalhador perante o empregador no montante correspondente às prestações que tiver pago nos termos dos n.os 2 e 3 do artigo 306.° e do artigo 313.°, acrescidas dos juros de mora, não sendo liberatório o pagamento da quantia correspondente a entidade diferente, designadamente ao trabalhador.

2 – Para efeitos do número anterior, a entidade responsável pelas prestações de desemprego deve notificar o empregador dos pagamentos que for efectuando.

NOTAS:

O artigo em anotação corresponde, com as devidas alterações, ao art. 9.°, da Lei n.° 17/86, de 14.06.

CAPÍTULO XXVI
Fundo de Garantia Salarial

ARTIGO 316.° **(Âmbito)**

O presente capítulo regula o artigo 380.° do Código do Trabalho.

NOTAS:

O presente capítulo dá acolhimento à Directiva 80/987/CEE, do Conselho, de 20.10.1980, alterada pela Directiva n.° 2002/74/CE, do PE e do Conselho, de 23.09, sobre a protecção dos trabalhadores assalariados em caso de insolvência do empregador.

Entre nós, essa protecção é suportada pelo Fundo de Garantia Salarial, previsto no Decreto-Lei n.° 219/99, de 15.06, diploma revogado pela presente regulamentação, segundo o disposto no art. 21.°, n.° 2, al. *m*) da Lei n.° 99/2003, de 27.08.

O artigo 380.°, do Código do Trabalho dispõe que: "A garantia do pagamento dos créditos emergentes do contrato de trabalho e da sua violação ou cessação, pertencentes ao trabalhador, que não possam ser pagos pelo empregador por motivo de insolvência ou de situação económica difícil é assumida e suportada pelo Fundo de Garantia Salarial, nos termos previstos em legislação especial".

V. art. 84.°, do Código da Insolvência e da Recuperação de Empresas (CIRE), aprovado pelo Decreto-Lei n.° 53/2004, de 18.03, e alterado pelo Decreto-Lei n.° 200/2004, de 18.08. e pelo Decreto-Lei n.° 76-A/2006, de 29.03, relativo à prestação de alimentos aos trabalhadores.

ARTIGO 317.° **(Finalidade)**

O Fundo de Garantia Salarial assegura, em caso de incumprimento pelo empregador, ao trabalhador o pagamento dos créditos emergentes do contrato de trabalho e da sua violação ou cessação nos termos dos artigos seguintes.

NOTAS:

O preceito corresponde, com as devidas alterações, ao disposto no art. 1.°, do Decreto-Lei n.° 219/99, de 15.06.

ARTIGO 318.° **(Situações abrangidas)**

1 – O Fundo de Garantia Salarial assegura o pagamento dos créditos a que se refere o artigo anterior, nos casos em que o empregador seja judicialmente declarado insolvente.

2 – O Fundo de Garantia Salarial assegura igualmente o pagamento dos créditos referidos no número anterior, desde que se tenha iniciado o procedimento de conciliação previsto no Decreto-Lei n.° 316/98, de 20 de Outubro.

3 – Sem prejuízo do disposto no número anterior, caso o procedimento de conciliação não tenha sequência, por recusa ou extinção, nos termos dos artigos 4.° e 9.°, respectivamente, do Decreto-Lei n.° 316/98, de 20 de Outubro, e tenha sido requerido por trabalhadores da empresa o pagamento de créditos garantidos pelo Fundo de Garantia Salarial, deve este requerer judicialmente a insolvência da empresa.

4 – Para efeito do cumprimento do disposto nos números anteriores, o Fundo de Garantia Salarial deve ser notificado, quando as empresas em causa tenham trabalhadores ao seu serviço:

a) Pelos tribunais judiciais, no que respeita ao requerimento do processo especial de insolvência e respectiva declaração;

b) Pelo Instituto de Apoio às Pequenas e Médias Empresas e ao Investimento (IAPMEI), no que respeita ao requerimento do procedimento de conciliação, à sua recusa ou extinção do procedimento.

NOTAS:

O preceito corresponde, com as devidas alterações, ao disposto no art. 2.°, do Decreto-Lei n.° 219/99, de 15.06.

O art. 3.°, n.° 1, do Código da Insolvência e da Recuperação de Empresas (CIRE), aprovado pelo Decreto-Lei n.° 53/2004, de 18.03, considera em situação de insolvência "o devedor que se encontre impossibilitado de cumprir as suas obrigações vencidas".

224   *Regulamentação do Código do Trabalho*

Nos termos do art. 357.°, n.° 1, al. *j*), têm de ser obrigatoriamente precedidos de parecer escrito da comissão de trabalhadores a "dissolução ou requerimento de declaração de insolvência da empresa", sob pena de prática de ilícito contra-ordenacional (art. 488.°).

ARTIGO 319.° **(Créditos abrangidos)**

1 – O Fundo de Garantia Salarial assegura o pagamento dos créditos previstos no artigo 317.° que se tenham vencido nos seis meses que antecedem a data da propositura da acção ou apresentação do requerimento referido no artigo anterior.

2 – Caso não haja créditos vencidos no período de referência mencionado no número anterior, ou o seu montante seja inferior ao limite máximo definido no n.° 1 do artigo seguinte, o Fundo de Garantia Salarial assegura até este limite o pagamento de créditos vencidos após o referido período de referência.

3 – O Fundo de Garantia Salarial só assegura o pagamento dos créditos que lhe sejam reclamados até três meses antes da respectiva prescrição.

NOTAS:

O preceito corresponde, com as devidas alterações, ao disposto no art. 3.°, do Decreto-Lei n.° 219/99, de 15.06.

Apesar de o Fundo de Garantia Salarial assegurar o pagamento dos créditos emergentes, quer da celebração, quer da respectiva violação, e ainda, da própria cessação do contrato de trabalho, esse pagamento reporta-se apenas a determinado momento temporal.

O n.° 1, do preceito refere que o pagamento será somente dos créditos vencidos nos seis meses que antecedem a data da propositura da acção ou apresentação do requerimento de processo especial de insolvência ou do requerimento do procedimento de conciliação.

Os créditos laborais devidos antes desse momento, não são assegurados pelo Fundo de Garantia Salarial.

O n.° 3, do preceito prevê ainda que o Fundo de Garantia Salarial só assegura o pagamento dos créditos reclamados até três meses antes da respectiva prescrição. Sobre a prescrição salarial, *v.* art. 381.°, do Código do Trabalho, que declara que os créditos se extinguem decorrido um ano a partir do dia seguinte àquele em que cessou o contrato de trabalho.

Sobre a natureza dos créditos laborais, *v.* art. 377.°, do Código do Trabalho.

O acórdão do Tribunal de Justiça, de 04.03.2004 (www.euro.lex), procs. Apensos C-19/01, C-50/01 e C-84/01, apreciou, a título prejudicial, a seguinte questão, inerente à interpretação dos arts. 3.°, n.° 1 e 4.°, n.° 3, primeiro parágrafo, da Directiva 80/987/CEE: "(este preceito) – na parte em que prevê que os Estados membros, a fim de evitar o pagamento das importâncias que excedam a finalidade social da directiva, podem fixar um limite para a garantia de pagamento dos créditos em dívida aos trabalhadores assalariados relativos aos últimos três meses da relação de trabalho –, permite impor o sacrifício de parte do crédito daqueles que, sendo o montante da sua remuneração superior ao limite, tenham recebido, nos últimos três meses de relação de trabalho, adiantamentos de montante

Lei n.° 35/2004, de 29 de Julho 225

igual ou superior ao referido limite, ao passo que aqueles que, sendo a sua remuneração inferior ao limite, podem depois obter, somando os adiantamentos pagos pelo empregador e os pagamentos concedidos pelo organismo público, o ressarcimento total (ou em percentagem maior) do seu crédito?"

Tendo o Tribunal de Justiça declarado que:

"(Os normativos) devem ser interpretados no sentido de que não autorizam um Estado membro a limitar a obrigação de pagamento das instituições de garantia a um montante que cubra as necessidades essenciais dos trabalhadores em causa e ao qual sejam deduzidos os pagamentos efectuados pelo empregador no decurso do período abrangido pela garantia."

ARTIGO 320.° **(Limites das importâncias pagas)**

1 – Os créditos são pagos até ao montante equivalente a seis meses de retribuição, não podendo o montante desta exceder o triplo da retribuição mínima mensal garantida.

2 – Se o trabalhador for titular de créditos correspondentes a prestações diversas, o pagamento é prioritariamente imputado à retribuição.

3 – Às importâncias pagas são deduzidos os valores correspondentes às contribuições para a segurança social e à retenção na fonte de imposto sobre o rendimento que forem devidos.

4 – A satisfação de créditos do trabalhador efectuada pelo Fundo de Garantia Salarial não libera o empregador da obrigação de pagamento do valor correspondente à taxa contributiva por ele devida.

NOTAS:

O preceito corresponde, com as devidas alterações, ao disposto no art. 4.°, do Decreto-Lei n.° 219/99, de 15.06.

Na linha do disposto no regime anterior, continua-se a valorizar o carácter *alimentício* da retribuição (n.° 2, do preceito).

ARTIGO 321.° **(Regime do Fundo de Garantia Salarial)**

1 – A gestão do Fundo de Garantia Salarial cabe ao Estado e a representantes dos trabalhadores e dos empregadores.

2 – O financiamento do Fundo de Garantia Salarial é assegurado pelos empregadores, através de verbas respeitantes à parcela dos encargos de solidariedade laboral da taxa contributiva global, nos termos do diploma que regula a desagregação da taxa contributiva dos trabalhadores por conta de outrem, na quota-parte por aqueles devida, e pelo Estado em termos a fixar por portaria dos ministros responsáveis pelas áreas das finanças e laboral.

226   *Regulamentação do Código do Trabalho*

3 – O regime do Fundo de Garantia Salarial consta de diploma autónomo.

NOTAS:

O preceito corresponde, com as devidas alterações, ao disposto no art. 5.º, do Decreto-Lei n.º 219/99, de 15.06.

O regime do Fundo de Garantia Salarial é o constante do Decreto-Lei n.º 139/2001, de 24.04.

ARTIGO 322.º **(Sub-rogação legal)**

O Fundo de Garantia Salarial fica sub-rogado nos direitos de crédito e respectivas garantias, nomeadamente privilégios creditórios dos trabalhadores, na medida dos pagamentos efectuados acrescidos dos juros de mora vincendos.

NOTAS:

O preceito corresponde, com as devidas alterações, ao disposto no n.º 1, do art. 6.º, do Decreto-Lei n.º 219/99, de 15.06.

ARTIGO 323.º **(Requerimento)**

1 – O Fundo de Garantia Salarial efectua o pagamento dos créditos garantidos mediante requerimento do trabalhador, do qual consta, designadamente, a identificação do requerente e do respectivo empregador, bem como a discriminação dos créditos objecto do pedido.

2 – O requerimento é apresentado em modelo próprio, fixado por portaria do ministro responsável pela área laboral.

3 – O requerimento, devidamente instruído, é apresentado em qualquer serviço ou delegação do Instituto de Gestão Financeira da Segurança Social.

ARTIGO 324.º **(Instrução)**

O requerimento previsto no número anterior é instruído, consoante as situações, com os seguintes meios de prova:

a) Certidão ou cópia autenticada comprovativa dos créditos reclamados pelo trabalhador emitida pelo tribunal competente onde corre o processo de insolvência ou pelo IAPMEI, no caso de ter sido requerido o procedimento de conciliação;

b) Declaração, emitida pelo empregador, comprovativa da natureza e do montante dos créditos em dívida declarados no requerimento pelo trabalhador, quando o mesmo não seja parte constituída;

c) Declaração de igual teor, emitida pela Inspecção-Geral do Trabalho.

ARTIGO 325.º **(Prazo de apreciação)**

1 – O requerimento deve ser objecto de decisão final no prazo de 30 dias.

2 – A contagem do prazo previsto no número anterior suspende-se até à data de notificação do Fundo de Garantia Salarial pelo tribunal judicial ou pelo IAPMEI nos termos do n.º 4 do artigo 318.º.

ARTIGO 326.º **(Decisão)**

A decisão proferida relativamente ao pedido é notificada ao requerente, com a indicação, em caso de deferimento total ou parcial, nomeadamente, do montante a pagar, da respectiva forma de pagamento e dos valores deduzidos correspondentes às contribuições para a segurança social e à retenção na fonte do imposto sobre o rendimento.

CAPÍTULO XXVII
Comissões de trabalhadores: constituição, estatutos e eleição

SECÇÃO I
Âmbito

ARTIGO 327.º **(Âmbito)**

O presente capítulo regula o artigo 463.º do Código do Trabalho.

NOTAS:

O presente Capítulo corresponde, com as devidas alterações, ao disposto na Lei n.º 46/79, de 12.09, diploma revogado com a presente regulamentação, de acordo com o disposto no art. 21.º, n.º 2, al. *b*), da Lei n.º 99/2003, de 27.08.

O artigo 463.º, do Código do Trabalho prevê que: "A constituição, estatutos e eleição das comissões, das subcomissões de trabalhadores e das comissões coordenadoras é objecto de regulamentação em legislação especial".

228 *Regulamentação do Código do Trabalho*

SECÇÃO II
Constituição e estatutos da comissão de trabalhadores

ARTIGO 328.º **(Constituição da comissão de trabalhadores e aprovação dos estatutos)**

1 – Os trabalhadores deliberam a constituição e aprovam os estatutos da comissão de trabalhadores mediante votação.

2 – A votação é convocada com a antecedência mínima de 15 dias por, no mínimo, 100 ou 20% dos trabalhadores da empresa, com ampla publicidade e menção expressa do dia, local, horário e objecto, devendo ser remetida simultaneamente cópia da convocatória ao órgão de gestão da empresa.

3 – Os projectos de estatutos submetidos a votação são propostos por, no mínimo, 100 ou 20% dos trabalhadores da empresa, devendo ser nesta publicitados com a antecedência mínima de 10 dias.

ARTIGO 329.º **(Estatutos)**

1 – A comissão de trabalhadores é regulada pelos seus estatutos, os quais devem prever, nomeadamente:

a) A composição, eleição, duração do mandato e regras de funcionamento da comissão eleitoral, de que tem o direito de fazer parte um delegado designado por cada uma das listas concorrentes, à qual compete convocar e presidir ao acto eleitoral, bem como apurar o resultado do mesmo, na parte não prevista no Código do Trabalho;

b) O número, regras da eleição, na parte não prevista neste capítulo, e duração do mandato dos membros da comissão de trabalhadores, bem como modo de preenchimento das vagas dos respectivos membros;

c) O funcionamento da comissão, resolvendo as questões relativas a empate de deliberações;

d) A articulação da comissão com as subcomissões de trabalhadores e a comissão coordenadora de que seja aderente;

e) A forma de vinculação, a qual deve exigir a assinatura da maioria dos seus membros, com um mínimo de duas assinaturas;

f) O modo de financiamento das actividades da comissão, o qual não pode, em caso algum, ser assegurado por uma entidade alheia ao conjunto dos trabalhadores da empresa;

g) O processo de alteração de estatutos.

2 – Os estatutos podem prever a existência de subcomissões de trabalhadores em estabelecimentos geograficamente dispersos.

ARTIGO 330.º **(Capacidade)**

Nenhum trabalhador da empresa pode ser prejudicado nos seus direitos, nomeadamente de participar na constituição da comissão de trabalhadores, na aprovação dos estatutos ou de eleger e ser eleito, designadamente por motivo de idade ou função.

NOTAS:

O preceito encerra um princípio geral de respeito pelo exercício de direitos legalmente consentidos.

ARTIGO 331.º **(Regulamento)**

1 – Com a convocação da votação deve ser publicitado o respectivo regulamento.

2 – A elaboração do regulamento é da responsabilidade dos trabalhadores que procedam à convocação da votação.

ARTIGO 332.º **(Caderno eleitoral)**

1 – O empregador deve entregar o caderno eleitoral aos trabalhadores que procedem à convocação da votação dos estatutos, no prazo de quarenta e oito horas após a recepção da cópia da convocatória, procedendo estes à sua imediata afixação na empresa e estabelecimento.

2 – O caderno eleitoral deve conter o nome dos trabalhadores da empresa e, sendo caso disso, agrupados por estabelecimentos, à data da convocação da votação.

NOTAS:

Sobre ilícito contra-ordenacional: *v.* art. 488.º, n.º 1.

ARTIGO 333.º **(Secções de voto)**

1 – Em cada estabelecimento com um mínimo de 10 trabalhadores deve haver, pelo menos, uma secção de voto.

2 – A cada mesa de voto não podem corresponder mais de 500 votantes.

3 – Cada secção de voto é composta por um presidente e dois vogais, que dirigem a respectiva votação, ficando, para esse efeito, dispensados da respectiva prestação de trabalho.

4 – Cada grupo de trabalhadores proponente de um projecto de estatutos pode designar um representante em cada mesa, para acompanhar a votação.

230 *Regulamentação do Código do Trabalho*

NOTAS:

Sobre ilícito contra-ordenacional: *v.* art. 488.°.

ARTIGO 334.° **(Votação)**

1 – A votação da constituição da comissão de trabalhadores e dos projectos de estatutos é simultânea, com votos distintos.

2 – As urnas de voto são colocadas nos locais de trabalho, de modo a permitir que todos os trabalhadores possam votar e a não prejudicar o normal funcionamento da empresa ou estabelecimento.

3 – A votação é efectuada durante as horas de trabalho.

4 – A votação inicia-se, pelo menos, trinta minutos antes do começo e termina, pelo menos, sessenta minutos depois do termo do período de funcionamento da empresa ou estabelecimento.

5 – Os trabalhadores podem votar durante o respectivo horário de trabalho, para o que cada um dispõe do tempo para tanto indispensável.

6 – Em empresa com estabelecimentos geograficamente dispersos, a votação realiza-se em todos eles no mesmo dia, horário e nos mesmos termos.

7 – Quando, devido ao trabalho por turnos ou outros motivos, não seja possível respeitar o disposto no número anterior, a abertura das urnas de voto para o respectivo apuramento deve ser simultânea em todos os estabelecimentos.

NOTAS:

Sobre ilícito contra-ordenacional: *v.* art. 488.°.

ARTIGO 335.° **(Acta)**

1 – De tudo o que se passar na votação é lavrada acta que, depois de lida e aprovada pelos membros da mesa de voto, é por estes assinada e rubricada.

2 – Os votantes devem ser identificados e registados em documento próprio, com termos de abertura e encerramento, assinado e rubricado em todas as folhas pelos membros da mesa, o qual constitui parte integrante da acta.

ARTIGO 336.° **(Apuramento global)**

1 – O apuramento global da votação da constituição da comissão de trabalhadores e dos estatutos é feito por uma comissão eleitoral.

Lei n.º 35/2004, de 29 de Julho 231

2 – De tudo o que se passar no apuramento global é lavrada acta que, depois de lida e aprovada pelos membros da comissão eleitoral, é por estes assinada e rubricada.

ARTIGO 337.º **(Deliberação)**

1 – A deliberação de constituir a comissão de trabalhadores deve ser aprovada por maioria simples dos votantes.

2 – São aprovados os estatutos que recolherem o maior número de votos.

3 – A validade da aprovação dos estatutos depende da aprovação da deliberação de constituir a comissão de trabalhadores.

NOTAS:

Autonomizaram-se as votações sobre a constituição da comissão dos trabalhadores e a aprovação dos respectivos estatutos, embora ambas decorram simultaneamente.

ARTIGO 338.º **(Publicidade do resultado da votação)**

A comissão eleitoral deve, no prazo de 15 dias a contar da data do apuramento, proceder à afixação dos resultados da votação, bem como de cópia da respectiva acta no local ou locais em que a votação teve lugar e comunicá-los ao órgão de gestão da empresa.

NOTAS:

Sobre ilícito contra-ordenacional: *v.* art. 488.º, n.º 2.

ARTIGO 339.º **(Alteração dos estatutos)**

À alteração dos estatutos é aplicável o disposto nos artigos anteriores, com as necessárias adaptações.

SECÇÃO III
Eleição da comissão e das subcomissões de trabalhadores

ARTIGO 340.º **(Regras gerais da eleição)**

1 – Os membros da comissão de trabalhadores e das subcomissões de trabalhadores são eleitos, de entre as listas apresentadas pelos trabalhadores da respectiva empresa ou estabelecimento, por voto directo e secreto, e segundo o princípio de representação proporcional.

232   *Regulamentação do Código do Trabalho*

2 – O acto eleitoral é convocado com a antecedência de 15 dias, salvo se os estatutos fixarem um prazo superior, pela comissão eleitoral constituída nos termos dos estatutos ou, na sua falta, por, no mínimo, 100 ou 20% dos trabalhadores da empresa, com ampla publicidade e menção expressa do dia, local, horário e objecto, devendo ser remetida simultaneamente cópia da convocatória ao órgão de gestão da empresa.

3 – Só podem concorrer as listas que sejam subscritas por, no mínimo, 100 ou 20% dos trabalhadores da empresa ou, no caso de listas de subcomissões de trabalhadores, 10% dos trabalhadores do estabelecimento, não podendo qualquer trabalhador subscrever ou fazer parte de mais de uma lista concorrente à mesma estrutura.

4 – A eleição dos membros da comissão de trabalhadores e das subcomissões de trabalhadores decorre em simultâneo, sendo aplicável o disposto nos artigos 332.° a 336.°, com as necessárias adaptações.

5 – Na falta da comissão eleitoral eleita nos termos dos estatutos, a mesma é constituída por um representante de cada uma das listas concorrentes e igual número de representantes dos trabalhadores que convocaram a eleição.

ARTIGO 341.° **(Publicidade do resultado da eleição)**
À publicidade dos resultados da eleição é aplicável o disposto no artigo 338.°.

ARTIGO 342.° **(Início de actividades)**
A comissão de trabalhadores e as subcomissões de trabalhadores só podem iniciar as respectivas actividades depois da publicação dos estatutos da primeira e dos resultados da eleição no *Boletim do Trabalho e Emprego*.

ARTIGO 343.° **(Duração dos mandatos)**
O mandato dos membros da comissão de trabalhadores e das subcomissões de trabalhadores não pode exceder quatro anos, sendo permitida a reeleição para mandatos sucessivos.

NOTAS:

Aumentou-se a duração dos mandatos dos membros da comissão de trabalhadores e das subcomissões de trabalhadores, bem como da comissão coordenadora (*v.* art. 346.°), para 4 anos.

Lei n.º 35/2004, de 29 de Julho

SECÇÃO IV
Constituição e estatutos da comissão coordenadora

ARTIGO 344.º **(Constituição e estatutos)**

1 – A comissão coordenadora é constituída com a aprovação dos seus estatutos pelas comissões de trabalhadores que ela se destina a coordenar.

2 – Os estatutos da comissão coordenadora estão sujeitos ao disposto no n.º 1 do artigo 329.º, com as necessárias adaptações.

3 – As comissões de trabalhadores aprovam os estatutos da comissão coordenadora, por voto secreto de cada um dos seus membros, em reunião de que deve ser elaborada acta assinada por todos os presentes, a que deve ficar anexo o documento de registo dos votantes.

4 – A reunião referida no número anterior deve ser convocada com a antecedência de 15 dias, por pelo menos duas comissões de trabalhadores que a comissão coordenadora se destina a coordenar.

ARTIGO 345.º **(Número de membros)**

O número de membros da comissão coordenadora não pode exceder o número das comissões de trabalhadores que a mesma coordena, nem o máximo de 11 membros.

ARTIGO 346.º **(Duração dos mandatos)**

À duração do mandato dos membros das comissões coordenadoras aplica-se o disposto no artigo 343.º.

ARTIGO 347.º **(Participação das comissões de trabalhadores)**

1 – Os trabalhadores da empresa deliberam sobre a participação da respectiva comissão de trabalhadores na constituição da comissão coordenadora e a adesão à mesma, bem como a revogação da adesão, por iniciativa da comissão de trabalhadores ou de 100 ou 10% dos trabalhadores da empresa.

2 – As deliberações referidas no número anterior são adoptadas por votação realizada nos termos dos artigos 328.º e 330.º a 336.º, com as necessárias adaptações.

SECÇÃO V
Eleição da comissão coordenadora

ARTIGO 348.º **(Eleição)**

1 – Os membros das comissões de trabalhadores aderentes elegem, de entre si, os membros da comissão coordenadora.

2 – A eleição deve ser convocada com a antecedência de 15 dias, por pelo menos duas comissões de trabalhadores aderentes.

3 – A eleição é feita por listas, por voto directo e secreto, e segundo o princípio da representação proporcional, em reunião de que deve ser elaborada acta assinada por todos os presentes, a que deve ficar anexo o documento de registo dos votantes.

4 – Cada lista concorrente deve ser subscrita por, no mínimo, 20% dos membros das comissões de trabalhadores aderentes, sendo apresentada até cinco dias antes da votação.

ARTIGO 349.º **(Início de funções)**

A comissão coordenadora só pode iniciar as respectivas actividades depois da publicação dos seus estatutos e dos resultados da eleição no *Boletim do Trabalho e Emprego*.

SECÇÃO VI
Registo e publicação

ARTIGO 350.º **(Registo)**

1 – A comissão eleitoral referida no n.º 1 do artigo 336.º deve, no prazo de 15 dias a contar da data do apuramento, requerer ao ministério responsável pela área laboral o registo da constituição da comissão de trabalhadores e da aprovação dos estatutos ou das suas alterações, juntando os estatutos aprovados ou alterados, bem como cópias certificadas das actas da comissão eleitoral e das mesas de voto, acompanhadas dos documentos de registo dos votantes.

2 – A comissão eleitoral referida nos n.ᵒˢ 2 ou 5 do artigo 340.º deve, no prazo de 15 dias a contar da data do apuramento, requerer ao ministério responsável pela área laboral o registo da eleição dos membros da comissão de trabalhadores e das subcomissões de trabalhadores, juntando cópias certificadas das listas concorrentes, bem como das actas da comissão eleitoral e das mesas de voto, acompanhadas dos documentos de registo dos votantes.

Lei n.º 35/2004, de 29 de Julho 235

3 – As comissões de trabalhadores que participaram na constituição da comissão coordenadora devem, no prazo de 15 dias, requerer ao ministério responsável pela área laboral o registo da constituição da comissão coordenadora e da aprovação dos estatutos ou das suas alterações, juntando os estatutos aprovados ou alterados, bem como cópias certificadas da acta da reunião em que foi constituída a comissão e do documento de registo dos votantes.

4 – As comissões de trabalhadores que participaram na eleição da comissão coordenadora devem, no prazo de 15 dias, requerer ao ministério responsável pela área laboral o registo da eleição dos membros da comissão coordenadora, juntando cópias certificadas das listas concorrentes, bem como da acta da reunião e do documento de registo dos votantes.

5 – O ministério responsável pela área laboral regista, no prazo de 10 dias:

a) A constituição da comissão de trabalhadores e da comissão coordenadora, bem como a aprovação dos respectivos estatutos ou das suas alterações;

b) A eleição dos membros da comissão de trabalhadores, das subcomissões de trabalhadores e da comissão coordenadora e publica a respectiva composição.

ARTIGO 351.º **(Publicação)**

O ministério responsável pela área laboral procede à publicação no *Boletim do Trabalho e Emprego*:

a) Dos estatutos da comissão de trabalhadores e da comissão coordenadora, ou das suas alterações;

b) Da composição da comissão de trabalhadores, das subcomissões de trabalhadores e da comissão coordenadora.

ARTIGO 352.º **(Controlo de legalidade da constituição e dos estatutos das comissões)**

1 – Após o registo da constituição da comissão de trabalhadores e da aprovação dos estatutos ou das suas alterações, o ministério responsável pela área laboral remete, dentro do prazo de oito dias a contar da publicação, cópias certificadas das actas da comissão eleitoral e das mesas de voto, dos documentos de registo dos votantes, dos estatutos aprovados ou alterados e do requerimento de registo, bem como a apreciação fundamentada sobre a legalidade da constituição da comissão de trabalhadores

e dos estatutos ou das suas alterações, ao magistrado do Ministério Público da área da sede da respectiva empresa.

2 – O disposto no número anterior é aplicável, com as necessárias adaptações, à constituição e aprovação dos estatutos da comissão coordenadora.

CAPÍTULO XXVIII
Direitos das comissões e subcomissões de trabalhadores

SECÇÃO I
Âmbito

ARTIGO 353.º (Âmbito)

O presente capítulo regula os n.ºs 1 e 2 do artigo 466.º do Código do Trabalho.

NOTAS:

Este Capítulo corresponde, com as devidas alterações, ao preceituado na Lei n.º 46/79, de 12.09 (Lei das Comissões de Trabalhadores), revogada com a presente regulamentação, de acordo com o disposto no art. 21.º, n.º 2, al. b), da Lei n.º 99/2003, de 27.08.

O art. 466.º, n.ºs 1 e 2, do Código do Trabalho preceituam que:

"1 – As comissões de trabalhadores têm os direitos que lhes são conferidos na Constituição, regulamentados em legislação especial.

2 – Os direitos das subcomissões de trabalhadores são regulamentados em legislação especial".

SECÇÃO II
Direitos em geral

ARTIGO 354.º (Direitos das comissões e das subcomissões de trabalhadores)

1 – Constituem direitos das comissões de trabalhadores, nomeadamente:

a) Receber todas as informações necessárias ao exercício da sua actividade;

Lei n.º 35/2004, de 29 de Julho

b) Exercer o controlo de gestão nas respectivas empresas;

c) Participar nos processos de reestruturação da empresa, especialmente no tocante a acções de formação ou quando ocorra alteração das condições de trabalho;

d) Participar na elaboração da legislação do trabalho, directamente ou por intermédio das respectivas comissões coordenadoras;

e) Gerir ou participar na gestão das obras sociais da empresa;

f) Promover a eleição de representantes dos trabalhadores para os órgãos sociais das entidades públicas empresariais.

2 – As subcomissões de trabalhadores podem:

a) Exercer os direitos previstos nas alíneas *a), b), c)* e *e)* do número anterior, que lhes sejam delegados pelas comissões de trabalhadores;

b) Informar a comissão de trabalhadores dos assuntos que entenderem de interesse para a normal actividade desta;

c) Fazer a ligação entre os trabalhadores dos estabelecimentos e as respectivas comissões de trabalhadores, ficando vinculadas à orientação geral por estas estabelecida.

3 – As comissões e as subcomissões de trabalhadores não podem, através do exercício dos seus direitos e do desempenho das suas funções, prejudicar o normal funcionamento da empresa.

NOTAS:

Sobre ilícito contra-ordenacional: *v.* art. 488.º, n.º 2.

ARTIGO 355.º **(Reuniões da comissão de trabalhadores com o órgão de gestão da empresa)**

1 – A comissão de trabalhadores tem o direito de reunir periodicamente com o órgão de gestão da empresa para discussão e análise dos assuntos relacionados com o exercício dos seus direitos, devendo realizar-se, pelo menos, uma reunião em cada mês.

2 – Da reunião referida no número anterior é lavrada acta, elaborada pela empresa, que deve ser assinada por todos os presentes.

3 – O disposto nos números anteriores aplica-se igualmente às subcomissões de trabalhadores em relação às direcções dos respectivos estabelecimentos.

NOTAS:

Sobre ilícito contra-ordenacional: *v.* art. 488.º, n.º 2.

SECÇÃO III
Informação e consulta

ARTIGO 356.º **(Conteúdo do direito a informação)**
O direito a informação abrange as seguintes matérias:
a) Planos gerais de actividade e orçamento;
b) Organização da produção e suas implicações no grau da utilização da mão-de-obra e do equipamento;
c) Situação do aprovisionamento;
d) Previsão, volume e administração de vendas;
e) Gestão de pessoal e estabelecimento dos seus critérios básicos, montante da massa salarial e sua distribuição pelos diferentes escalões profissionais, regalias sociais, mínimos de produtividade e grau de absentismo;
f) Situação contabilística da empresa compreendendo o balanço, conta de resultados e balancetes trimestrais;
g) Modalidades de financiamento;
h) Encargos fiscais e parafiscais;
i) Projectos de alteração do objecto, do capital social e de reconversão da actividade produtiva da empresa.

NOTAS:

Sobre ilícito contra-ordenacional: *v.* art. 488.º, n.º 2.

ARTIGO 357.º **(Obrigatoriedade de parecer prévio)**
1 – Têm de ser obrigatoriamente precedidos de parecer escrito da comissão de trabalhadores os seguintes actos do empregador:
a) Regulação da utilização de equipamento tecnológico para vigilância a distância no local de trabalho;
b) Tratamento de dados biométricos;
c) Elaboração de regulamentos internos da empresa;
d) Modificação dos critérios de base de classificação profissional e de promoções;
e) Definição e organização dos horários de trabalho aplicáveis a todos ou a parte dos trabalhadores da empresa;
f) Elaboração do mapa de férias dos trabalhadores da empresa;
g) Mudança de local de actividade da empresa ou do estabelecimento;
h) Quaisquer medidas de que resulte uma diminuição substancial do número de trabalhadores da empresa ou agravamento substancial das suas

condições de trabalho e, ainda, as decisões susceptíveis de desencadear mudanças substanciais no plano da organização de trabalho ou dos contratos de trabalho;

i) Encerramento de estabelecimentos ou de linhas de produção;

j) Dissolução ou requerimento de declaração de insolvência da empresa.

2 – O parecer referido no número anterior deve ser emitido no prazo máximo de 10 dias a contar da recepção do escrito em que for solicitado, se outro maior não for concedido em atenção da extensão ou complexidade da matéria.

3 – Nos casos a que se refere a alínea *c)* do n.º 1, o prazo de emissão de parecer é de cinco dias.

4 – Quando seja solicitada a prestação de informação sobre as matérias relativamente às quais seja requerida a emissão de parecer ou quando haja lugar à realização de reunião nos termos do n.º 1 do artigo 355.º, o prazo conta-se a partir da prestação das informações ou da realização da reunião.

5 – Decorridos os prazos referidos nos n.os 2 e 3 sem que o parecer tenha sido entregue à entidade que o tiver solicitado considera-se preenchida a exigência referida no n.º 1.

NOTAS:

No Parecer n.º 11/2004, a CNPD entendeu da necessidade de aditar ao preceito uma alínea que fosse expressa em relação à necessidade de audição da comissão de trabalhadores sobre a utilização dos meios de comunicação na empresa.

Sobre ilícito contra-ordenacional: *v.* art. 488.º, n.º 2.

ARTIGO 358.º **(Prestação de informações)**

1 – Os membros das comissões e subcomissões devem requerer, por escrito, respectivamente, ao órgão de gestão da empresa ou de direcção do estabelecimento os elementos de informação respeitantes às matérias referidas nos artigos anteriores.

2 – As informações são-lhes prestadas, por escrito, no prazo de oito dias, salvo se, pela sua complexidade, se justificar prazo maior, que nunca deve ser superior a 15 dias.

3 – O disposto nos números anteriores não prejudica o direito à recepção de informações nas reuniões previstas no artigo 355.º.

240 *Regulamentação do Código do Trabalho*

SECÇÃO IV
Exercício do controlo de gestão na empresa

ARTIGO 359.° **(Finalidade do controlo de gestão)**
O controlo de gestão visa promover o empenhamento responsável dos trabalhadores na vida da respectiva empresa.

ARTIGO 360.° **(Conteúdo do controlo de gestão)**
No exercício do direito do controlo de gestão, as comissões de trabalhadores podem:

a) Apreciar e emitir parecer sobre os orçamentos da empresa e respectivas alterações, bem como acompanhar a respectiva execução;

b) Promover a adequada utilização dos recursos técnicos, humanos e financeiros;

c) Promover, junto dos órgãos de gestão e dos trabalhadores, medidas que contribuam para a melhoria da actividade da empresa, designadamente nos domínios dos equipamentos técnicos e da simplificação administrativa;

d) Apresentar aos órgãos competentes da empresa sugestões, recomendações ou críticas tendentes à qualificação inicial e à formação contínua dos trabalhadores e, em geral, à melhoria da qualidade de vida no trabalho e das condições de segurança, higiene e saúde;

e) Defender junto dos órgãos de gestão e fiscalização da empresa e das autoridades competentes os legítimos interesses dos trabalhadores.

NOTAS:

Sobre ilícito contra-ordenacional: *v.* art. 488.°, n.° 2.

ARTIGO 361.° **(Exclusões do controlo de gestão)**
1 – O controlo de gestão não pode ser exercido em relação às seguintes actividades:

a) Produção de moeda;

b) Prossecução das atribuições do Banco de Portugal;

c) Imprensa Nacional Casa da Moeda, S.A.;

d) Investigação científica e militar;

e) Serviço público postal, de telecomunicações ou de meios de comunicação áudio-visual;

f) Estabelecimentos fabris militares.

2 – Excluem-se igualmente do controlo de gestão as actividades com interesse para a defesa nacional ou que envolvam, por via directa ou dele-

Lei n.º 35/2004, de 29 de Julho

gada, competências dos órgãos de soberania, bem como das assembleias regionais e dos governos regionais.

ARTIGO 362.º **(Representantes dos trabalhadores nos órgãos das entidades públicas empresariais)**

1 – Nas entidades públicas empresariais, as comissões de trabalhadores promovem a eleição, nos termos dos artigos 332.º a 336.º e do n.º 1 do artigo 337.º, de representantes dos trabalhadores para os órgãos sociais das mesmas.

2 – As comissões de trabalhadores devem comunicar ao ministério responsável pelo sector de actividade da entidade pública empresarial a realização das eleições que promovem nos termos do número anterior.

3 – O número de trabalhadores a eleger e o órgão social competente são os previstos nos estatutos das respectivas entidades públicas empresariais.

SECÇÃO V
Participação nos processos de reestruturação da empresa

ARTIGO 363.º **(Legitimidade para participar)**

O direito de participar nos processos de reestruturação da empresa deve ser exercido:

a) Directamente pelas comissões de trabalhadores, quando se trate de reestruturação da empresa;

b) Através da correspondente comissão coordenadora, quando se trate da reestruturação de empresas do sector a que pertença a maioria das comissões de trabalhadores por aquela coordenadas.

ARTIGO 364.º **(Direitos de participação)**

No âmbito do exercício do direito de participação na reestruturação da empresa, as comissões de trabalhadores e as comissões coordenadoras têm:

a) O direito de serem previamente ouvidas e de emitirem parecer, nos termos e prazos previstos no n.º 2 do artigo 357.º, sobre os planos ou projectos de reestruturação referidos no artigo anterior;

b) O direito de serem informadas sobre a evolução dos actos subsequentes;

c) O direito de serem informadas sobre a formulação final dos instrumentos de reestruturação e de se pronunciarem antes de aprovados;

242   *Regulamentação do Código do Trabalho*

d) O direito de reunirem com os órgãos encarregados dos trabalhos preparatórios de reestruturação;

e) O direito de emitirem juízos críticos, sugestões e reclamações junto dos órgãos sociais da empresa ou das entidades legalmente competentes.

NOTAS:

Sobre ilícito contra-ordenacional: *v.* art. 488.°, n.° 2.

CAPÍTULO XXIX
Conselhos de empresa europeus

SECÇÃO I
Disposições gerais

ARTIGO 365.° **(Âmbito)**

1 – O presente capítulo regula o n.° 1 do artigo 471.° e o artigo 474.° do Código do Trabalho.

2 – O disposto no n.° 3 do artigo 471.° do Código do Trabalho aplica-se sem prejuízo de o acordo referido no artigo 373.° poder estabelecer um âmbito mais amplo.

3 – Se um grupo de empresas de dimensão comunitária abranger uma ou mais empresas ou grupos de empresas de dimensão comunitária, o conselho de empresa europeu ou o procedimento de informação e consulta é instituído a nível daquele grupo, salvo estipulação em contrário no acordo referido no artigo 373.°.

NOTAS:

O presente regime enquadra a Directiva n.° 94/45/CE, do Conselho, de 22.09, relativa à instituição de um conselho de empresa europeu ou de um procedimento de informação e consulta dos trabalhadores nas empresas ou grupos de empresas de dimensão comunitária, transposta pela Lei n.° 40/99, de 09.06, diploma revogado com a presente regulamentação, segundo o disposto na al. *x*), do n.° 2, do art. 21.°, da Lei n.° 99/2003, de 27.08.

O art. 471.°, n.° 1, do Código do Trabalho dispõe que: "Os trabalhadores de empresas ou de grupos de empresas de dimensão comunitária têm direito a informação e consulta, nos termos previstos em legislação especial".

O art. 474.º, do Código do Trabalho dispõe que: "O processo de negociações, os acordos sobre informação e consulta e a instituição do conselho europeu são regulamentados em legislação especial".

ARTIGO 366.º **(Empresa que exerce o controlo)**

1 – Para efeitos do artigo 473.º do Código do Trabalho, presume-se que uma empresa tem influência dominante sobre outra se, directa ou indirectamente, satisfizer um dos seguintes critérios:

a) Puder designar mais de metade dos membros do órgão de administração ou do órgão de fiscalização;

b) Dispuser de mais de metade dos votos na assembleia geral;

c) Tiver a maioria do capital social.

2 – Para efeitos do número anterior, os direitos da empresa dominante compreendem os direitos de qualquer empresa controlada ou de pessoa que actue em nome próprio, mas por conta da empresa que exerce o controlo ou de qualquer empresa controlada.

3 – Se duas ou mais empresas satisfizerem os critérios referidos no n.º 1, estes são aplicáveis segundo a respectiva ordem de precedência.

4 – A pessoa mandatada para exercer funções numa empresa, nos termos do processo de insolvência, não se presume que tenha influência dominante sobre ela.

5 – A sociedade abrangida pelas alíneas *a)* ou *c)* do n.º 5 do artigo 3.º do Regulamento (CEE) n.º 4064/89, do Conselho, de 21 de Dezembro, relativo ao controlo das operações de concentração de empresas, não se considera que controla a empresa de que tenha participações.

NOTAS:

O art. 473.º, do Código do Trabalho dispõe que: "Considera-se que uma empresa com sede em território nacional e pertencente a um grupo de empresas de dimensão comunitária exerce o controlo do grupo se tiver uma influência dominante sobre uma ou mais empresas resultante, por exemplo, da titularidade do capital social ou das disposições que o regem".

ARTIGO 367.º **(Casos especiais de empresa que exerce o controlo)**

Se a empresa que controla um grupo de empresas tiver sede num Estado não membro, considera-se que uma empresa do grupo situada em território nacional exerce o controlo se representar, para o efeito, a empresa que controla o grupo ou, na sua falta, empregar o maior número de trabalhadores entre as empresas do grupo situadas nos Estados membros.

SECÇÃO II
Disposições e acordos transnacionais

SUBSECÇÃO I
Âmbito

ARTIGO 368.º **(Âmbito das disposições e acordos transnacionais)**

1 – As disposições da presente secção são aplicáveis a empresas e grupos de empresas de dimensão comunitária cuja sede principal e efectiva da administração se situe em território nacional, incluindo os respectivos estabelecimentos ou empresas situados noutros Estados membros.

2 – Se a sede principal e efectiva da administração da empresa ou grupo de empresas de dimensão comunitária não estiver situada em território nacional, as disposições da presente secção são ainda aplicáveis desde que:

a) Exista em território nacional um representante da administração designado para o efeito;

b) Não havendo um representante da administração em qualquer Estado membro, esteja situada em território nacional a direcção do estabelecimento ou da empresa do grupo que empregar o maior número de trabalhadores num Estado membro.

3 – O acordo celebrado entre a administração e o grupo especial de negociação, nos termos da legislação de outro Estado membro em cujo território se situa a sede principal e efectiva da administração da empresa ou do grupo, bem como as disposições subsidiárias dessa legislação relativas à instituição do conselho de empresa europeu obrigam os estabelecimentos ou empresas situados em território nacional e os respectivos trabalhadores.

SUBSECÇÃO II
Procedimento das negociações

ARTIGO 369.º **(Constituição do grupo especial de negociação)**

1 – A administração inicia as negociações para a instituição de um conselho de empresa europeu ou um procedimento de informação e consulta, por iniciativa própria ou mediante pedido escrito de, no mínimo, 100 trabalhadores ou os seus representantes, provenientes de, pelo menos, dois

estabelecimentos da empresa de dimensão comunitária ou duas empresas do grupo situados em Estados membros diferentes.

2 – Os trabalhadores ou os seus representantes podem comunicar a vontade de iniciar as negociações, conjunta ou separadamente, à administração ou às direcções dos estabelecimentos ou empresas aos quais estejam afectos, que, neste último caso, a transmitem àquela.

NOTAS:

Sobre ilícito contra-ordenacional: *v.* art. 489.°, n.° 2.

ARTIGO 370.° **(Composição do grupo especial de negociação)**

1 – O grupo especial de negociação é composto por:

a) Um representante dos trabalhadores por cada Estado membro no qual a empresa ou o grupo de empresas tenha um ou mais estabelecimentos ou uma ou mais empresas;

b) Um, dois ou três representantes suplementares por cada Estado membro onde haja, pelo menos, 25%, 50% ou 75% dos trabalhadores da empresa ou do grupo.

2 – Se, durante as negociações, houver alteração da estrutura da empresa ou do grupo, ou do número de trabalhadores dos estabelecimentos ou das empresas, a composição do grupo especial de negociação deve ser ajustada em conformidade, sem prejuízo do decurso dos prazos previstos no artigo 377.°.

3 – A administração e, através desta, as direcções dos estabelecimentos ou das empresas do grupo são informadas da constituição e da composição do grupo especial de negociação.

4 – A eleição ou designação dos membros do grupo especial de negociação representantes dos trabalhadores dos estabelecimentos ou empresas situadas em território nacional é regulada pelo artigo 392.°.

ARTIGO 371.° **(Negociações)**

1 – A administração deve tomar a iniciativa de reunir com o grupo especial de negociação, com vista à celebração de um acordo relativo aos direitos de informação e consulta dos trabalhadores, dando desse facto conhecimento às direcções dos estabelecimentos ou das empresas do grupo.

2 – O grupo especial de negociação tem o direito de se reunir imediatamente antes de qualquer reunião de negociações com a administração.

3 – Salvo acordo em contrário, os representantes dos trabalhadores de estabelecimentos ou empresas situados em Estados não membros, perten-

246   *Regulamentação do Código do Trabalho*

centes à empresa ou ao grupo, podem assistir às negociações como observadores e sem direito a voto.

4 – O grupo especial de negociação pode ser assistido por peritos da sua escolha.

5 – A administração e o grupo especial de negociação devem respeitar os princípios da boa fé no decurso das negociações.

NOTAS:

Sobre ilícito contra-ordenacional: *v.* art. 489.°, n.° 2.

ARTIGO 372.° **(Termo das negociações)**

1 – A administração e o grupo especial de negociação podem acordar, por escrito, a instituição de um conselho de empresa europeu ou um procedimento de informação e consulta.

2 – A deliberação do grupo especial de negociação de celebrar o acordo referido no número anterior é tomada por maioria dos votos.

3 – O grupo especial de negociação pode deliberar não iniciar as negociações ou terminar as que estiverem em curso por, no mínimo, dois terços dos votos.

4 – Nos casos referidos no n.° 3, os trabalhadores ou os seus representantes só podem propor novas negociações dois anos após a deliberação, excepto se as partes acordarem um prazo mais curto.

SUBSECÇÃO III
Acordos sobre a informação e consulta

ARTIGO 373.° **(Conteúdo do acordo)**

Sem prejuízo do disposto nos artigos seguintes, o acordo que instituir o conselho de empresa europeu ou um ou mais procedimentos de informação e consulta regula:

a) Os estabelecimentos da empresa ou as empresas do grupo abrangidos pelo acordo;

b) A duração do acordo e o processo de renegociação.

ARTIGO 374.° **(Instituição do conselho de empresa europeu)**

1 – O acordo que instituir o conselho de empresa europeu regula:

a) O número e a distribuição dos membros, a duração dos mandatos e a adaptação do conselho a alterações da estrutura da empresa ou do grupo;

Lei n.º 35/2004, de 29 de Julho 247

b) Os direitos de informação e consulta do conselho e, sendo caso disso, outros direitos e procedimentos para o seu exercício;

c) O local, periodicidade e duração das reuniões do conselho de empresa europeu;

d) Os recursos financeiros e materiais a prestar pela administração ao conselho de empresa europeu;

e) A periodicidade da informação a prestar sobre o número de trabalhadores ao serviço dos estabelecimentos da empresa ou das empresas do grupo abrangidas pelo acordo;

f) A legislação aplicável ao acordo.

2 – Sem prejuízo do disposto no número anterior, as partes podem regular outras matérias pelo acordo que instituir o conselho de empresa europeu, nomeadamente a definição dos critérios de classificação das informações como confidenciais para efeitos do estabelecido no artigo 387.º.

3 – A eleição ou designação dos membros do conselho representantes dos trabalhadores dos estabelecimentos ou empresas situados em território nacional é regulada pelo artigo 392.º.

NOTAS:

Sobre ilícito contra-ordenacional: *v.* art. 489.º, n.º 2.

ARTIGO 375.º **(Instituição de um ou mais procedimentos de informação e consulta)**

1 – O acordo que instituir um ou mais procedimentos de informação e consulta regula:

a) O número, o processo de designação, a duração dos mandatos dos representantes dos trabalhadores e os ajustamentos na estrutura da empresa ou do grupo;

b) Os direitos de informação e consulta sobre, nomeadamente, as matérias transnacionais susceptíveis de afectar consideravelmente os interesses dos trabalhadores e, sendo caso disso, outros direitos;

c) O direito de reunião dos representantes dos trabalhadores para apreciar as informações que lhes forem comunicadas.

2 – Sem prejuízo do disposto no número anterior, as partes podem regular outras matérias pelo acordo que instituir um procedimento de informação e consulta.

3 – A eleição ou designação dos representantes dos trabalhadores dos estabelecimentos ou empresas situados em território nacional é regulada pelo artigo 392.º.

ARTIGO 376.º **(Comunicação)**

1 – A administração deve apresentar cópia do acordo ao ministério responsável pela área laboral.

2 – O conselho de empresa europeu deve informar o ministério responsável pela área laboral da identidade dos seus membros e dos países de origem.

3 – O disposto no número anterior é aplicável aos representantes dos trabalhadores no procedimento de informação e consulta.

4 – Se a sede principal e efectiva da administração estiver situada noutro Estado membro, os representantes dos trabalhadores designados no território nacional devem comunicar a respectiva identidade nos termos dos n.ᵒˢ 2 e 3.

NOTAS:

Sobre ilícito contra-ordenacional: *v.* art. 489.º, n.º 3.

SECÇÃO III
Instituição do conselho de empresa europeu

ARTIGO 377.º **(Instituição obrigatória)**

1 – É instituído um conselho de empresa europeu na empresa ou grupo de empresas de dimensão comunitária, regulado nos termos da presente secção, nos seguintes casos:

a) Se for acordado entre a administração e o grupo especial de negociação;

b) Se a administração se recusar a negociar no prazo de seis meses a contar do pedido de início das negociações por parte dos trabalhadores ou dos seus representantes;

c) Se não houver acordo ao fim de três anos a contar da iniciativa das negociações por parte da administração ou do pedido de início das negociações por parte dos trabalhadores ou dos seus representantes, sem que o grupo especial de negociação tenha deliberado não iniciar ou terminar as negociações em curso.

2 – Ao conselho de empresa europeu instituído nos termos do número anterior é aplicável o disposto no n.º 2 do artigo anterior.

NOTAS:

Sobre ilícito contra-ordenacional: *v.* art. 489.º, n.º 1.

Lei n.º 35/2004, de 29 de Julho

ARTIGO 378.º **(Composição)**

1 – O conselho de empresa europeu é composto por:

a) Um membro por cada Estado membro no qual a empresa ou o grupo tenha um ou mais estabelecimentos ou uma ou mais empresas;

b) Um, dois ou três membros suplementares por cada Estado membro onde haja, pelo menos, 25%, 50% ou 75% dos trabalhadores da empresa ou do grupo.

2 – Se houver alteração dos Estados membros em que a empresa ou o grupo tenha um ou mais estabelecimentos ou uma ou mais empresas, a composição do conselho de empresa europeu deve ser ajustada em conformidade.

3 – Os membros do conselho de empresa europeu devem ser trabalhadores da empresa ou do grupo de empresas.

4 – A eleição ou designação dos membros do conselho de empresa europeu representantes dos trabalhadores de estabelecimentos ou empresas situados em território nacional é regulada pelo artigo 392.º.

ARTIGO 379.º **(Funcionamento)**

1 – O conselho de empresa europeu deve comunicar a sua composição à administração, a qual informa as direcções das empresas do grupo.

2 – O conselho de empresa europeu que tenha pelo menos 12 membros deve instituir um conselho restrito composto, no máximo, por três membros, eleitos entre si pelos membros do conselho de empresa europeu.

3 – O conselho de empresa europeu deve aprovar o seu regulamento interno.

4 – Antes de efectuar qualquer reunião com a administração, o conselho de empresa europeu ou o conselho restrito tem o direito de se reunir sem a presença daquela, podendo participar na reunião deste último os membros do conselho de empresa europeu representantes dos trabalhadores dos estabelecimentos ou empresas directamente afectados pelas medidas.

5 – O conselho de empresa europeu e o conselho restrito podem ser assistidos por peritos da sua escolha, sempre que o julgarem necessário ao cumprimento das suas funções.

NOTAS:

Sobre ilícito contra-ordenacional: *v.* art. 489.º, n.º 2.

250 *Regulamentação do Código do Trabalho*

ARTIGO 380.º **(Informação e consulta)**

1 – O conselho de empresa europeu tem o direito de ser informado e consultado pela administração sobre as questões relativas ao conjunto da empresa ou do grupo ou, no mínimo, a dois estabelecimentos ou empresas do grupo situados em Estados membros diferentes.

2 – O conselho de empresa europeu tem igualmente o direito de ser informado e consultado pela administração sobre factos ocorridos num único Estado membro se as suas causas ou os seus efeitos envolverem estabelecimentos ou empresas situados em, pelo menos, dois Estados membros.

NOTAS:

Sobre ilícito contra-ordenacional: *v.* art. 489.º, n.º 1.

ARTIGO 381.º **(Relatório anual)**

1 – A administração deve apresentar ao conselho de empresa europeu um relatório anual pormenorizado e documentado sobre a evolução e as perspectivas das actividades da empresa ou do grupo de empresas.

2 – O relatório deve conter informação sobre a estrutura da empresa ou do grupo, situação económica e financeira, evolução provável das actividades, produção e vendas, situação e evolução previsível do emprego, investimentos, alterações mais importantes relativas à organização, métodos de trabalho ou processos de produção, transferências de produção, fusões, redução da dimensão ou encerramento de empresas, estabelecimentos ou de partes importantes de estabelecimentos e despedimentos colectivos.

NOTAS:

Sobre ilícito contra-ordenacional: *v.* art. 489.º, n.º 1.

ARTIGO 382.º **(Reuniões com a administração)**

1 – Após a apresentação do relatório previsto no artigo anterior, o conselho de empresa europeu tem o direito de reunir com a administração, pelo menos uma vez por ano, para efeitos de informação e consulta.

2 – A reunião referida no número anterior tem lugar um mês após a apresentação do relatório referido no artigo anterior, salvo se o conselho de empresa europeu aceitar um prazo mais curto.

3 – A administração deve informar as direcções dos estabelecimentos ou empresas do grupo da realização da reunião.

Lei n.º 35/2004, de 29 de Julho   251

4 – A administração e o conselho de empresa europeu devem regular, por protocolo, os procedimentos relativos às reuniões.

NOTAS:

Sobre ilícito contra-ordenacional: *v.* art. 489.º, n.º 1.

ARTIGO 383.º **(Informação e consulta em situações excepcionais)**

1 – O conselho restrito ou, na sua falta, o conselho de empresa europeu tem o direito de ser informado pela administração sobre quaisquer questões que afectem consideravelmente os interesses dos trabalhadores, nomeadamente a mudança de instalações que implique transferências de locais de trabalho, o encerramento de empresas ou estabelecimentos e o despedimento colectivo.

2 – O conselho restrito ou, na sua falta, o conselho de empresa europeu tem o direito de reunir, a seu pedido, com a administração, ou outro nível de direcção da empresa ou do grupo mais apropriado com competência para tomar decisões, a fim de ser informado e consultado sobre as medidas que afectem consideravelmente os interesses dos trabalhadores.

3 – Antes da realização da reunião, a administração deve apresentar ao conselho de empresa europeu um relatório, pormenorizado e fundamentado, sobre as medidas referidas no n.º 1.

4 – A reunião deve efectuar-se, com a maior brevidade possível, a pedido do conselho restrito ou do conselho de empresa europeu, devendo, no primeiro caso, participar também os membros do conselho que representam os trabalhadores dos estabelecimentos ou empresas directamente afectados pelas medidas.

5 – O conselho restrito ou o conselho de empresa europeu pode emitir um parecer durante a reunião ou, na falta de acordo sobre período superior, num prazo de 15 dias.

NOTAS:

Sobre ilícito contra-ordenacional: *v.* art. 489.º, n.os 1 e 2.

ARTIGO 384.º **(Informação dos representantes locais)**

Os membros do conselho de empresa europeu devem informar os representantes dos trabalhadores dos estabelecimentos ou empresas do grupo ou, na sua falta, os trabalhadores sobre as informações recebidas e os resultados das consultas realizadas.

252 *Regulamentação do Código do Trabalho*

ARTIGO 385.º **(Negociação de um acordo sobre informação e consulta)**

1 – Quatro anos após a sua constituição, o conselho de empresa europeu pode propor à administração negociações para a instituição por acordo de um conselho de empresa europeu ou um procedimento de informação e consulta.

2 – A administração deve responder à proposta do conselho de empresa europeu e, no decurso das negociações, as partes devem respeitar os princípios da boa fé.

3 – Ao acordo referido no número anterior é aplicável o regime dos artigos 373.º a 376.º.

4 – Em caso de acordo, as disposições da presente secção deixam de se aplicar a partir do momento da constituição do conselho de empresa europeu ou da designação dos representantes dos trabalhadores no âmbito do procedimento de informação e consulta.

NOTAS:

Sobre ilícito contra-ordenacional: *v.* art. 489.º, n.º 1.

SECÇÃO IV
Disposições comuns

ARTIGO 386.º **(Relacionamento entre a administração e os representantes dos trabalhadores)**

A administração, o conselho de empresa europeu e os representantes dos trabalhadores no âmbito do procedimento de informação e consulta devem cooperar e agir com boa fé no exercício dos direitos e no cumprimento dos deveres respectivos.

ARTIGO 387.º **(Informações confidenciais)**

1 – Os membros do grupo especial de negociação, do conselho de empresa europeu, os representantes dos trabalhadores no âmbito do procedimento de informação e consulta e os respectivos peritos não devem revelar a terceiros as informações recebidas com expressa reserva de confidencialidade, a qual deve ser justificada.

2 – O dever de sigilo mantém-se independentemente do local em que os obrigados se encontrem durante e após os respectivos mandatos.

Lei n.º 35/2004, de 29 de Julho

3 – O disposto nos números anteriores é extensivo aos representantes de trabalhadores de estabelecimentos ou empresas situados em Estados não membros que assistam às negociações, nos termos do n.º 3 do artigo 371.º.

4 – Sem prejuízo do disposto nos números anteriores, a administração apenas pode recusar a prestação de informações que sejam classificadas como confidenciais, nos termos do disposto no n.º 2 do artigo 374.º.

5 – A decisão referida no n.º 4 deve ser justificada, na medida do possível, sem pôr em causa a reserva da informação.

6 – O grupo especial de negociação, o conselho de empresa europeu e os representantes dos trabalhadores no âmbito do procedimento de informação e consulta podem impugnar judicialmente a decisão da administração de exigir confidencialidade ou de não prestar determinadas informações.

NOTAS:

Sobre ilícito contra-ordenacional: *v.* art. 489.º, n.º 1.

ARTIGO 388.º **(Recursos financeiros e materiais)**

1 – A administração deve:

a) Pagar as despesas do grupo especial de negociação relativas às negociações, de modo que este possa exercer adequadamente as suas funções;

b) Dotar os membros do conselho de empresa europeu dos recursos financeiros necessários às suas despesas de funcionamento e às do conselho restrito, se existir;

c) Pagar as despesas de pelo menos um perito do grupo especial de negociação, bem como do conselho de empresa europeu.

2 – Não são abrangidos pelo número anterior os encargos dos observadores referidos no n.º 3 do artigo 371.º.

3 – As despesas referidas no n.º 1 são, nomeadamente, as respeitantes à organização de reuniões, incluindo as do próprio grupo especial de negociação, ou do conselho de empresa europeu, ou do conselho restrito, bem como as traduções, estadas e deslocações e ainda a remuneração do perito.

4 – Relativamente ao conselho de empresa europeu, o disposto no n.º 3, excepto no que respeita a despesas relativas a pelo menos um perito, pode ser regulado diferentemente por acordo com a administração.

5 – A administração pode custear as despesas de deslocação e estada dos membros do grupo especial de negociação e do conselho de empresa europeu com base no regime de deslocações em serviço dos estabelecimentos ou empresas em que trabalham e, relativamente às despesas do perito, no regime aplicável aos membros provenientes do mesmo Estado membro.

6 – Da aplicação do critério referido no número anterior não pode resultar um pagamento de despesas de deslocação e estada a algum membro do grupo especial de negociação ou do conselho de empresa europeu menos favorável do que a outro.

7 – O grupo especial de negociação, o conselho de empresa europeu e o conselho restrito têm direito aos meios materiais necessários ao cumprimento das respectivas missões, incluindo instalações e locais de afixação da informação.

NOTAS:

Sobre ilícito contra-ordenacional: *v.* art. 489.º, n.os 1 e 2.

SECÇÃO V
Disposições de carácter nacional

ARTIGO 389.º **(Âmbito)**

As disposições desta secção são aplicáveis aos estabelecimentos e empresas situados em território nacional pertencentes a empresas ou a grupos de empresas de dimensão comunitária cuja sede principal e efectiva da administração se situe em qualquer Estado membro, bem como aos representantes dos respectivos trabalhadores.

ARTIGO 390.º **(Cálculo do número de trabalhadores)**

1 – Para efeito desta secção, o número de trabalhadores dos estabelecimentos ou empresas do grupo corresponde ao número médio de trabalhadores nos dois anos anteriores ao pedido de constituição do grupo especial de negociação ou à constituição do conselho de empresa europeu, nos termos dos artigos 369.º e 377.º.

2 – Os trabalhadores a tempo parcial são considerados para efeitos do disposto no número anterior, independentemente da duração do seu período normal de trabalho.

3 – Os estabelecimentos ou empresas devem informar os interessados, a seu pedido, sobre o número de trabalhadores e a sua distribuição pelos Estados membros, aplicando-se para o efeito o estabelecido na alínea *e)* do n.° 1 do artigo 374.°.

NOTAS:

Sobre ilícito contra-ordenacional: *v.* art. 489.°, n.° 1.

ARTIGO 391.° **(Representantes dos trabalhadores para o início das negociações)**

Para efeito do pedido de início das negociações previsto no n.° 1 do artigo 369.°, consideram-se representantes dos trabalhadores a comissão de trabalhadores e as associações sindicais.

ARTIGO 392.° **(Designação ou eleição dos membros do grupo especial de negociação e do conselho de empresa europeu)**

1 – No prazo de dois meses após a iniciativa da administração ou o pedido para início das negociações referidos no n.° 1 do artigo 369.° ou o facto previsto no artigo 377.° que determina a instituição do conselho de empresa europeu, os representantes dos trabalhadores dos estabelecimentos ou empresas situados em território nacional são designados:

a) Por acordo entre a comissão de trabalhadores e as associações sindicais ou por acordo entre as comissões de trabalhadores das empresas do grupo e as associações sindicais;

b) Pela comissão de trabalhadores ou por acordo entre as comissões de trabalhadores das empresas do grupo se não houver associações sindicais;

c) Por acordo entre as associações sindicais que, em conjunto, representem pelo menos dois terços dos trabalhadores dos estabelecimentos ou empresas;

d) Por acordo entre as associações sindicais que representem, cada uma, pelo menos 5% dos trabalhadores dos estabelecimentos ou empresas, no caso de não se verificar o previsto na alínea anterior.

2 – Só as associações sindicais que representem pelo menos 5% dos trabalhadores dos estabelecimentos ou empresas podem participar na designação dos representantes dos trabalhadores, sem prejuízo do previsto no número seguinte.

3 – As associações sindicais que, em conjunto, representem pelo menos 5% dos trabalhadores podem mandatar uma delas para participar na designação dos representantes dos trabalhadores.

256 · *Regulamentação do Código do Trabalho*

4 – Os representantes dos trabalhadores são eleitos por voto directo e secreto, de entre candidaturas apresentadas por, pelo menos, 100 ou 10% dos trabalhadores nas seguintes situações:

a) Sempre que pelo menos um terço dos trabalhadores o requeira;

b) Na falta de acordo entre as comissões de trabalhadores e as associações sindicais que representem pelo menos 5% dos trabalhadores;

c) Se não forem designados pelas comissões de trabalhadores ou pelas associações sindicais, nos termos das alíneas *b)*, *c)* e *d)* do n.° 1;

d) Se não houver comissão de trabalhadores nem associações sindicais que representem, pelo menos, 5% dos trabalhadores.

5 – A convocação do acto eleitoral, a apresentação de candidaturas, as secções de voto, a votação, o apuramento e a publicidade do resultado da eleição, bem como o controlo de legalidade da mesma, são regulados pelos artigos 333.°, 340.°, 341.° e 352.°.

6 – O ministro responsável pela área laboral pode, por portaria, regulamentar os procedimentos do acto eleitoral previsto no n.° 4.

NOTAS:

Sobre ilícito contra-ordenacional: *v.* art. 489.°, n.° 2.

ARTIGO 393.° **(Duração do mandato)**

Salvo estipulação em contrário, o mandato dos membros do conselho de empresa europeu tem a duração de quatro anos.

ARTIGO 394.° **(Protecção dos representantes dos trabalhadores)**

1 – Os membros do grupo especial de negociação, do conselho de empresa europeu e os representantes dos trabalhadores no âmbito do procedimento de informação e consulta, empregados em estabelecimentos da empresa de dimensão comunitária ou empresas do grupo situados em território nacional, têm, em especial, direito:

a) Ao crédito de vinte e cinco horas mensais para o exercício das respectivas funções;

b) Ao crédito de tempo retribuído necessário para participar em reuniões com a administração e em reuniões preparatórias, incluindo o tempo gasto nas deslocações.

2 – Não pode haver lugar a acumulação do crédito de horas pelo facto de o trabalhador pertencer a mais do que uma estrutura de representação colectiva dos trabalhadores.

Lei n.º 35/2004, de 29 de Julho 257

ARTIGO 395.º **(Informações confidenciais)**

A violação do dever de sigilo por parte dos peritos dá lugar a responsabilidade civil nos termos gerais.

CAPÍTULO XXX
Reuniões de trabalhadores

ARTIGO 396.º **(Âmbito)**

O presente capítulo regula o n.º 3 do artigo 497.º do Código do Trabalho.

NOTAS:

O capítulo em apreço corresponde, com as devidas alterações, ao disposto no Decreto-Lei n.º 215-B/75, de 30 de Abril (Lei sindical), diploma revogado com a presente regulamentação, segundo o disposto na al. *a*), do n.º 2, do art. 21.º, da Lei n.º 99/2003, de 27.08.

Dispõe o n.º 3, do art. 497.º, do Código do Trabalho: "A convocação das reuniões referidas nos números anteriores é regulada nos termos previstos em legislação especial".

ARTIGO 397.º **(Convocação de reuniões de trabalhadores)**

Para efeitos do n.º 2 do artigo 497.º do Código do Trabalho, as reuniões só podem ser convocadas pela comissão sindical ou pela comissão intersindical.

NOTAS:

Dispõe o n.º 2, do art. 497.º, do Código do Trabalho: "Os trabalhadores podem reunir-se durante o horário de trabalho observado pela generalidade dos trabalhadores até um período máximo de quinze horas por ano, que contam como tempo de serviço efectivo, desde que assegurem o funcionamento dos serviços de natureza urgente e essencial".

ARTIGO 398.º **(Procedimento)**

1 – Os promotores das reuniões devem comunicar ao empregador, com a antecedência mínima de quarenta e oito horas, a data, hora, número previsível de participantes e local em que pretendem que elas se efectuem, devendo afixar as respectivas convocatórias.

2 – No caso das reuniões a realizar durante o horário de trabalho, os promotores devem apresentar uma proposta que assegure o funcionamento dos serviços de natureza urgente e essencial.

258 *Regulamentação do Código do Trabalho*

3 – Após a recepção da comunicação referida no n.° 1 e, sendo caso disso, da proposta prevista no número anterior, o empregador é obrigado a pôr à disposição dos promotores das reuniões, desde que estes o requeiram, local situado no interior da empresa, ou na sua proximidade, que seja apropriado à realização das mesmas, tendo em conta os elementos da comunicação, da proposta, bem como a necessidade de respeitar o disposto na parte final dos n.ᵒˢ 1 e 2 do artigo 497.° do Código do Trabalho.

4 – Os membros da direcção das associações sindicais que não trabalhem na empresa podem participar nas reuniões mediante comunicação dos promotores ao empregador com a antecedência mínima de seis horas.

NOTAS:

Dispõe o n.° 1, do art. 497.°, do Código do Trabalho:

"Os trabalhadores podem reunir-se nos locais de trabalho, fora do horário de trabalho observado pela generalidade dos trabalhadores, mediante convocação de um terço ou 50 dos trabalhadores do respectivo estabelecimento, ou da comissão sindical ou intersindical, sem prejuízo do normal funcionamento, no caso de trabalho por turnos ou de trabalho suplementar".

Sobre o n.° 2 do preceito, *v.* nota anterior.

CAPÍTULO XXXI
Associações sindicais

ARTIGO 399.° **(Âmbito)**

O presente capítulo regula o n.° 2 do artigo 505.° do Código do Trabalho.

NOTAS:

Dispõe o n.° 2, do art. 505.°, do Código do Trabalho: "O crédito de horas a que se refere o número anterior, bem como o regime aplicável às faltas justificadas para o exercício de funções sindicais, é atribuído em função da dimensão das empresas e do número de filiados no sindicato, nos termos previstos em legislação especial".

ARTIGO 400.° **(Crédito de horas dos membros da direcção)**

1 – Sem prejuízo do disposto em instrumento de regulamentação colectiva de trabalho, o número máximo de membros da direcção da associação sindical que beneficiam do crédito de horas, em cada empresa, é determinado da seguinte forma:

a) Empresa com menos de 50 trabalhadores sindicalizados – 1 membro;

Lei n.° 35/2004, de 29 de Julho 259

b) Empresa com 50 a 99 trabalhadores sindicalizados – 2 membros;
c) Empresa com 100 a 199 trabalhadores sindicalizados – 3 membros;
d) Empresa com 200 a 499 trabalhadores sindicalizados – 4 membros;
e) Empresa com 500 a 999 trabalhadores sindicalizados – 6 membros;
f) Empresa com 1000 a 1999 trabalhadores sindicalizados – 7 membros;
g) Empresa com 2000 a 4999 trabalhadores sindicalizados – 8 membros;
h) Empresa com 5000 a 9999 trabalhadores sindicalizados – 10 membros;
i) Empresa com 10000 ou mais trabalhadores sindicalizados – 12 membros.

2 – Para o exercício das suas funções, cada membro da direcção beneficia do crédito de horas correspondente a quatro dias de trabalho por mês, mantendo o direito à retribuição.

3 – A direcção da associação sindical deve comunicar à empresa, até 15 de Janeiro de cada ano civil e nos 15 dias posteriores a qualquer alteração da composição da direcção, a identificação dos membros que beneficiam do crédito de horas.

4 – O previsto nos números anteriores não prejudica a possibilidade de a direcção da associação sindical atribuir créditos de horas a outros membros da mesma, desde que não ultrapasse o montante global do crédito de horas atribuído nos termos do n.° 1 e comunique tal facto ao empregador com a antecedência mínima de 15 dias.

5 – No caso de federação, união ou confederação deve atender-se ao número de trabalhadores filiados nas associações que fazem parte daquelas estruturas de representação colectiva dos trabalhadores.

NOTAS:

Limitou-se o número de membros da direcção de associações sindicais que beneficiam do crédito de horas, em cada empresa, atendendo ao número de trabalhadores sindicalizados.

ARTIGO 401.° **(Não cumulação de crédito de horas)**

Não pode haver lugar a cumulação do crédito de horas pelo facto de o trabalhador pertencer a mais de uma estrutura de representação colectiva dos trabalhadores.

260 *Regulamentação do Código do Trabalho*

ARTIGO 402.º **(Faltas)**
1 – Os membros da direcção cuja identificação foi comunicada ao empregador nos termos do n.º 3 do artigo 400.º usufruem do direito a faltas justificadas.
2 – Os demais membros da direcção usufruem do direito a faltas justificadas até ao limite de 33 faltas por ano.

ARTIGO 403.º **(Suspensão do contrato de trabalho)**
Quando as faltas determinadas pelo exercício de actividade sindical se prolongarem efectiva ou previsivelmente para além de um mês aplica-se o regime da suspensão do contrato de trabalho por facto respeitante ao trabalhador.

CAPÍTULO XXXII
Participação das organizações representativas

ARTIGO 404.º **(Âmbito)**
O presente capítulo regula o artigo 529.º do Código do Trabalho.

NOTAS:

A participação das organizações representativas encontrava-se prevista na Lei n.º 16/79, de 26 de Maio (Participação dos trabalhadores na elaboração da legislação do trabalho) e na Lei n.º 36/99, de 26 de Maio (Participação das associações de empregadores na elaboração da legislação do trabalho), diplomas revogados, respectivamente, pelas als. *f)* e *x)*, do n.º 1, do art. 21.º, da Lei n.º 99/2003, de 27.08.

O art. 529.º, do Código do Trabalho dispõe que: "Dentro do prazo de apreciação pública, as entidades referidas no artigo 525.º podem pronunciar-se sobre os projectos e propostas, de acordo com o modelo regulamentado, e que é obrigatoriamente transcrito em cada separata, e solicitar à Assembleia da República, ao Governo da República, às Assembleias Regionais ou aos Governos Regionais audição oral, nos termos da regulamentação própria da orgânica interna de cada um destes órgãos".

ARTIGO 405.º **(Modelo)**
A participação das comissões de trabalhadores ou respectivas comissões coordenadoras, associações sindicais e associações de empregadores na elaboração da legislação do trabalho deve conter:
a) Identificação do projecto ou proposta de diploma, seguido da indicação da respectiva matéria;

Lei n.° 35/2004, de 29 de Julho 261

b) Identificação da comissão de trabalhadores, comissão coordenadora, associação sindical ou associação de empregadores que se pronuncia;

c) Âmbito subjectivo, objectivo e geográfico ou, tratando-se de comissões de trabalhadores ou comissões coordenadoras, o sector de actividade e área geográfica da empresa ou empresas;

d) Número de trabalhadores ou de empregadores representados;

e) Data, assinatura de quem legalmente represente a organização que se pronuncia ou de todos os seus membros e carimbo da organização.

CAPÍTULO XXXIII
Arbitragem obrigatória

SECÇÃO I
Âmbito

ARTIGO 406.° **(Âmbito)**

O presente capítulo regula o artigo 572.° do Código do Trabalho.

NOTAS:

O art. 572.°, do Código do Trabalho, refere que o regime da arbitragem obrigatória é objecto de regulamentação em legislação especial.

A exposição de motivos à presente regulamentação explica que, "Esta matéria regula, com o atraso de 13 anos, o regime da arbitragem obrigatória, de forma a torná-lo um instituto com verdadeira existência jurídica.

Com efeito, decorridos 13 anos sobre o *Acordo Económico e Social* celebrado no âmbito do Conselho Permanente de Concertação Social, em Outubro de 1990, e apesar do Decreto-Lei n.° 202/92, de 02.10, ter introduzido alterações na Lei de Regulamentação Colectiva de Trabalho (Decreto-Lei n.° 519-C1/79, de 29.12), o certo é que a arbitragem obrigatória não passou de um instituto com mera existência formal".

SECÇÃO II
Determinação da arbitragem obrigatória

ARTIGO 407.° **(Audiência das entidades reguladoras e de supervisão)**

1 – Para efeitos do n.° 1 do artigo 567.° e do n.° 1 do artigo 568.° do Código do Trabalho, a recomendação da Comissão Permanente de Con-

262   *Regulamentação do Código do Trabalho*

certação Social deve ser precedida de audiência das entidades reguladoras e de supervisão do sector de actividade correspondente sempre que estiver em causa um conflito entre partes filiadas em associações de trabalhadores e de empregadores com assento naquela Comissão e for apresentado requerimento conjunto por elas subscrito.

2 – A audiência prevista no número anterior deve ser realizada pela Comissão Permanente de Concertação Social.

NOTAS:

Introduziu-se a regra da audiência das entidades reguladoras e de supervisão.

O artigo em anotação tem a redacção introduzida pela Lei n.º 9/2006, de 20.03.

O art. 567.º, n.º 1, do Código do Trabalho previa a possibilidade de ser tornada obrigatória a realização de arbitragem em conflitos que resultassem da celebração ou revisão de uma convenção colectiva de trabalho, quando, depois de negociações prolongadas e infrutíferas, tendo-se frustrado a conciliação e a mediação, as partes não acordassem, no prazo de 2 meses a contar do termo daqueles procedimentos, em submeter o conflito a arbitragem voluntária.

Com a alteração introduzida pela Lei n.º 9/2006, de 20.03, a realização de arbitragem obrigatória, nos conflitos que resultem de celebração ou revisão de uma convenção colectiva, passou a ser admissível:

a) A requerimento de uma qualquer das partes e depois de ouvida a Comissão Permanente de Concertação Social desde que tenha participado em negociações prolongadas e infrutíferas, em conciliação e, ou, mediação frustrada e bem assim não tenha conseguido dirimir o conflito em sede de arbitragem voluntária, em virtude de má conduta da outra parte (al. *a*), do n.º 1, do art. 567.º, do Código do Trabalho);

b) Por recomendação votada maioritariamente pelos representantes dos trabalhadores e dos empregadores com assento na Comissão Permanente de Concertação Social (al. *b*), do n.º 1, do art. 567.º, do Código do Trabalho);

c) Por iniciativa do ministro responsável pela área laboral, ouvida a Comissão Permanente de Concertação Social, quando estiverem em causa serviços essenciais destinados a proteger a vida, a saúde e a segurança de toda ou parte da população (al. *c*), do n.º 1, do art. 567.º, do Código do Trabalho).

De igual forma, também a determinação da arbitragem obrigatória foi alterada pela Lei n.º 9/2006, de 20.03.

Com efeito, nos art. 568.º, n.º 1, do Código do Trabalho, a arbitragem obrigatória podia ser determinada por despacho do ministro responsável pela área laboral, mediante requerimento de qualquer das partes. Com a referida alteração, ao ministro responsável pela área laboral é conferido o poder de determinar a arbitragem obrigatória, sem dependência de requerimento das partes. No entanto, tal determinação deve ser antecedida de audição das partes ou, no caso da al. *a*), do n.º 1, do art. 567.º, do Código do Trabalho, da contraparte requerida e das entidades reguladoras e de supervisão do sector de actividade em causa.

O despacho que determina a arbitragem obrigatória deve ser fundamentado (art. 568.º, n.º 2, do Código do Trabalho). A este propósito importa destacar duas alterações introduzidas pela Lei n.º 9/2006, de 20.03.

Em primeiro lugar, a autonomização, no n.º 2, do art. 568.º, do Código do Trabalho, do elenco dos aspectos que devem ser atendidos por tal despacho e que no regime anterior se (con)fundia no n.º 1.

Em segundo lugar, a introdução da posição das partes quanto ao objecto da arbitragem, como aspecto a atender no despacho (al. *d*), do n.º 2, do art. 568.º, do Código do Trabalho).

SECÇÃO III
Designação de árbitros

ARTIGO 408.º **(Escolha dos árbitros)**

1 – Para efeitos do n.º 3 do artigo 569.º do Código do Trabalho, o secretário-geral do Conselho Económico e Social comunica aos serviços competentes do ministério responsável pela área laboral e às partes a escolha por sorteio do árbitro em falta ou, em sua substituição, a designação do árbitro pela parte faltosa.

2 – A comunicação referida no número anterior deve ser feita decorridas quarenta e oito horas após o sorteio.

NOTAS:

Dispõe o n.º 3, do art. 569.º, do Código do Trabalho: "No caso de não ter sido feita a designação do árbitro a indicar por uma das partes, o secretário-geral do Conselho Económico e Social procede, no prazo de vinte e quatro horas, ao sorteio do árbitro em falta de entre os árbitros constantes da lista de árbitros dos representantes dos trabalhadores ou dos empregadores, consoante o caso, podendo a parte faltosa oferecer outro, em sua substituição, nas quarenta e oito horas seguintes, procedendo, neste caso, os árbitros indicados à escolha do terceiro árbitro, nos termos do número anterior".

ARTIGO 409.º **(Escolha do terceiro árbitro)**

Para efeitos do n.º 3 do artigo 569.º do Código do Trabalho, os árbitros indicados comunicam a escolha do terceiro árbitro aos serviços competentes do ministério responsável pela área laboral, ao secretário-geral do Conselho Económico e Social e às partes, no prazo de vinte e quatro horas.

NOTAS:

V. nota anterior.

264 *Regulamentação do Código do Trabalho*

ARTIGO 410.º **(Sorteio de árbitros)**

1 – Para efeitos dos n.ºs 3, 4 e 5 do artigo 569.º do Código do Trabalho, cada uma das listas de árbitros dos trabalhadores, dos empregadores e presidentes é ordenada alfabeticamente.

2 – O sorteio do árbitro efectivo e do suplente deve ser feito através de tantas bolas numeradas quantos os árbitros que não estejam legalmente impedidos no caso concreto, correspondendo a cada número o nome de um árbitro.

3 – O secretário-geral do Conselho Económico e Social notifica os representantes da parte trabalhadora e empregadora do dia e hora do sorteio, com a antecedência mínima de vinte e quatro horas.

4 – Se um ou ambos os representantes não estiverem presentes, o secretário-geral do Conselho Económico e Social designa funcionários do Conselho, em igual número, para estarem presentes no sorteio.

5 – O secretário-geral do Conselho Económico e Social elabora a acta do sorteio, que deve ser assinada pelos presentes e comunicada imediatamente às partes.

6 – O secretário-geral do Conselho Económico e Social comunica imediatamente o resultado do sorteio aos árbitros que constituem o tribunal arbitral, aos suplentes, às partes que tenham estado representadas no sorteio e aos serviços competentes do ministério responsável pela área laboral.

7 – A ordenação alfabética a que se refere o n.º 1 servirá igualmente para a fixação sequencial de uma lista anual de árbitros, para eventual constituição do colégio arbitral previsto no n.º 4 do artigo 599.º do Código do Trabalho, correspondendo a cada mês do ano civil três árbitros, um dos trabalhadores, um dos empregadores e um presidente.

NOTAS:

Dispõem os n.ºs 3, 4 e 5, do art. 569.º, do Código do Trabalho:

"3 – No caso de ter sido feita a designação do árbitro a indicar por uma das partes, cuj indentificação é comunicada, nas vinte e quatro hortas subsequentes, às entidades referidas na parte final do número anterior.

4 – No caso de não ter sido feita a designação do terceiro árbitro, o secretário-geral do Conselho Económico e Social procede ao respectivo sorteio de entre os árbitros constantes da lista de árbitros presidentes, no prazo de vinte e quatro horas.

5 – O secretário-geral do Conselho Económico e Social notifica os representantes da parte trabalhadora e empregadora do dia e hora do sorteio, realizando-se este à hora marcada na presença de todos os representantes ou, na falta destes, uma hora depois com os que estiveram presentes."

Lei n.º 35/2004, de 29 de Julho 265

O n.º 2, do artigo em anotação foi alterado pela Lei n.º 9/2006, de 20.03, passando o sorteio do árbitro efectivo e do suplente a ser feito através de tantas bolas numeradas quantos os árbitros que não estejam legalmente impedidos no caso concreto (no regime anterior, o sorteio era feito através de oito bolas numeradas). Continua a corresponder a cada número o nome de um árbitro (n.º 2, do artigo em anotação).

Quanto aos impedimentos *vide* arts. 412.º, n.º 2 e 415.º.

O n.º 7, do artigo em anotação foi aditado pela Lei n.º 9/2006, de 20.03.

ARTIGO 411.º **(Notificações e comunicações)**

As notificações e comunicações referidas nos artigos anteriores devem ser efectuadas por escrito e por meio célere, designadamente telegrama, telefax ou correio electrónico.

SECÇÃO IV
Árbitros

ARTIGO 412.º **(Listas de árbitros)**

1 – Os árbitros que fazem parte da lista de árbitros a que se refere o n.º 2 do artigo 570.º do Código do Trabalho devem assinar, perante o presidente do Conselho Económico e Social, um termo de aceitação, do qual deve constar uma declaração de que não se encontram em qualquer das situações previstas no número seguinte.

2 – Está impedido de proceder à assinatura do termo de aceitação prevista no número anterior quem, no momento desta ou no ano anterior:

a) Seja ou tenha sido membro de corpos sociais de associação sindical, de associação de empregadores ou de empregador filiado numa associação de empregadores;

b) Exerça ou tenha exercido qualquer actividade, com carácter regular ou dependente, ao serviço das entidades referidas na alínea anterior.

3 – Após a assinatura dos termos de aceitação, as listas de árbitros são comunicadas aos serviços competentes do ministério responsável pela área laboral e publicadas no *Boletim do Trabalho e Emprego*.

NOTAS:

O art. 570.º, do Código do Trabalho é dedicado à elaboração e composição da lista de árbitros.

O n.º 1, do artigo em anotação foi alterado pela Lei n.º 9/2006, de 20.03.

A redacção anterior era a seguinte:

266   *Regulamentação do Código do Trabalho*

"Para efeitos do artigo 570.° do Código do Trabalho, os árbitros que fazem parte das listas de árbitros devem assinar perante o presidente do Conselho Económico e Social um termo de aceitação, do qual deve constar uma declaração de que não se encontram em qualquer das situações previstas no número seguinte".

A lei n.° 9/2006, de 20.03 introduziu, ainda, as seguintes alterações:

a) O momento para verificação do impedimento passou a ser o da aceitação ou o do ano anterior (por oposição aos dois anos anteriores previstos no regime anterior);

b) O exercício de qualquer actividade ao serviço de associação sindical, de associação de empregadores ou de empregador filiado numa associação de empregadores, passou a constituir impedimento apenas se tiver carácter regular e dependente.

c) Os n.os 4 e 5, do artigo em anotação, que se transcrevem, foram eliminados:

"4 – Após a aceitação prevista no n.° 1, os árbitros não podem recusar o exercício das suas funções, salvo tratando-se de renúncia mediante declaração dirigida ao presidente do Conselho Económico e Social, produzindo a renúncia efeitos 30 dias após a declaração.

5 – Se o prazo referido no número anterior terminar no decurso de uma arbitragem, a renúncia do árbitro que nela participe só produz efeitos a partir do termo da mesma".

ARTIGO 412.°-A **(Constituição do tribunal arbitral)**

1 – O tribunal arbitral será declarado constituído pelo árbitro presidente depois de concluído o processo de designação dos árbitros, ao abrigo do artigo 569.° e, ou, artigo 570.° do Código do Trabalho, e após a assinatura por cada um deles de declaração de aceitação e de independência face aos interesses em conflito.

2 – A independência face aos interesses em conflito pressupõe que o árbitro presidente e o árbitro de cada parte não têm no momento, nem tiveram no ano anterior, qualquer relação, institucional ou profissional, com qualquer das entidades abrangidas pelo processo arbitral, nem têm qualquer outro interesse, directo ou indirecto, no resultado da arbitragem.

3 – À independência dos árbitros aplica-se, subsidiariamente, o disposto no artigo 122.° do Código de Processo Civil em matéria de impedimentos.

4 – Após a aceitação prevista no n.° 1, os árbitros não podem recusar o exercício das suas funções, salvo tratando-se de renúncia mediante declaração dirigida ao presidente do Conselho Económico e Social, produzindo a renúncia efeitos 30 dias após a declaração.

5 – Se o prazo referido no número anterior terminar no decurso de uma arbitragem, a renúncia do árbitro que nela participe só produz efeitos a partir do termo da mesma.

NOTAS:

O artigo em anotação foi aditado pela Lei n.° 9/2006, de 20.03.

Lei n.° 35/2004, de 29 de Julho

ARTIGO 413.° **(Substituição de árbitros na composição do tribunal arbitral)**

1 – Qualquer árbitro deve ser substituído na composição do tribunal arbitral em caso de morte ou incapacidade.

2 – No caso previsto no número anterior aplicam-se as regras relativas à nomeação de árbitros.

ARTIGO 414.° **(Substituição na lista de árbitros)**

1 – Para efeitos do n.° 7 do artigo 570.° do Código do Trabalho, qualquer árbitro deve ser substituído na respectiva lista em caso de morte, renúncia ou incapacidade permanente.

2 – O artigo anterior aplica-se aos casos de substituição de árbitros.

NOTAS:

O n.° 7, do art. 570.°, do Código do Trabalho, dispõe que o procedimento de elaboração e composição da lista de árbitros é aplicável aos casos de substituição de árbitros.

ARTIGO 415.° **(Limitações de actividades)**

Os árbitros que tenham intervindo num processo de arbitragem ficam impedidos, nos dois anos subsequentes ao seu termo, de ser membros dos corpos sociais ou prestar actividade a qualquer das partes nesse processo.

NOTAS:

O artigo em anotação foi alterado pela Lei n.° 9/2006, de 20.03.

A redacção anterior era a seguinte:

"Quem fizer parte de lista de árbitros, bem como nos dois anos subsequentes ao seu termo, desde que neste caso tenha intervindo numa arbitragem, está impedido de ser membro de corpos sociais de associação sindical, associação de empregadores e de exercer qualquer actividade ao serviço destas entidades".

ARTIGO 416.° **(Sanção)**

A violação do disposto no n.° 2 do artigo 412.° ou no artigo 412.°-A determina a imediata substituição do árbitro na composição do tribunal arbitral e, sendo caso disso, na respectiva lista, bem como a impossibilidade de integrar tribunal arbitral ou qualquer lista de árbitros durante cinco anos e a devolução dos honorários recebidos.

NOTAS:

O artigo em anotação foi alterado pela Lei n.° 9/2006, de 20.03.

A redacção anterior era a seguinte:

268   *Regulamentação do Código do Trabalho*

"A violação do disposto no n.º 2 do artigo 412.º ou no artigo anterior determina a imediata substituição do árbitro na composição do tribunal arbitral e na respectiva lista, bem como a impossibilidade de integrar qualquer lista de árbitros durante cinco anos e a devolução dos honorários recebidos".

ARTIGO 417.º **(Competência do presidente do Conselho Económico e Social)**

Compete ao presidente do Conselho Económico e Social decidir sobre a verificação de qualquer situação que implique a substituição de árbitro na composição do tribunal arbitral ou na lista de árbitros, bem como promover os actos necessários à respectiva substituição.

SECÇÃO V
Do funcionamento da arbitragem

SUBSECÇÃO I
Disposições gerais

ARTIGO 418.º **(Supletividade)**

1 – As partes podem acordar sobre as regras do processo da arbitragem, salvo no que se refere aos prazos previstos neste capítulo.

2 – O acordo referido no número anterior deve ser comunicado ao árbitro presidente até ao início da arbitragem.

3 – Na falta das regras previstas no n.º 1, aplicam-se os artigos 426.º a 432.º

NOTAS:

Fixou-se o princípio geral de que as partes podem acordar sobre as regras do processo de arbitragem.

ARTIGO 419.º **(Presidente)**

1 – O processo arbitral é presidido pelo árbitro designado pelos árbitros nomeados pelas partes ou, na sua falta, pelo designado por sorteio de entre os árbitros constantes da lista de árbitros presidentes.

2 – Compete ao presidente do tribunal arbitral preparar o processo, dirigir a instrução e conduzir os trabalhos.

NOTAS:

Atribui-se funções específicas ao presidente do tribunal arbitral.

ARTIGO 420.º **(Impedimento e suspeição)**

O requerimento de impedimento apresentado pelas partes, bem como o pedido de escusa é decidido pelo presidente do Conselho Económico e Social.

ARTIGO 421.º **(Questões processuais)**

O tribunal arbitral decide todas as questões processuais.

ARTIGO 422.º **(Contagem dos prazos)**

Os prazos previstos neste capítulo suspendem-se aos sábados, domingos e feriados.

ARTIGO 423.º **(Língua)**

Em todos os actos da arbitragem é utilizada a língua portuguesa.

ARTIGO 424.º **(Dever de sigilo)**

Todas as pessoas que, pelo exercício das suas funções, tenham contacto com o processo de arbitragem ficam sujeitas ao dever de sigilo.

SUBSECÇÃO II
Audição das partes

ARTIGO 425.º **(Início da arbitragem)**

A arbitragem tem início nas quarenta e oito horas subsequentes à designação do árbitro presidente.

ARTIGO 426.º **(Audição das partes)**

1 – Nas quarenta e oito horas seguintes ao início da arbitragem, o tribunal arbitral notifica cada uma das partes para que apresentem, por escrito, a posição e respectivos documentos sobre cada uma das matérias objecto da arbitragem.

2 – As partes devem apresentar a posição e respectivos documentos no prazo de cinco dias a contar da notificação.

270 *Regulamentação do Código do Trabalho*

NOTAS:

O procedimento de arbitragem está sujeito ao cumprimento das regras processuais comuns: *princípio do contraditório*, da *verdade material* e da *celeridade*.

ARTIGO 427.º **(Alegações escritas)**
1 – O tribunal arbitral deve enviar, no prazo de quarenta e oito horas, a cada uma das partes a posição escrita da contraparte e respectivos documentos, previstos no artigo anterior, fixando um prazo para que se pronuncie sobre estes.
2 – A posição de cada uma das partes deve ser acompanhada de todos os documentos probatórios.
3 – O prazo previsto no n.º 1 não pode ser inferior a cinco nem superior a 20 dias.

ARTIGO 428.º **(Alegações orais)**
1 – O tribunal arbitral pode ainda decidir ouvir as partes, no prazo máximo de cinco dias a contar da recepção das alegações escritas.
2 – Para efeitos do disposto no número anterior, o tribunal arbitral deve convocar as partes com a antecedência de quarenta e oito horas.

SUBSECÇÃO III
Tentativa de acordo

ARTIGO 429.º **(Tentativa de acordo)**
Decorridas as alegações, o tribunal arbitral deve convocar as partes para uma tentativa de acordo, total ou parcial, sobre o objecto da arbitragem.

NOTAS:

As partes podem ainda chegar a acordo durante a arbitragem.

ARTIGO 430.º **(Redução ou extinção da arbitragem)**
1 – No caso de acordo parcial, a arbitragem prossegue em relação à parte restante do seu objecto.
2 – No caso de as partes chegarem a acordo sobre todo o objecto da arbitragem, esta considera-se extinta.

Lei n.º 35/2004, de 29 de Julho

SUBSECÇÃO IV
Instrução

ARTIGO 431.º **(Instrução)**

1 – A prova admitida pela lei do processo civil pode ser produzida perante o tribunal arbitral por sua iniciativa ou a requerimento de qualquer das partes, imediatamente após as alegações escritas.

2 – As partes podem assistir à produção de prova.

ARTIGO 432.º **(Peritos)**

1 – O tribunal arbitral pode requerer o apoio de perito aos serviços competentes nos ministérios responsáveis pela área laboral e pela área de actividade.

2 – Na falta de perito dos serviços previstos no número anterior, o tribunal arbitral pode nomear um perito.

3 – As partes são ouvidas sobre a nomeação do perito, podendo sugerir quem deve realizar a diligência.

SUBSECÇÃO V
Decisão

ARTIGO 433.º **(Decisão)**

1 – A decisão é proferida no prazo máximo de 30 dias a contar do início da arbitragem, devendo dela constar, sendo caso disso, o acordo parcial a que se refere o artigo 429.º.

2 – O prazo previsto no número anterior pode ser prorrogado, em caso de acordo entre o tribunal e as partes, por mais 15 dias.

3 – Caso não tenha sido possível formar a maioria de votos para a decisão, esta é tomada unicamente pelo presidente do tribunal arbitral.

NOTAS:

O prazo para o proferimento da decisão arbitral apresenta-se como prazo peremptório.

SUBSECÇÃO VI
Apoio técnico e administrativo

ARTIGO 434.º **(Apoio técnico)**

O tribunal arbitral pode requerer aos serviços competentes dos ministérios responsáveis pela área laboral e pela área de actividade, às entidades reguladoras e de supervisão do sector de actividade em causa e às partes a informação necessária de que disponham.

ARTIGO 435.º **(Apoio Administrativo)**

1 – O Conselho Económico e Social assegura o apoio administrativo ao funcionamento do tribunal arbitral.

2 – Compete ao ministério responsável pela área laboral fornecer ao Conselho Económico e Social o apoio administrativo suplementar que se verificar indispensável ao funcionamento do tribunal arbitral.

NOTAS:

O n.º 1, do artigo em anotação foi alterado pela Lei n.º 9/2006, de 20.03, passando o apoio administrativo ao funcionamento do tribunal arbitral a ser assegurado pelo Conselho Económico e Social e não pelo seu presidente.

O n.º 2, do artigo em anotação foi aditado pela Lei n.º 9/2006, de 20.03.

ARTIGO 436.º **(Local)**

1 – A arbitragem realiza-se em local indicado pelo presidente do Conselho Económico e Social, só sendo permitida a utilização de instalações de quaisquer das partes no caso de estas e os árbitros estarem de acordo.

2 – Compete ao ministério responsável pela área laboral a disponibilização de instalações para a realização da arbitragem sempre que se verifique indisponibilidade das instalações do Conselho Económico e Social.

NOTAS:

O n.º 2, do artigo em anotação foi aditado pela Lei n.º 9/2006, de 20.03.

ARTIGO 437.º **(Honorários dos árbitros e peritos)**

Os honorários dos árbitros e peritos são fixados por portaria do ministro responsável pela área laboral, precedida de audição da Comissão Permanente de Concertação Social.

ARTIGO 438.° **(Encargos do processo)**

1 – Os encargos resultantes do recurso à arbitragem são suportados pelo Orçamento do Estado, através do Conselho Económico e Social.

2 – Constituem encargos do processo:

a) Os honorários, abono de ajudas de custo e transporte dos árbitros;

b) Os honorários, abono de ajudas de custo e transporte dos peritos;

c) Custos suplementares com pessoal administrativo, devidamente comprovados.

3 – O disposto nos números anteriores e no artigo 437.° aplica-se, com as devidas adaptações, aos processos de mediação e arbitragem voluntária sempre que, a requerimento conjunto das partes, o ministro responsável pela área laboral autorize que o mediador ou o árbitro presidente sejam escolhidos de entre a lista de árbitros presidentes prevista no artigo 570.° do Código do Trabalho.

4 – Nas situações previstas no número anterior, os encargos serão suportados pelo Orçamento do Estado, através do ministério responsável pela área laboral.

NOTAS:

O artigo em anotação contém a redacção introduzida pela Lei n.° 9/2006, destacando-se as seguintes alterações:

a) Os encargos resultantes do recurso à arbitragem passam a ser suportados pelo Orçamento do Estado, através do Conselho Económico e Social (no regime anterior tais encargos eram suportados em 80% pelo Ministério responsável pela área laboral e em 10% por cada uma das partes);

b) No que diz respeito ao âmbito dos encargos, mantêm-se os honorários dos árbitros e dos peritos. Por sua vez, as despesas de deslocação e estada foram substituídas por abonos de ajudas de custo e transporte. A este propósito refira-se que, no regime anterior, as despesas de estada só eram devidas se o árbitro ou perito residisse a mais de 50 Km do local onde se realizasse a arbitragem ou qualquer diligência.

Os n.os 3 e 4, do artigo em anotação foram aditados pela Lei n.° 9/2006, de 20.03.

274   *Regulamentação do Código do Trabalho*

CAPÍTULO XXXIV
Arbitragem dos serviços mínimos

SECÇÃO I
Âmbito

ARTIGO 439.º (Âmbito)

O presente capítulo regula o n.º 4 do artigo 599.º do Código do Trabalho.

NOTAS:

O regime foi inspirado na arbitragem obrigatória para a resolução de conflitos colectivos.

A arbitragem dos serviços mínimos revela-se necessária para assegurar, durante o exercício do direito à greve, os serviços da administração directa do Estado ou empresa que se inclua no sector empresarial do Estado.

Dispõe o n.º 4, do art. 599.º, do Código do Trabalho: "No caso de se tratar de serviços de administração directa do Estado ou de empresa que se inclua no sector empresarial do Estado, e na falta de um acordo até ao termo do 3.º dia posterior ao aviso prévio de greve, a definição dos serviços e meios referidos no n.º 2 compete a um colégio arbitral composto por três árbitros constantes das listas de árbitros previstas no artigo 570.º, nos termos previstos em legislação especial".

SECÇÃO II
Designação de árbitros

ARTIGO 440.º (Comunicação ao Conselho Económico e Social)

No caso de ausência de previsão em instrumento de regulamentação colectiva de trabalho aplicável ou acordo entre os representantes dos trabalhadores e dos empregadores quanto à definição dos serviços mínimos e quanto aos meios necessários para os assegurar, até ao termo do terceiro dia de calendário posterior ao aviso prévio da greve, os serviços competentes do ministério responsável pela área laboral comunicam tal facto ao secretário-geral do Conselho Económico e Social.

ARTIGO 441.º (Sorteio de árbitros)

1 – Após a recepção da comunicação prevista no número anterior, o secretário-geral do Conselho Económico e Social notifica de imediato

Lei n.° 35/2004, de 29 de Julho

os representantes dos trabalhadores e empregadores do dia e hora do sorteio, realizando-se este à hora marcada na presença de todos os representantes ou, na falta destes, uma hora depois com os que estiverem presentes.

2 – O sorteio dos árbitros processa-se nos termos previstos no artigo 410.°, sendo sorteados um árbitro efectivo e três suplentes.

NOTAS:

O n.° 2, do artigo em anotação foi aditado pela Lei n.° 9/2006, de 20.03.

SECÇÃO III
Do funcionamento da arbitragem

SUBSECÇÃO I
Disposições gerais

ARTIGO 442.° **(Impedimento e suspeição)**

1 – As partes devem apresentar, sendo caso disso, o requerimento de impedimento, pelo representante presente no sorteio, antes do encerramento da sessão.

2 – O pedido de escusa deve ser apresentado imediatamente após a comunicação do sorteio por parte do secretário-geral.

3 – A decisão do requerimento e do pedido previstos nos números anteriores compete ao presidente do Conselho Económico e Social, o qual, em caso de verificação de impedimento, procede à imediata substituição do árbitro efectivo pelo suplente seguinte na ordem de sorteio.

NOTAS:

Com a actual redacção do n.° 3, do artigo em anotação (introduzida pela Lei n.° 9/2006, de 20.03), o presidente do Conselho Económico e Social, em caso de verificação de impedimento, deve proceder à imediata substituição do árbitro efectivo pelo suplente seguinte na ordem de sorteio.

SUBSECÇÃO II
Audição das partes

ARTIGO 443.º **(Início e desenvolvimento da arbitragem)**
A arbitragem tem imediatamente início após a notificação dos árbitros sorteados, podendo desenvolver-se em qualquer dia do calendário.

ARTIGO 444.º **(Audição das partes)**
1 – O colégio arbitral notifica cada uma das partes para que apresentem, por escrito, a posição e respectivos documentos quanto à definição dos serviços mínimos e quanto aos meios necessários para os assegurar.
2 – As partes devem apresentar a posição e respectivos documentos no prazo fixado pelo colégio arbitral.

ARTIGO 445.º **(Redução da arbitragem)**
No caso de acordo parcial, incidindo este sobre a definição dos serviços mínimos, a arbitragem prossegue em relação aos meios necessários para os assegurar.

ARTIGO 446.º **(Peritos)**
O colégio arbitral pode ser assistido por peritos.

SUBSECÇÃO III
Decisão

ARTIGO 447.º **(Decisão)**
A notificação da decisão é efectuada até quarenta e oito horas antes do início do período da greve.

NOTAS:

Com a actual redacção do artigo em anotação (introduzida pela Lei n.º 9/2006, de 20.03), o prazo para notificação da decisão passou de 72 horas para 48 horas antes do início do período de greve.
O n.º 2, do artigo em anotação, que se transcreve, foi eliminado pela Lei n.º 9/2006, de 20.03:
"No caso de o aviso prévio ser de cinco dias úteis, a notificação da decisão é efectuada até vinte e quatro horas antes do início do período da greve."

Lei n.º 35/2004, de 29 de Julho 277

Na impossibilidade de formação de maioria para decisão do colégio arbitral, esta é tomada unicamente pelo respectivo presidente (n.º 3, do art. 433.º por remissão do art. 449.º).

ARTIGO 448.º *(Designação dos trabalhadores)*

Na situação referida no n.º 2 do artigo anterior, os representantes dos trabalhadores a que se refere o artigo 593.º do Código do Trabalho devem designar os trabalhadores que ficam adstritos à prestação dos serviços mínimos até doze horas antes do início do período de greve e, se não o fizerem, deve o empregador proceder a essa designação.

NOTAS:

O presente artigo foi revogado pela Lei n.º 9/2006, de 20.03.

ARTIGO 449.º **(Subsidiariedade)**

O regime geral previsto nos artigos 406.º a 438.º é subsidiariamente aplicável, com excepção do disposto nos artigos 418.º, 425.º, 426.º, 427.º, 428.º, 429.º e 431.º.

CAPÍTULO XXXV
Pluralidade de infracções

ARTIGO 450.º **(Âmbito)**

O presente capítulo regula o artigo 624.º do Código do Trabalho.

NOTAS:

Dispõe o art. 624.º, do Código do Trabalho que: "Quando a violação da lei afectar uma pluralidade de trabalhadores individualmente considerados, o número de infracções corresponde ao número de trabalhadores concretamente afectados, nos termos e com os limites previstos em legislação especial".

Em análise crítica ao preceito do Código de Trabalho, *v.* João Soares Ribeiro *in* "Contra-ordenações …", p. 243.

ARTIGO 451.º **(Regime da pluralidade de infracções)**

1 – Para efeitos do artigo 624.º do Código do Trabalho, a violação da lei afecta uma pluralidade de trabalhadores quando estes, no exercício da respectiva actividade, forem expostos a uma situação concreta de perigo ou sofram um dano que resulte da conduta ilícita do infractor.

278 · *Regulamentação do Código do Trabalho*

2 – A pluralidade de infracções originada pela aplicação do artigo 624.º do Código do Trabalho dá origem a um processo e as infracções são sancionadas com uma coima única que não pode exceder o dobro da coima máxima aplicável em concreto.

3 – Se, com a infracção praticada, o agente obteve um benefício económico, este deve ser tido em conta na determinação da medida da coima nos termos do disposto no artigo 18.º do Regime Geral das Contra-ordenações.

NOTAS:

O n.º 1, do preceito define o que se entende por afectação de uma pluralidade de trabalhadores.

O n.º 2 sublinha que a pluralidade de infracções dá origem a um único processo, sendo sancionadas com uma coima única, que não pode exceder o dobro da coima máxima aplicável em concreto.

O n.º 3 atende a que se houver benefício económico este deve ser tido em conta para a determinação da medida da coima, remetendo para o Regime Geral das Contra-Ordenações, previsto no Decreto-Lei n.º 433/82, de 27.10, alterado pelo Decreto-Lei n.º 359/89, de 17.10, pelo Decreto-Lei n.º 244/95, de 14.09 e pela Lei n.º 109/2001, de 24.12.

CAPÍTULO XXXVI
Mapa do quadro de pessoal

ARTIGO 452.º **(Âmbito)**

1 – O presente capítulo regula a apresentação anual do mapa do quadro de pessoal.

2 – O presente capítulo não é aplicável ao empregador de serviço doméstico.

3 – Os serviços da administração central, regional e local e os institutos públicos com trabalhadores ao seu serviço em regime jurídico de contrato de trabalho são abrangidos pelo disposto no presente capítulo apenas em relação a esses trabalhadores.

NOTAS:

As regras relativas ao mapa de quadro de pessoal, encontravam-se reguladas no Decreto-Lei n.º 332/93, de 25.09 e sucessivas alterações, diploma revogado pela norma revogatória do art. 11.º, al. *d*) da presente regulamentação.

V. Parecer da CNPD, n.º 6/2001, de 24.04.

Lei n.º 35/2004, de 29 de Julho

ARTIGO 453.º (Modelo do mapa do quadro de pessoal)

O modelo do mapa do quadro de pessoal é aprovado por portaria do ministro responsável pela área laboral, precedida de audição da Comissão Permanente de Concertação Social.

ARTIGO 454.º (Apresentação do mapa do quadro de pessoal)

O empregador deve apresentar, em Novembro de cada ano, o mapa do quadro de pessoal devidamente preenchido com elementos relativos aos respectivos trabalhadores, incluindo os estrangeiros e apátridas, referentes ao mês de Outubro anterior.

NOTAS:

Sobre ilícito contra-ordenacional: *v.* art. 490.º.

ARTIGO 455.º (Formas de apresentação do quadro de pessoal)

1 – O mapa do quadro de pessoal pode ser apresentado por meio informático, nomeadamente em suporte digital ou correio electrónico, ou em suporte de papel com um dos modelos referidos no n.º 4, salvo o disposto no número seguinte.

2 – No caso de pequena, média ou grande empresa, o empregador deve entregar o mapa do quadro de pessoal por meio informático.

3 – O empregador deve obter elementos necessários ao preenchimento do mapa do quadro de pessoal, que são fornecidos pelo departamento de estudos, estatística e planeamento do ministério responsável pela área laboral em endereço electrónico adequadamente publicitado.

4 – Os modelos de preenchimento manual e informático do mapa do quadro de pessoal são impressos e distribuídos pela Imprensa Nacional-Casa da Moeda, S.A., nas condições acordadas com o serviço competente do ministério responsável pela área laboral.

5 – Sem prejuízo do disposto no n.º 2, o mapa do quadro do pessoal deve ser apresentado por meio informático, ou em suporte de papel, às seguintes entidades:

a) À Inspecção-Geral do Trabalho;

b) Ao departamento de estudos, estatística e planeamento do ministério responsável pela área laboral;

c) Às estruturas representativas dos trabalhadores e associações de empregadores com assento na Comissão Permanente de Concertação Social, que o solicitem ao empregador, até 15 de Outubro de cada ano.

280   *Regulamentação do Código do Trabalho*

NOTAS:

Sobre ilícito contra-ordenacional: *v.* art. 490.º, n.º 1, al. *b*). O pagamento da coima aplicada não isenta a entidade infractora da obrigação de preenchimento, remessa, afixação e rectificação do mapa do quadro de pessoal, dispõe o n.º 2.

ARTIGO 456.º **(Rectificação e arquivo)**

1 – Na data do envio, o empregador afixa, por forma visível, cópia do mapa apresentado, incluindo os casos de rectificação ou substituição, ou disponibiliza a consulta, no caso de apresentação por meio informático, nos locais de trabalho, durante um período de 30 dias, a fim de que o trabalhador interessado possa reclamar, por escrito, directamente ou através do respectivo sindicato, das irregularidades detectadas.

2 – Decorrido o período previsto no número anterior, o empregador, caso concorde com a reclamação apresentada, procede ao envio da rectificação nos termos do n.º 5 do artigo 455.º.

3 – O empregador deve manter um exemplar do mapa do quadro de pessoal durante cinco anos.

NOTAS:

Sobre ilícito contra-ordenacional: *v.* art. 490.º, n.º 1, als. *d*) e *e*). O pagamento da coima aplicada não isenta a entidade infractora da obrigação de preenchimento, remessa, afixação e rectificação do mapa do quadro de pessoal, dispõe o n.º 3.

ARTIGO 457.º **(Utilização de apuramentos estatísticos)**

O departamento de estudos, estatística e planeamento do ministério responsável pela área laboral procede aos respectivos apuramentos estatísticos no quadro do sistema estatístico nacional e em articulação com o Instituto Nacional de Estatística.

CAPÍTULO XXXVII
Balanço social

ARTIGO 458.º **(Âmbito)**

O presente capítulo regula a apresentação anual do balanço social.

Lei n.° 35/2004, de 29 de Julho   281

NOTAS:

As regras do balanço social estavam contidas na Lei n.° 141/85, de 14.11, diploma revogado pela norma do art. 10.°, al. *b*), da presente regulamentação.

ARTIGO 459.° **(Modelo do balanço social)**

O modelo do balanço social, que deve ter em conta a dimensão das empresas, é aprovado por portaria do ministro responsável pela área laboral, precedida de audição da Comissão Permanente de Concertação Social.

ARTIGO 460.° **(Apresentação do balanço social)**

1 – As pequenas, médias e grandes empresas devem elaborar o balanço social, até 31 de Março do ano seguinte àquele a que respeita.

2 – O balanço social é apresentado até 15 de Maio de cada ano ao departamento de estudos, estatística e planeamento do ministério responsável pela área laboral.

NOTAS:

No que concerne à dimensão da empresa, *v.* art. 91.°, n.° 1, do Código do Trabalho. Sobre ilícito contra-ordenacional *v.* art. 491.°.

ARTIGO 461.° **(Parecer da estrutura representativa dos trabalhadores)**

A empresa remete o balanço social e a respectiva fundamentação à comissão de trabalhadores ou, na sua falta, à comissão intersindical ou comissões sindicais da empresa, até à data prevista no n.° 1 do artigo 460.°, que emite parecer escrito no prazo de 15 dias.

NOTAS:

Sobre ilícito contra-ordenacional *v.* art. 491.°.

ARTIGO 462.° **(Formas de apresentação do balanço social)**

1 – O balanço social é apresentado por meio informático, nomeadamente por suporte digital ou correio electrónico:

a) À Inspecção-Geral do Trabalho;

b) Ao departamento de estudos, estatística e planeamento do ministério responsável pela área laboral;

c) Às estruturas representativas dos trabalhadores e associações de empregadores com assento na Comissão Permanente de Concertação Social, que o solicitem ao empregador, até 30 de Abril de cada ano.

282   *Regulamentação do Código do Trabalho*

2 – O empregador deve obter elementos necessários ao preenchimento do balanço social, que são fornecidos pelo departamento de estudos, estatística e planeamento do ministério responsável pela área laboral em endereço electrónico adequadamente publicitado.

NOTAS:

> Sobre ilícito contra-ordenacional *v.* art. 491.°.

ARTIGO 463.° **(Arquivo)**
O empregador deve manter um exemplar do balanço social durante cinco anos.

NOTAS:

> Sobre ilícito contra-ordenacional *v.* art. 491.°.

ARTIGO 464.° **(Utilização de apuramentos estatísticos)**
O serviço competente do ministério responsável pela área laboral procede aos respectivos apuramentos estatísticos no quadro do sistema estatístico nacional e em articulação com o Instituto Nacional de Estatística.

CAPÍTULO XXXVIII
Responsabilidade penal

ARTIGO 465.° **(Encerramento ilícito)**
A violação do disposto nos artigos 296.° e 299.° é punida com pena de prisão até dois anos ou com pena de multa até 240 dias.

NOTAS:

Para além dos crimes eminentemente laborais contidos no Código do Trabalho (arts. 608.° a 613.°), a regulamentação do diploma, apresenta agora dois novos crimes: Encerramento ilícito (do artigo em anotação) e realização de actos proibidos em virtude de encerramento temporário (art. 466.°) ou incumprimento do contrato (art. 467.°).

No domínio do Código Penal podemos destacar, ainda, os seguintes tipos legais de crime:

    – Maus tratos e infracção de regras de segurança (art. 152.°);
    – Escravidão (art. 159.°);
    – Incêndios, explosões e outras condutas especialmente perigosas (art. 272.°) e

Lei n.º 35/2004, de 29 de Julho

– Infracção de regras de construção, dano em instalações e perturbações de serviços (art. 277.º).

Quanto aos crimes contra a segurança social, os arts. 106.º e 107.º, do regime geral das infracções fiscais (aprovado pela Lei n.º 15/2001, de 05.06, e sucessivas alterações), consideram, respectivamente, o crime de fraude contra a segurança social e o crime de abuso de confiança contra a segurança social.

ARTIGO 466.º **(Actos proibidos em caso de encerramento temporário)**

A violação do artigo 297.º é punida com pena de prisão até três anos, sem prejuízo de pena mais grave aplicável ao caso.

ARTIGO 467.º **(Actos proibidos em caso de incumprimento do contrato)**

A violação do n.º 1 do artigo 301.º é punida com pena de prisão até três anos, sem prejuízo de pena mais grave aplicável ao caso.

ARTIGO 468.º **(Desobediência qualificada)**

1 – O empregador incorre no crime de desobediência qualificada sempre que não apresentar à Inspecção-Geral do Trabalho os documentos e outros registos por esta requisitados que interessem para o esclarecimento de quaisquer situações laborais.

2 – Incorre ainda no crime de desobediência qualificada o empregador que ocultar, destruir ou danificar documentos ou outros registos que tenham sido requisitados pela Inspecção-Geral do Trabalho.

CAPÍTULO XXXIX
Responsabilidade contra-ordenacional

SECÇÃO I
Disposições gerais

ARTIGO 469.º **(Regime geral)**

1 – O regime geral previsto nos artigos 614.º a 640.º do Código do Trabalho aplica-se às infracções decorrentes da violação da presente lei.

2 – Sem prejuízo de outras competências legais, compete à Inspecção-Geral do Trabalho a fiscalização do cumprimento dos artigos 14.º a

284   *Regulamentação do Código do Trabalho*

26.º e 452.º a 464.º, bem como o procedimento das respectivas contra-or-denações e aplicação das correspondentes coimas.

3 – No âmbito das competências previstas no número anterior, a Ins-pecção-Geral do Trabalho exerce os poderes legalmente previstos.

4 – Relativamente à fiscalização dos artigos 14.º a 26.º, as visitas aos locais de trabalho no domicílio só podem ser realizadas:

a) No espaço físico onde é exercida a actividade;

b) Entre as 9 e as 19 horas;

c) Na presença do trabalhador ou de pessoa por ele designada com idade igual ou superior a 16 anos de idade.

5 – Da diligência é sempre lavrado o respectivo auto, que deve ser assinado pelo agente de fiscalização e pela pessoa que tiver assistido ao acto.

6 – Quando a actividade seja exercida em estabelecimento do traba-lhador, a Inspecção-Geral do Trabalho deve, no mais curto prazo possível, averiguar as condições em que o trabalho é prestado e, se for caso disso, determinar as medidas que se justifiquem por razões de segurança, higiene e saúde do trabalhador.

7 – A trabalhadora grávida, puérpera ou lactante, ou os seus repre-sentantes, têm direito de requerer à Inspecção-Geral do Trabalho acção de fiscalização, a realizar com prioridade e urgência, se o empregador não cumprir as obrigações decorrentes do artigo 49.º do Código do Tra-balho.

NOTAS:

O regime geral previsto nos artigos 614.º a 640.º, do Código do Trabalho regula a responsabilidade contra-ordenacional.

Sobre o regime contra-ordenacional, *v.* JOÃO SOARES RIBEIRO, *op. cit.*

Nos termos, do art. 614.º, do Código do Trabalho constitui contra-ordenação laboral "todo o facto típico, ilícito e censurável que consubstancie a violação de uma norma que consagre direitos ou imponha deveres a qualquer sujeito no âmbito das relações laborais e que seja punível com coima".

O enquadramento dos sujeitos das contra-ordenações é o mais abrangente possível, não coincidindo, necessariamente, com a figura do empregador-empresário, no sentido téc-nico-jurídico. *V.* art. 617.º, do Código do Trabalho ("Sujeitos").

A protecção da segurança e saúde das trabalhadoras grávidas, puérperas e lactantes, está assegurada pelo art. 49.º, do Código do Trabalho.

Lei n.º 35/2004, de 29 de Julho 285

SECÇÃO II
Contra-ordenações em especial

ARTIGO 470.º **(Trabalho no domicílio)**
1 – Constitui contra-ordenação grave a violação do disposto no n.º 2 do artigo 15.º, no n.º 3 do artigo 16.º, nos artigos 17.º e 19.º, nos n.ºs 1 e 3 do artigo 20.º e nos artigos 21.º, 22.º e 25.º.
2 – Constitui contra-ordenação leve a violação do disposto no n.º 3 do artigo 15.º e no n.º 4 do artigo 20.º.

NOTAS:

O artigo 619.º, do Código do Trabalho distingue os seguintes escalões de gravidade das infracções laborais: infracções leves, infracções graves e infracções muito graves.

A cada escalão corresponde, por sua vez, uma coima que é determinada em função do volume de negócios da empresa e do grau de culpa (artigo 620.º, do Código do Trabalho).

ARTIGO 471.º **(Dados biométricos)**
Constitui contra-ordenação grave a violação do disposto nos n.ºs 1 e 3 do artigo 27.º.

ARTIGO 472.º **(Utilização de meios de vigilância a distância)**
1 – Constitui contra-ordenação muito grave a violação do disposto no n.º 1 do artigo 28.º.
2 – Constitui contra-ordenação grave a violação do disposto no n.º 3 do artigo 28.º.

ARTIGO 473.º **(Igualdade)**
1 – O disposto no artigo 642.º do Código do Trabalho é extensivo aos factores de discriminação referidos no n.º 3 do artigo 32.º.
2 – Constitui contra-ordenação muito grave a violação do disposto no artigo 34.º.
3 – Constitui contra-ordenação leve a violação do disposto nos artigos 31.º e 40.º.

ARTIGO 474.º **(Protecção do património genético)**
1 – Constitui contra-ordenação muito grave a produção ou utilização de agentes biológicos, físicos ou químicos susceptíveis de implicar riscos para o património genético referidos no artigo 42.º, a violação do disposto

no n.º 1 do artigo 45.º, nos n.ᵒˢ 1 a 5 do artigo 46.º, no artigo 47.º, nas alí-neas *a*) a *f*), *i*) e *l*) a *n*) do artigo 48.º, no n.º 2 do artigo 59.º, nos n.ᵒˢ 1 e 2 do artigo 60.º, nos n.ᵒˢ 1 e 2 do artigo 61.º e no n.º 3 do mesmo artigo, no caso de ter sido excedido um valor limite de exposição profissional obrigatório, no artigo 62.º, nos n.ᵒˢ 1, 3 e 5 do artigo 63.º e a omissão, por parte do empregador, da conduta necessária para impedir que os trabalha-dores exerçam funções na área afectada sem respeitar as condições do n.º 4 do artigo 63.º, se for ultrapassado um valor limite de exposição profis-sional obrigatório.

2 – Constitui contra-ordenação grave a violação do disposto nos n.ᵒˢ 2, 3 e 5 do artigo 45.º, nas alíneas *g*) e *h*) do artigo 48.º, nos artigos 49.º a 52.º e 54.º, nos n.ᵒˢ 1, 2, 4 e 5 do artigo 55.º, no n.º 1 do artigo 56.º, nos artigos 57.º e 58.º, nos n.ᵒˢ 1 e 3 do artigo 59.º, no n.º 3 do artigo 60.º, no n.º 3 do artigo 61.º, no caso de ter sido excedido um valor limite de expo-sição profissional indicativo, no n.º 2 do artigo 63.º, bem como a omissão, por parte do empregador, da conduta necessária para impedir que os tra-balhadores exerçam funções na área afectada sem respeitar as condições do n.º 4 do artigo 63.º, se for ultrapassado um valor limite de exposição profissional indicativo, bem como dos artigos 64.º e 65.º.

ARTIGO 475.º **(Maternidade e paternidade)**
1 – Constitui contra-ordenação muito grave a violação do disposto nos n.ᵒˢ 1, 3 e 6 do artigo 68.º.

2 – Constitui contra-ordenação grave a violação do disposto no n.º 4 do artigo 70.º, nos n.ᵒˢ 1, 2, 6 e 7 do artigo 71.º, nos n.ᵒˢ 3, 4 e 5 do artigo 73.º, no n.º 2 do artigo 76.º, no n.º 2 do artigo 80.º, no artigo 96.º, nas alí-neas *a)* e *b)* dos n.ᵒˢ 1 e no n.º 2 do artigo 97.º, no n.º 4 do artigo 98.º e no n.º 2 do artigo 101.º.

3 – Constitui, ainda, contra-ordenação grave o impedimento, por parte do empregador, que a trabalhadora grávida efectue a consulta pré-natal ou a preparação para o parto durante o horário de trabalho, quando a mesma não for possível fora desse horário, bem como a violação do dis-posto no artigo 47.º do Código do Trabalho.

4 – Constitui contra-ordenação leve a violação do disposto no artigo 67.º.

5 – O disposto nos números anteriores não é aplicável no âmbito da relação jurídica de emprego público que confira a qualidade de funcioná-rio ou agente da Administração Pública.

ARTIGO 476.° (Trabalho de menores)

1 – Constitui contra-ordenação muito grave a violação do disposto no n.° 3 do artigo 115.°, nos artigos 116.° a 121.° e nos artigos 123.° a 126.°.

2 – Constitui contra-ordenação grave a violação do disposto nos n.os 1 e 2 do artigo 115.°, do n.° 2 do artigo 122.° e do n.° 2 artigo 131.°.

3 – Constitui contra-ordenação leve a violação do disposto no n.° 4 do artigo 131.°.

4 – A decisão condenatória pode ser objecto de publicidade.

ARTIGO 477.° (Participação de menores em espectáculos e outras actividades)

1 – Constitui contra-ordenação muito grave, imputável à entidade promotora, a violação do disposto nos n.os 2 e 3 do artigo 139.°, no artigo 140.° e nos n.os 1, 3 e 4 do artigo 141.°.

2 – Constitui contra-ordenação grave, imputável à entidade promotora, a violação do disposto no artigo 144.° e nos n.os 2 e 3 do artigo 145.°.

3 – A contra-ordenações muito graves podem ser aplicadas, tendo em conta a culpa do agente, as seguintes sanções acessórias:

a) Interdição do exercício de profissão ou actividade cujo exercício dependa de título público ou de autorização ou homologação de autoridade pública;

b) Privação do direito a subsídio ou benefício outorgado por entidades ou serviços públicos;

c) Encerramento de estabelecimento cujo funcionamento esteja sujeito a autorização ou licença de autoridade administrativa.

4 – Em caso de reincidência na prática de contra-ordenações muito graves, a condenação é publicitada.

ARTIGO 478.° (Trabalhador-estudante)

1 – Constitui contra-ordenação grave a violação do disposto nos n.os 1 e 2 do artigo 149.°, no n.° 3 do artigo 150.° e nos n.os 1 e 2 do artigo 151.°.

2 – Constitui contra-ordenação leve a violação do disposto nos n.os 1 e 2 do artigo 150.° e no artigo 152.°.

ARTIGO 479.° (Trabalhador estrangeiro ou apátrida)

Constitui contra-ordenação grave a violação do disposto nos n.os 1, 3 e 4 do artigo 158.° e nos n.os 1 a 3 do artigo 159.°.

288   *Regulamentação do Código do Trabalho*

ARTIGO 480.° **(Formação profissional)**

1 – Constitui contra-ordenação grave a violação do disposto nos artigos 164.°, 165.° e 166.°, no n.° 1 do artigo 167.° e no artigo 169.°.

2 – Constitui contra-ordenação leve a violação do disposto nos n.os 1, 2 e 5 do artigo 170.°.

ARTIGO 481.° **(Período de laboração)**

Constitui contra-ordenação grave a violação do disposto nos n.os 1, 2 e 3 do artigo 176.°.

ARTIGO 482.° **(Mapas de horário de trabalho)**

1 – Constitui contra-ordenação grave a violação do disposto no artigo 180.° e no artigo 182.°.

2 – Constitui contra-ordenação leve a violação do disposto no n.° 2 do artigo 181.°.

ARTIGO 483.° **(Retribuição mínima mensal garantida)**

1 – Constitui contra-ordenação muito grave a violação do disposto nos n.os 1 a 4 do artigo 207.°, e no n.° 1 do artigo 208.°.

2 – A decisão que aplicar a coima deve conter a ordem de pagamento do quantitativo da retribuição em dívida ao trabalhador, a efectuar dentro do prazo estabelecido para pagamento da coima.

ARTIGO 484.° **(Serviços de segurança, higiene e saúde no trabalho)**

1 – Constitui contra-ordenação muito grave a violação do disposto no artigo 220.°, bem como o exercício, por parte de serviços externos, de actividades de segurança, higiene e saúde sem a necessária autorização, ou além dos sectores de actividade ou das actividades de risco elevado para que estejam autorizados, em violação do disposto no n.° 1 ou 2 do artigo 230.°.

2 – Constitui contra-ordenação grave a violação do disposto no n.° 1 do artigo 216.°, no n.° 5 do artigo 219.°, no artigo 222.°, nos n.os 3 e 4 do artigo 224.°, nos n.os 4 e 7 do artigo 225.°, no n.° 4 do artigo 226.°, no n.° 2 do artigo 228.°, nos artigos 238.° e 240.°, no n.° 1 do artigo 241.°, nos artigos 242.°, 245.° e 246.° e nos n.os 1 e 2 do artigo 247.°, nos n.os 1 e 4 do artigo 248.°, dos artigos 250.°, 251.°, 253.°, 257.° e 260.°.

3 – Constitui contra-ordenação leve a violação do disposto nos n.os 1 e 2 do artigo 243.°, no artigo 249.°, nos n.os 1, 4, 5 e 6 do artigo 258.° e nos n.os 1, 2 e 4 do artigo 259.°.

Lei n.º 35/2004, de 29 de Julho

ARTIGO 485.º **(Eleição dos representantes dos trabalhadores para a segurança, higiene e saúde no trabalho)**

1 – Constitui contra-ordenação muito grave a violação do disposto no artigo 270.º, no n.º 1 do artigo 274.º e no n.º 1 do artigo 275.º.

2 – Constitui contra-ordenação grave a violação do disposto na alínea *b)* do 267.º, no artigo 268.º, na parte final do n.º 3 do artigo 274.º, no l n.º 5 do artigo 275.º, a oposição do empregador à afixação dos resultados da votação, nos termos do n.º 1 do artigo 278.º, no n.º 1 do artigo 280.º, n.º 1 do artigo 281.º e nos artigos 283.º a 286.º.

ARTIGO 486.º **(Encerramento temporário)**

Constitui contra-ordenação muito grave a violação não dolosa do disposto nos artigos 296.º e 299.º.

ARTIGO 487.º **(Incumprimento do contrato)**

Constitui contra-ordenação leve a violação do disposto no n.º 3 do artigo 303.º.

ARTIGO 488.º **(Comissões de trabalhadores)**

1 – Constitui contra-ordenação muito grave a violação do disposto no artigo 332.º, no n.º 1 do artigo 333.º e nos n.ºs 2 e 4 do artigo 334.º.

2 – Constitui contra-ordenação grave a violação do disposto na parte final do n.º 3 do artigo 333.º, no n.º 5 do artigo 334.º, a oposição do empregador à afixação dos resultados da votação, nos termos do artigo 338.º, na alínea *e)* do n.º 1 do artigo 354.º, nos artigos 355.º e 356.º, nos n.ºs 1 e 2 do artigo 357.º, o impedimento, por parte do empregador, ao exercício dos direitos previstos no artigo 360.º e o impedimento, por parte do empregador, ao exercício dos direitos previstos no artigo 364.º.

ARTIGO 489.º **(Conselhos de empresa europeus)**

1 – Constitui contra-ordenação muito grave a violação do acordo que instituir um conselho de empresa europeu ou um ou mais procedimentos de informação e consulta, na parte respeitante aos direitos de informação e consulta e de reunião, do disposto no n.º 1 do artigo 377.º, nos artigos 380.º e 381.º, nos n.ºs 1 e 2 do artigo 382.º, nos n.ºs 1, 2 e 3 do artigo 383.º, no n.º 2 do artigo 385.º, no n.º 4 do artigo 387.º, no n.º 1 do artigo 388.º e no n.º 3 do artigo 390.º.

2 – Constitui contra-ordenação grave a violação do disposto na parte final do n.º 2 do artigo 369.º, nos n.os 1, 2 e 3 do artigo 371.º, do acordo que instituir um conselho de empresa europeu, na parte respeitante aos recursos financeiros e materiais e à informação a prestar sobre o número de trabalhadores ao serviço dos estabelecimentos da empresa ou das empresas do grupo, nas alíneas *d)* e *e)* do n.º 1 do artigo 374.º, no n.º 4 do artigo 379.º, no n.º 4 do artigo 383.º, nos n.os 6 e 7 do artigo 388.º, a conduta da administração ou da direcção de um estabelecimento ou empresa que impeça a realização dos procedimentos do acto eleitoral regulados na portaria referida no n.º 6 do artigo 392.º.

3 – Constitui contra-ordenação leve a violação do disposto no n.º 1 do artigo 376.º.

ARTIGO 490.º **(Mapas do quadro de pessoal)**
1 – Constitui contra-ordenação leve:
a) A violação do disposto no artigo 454.º;
b) O não envio dos mapas a qualquer das entidades referidas no n.º 5 do artigo 455.º;
c) A omissão, no preenchimento do mapa, de trabalhadores ou elementos que nele devam figurar;
d) A não rectificação ou substituição dos mapas, sempre que ordenadas pela Inspecção-Geral do Trabalho com base em irregularidades detectadas;
e) A violação do disposto no artigo 456.º.
2 – O pagamento da coima aplicada não isenta a entidade infractora da obrigação de preenchimento, remessa, afixação e rectificação do mapa do quadro de pessoal.

ARTIGO 491.º **(Balanço social)**
Constitui contra-ordenação leve a violação do disposto nos artigos 460.º a 463.º.

Lei n.° 35/2004, de 29 de Julho 291

CAPÍTULO XL
Disposições Finais e Transitórias

SECÇÃO I
Disposições gerais

ARTIGO 492.° **(Inexistência de alteração dos instrumentos de regulamentação colectiva de trabalho negociais)**

Para efeitos do artigo 13.° da Lei n.° 99/2003, de 27 de Agosto, bem como dos artigos 556.° a 560.° do Código do Trabalho, não constitui alteração dos instrumentos de regulamentação colectiva de trabalho negociais a modificação das cláusulas de natureza pecuniária depositada até 31 de Dezembro de 2004.

ARTIGO 493.° **(Férias)**

O aumento da duração do período de férias previsto no n.° 3 do artigo 213.° do Código do Trabalho não tem consequências no montante do subsídio de férias.

NOTAS:

Nos termos do artigo 255.°, do Código do Trabalho, o subsídio de férias compreende "a retribuição base e as demais prestações retributivas que sejam contrapartida do modo específico da execução do trabalho", afastando-se, assim, do referente geral de cálculo das prestações complementares e acessórias do artigo 250.°, do Código do Trabalho.

Ao contrário do que havíamos pugnado, em "Prática (Da) Laboral…", 3.ª ed., p. 253, onde, em jeito de conclusão se referia *"Se o trabalhador recebe a majoração do n.° 3 do art. 213.° (seja qual for a latitude da mesma), a retribuição e o subsídio de férias, associados como estão ao tempo de férias, limitam-se a acompanhar essa majoração"*, vem o legislador enunciar expressamente no preceito em anotação, que a referida majoração não tem consagração no montante de subsídio de férias, que manterá como referente o regime normal dos 22 dias úteis de férias previsto no artigo 213.°, n.° 1, do Código do Trabalho.

V., ainda no sentido que defendíamos, ROMANO MARTINEZ E OUTROS *in* "Código de Trabalho Anotado", 2.ª Edição, 2004, Almedina, no comentário ao art. 213.°.

292 *Regulamentação do Código do Trabalho*

SECÇÃO II
Comissão para a Igualdade no Trabalho
e no Emprego

ARTIGO 494.° **(Atribuições)**

A Comissão para a Igualdade no Trabalho e no Emprego é a entidade que tem por objectivo promover a igualdade e não discriminação entre homens e mulheres no trabalho, no emprego e na formação profissional, a protecção da maternidade e da paternidade e a conciliação da actividade profissional com a vida familiar, no sector privado e no sector público.

ARTIGO 495.° **(Composição)**

A Comissão para a Igualdade no Trabalho e no Emprego tem a seguinte composição:

a) Dois representantes do ministério responsável pela área laboral, um dos quais preside;

b) Um representante do ministro responsável pela área da Administração Pública;

c) Um representante do ministro responsável pela área da administração local;

d) Um representante da Comissão para a Igualdade e para os Direitos das Mulheres;

e) Dois representantes das associações sindicais;

f) Dois representantes das associações de empregadores.

ARTIGO 496.° **(Competências)**

1 – Compete à Comissão para a Igualdade no Trabalho e no Emprego:

a) Recomendar ao ministro responsável pela área laboral e ao ministro responsável pela Administração Pública a adopção de providências legislativas e administrativas tendentes a aperfeiçoar a aplicação das normas sobre igualdade e não discriminação entre homens e mulheres no trabalho, no emprego e na formação profissional, a protecção da maternidade e da paternidade e a conciliação da actividade profissional com a vida familiar;

b) Promover a realização de estudos e investigações, com o objectivo de eliminar a discriminação das mulheres no trabalho e no emprego;

c) Incentivar e dinamizar acções tendentes a divulgar a legislação sobre a igualdade e não discriminação, protecção da maternidade e da paternidade e a conciliação da actividade profissional com a vida familiar;

Lei n.º 35/2004, de 29 de Julho 293

d) Emitir pareceres, em matéria de igualdade no trabalho e no emprego, sempre que solicitados pela Inspecção-Geral do Trabalho, pelo tribunal, pelos ministérios, pelas associações sindicais e de empregadores, ou por qualquer interessado;

e) Emitir o parecer prévio ao despedimento de trabalhadoras grávidas, puérperas e lactantes;

f) Emitir parecer prévio no caso de intenção de recusa, pelo empregador, de autorização para trabalho a tempo parcial ou com flexibilidade de horário a trabalhadores com filhos menores de 12 anos;

g) Comunicar de imediato, à Inspecção-Geral do Trabalho, os pareceres da Comissão que confirmem ou indiciem a existência de prática laboral discriminatória para acção inspectiva, a qual pode ser acompanhada por técnicos desta Comissão;

h) Determinar a realização de visitas aos locais de trabalho ou solicitá-las à Inspecção-Geral do Trabalho, com a finalidade de comprovar quaisquer práticas discriminatórias;

i) Organizar o registo das decisões judiciais que lhe sejam enviadas pelos tribunais em matéria de igualdade e não discriminação entre homens e mulheres no trabalho, no emprego e na formação profissional e informar sobre o registo de qualquer decisão já transitada em julgado;

j) Analisar as comunicações dos empregadores sobre a não renovação de contrato de trabalho a termo sempre que estiver em causa uma trabalhadora grávida, puérpera ou lactante.

2 – No exercício da sua competência a Comissão para a Igualdade no Trabalho e no Emprego pode solicitar informações e pareceres a qualquer entidade pública ou privada, bem como a colaboração de assessores de que careça.

3 – As informações e os pareceres referidos no número anterior devem ser fornecidos com a maior brevidade e de forma tão completa quanto possível.

ARTIGO 497.º **(Deliberação)**

1 – A Comissão para a Igualdade no Trabalho e no Emprego só pode deliberar validamente com a presença da maioria dos seus membros.

2 – As deliberações são tomadas por maioria dos votos dos membros presentes.

3 – O presidente tem voto de qualidade.

294 *Regulamentação do Código do Trabalho*

ARTIGO 498.º **(Recursos humanos e financeiros)**

1 – O apoio administrativo é facultado à Comissão para a Igualdade no Trabalho e no Emprego pelo IEFP.

2 – Os encargos com o pessoal e o funcionamento da Comissão para a Igualdade no Trabalho e no Emprego são suportados pelo orçamento do IEFP.

ARTIGO 499.º **(Regulamento de funcionamento)**

O regulamento de funcionamento da Comissão para Igualdade no Trabalho e no Emprego é aprovado por despacho conjunto dos ministros responsáveis pelas áreas das finanças e laboral.

Aprovado em 20 de Maio de 2004.

O Presidente da Assembleia da República, *João Bosco Mota Amaral.*

Publique-se.

O Presidente da República, JORGE SAMPAIO.

Referendada em 16 de Julho de 2004.

O Primeiro-Ministro, *José Manuel Durão Barroso.*

LEGISLAÇÃO COMPLEMENTAR

REGIME DO TRABALHO TEMPORÁRIO

DECRETO-LEI N.° 358/89[2],

de 17 de Outubro

A presença de empresas de trabalho temporário em Portugal, à semelhança do que acontece na generalidade dos países membros da Comunidade Económica Europeia, é reveladora de que o recurso a esta forma de contratação constitui um instrumento de gestão empresarial para a satisfação de necessidades de mão-de-obra pontuais, imprevistas ou de curta duração. No que respeita ao mercado de emprego, assume igualmente uma relevante resposta de regularização por permitir a absorção de mão-de-obra para serviços ou actividades que, de outro forma, ficariam eventualmente por realizar.

Reconhece-se que a especialidade que apresenta o trabalho temporário – contrato de trabalho «triangular» em que a posição contratual da entidade empregadora é desdobrada entre a empresa de trabalho temporário (que contrata, remunera e exerce poder disciplinar) e o utilizador (que recebe nas suas instalações um trabalhador que não integra os seus quadros e exerce, em relação a ele, por delegação da empresa de trabalho temporário, os poderes de autoridade e de direcção próprios da entidade empregadora) – foge à pureza dos conceitos do direito do trabalho e não se reconduz ao regime do contrato a termo nem se confunde com o regime de empreitada.

Constitui também motivo de preocupação social, sobretudo quando extravasa o âmbito em que a sua existência se mostra claramente legítima e útil, quer em termos económicos, quer em termos sociais.

A falta de regulamentação do trabalho temporário tem conduzido ao seu desenvolvimento com foros de marginalidade, tendo sido, por isso, denunciada pelo Conselho das Comunidades, que, por Resolução de 18 de Dezembro de 1979,

---

[2] Com a redacção introduzida pela Declaração de Rectificação n.° 30.11.1989 (DR, n.° 276), pela Lei n.° 39/96, de 31 de Agosto, (art. 16.°) pela Lei n.° 146/99, de 01 de Setembro (arts. 2.° a 13.°, 16.° a 21.°, 24.°, 26.°, 28.°, 31.°, 32.° e 34.° e que republicou o diploma) e pela Lei n.° 99/2003, de 27 de Agosto (que aprovou o Código do Trabalho), revogando os arts. 26.° a 30.°.

aconselhou a adopção de uma acção comunitária de apoio às medidas dos Estados membros, com o objectivo de assegurar tanto o controlo do trabalho temporário como a protecção social dos trabalhadores sujeitos a esta modalidade de trabalho.

No seguimento desta resolução, coube ao Parlamento Europeu ocupar-se da matéria, alertando para o desenvolvimento preocupante desta modalidade contratual de trabalho e aconselhando uma definição precisa através de directivas destinadas a precaver os excessos.

Desde 7 de Maio de 1982, a Comissão das Comunidades vem discutindo uma proposta de directiva cuja consolidação não tem sido fácil pela correlação que tradicionalmente se faz entre o trabalho temporário (ou trabalho interimário, na expressão francesa) e o trabalho de duração determinada (ou trabalho a termo).

Não obstante estas dificuldades, a nível comunitário, os países dos Doze têm adoptado regulamentações internas que consideram mais adequadas às suas próprias condições nacionais, sendo de realçar os casos belga (em que o trabalho temporário se encontra regulamentado desde a Lei de 28 de Junho de 1976, com a vigência prorrogada pela Convenção Colectiva de Trabalho n.° 36, de 27 de Novembro de 1981) e francês.

Em Portugal o Governo decidiu, em 1985, proceder à regulamentação desta modalidade contratual de trabalho. Para isso, pôs à discussão pública um projecto de diploma (separata n.° 2 do Boletim de Trabalho e Emprego, de 21 de Março de 1985). Tal iniciativa não teve seguimento, pelo que Portugal se encontra ainda, neste domínio, em pleno vazio legislativo.

O presente diploma não prossegue objectivos de repressão e condenação desta modalidade, mas antes objectivos de clarificação e de protecção social.

É assim que, no que respeita à clarificação do exercício da actividade, se condiciona esta à posse de um alvará, se impõe o caucionamento da responsabilidade e se consagra a co-responsabilização das empresas utilizadoras, sempre que recorram a trabalho temporário fornecido por quem não está autorizado, ou em condições não permitidas.

No que respeita à vertente da protecção social, o diploma, além de regular em termos restritivos o recurso ao trabalho temporário, define de forma equilibrada o problema das remunerações devidas ao trabalhador temporário, bem como a celebração de sucessivos contratos, a fim de evitar que esta modalidade de contratação prejudique a contratação de trabalhadores para o próprio quadro, seja por tempo indeterminado, seja a termo.

Regula-se ainda a colocação de trabalhadores no estrangeiro em termos que garantam o imediato repatriamento no termo do contrato e a manutenção da protecção social devida, quer pela sujeição dos contratos a formalidades especiais, quer pela consagração de um regime de co-responsabilização de entidades sediadas no País com o utilizador temporário, se não for nacional.

Finalmente, e em virtude de apresentar com o trabalho temporário algumas semelhanças, regula-se a cedência ocasional de trabalhadores por uma empresa a

Decreto-Lei n.° 358/89, de 17 de Outubro 299

outra, matéria esta actualmente sem regulamentação e que, por isso, tem dado lugar a decisões judiciais não coincidentes.

As soluções adoptadas no projecto reflectem a aproximação possível às pretensões veiculadas pelas confederações de trabalhadores e de empregadores, representadas no Conselho Permanente de Concertação Social, tendo subjacente o reconhecimento unânime da necessidade de enquadrar juridicamente esta matéria.

É que, não obstante este reconhecimento, as posições sustentadas quanto ao regime, quer do exercício da actividade das empresas de trabalho temporário, quer da celebração dos contratos de utilização e dos contratos de trabalho temporário, mantêm-se substancialmente divergentes, como é evidenciado pelo resultado da discussão pública promovida pela publicação da separata n.° 2 do Boleteim do Trabalho e Emprego, de 31 de Julho de 1989.

Assim:

No que respeita ao exercício da actividade das empresas de trabalho temporário, as organizações de empregadores criticam uma excessiva intervenção administrativa na sua constituição e funcionamento, enquanto as organizações de trabalhadores contrapõem uma excessiva permissividade;

No que respeita ao regime dos contratos de utilização, as organizações de empregadores contestam algumas restrições à actividade resultantes de limitações na admissibilidade e duração destes contratos, enquanto as organizações de trabalhadores contestam algumas das condições de admissibilidade e as durações máximas estabelecidas;

No que respeita ao regime dos contratos de trabalho temporário, verifica-se uma maior aproximação das respectivas posições quanto às soluções consagradas no diploma.

No contexto da ponderação dos contributos da discussão pública, foram introduzidos alguns ajustamentos formais que favoreçem a aplicação do diploma e, ainda, algumas alterações substantivas com as quais se procurou responder a preocupações, por um lado, de flexibilidade do regime em ordem a satisfazer necessidades de gestão, por outro lado, de penalização em ordem a prevenir tendências de marginalidade da relação de trabalho.

Fica, deste modo, o trabalho temporário com um enquadramento legal adequado que permite definir, de forma clara, o relacionamento entre os três sujeitos envolvidos: trabalhador, empresa de trabalho temporário e utilizador.

Foram ouvidos os órgãos de governo próprio das Regiões Autónomas dos Açores e da Madeira. Assim:

No uso da autorização legislativa concedida pelo artigo 1.° da Lei n.° 12/89, de 16 de Junho, e nos termos da alínea *b*) do n.° 1 do artigo 201.° da Constituição, o Governo decreta o seguinte:

CAPÍTULO I
Disposições gerais

ARTIGO 1.º – (**Âmbito de aplicação**)
O presente diploma regula o exercício da actividade das empresas de trabalho temporário, as suas relações contratuais com os trabalhadores temporários e com os utilizadores, bem como o regime de cedência ocasional de trabalhadores.

ARTIGO 2.º – (**Conceitos**)
Para efeitos do disposto no presente diploma, considera-se:
a) Empresa de trabalho temporário: pessoa, individual ou colectiva, cuja actividade consiste na cedência temporária a terceiros, utilizadores, da utilização de trabalhadores que, para esse efeito, admite e remunera;
b) Trabalhador temporário: pessoa que celebra com uma empresa de trabalho temporário um contrato de trabalho temporário, pelo qual se obriga a prestar a sua actividade profissional a utilizadores, a cuja autoridade e direcção fica sujeito, mantendo, todavia, o vínculo jurídico-laboral à empresa de trabalho temporário;
c) Utilizador: pessoa individual ou colectiva, com ou sem fins lucrativos, que ocupa, sob a sua autoridade e direcção, trabalhadores cedidos por empresa de trabalho temporário;
d) Contrato de trabalho temporário: contrato de trabalho celebrado entre uma empresa de trabalho temporário e um trabalhador, pelo qual este se obriga, mediante retribuição daquela, a prestar temporariamente a sua actividade a utilizadores;
e) Contrato de utilização de trabalho temporário: contrato de prestação de serviço celebrado entre um utilizador e uma empresa de trabalho temporário, pelo qual esta se obriga, mediante retribuição, a colocar à disposição daquele um ou mais trabalhadores temporários.

CAPÍTULO II
Trabalho temporário

SECÇÃO I
Exercício da actividade de empresa de trabalho temporário

ARTIGO 3.º – (**Objecto**)
A empresa de trabalho temporário tem por objecto a actividade de cedência temporária de trabalhadores para utilização de terceiros utilizadores, podendo ainda desenvolver actividades de selecção, orientação e formação profissional, consultadoria e gestão de recursos humanos.

Decreto-Lei n.° 358/89, de 17 de Outubro   301

ARTIGO 4.° – **(Autorização prévia)**

1 – O exercício da actividade de empresa de trabalho temporário carece de autorização prévia, devendo o requerente satisfazer os seguintes requisitos:

a) Idoneidade;

b) Capacidade técnica para o exercício da actividade;

c) Situação contributiva regularizada perante a administração tributária e a segurança social;

d) Constituição de caução nos termos do n.° 1 do artigo 6.°;

e) A denominação da empresa com a designação «empresa de trabalho temporário».

2 – Considera-se que tem idoneidade quem tiver capacidade para a prática de actos de comércio e não esteja abrangido pela proibição do exercício da actividade aplicada nos termos do artigo 66.° do Código Penal ou pela interdição do exercício da actividade como medida de segurança ou sanção acessória de contra-ordenação.

3 – O requisito da idoneidade é exigível ao requerente e, se este for pessoa colectiva, aos gerentes, directores ou administradores.

4 – A capacidade técnica para o exercício da actividade afere-se pela existência de um director técnico com habilitações profissionais adequadas e experiência de gestão de recursos humanos e de suporte administrativo e organizacional necessário à gestão.

5 – A autorização caduca se a empresa de trabalho temporário suspender o exercício da actividade durante 12 meses, por motivo diverso da proibição ou interdição do exercício da actividade.

ARTIGO 5.° – **(Instrução e decisão do procedimento de autorização)**

1 – O interessado apresentará o requerimento de autorização de exercício da actividade de empresa de trabalho temporário no centro de emprego do Instituto do Emprego e Formação Profissional da área da sua residência habitual ou sede, com indicação das actividades a exercer e instruído com os seguintes documentos:

a) Declaração sob compromisso de honra na qual o requerente indique o seu nome, número fiscal de contribuinte, número do bilhete de identidade e domicílio ou, no caso de ser pessoa colectiva, a denominação, sede, número de pessoa colectiva, registo comercial de constituição e de alteração do contrato de sociedade, nomes dos titulares dos corpos sociais e, em ambos os casos, a localização dos estabelecimentos em que exercerá a actividade;

b) Declarações de que tem a situação contributiva regularizada perante a administração tributária e a segurança social;

c) Certificados do registo criminal do requerente e, se for pessoa colectiva, dos gerentes, directores ou administradores;

d) Sendo pessoa colectiva, cópia do contrato de sociedade;

e) Comprovação dos requisitos da capacidade técnica para o exercício da actividade ou declaração sob compromisso de honra dos requisitos que satisfará se a autorização for concedida;

302   *Regulamentação do Código do Trabalho*

f) Declaração sob compromisso de honra de que constituirá caução nos termos do n.º 1 do artigo 6.º se a autorização for concedida.

2 – O pedido é apreciado pelo Instituto do Emprego e Formação Profissional, que deve elaborar o relatório e formular a proposta de decisão no prazo de 30 dias.

3 – O pedido é decidido pelo Ministro do Trabalho e da Solidariedade, ficando o efeito da autorização de exercício da actividade de empresa de trabalho temporário dependente da prova referida no número seguinte.

4 – Após a autorização, o Instituto do Emprego e Formação Profissional notificará o interessado para, no prazo de 30 dias, fazer prova da constituição da caução e dos requisitos da capacidade técnica para o exercício da actividade que se tenha comprometido a satisfazer.

5 – A autorização é notificada ao interessado depois da apresentação da prova referida no número anterior.

ARTIGO 6.º – **(Caução)**

1 – O requerente constituirá, a favor do Instituto do Emprego e Formação Profissional, uma caução para o exercício da actividade de trabalho temporário, de valor correspondente a 200 meses da remuneração mínima mensal garantida mais elevada, acrescido do valor da taxa social única incidente sobre aquele montante.

2 – A caução será anualmente actualizada com base na remuneração mínima mensal garantida mais elevada desse ano.

3 – Sem prejuízo do disposto no n.º 2, se, no ano anterior, houver pagamentos de créditos a trabalhadores através da caução, a mesma será actualizada para um valor correspondente a pelo menos 15% da massa salarial anual relativa aos trabalhadores em cedência temporária naquele ano.

4 – A actualização referida nos n.os 2 e 3 será efectuada até 31 de Janeiro de cada ano, ou até 30 dias após a publicação do diploma de revisão da remuneração mínima mensal garantida, se posterior.

5 – A caução destina-se a garantir a responsabilidade do requerente pelo pagamento das remunerações e demais encargos com os trabalhadores em cedência temporária e pode ser prestada por depósito, garantia bancária ou contrato de seguro.

6 – Sempre que se verifiquem pagamentos por conta da caução, o Instituto do Emprego e Formação Profissional notificará a empresa de trabalho temporário para, no prazo de 30 dias, fazer a prova da sua reconstituição.

7 – O disposto nos n.os 5 e 6 é aplicável à caução referida na alínea *a*) do n.º 1 do artigo 12.º

8 – Cessando a actividade da empresa de trabalho temporário, o Instituto do Emprego e Formação Profissional libertará o valor da caução existente, deduzido do que tenha pago por sua conta e do montante suficiente para garantir os créditos reclamados pelos trabalhadores junto daquele, no prazo de 60 dias a contar da cessação da actividade, até decisão final dos respectivos processos.

9 – Provando a empresa que liquidou todas as dívidas relativas a remunerações e encargos com os trabalhadores, o saldo do valor da caução é libertado.

Decreto-Lei n.º 358/89, de 17 de Outubro

ARTIGO 7.º – **(Alvará e registo)**

1 – A autorização para o exercício da actividade da empresa de trabalho temporário constará de alvará numerado.

2 – O Instituto do Emprego e Formação Profissional organiza e mantém actualizado o registo nacional das empresas de trabalho temporário.

3 – O registo referido no número anterior tem carácter público, podendo qualquer interessado pedir certidão das inscrições dele constantes.

4 – Será publicada na 1.ª série do *Boletim do Trabalho e Emprego* a indicação das empresas de trabalho temporário autorizadas a exercer a respectiva actividade, bem como das que sejam punidas com as sanções acessórias da cessação da autorização de exercício da actividade e de interdição temporária do seu exercício, previstas nos n.ᵒˢ 1 a 3 do artigo 32.º

ARTIGO 8.º – **(Deveres)**

1 – As empresas de trabalho temporário devem comunicar, no prazo de 15 dias, ao Instituto do Emprego e Formação Profissional, através do centro de emprego competente, as alterações respeitantes a:

a) Domicílio ou sede e localização dos estabelecimentos de exercício da actividade;

b) Identificação dos administradores, gerentes ou membros da direcção:

c) Objecto da respectiva actividade, bem como a sua suspensão ou cessação por iniciativa própria.

2 – As empresas de trabalho temporário devem ainda:

a) Incluir em todos os contratos, correspondência, publicações, anúncios e de modo geral em toda a sua actividade externa o número e a data do alvará de autorização do exercício da actividade;

b) Comunicar ao centro de emprego competente, até aos dias 15 de Janeiro e de Julho, a relação completa dos trabalhadores cedidos no semestre anterior, com indicação do nome, número de beneficiário da segurança social, início e duração do contrato, local de trabalho, categoria profissional e remuneração de base;

c) Comunicar à Direcção-Geral dos Assuntos Consulares e Comunidades Portuguesas, até aos dias 15 de Janeiro e de Julho, a relação dos trabalhadores cedidos para prestar serviço no estrangeiro no semestre anterior, com indicação do nome, número de beneficiário da segurança social, início e duração do contrato, local de trabalho, profissão, remuneração de base e datas de saída e entrada em território nacional.

3 – As empresas de trabalho temporário devem afectar à formação profissional dos trabalhadores temporários, pelo menos, 1% do seu volume anual de negócios nesta actividade.

304   *Regulamentação do Código do Trabalho*

SECÇÃO II
Contrato de utilização de trabalho temporário

ARTIGO 9.º – (**Condições gerais de licitude e duração**)

1 – A celebração do contrato de utilização de trabalho temporário só é permitida nos seguintes casos:

a) Substituição do trabalhador ausente ou que se encontre impedido de prestar serviço;

b) Necessidade decorrente da vacatura de postos de trabalho quando já decorra processo de recrutamento para o seu preenchimento;

c) Acréscimo temporário ou excepcional de actividade, incluindo o devido a recuperação de tarefas ou da produção;

d) Tarefa precisamente definida e não duradoura;

e) Actividade de natureza sazonal ou outras actividades económicas cujo ciclo anual de produção apresente irregularidades decorrentes da natureza estrutural do respectivo mercado ou de outra causa relevante;

f) Necessidades intermitentes de mão-de-obra, determinadas por flutuações da actividade durante dias ou partes do dia, desde que a utilização não ultrapasse, semanalmente, metade do período normal de trabalho praticado no utilizador;

g) Necessidades intermitentes de trabalhadores para a prestação de apoio familiar directo, de natureza social, durante dias ou partes do dia;

h) Necessidades de mão-de-obra para a realização de projectos com carácter temporal limitado, designadamente instalação e reestruturação de empresas ou estabelecimentos, montagens e reparações industriais.

2 – Os contratos de trabalho temporário, sem prejuízo do disposto nos números seguintes, podem renovar-se, sempre e enquanto se mantenha a sua causa justificativa, até ao limite da sua duração máxima.

3 – Nos casos previstos nas alíneas *a*) e *g*) do n.º 1, a duração do contrato não pode exceder a cessação da causa justificativa.

4 – No caso previsto na alínea *b*) do n.º 1, a duração do contrato não pode exceder seis meses.

5 – Nos casos previstos na alínea *c*) do n.º 1, a duração do contrato não pode exceder 12 meses, podendo ser prorrogada até 24 meses, desde que se mantenha a causa justificativa da sua celebração, mediante autorização da Inspecção-Geral do Trabalho.

6 – Nos casos previstos nas alíneas *d*), *f*) e *h*) do n.º 1, a duração do contrato não pode exceder seis meses, sendo permitida a sua prorrogação sucessiva até à cessação da causa justificativa mediante autorização da Inspecção-Geral do Trabalho.

7 – Nos casos previstos na alínea *e*) do n.º 1 é possível o recurso ao trabalho temporário enquanto se mantiver a natureza sazonal ou a irregularidade da actividade económica desenvolvida, não podendo em cada ano a duração do contrato exceder seis meses.

Decreto-Lei n.º 358/89, de 17 de Outubro 305

8 – Considera-se como um único contrato aquele que seja objecto de uma ou mais renovações.

9 – É proibida a sucessão de trabalhadores temporários no mesmo posto de trabalho quando tenha sido atingida a duração máxima prevista nos números anteriores.

ARTIGO 10.º – **(Inobservância do prazo)**
No caso de o trabalhador temporário continuar ao serviço do utilizador decorridos 10 dias após a cessação do contrato de utilização de trabalho temporário sem que tenha ocorrido a celebração de contrato que o legitime, considera-se que o trabalho passa a ser prestado ao utilizador com base em contrato de trabalho sem termo, celebrado entre este e o trabalhador.

ARTIGO 11.º – **(Forma do contrato de utilização)**
1 – O contrato de utilização de trabalho temporário celebrado com empresas é obrigatoriamente reduzido a escrito, em duplicado, e deve conter as seguintes menções:
a) Nome ou denominação e residência ou sede da empresa de trabalho temporário e do utilizador, bem como indicação dos respectivos números de contribuinte do regime geral da segurança social e o número e data do alvará de autorização para o exercício da actividade;
b) Indicação dos motivos de recurso ao trabalho temporário por parte do utilizador;
c) Características genéricas do posto de trabalho a preencher, local e horário de trabalho;
d) Montante da retribuição mínima devida pelo utilizador de acordo com o disposto no artigo 21.º a trabalhador do quadro próprio que ocupasse o mesmo posto de trabalho;
e) Montante da retribuição devida pelo utilizador à empresa de trabalho temporário;
f) Início e duração, certa ou incerta, do contrato;
g) Data da celebração do contrato.
2 – O utilizador terá de exigir da empresa de trabalho temporário, no momento da celebração do contrato de utilização de trabalho temporário, a junção a este de cópia da apólice de seguro de acidente de trabalho que englobe o trabalhador temporário e as funções que ele irá desempenhar ao abrigo do contrato de utilização de trabalho temporário, sob pena de passar a ser sua a responsabilidade por tal seguro.
3 – As provas de selecção, salvo convenção em contrário entre a empresa de trabalho temporário e o utilizador, são da responsabilidade deste último, quer quanto à sua realização, quer quanto aos seus custos.
4 – Na falta de documento escrito ou no caso de omissão da menção exigida pela alínea *b*) do n.º 1, considera-se que o trabalho é prestado ao utilizador com base em contrato de trabalho sem termo, celebrado entre este e o trabalhador.

306   *Regulamentação do Código do Trabalho*

5 – Ao contrato de utilização deve ser junto, nos três primeiros dias após a cedência de cada trabalhador, documento que contenha a sua identificação.

6 – O utilizador é o único responsável pelos elementos que fornece aquando da sua solicitação à empresa de trabalho temporário, designadamente pela existência da razão que aponta como justificativa para o recurso ao trabalho temporário.

ARTIGO 12.° – (**Trabalho no estrangeiro**)

1 – Sem prejuízo da caução referida no n.° 1 do artigo 6.°, a empresa de trabalho temporário que celebre contratos para utilização temporária de trabalhadores no estrangeiro deve:

a) Constituir, a favor do Instituto do Emprego e Formação Profissional, uma caução específica no valor de 10% das retribuições correspondentes à duração previsível dos contratos e no mínimo de dois meses de retribuição ou no valor das retribuições, se o contrato durar menos de dois meses, acrescido do custo das viagens para repatriamento;

b) Garantir aos trabalhadores prestações médicas, medicamentosas e hospitalares, sempre que aqueles não beneficiem das mesmas prestações no país de acolhimento, através de seguro que garanta o pagamento de despesas de valor pelo menos igual a seis meses de retribuição;

c) Assegurar o repatriamento dos trabalhadores, findo o trabalho objecto do contrato, verificando-se a cessação do contrato de trabalho ou, ainda, no caso de falta de pagamento pontual da retribuição.

2 – A caução prevista na alínea *a*) do número anterior não é exigível se, nos 36 meses anteriores ou, relativamente a empresas de trabalho temporário constituídas há menos tempo, desde o início da sua actividade, não tiver havido pagamentos de créditos a trabalhadores através da caução referida no n.° 1 do artigo 6.°

3 – A empresa de trabalho temporário deve, ainda, comunicar previamente à Inspecção-Geral do Trabalho a identidade dos trabalhadores a deslocar, o utilizador, o local de trabalho e o início e o termo previsíveis da deslocação, bem como a constituição da caução e a garantia das prestações, nos termos das alíneas *a*) e *b*) do n.° 1.

ARTIGO 13.° – (**Enquadramento dos trabalhadores temporários**)

1 – Os trabalhadores postos à disposição do utilizador em execução do contrato de utilização temporária não são incluídos no efectivo do pessoal deste para determinação das obrigações relativas ao número de trabalhadores empregados nem relevam para efeito de proporções mínimas dos quadros de densidades, excepto no que respeita à organização dos serviços de higiene, saúde e segurança no trabalho.

2 – O utilizador é obrigado a comunicar à comissão de trabalhadores, quando exista, no prazo de cinco dias úteis, a utilização de trabalhadores em regime de trabalho temporário.

Decreto-Lei n.° 358/89, de 17 de Outubro

ARTIGO 14.° – (**Substituição do trabalhador temporário**)

1 – A cessação ou suspensão do contrato de trabalho temporário, salvo acordo em contrário, não envolve a cessação do contrato de utilização, devendo a empresa de trabalho temporário colocar à disposição do utilizador outro trabalhador para substituir aquele cujo contrato cessou ou se encontra suspenso.

2 – Igual obrigação existe para a empresa de trabalho temporário se, durante os primeiros 15 dias de permanência do trabalhador no utilizador, este comunicar àquela que recusa o trabalhador ou sempre que em processo disciplinar se verifique a suspensão preventiva do trabalhador temporário.

3 – A empresa de trabalho temporário é ainda obrigada a substituir o trabalhador temporário sempre que, por razões não imputáveis ao utilizador, aquele se encontre impedido para a prestação efectiva de trabalho.

ARTIGO 15.° – (**Nulidades**)

São nulas as cláusulas do contrato de utilização que proíbam a celebração de um contrato entre o trabalhador temporário e o utilizador ou que, no caso de celebração de tal contrato, imponham a este o pagamento de uma indemnização ou compensação à empresa de trabalho temporário.

ARTIGO 16.° – (**Responsabilidade do utilizador**)

1 – É nulo o contrato de utilização celebrado com uma empresa de trabalho temporário não autorizada nos termos deste diploma.

2 – A nulidade do contrato de utilização acarreta a nulidade do contrato de trabalho temporário.

3 – No caso previsto no número anterior, o trabalho considera-se prestado ao utilizador com base em contrato de trabalho sem termo celebrado entre o trabalhador e o utilizador.

4 – A celebração de um contrato de utilização com uma empresa de trabalho temporário não autorizada responsabiliza solidariamente esta e o utilizador pelo pagamento das remunerações, férias, indemnizações e eventuais prestações suplementares devidas aos trabalhadores por si utilizados. bem como dos encargos sociais respectivos.

5 – O disposto no presente artigo aplica-se aos contratos celebrados após a entrada em vigor da Lei n.° 39/96, de 31 de Agosto.

SECÇÃO III
Contratos de trabalho para cedência temporária

ARTIGO 17.° – (**Tipos de contratos de trabalho para cedência temporária**)

1 – A empresa de trabalho temporário pode ceder temporariamente trabalhadores vinculados por contrato de trabalho por tempo indeterminado ou por contrato de trabalho temporário.

308   *Regulamentação do Código do Trabalho*

2 – A cedência temporária de trabalhador vinculado por tempo indeterminado é possível desde que o contrato de trabalho seja celebrado por escrito e contenha as seguintes menções:

a) Indicação expressa de que o trabalhador aceita que a empresa de trabalho temporário o ceda temporariamente a utilizadores;

b) Categoria profissional ou descrição genérica das funções a exercer e área geográfica na qual o trabalhador pode exercer funções;

c) Identificação, número e data do alvará da empresa de trabalho temporário.

3 – Nos períodos em que não se encontre em situação de cedência temporária, o trabalhador contratado por tempo indeterminado tem direito a compensação prevista em convenção colectiva ou, na sua falta, não inferior a dois terços da remuneração mínima mensal garantida mais elevada.

4 – A retribuição das férias e o subsídio de Natal do trabalhador contratado por tempo indeterminado são calculados com base na média das remunerações auferidas nos últimos 12 meses ou no período de execução do contrato, se este tiver durado menos tempo, sem incluir as compensações referidas no número anterior e os períodos correspondentes.

5 – Ao trabalhador contratado por tempo indeterminado é aplicável o regime do contrato de trabalho temporário do artigo 20.º, do n.º 1 do artigo 21.º e dos artigos 22.º, 24.º e 25.º, com as devidas adaptações.

SECÇÃO IV
Contrato de trabalho temporário

ARTIGO 18.º – **(Celebração de contrato de trabalho temporário)**

1 – A celebração de contrato de trabalho temporário só é permitida na situações previstas para a celebração de contrato de utilização.

2 – O contrato de trabalho temporário é celebrado por escrito, em duplicado, devendo ser assinado pelo trabalhador e pela empresa de trabalho temporário.

3 – Uma das vias do contrato é entregue ao trabalhador.

4 – Nas situações a que se refere o artigo 12.º, será entregue pela empresa de trabalho temporário uma cópia do contrato de trabalho temporário na instituição de segurança social competente.

5 – O trabalhador que seja cedido a um utilizador sem estar vinculado à empresa de trabalho temporário por contrato celebrado nos termos do n.º 2 do artigo 17.º ou por contrato de trabalho temporário considera-se vinculado àquela empresa mediante contrato de trabalho por tempo indeterminado.

ARTIGO 19.º – **(Menções obrigatórias)**

1 – O contrato de trabalho temporário deve conter as seguintes menções:

a) Nome ou denominação e residência ou sede dos contraentes e número e data do alvará de autorização para o exercício da actividade de empresa de trabalho temporário;

Decreto-Lei n.º 358/89, de 17 de Outubro 309

b) Indicação dos motivos que justificam a celebração do contrato, com menção concreta dos factos e circunstâncias que integram esses motivos;
c) Categoria profissional ou descrição genérica das funções a exercer;
d) Local e período normal de trabalho;
e) Remuneração;
f) Início da vigência do contrato;
g) Termo do contrato, de acordo com o disposto no artigo 9.º;
h) Data da celebração.

2 – A falta da menção exigida na alínea *b*) do número anterior ou a inobservância de forma escrita têm a consequência prevista no n.º 3 do artigo 42.º do regime jurídico da cessação do contrato individual de trabalho e da celebração e caducidade do contrato de trabalho a termo, aprovado pelo Decreto-Lei n.º 64--A/89, de 27 de Fevereiro.

3 – Na falta da menção exigida pela alínea *g*) do n.º 1, o contrato considera-se celebrado pelo prazo de um mês, não sendo permitida a sua renovação.

ARTIGO 20.º – **(Regime da prestação de trabalho)**

1 – Durante a execução do contrato de trabalho temporário, o trabalhador fica sujeito ao regime de trabalho aplicável ao utilizador no que respeita ao modo, lugar, duração de trabalho e suspensão da prestação de trabalho, higiene, segurança e medicina no trabalho e acesso aos seus equipamentos sociais.

2 – O utilizador deve informar a empresa de trabalho temporário e o trabalhador temporário sobre os riscos para a segurança e saúde do trabalhador inerentes ao posto de trabalho a que será afecto.

3 – Não é permitida a utilização de trabalhadores temporários em postos de trabalho particularmente perigosos para a segurança ou a saúde do trabalhador.

4 – O utilizador deve elaborar o horário de trabalho do trabalhador temporário e marcar o seu período de férias, sempre que estas sejam gozadas ao serviço daquele.

5 – Os trabalhadores temporários não são considerados para efeito do balanço social e são incluídos no mapa de quadro de pessoal da empresa de trabalho temporário, elaborado de acordo com as adaptações definidas por portaria do Ministro do Trabalho e da Solidariedade.

6 – O exercício do poder disciplinar cabe, durante a execução do contrato, à empresa de trabalho temporário.

7 – Sem prejuízo da observância das condições de trabalho resultantes do respectivo contrato, o trabalhador temporário pode ser cedido a mais de um utilizador.

8 – A empresa de trabalho temporário não pode exigir ao trabalhador temporário qualquer quantia, seja a que título for, nomeadamente por serviços de orientação ou formação profissional.

9 – Nas matérias não reguladas na presente secção, o contrato de trabalho temporário está sujeito ao regime legal do contrato de trabalho a termo.

310   *Regulamentação do Código do Trabalho*

ARTIGO 21.° – **(Retribuição)**

1 – O trabalhador temporário tem direito a auferir a retribuição mínima fixada na lei ou instrumento de regulamentação colectiva de trabalho aplicável ao utilizador para a categoria profissional correspondente às funções desempenhadas, a não ser que outra mais elevada seja por este praticada para o desempenho das mesmas funções, sempre com ressalva de retribuição mais elevada consagrada em instrumento de regulamentação colectiva de trabalho aplicável à empresa de trabalho temporário.

2 – O trabalhador tem ainda direito, na proporção do tempo de duração do contrato, a férias, subsídios de férias e de Natal e a outros subsídios regulares e periódicos que pelo utilizador sejam devidos aos seus trabalhadores por idêntica prestação de trabalho.

3 – As férias, salvo convenção em contrário aposta no contrato de trabalho temporário, poderão ser gozadas após a cessação do contrato, sem prejuízo do seu pagamento, bem como do respectivo subsídio, desde que o contrato de utilização de trabalho temporário não ultrapasse 12 meses.

ARTIGO 22.° – **(Segurança social e seguro de acidentes de trabalho)**

1 – Os trabalhadores temporários são abrangidos pelo regime geral da segurança social dos trabalhadores por conta de outrem, competindo à empresa de trabalho temporário o cumprimento das respectivas obrigações legais.

2 – A empresa de trabalho temporário garantirá aos trabalhadores temporários seguro contra acidentes de trabalho.

ARTIGO 23.° – **(Cessação do contrato de trabalho temporário)**

A cessação do contrato de trabalho temporário regula-se pelo regime geral aplicável aos contratos de trabalho a termo.

ARTIGO 24.° – **(Garantias de pagamento)**

1 – O Instituto do Emprego e Formação Profissional deve proceder aos pagamentos devidos ao trabalhador através da caução referida no artigo 6.°, mediante decisão definitiva de aplicação de coima por falta de pagamento de créditos ou sentença transitada em julgado condenatória da empresa de trabalho temporário.

2 – O disposto no número anterior é também aplicável com base na declaração da empresa em situação de falta de pagamento pontual de retribuição, salvo se esta fizer prova do pagamento das retribuições requeridas pelo trabalhador.

3 – Se a empresa não fizer a declaração referida no número anterior, a mesma pode ser suprida por declaração da Inspecção-Geral do Trabalho confirmativa do não pagamento da retribuição.

4 – Para efeitos dos números anteriores, o Instituto do Emprego e Formação Profissional deve notificar a empresa de trabalho temporário de que o trabalhador requereu o pagamento de retribuições por conta da caução e de que o mesmo será efectuado se aquela não provar o respectivo pagamento no prazo de oito dias.

Decreto-Lei n.º 358/89, de 17 de Outubro 311

5 – O disposto nos números anteriores é ainda aplicável à caução referida na alínea *a*) do n.º 1 do artigo 12.º

6 – Se a empresa de trabalho temporário não assegurar o repatriamento, nas situações referidas na alínea *c*) do n.º 1 do artigo 12.º, a Inspecção-Geral do Trabalho, a pedido dos trabalhadores, solicitará ao Instituto do Emprego e Formação Profissional que proceda ao pagamento das despesas de repatriamento por conta da caução.

7 – A empresa tem o direito de regresso contra o trabalhador relativamente às despesas de repatriamento se ocorrer o abandono do trabalho ou se se verificar a cessação do contrato de trabalho por despedimento com justa causa ou rescisão por parte do trabalhador sem justa causa nem aviso prévio.

ARTIGO 25.º – **(Nulidades)**
São nulas as cláusulas do contrato de trabalho temporário que proíbam ao trabalhador celebrar contrato de trabalho com o utilizador, sem prejuízo das indemnizações a que, nos termos legais, está sujeita a rescisão do contrato de trabalho a termo, sem justa causa, por iniciativa do trabalhador.

CAPÍTULO III
Cedência ocasional de trabalhadores

(Artigos 26.º a 30.º – revogados pelo art. 21.º, n.º 1, al. *n*), da Lei n.º 99//2003, de 27 de Agosto, que aprovou o Código do Trabalho).

CAPÍTULO IV
Regime contra-ordenacional

ARTIGO 31.º – **(Contra-ordenações)**
1 – Constitui contra-ordenação leve:
a) Imputável à empresa de trabalho temporário, a violação do n.º 1 e das alíneas *a*) e *b*) do n.º 2 do artigo 8.º, do n.º 3 do artigo 11.º, do n.º 3 do artigo 12.º, dos n.ºs 3 e 4 do artigo 18.º e das alíneas *a*) e *c*) a *f*) do n.º 1 do artigo 19.º;
b) Imputável ao utilizador, a violação do n.º 2 do artigo 13.º;
c) Imputável à empresa de trabalho temporário e ao utilizador, a violação das alíneas *a*), *c*) e *f*) do n.º 1 do artigo 11.º;
d) Imputável ao cedente e ao cessionário, a violação do artigo 28.º
2 – Constitui contra-ordenação grave:
a) Imputável à empresa de trabalho temporário, a violação dos n.ºs 2, 3, 4 e 6 do artigo 6.º, do n.º 3 do artigo 8.º, do n.º 1 do artigo 12.º, da alínea *a*) do n.º 2 e do n.º 3 do artigo 17.º e do n.º 8 do artigo 20.º;

312   *Regulamentação do Código do Trabalho*

b) Imputável ao utilizador, a violação do n.º 2 do artigo 20.º;

c) Imputável ao cedente e ao cessionário, a violação do artigo 26.º

3 – Constitui contra-ordenação muito grave:

a) Imputável à empresa de trabalho temporário, o exercício da actividade de cedência temporária de trabalhadores sem autorização, ou sem a caução referida no n.º 1 do artigo 6.º, ou sem o requisito de capacidade técnica referido no n.º 4 do artigo 4.º;

b) Imputável ao utilizador, a utilização de trabalhador cedido em violação do disposto no artigo 9.º, a violação do n.º 3 do artigo 20.º e a celebração de contrato de utilização de trabalho temporário com empresa não autorizada.

ARTIGO 32.º – **(Sanções acessórias)**

1 – Juntamente com a coima, pode ser punida com a cessação da autorização de exercício da respectiva actividade a empresa de trabalho temporário que admita trabalhadores com violação das normas sobre a idade mínima e a escolaridade obrigatória.

2 – A empresa de trabalho temporário pode ainda ser punida com a cessação da autorização de exercício da respectiva actividade em caso de reincidência na prática das seguintes infracções:

a) Não actualização ou não reconstituição da caução referida no artigo 6.º;

b) Não constituição ou não reconstituição da caução específica referida na alínea *a)* do n.º 1 do artigo 12.º;

c) Não inscrição de trabalhadores temporários na segurança social;

d) Atraso por um período superior a 30 dias no pagamento pontual da retribuição devida a trabalhadores temporários.

3 – Juntamente com a coima, pode ser punida com a interdição temporária do exercício da actividade por um período máximo de dois anos a empresa de trabalho temporário que não inclua todos os trabalhadores e todas as remunerações passíveis de desconto para a segurança social na folha de remuneração mensal ou que viole o disposto no n.º 8 do artigo 20.º

4 – As sanções acessórias referidas nos números anteriores são averbadas no registo referido no artigo 7.º

ARTIGO 33.º – **(Competência da Inspecção-Geral do Trabalho)**

Compete à Inspecção-Geral do Trabalho:

a) Fiscalizar a aplicação do disposto neste diploma;

b) Instaurar e instruir os processos das contra-ordenações previstas no presente diploma e aplicar as respectivas coimas, dando conhecimento ao Instituto do Emprego e Formação Profissional.

CAPÍTULO V
Disposições finais e transitórias

ARTIGO 34.º – **(Regularização de empresas de trabalho temporário)**

As empresas que já exercem actividade de trabalho temporário devem adaptar-se às disposições previstas no presente diploma, no prazo máximo de 90 dias a contar da data da sua publicação.

ARTIGO 35.º – **(Regulamentação colectiva)**

São nulas as normas dos instrumentos de regulamentação colectiva de trabalho que regulem o exercício da actividade das empresas de trabalho temporário, nelas se compreendendo as relativas ao contrato de utilização.

ARTIGO 36.º – **(Regiões Autónomas)**

A aplicação do presente diploma nas Regiões Autónomas dos Açores e da Madeira não prejudica as competências dos respectivos órgãos de governo próprio.

PRÉ-REFORMA[3]

DECRETO-LEI N.° 261/91,

de 25 de Julho

A partir de certa idade, a prestação de trabalho gera, progressivamente, maior tensão e cansaço físico, sobretudo quando o trabalhador revele dificuldade de adaptação a modificações tecnológicas e a novos processos de gestão que alteram as condições e o ambiente de trabalho. Em tal contexto, a resistência psicológica e física pode ser particularmente afectada quando ocorram insuficiências de qualificação profissional e de formação escolar básica e também perdas de aptidão ou, meramente, saturação profissional.

Existem, contudo, razões, tanto objectivas como subjectivas, que justificam regimes de trabalho que enquadrem, de forma voluntária e natural, soluções adequadas a manifestações físicas e psíquicas que a idade traz consigo.

O regime instituído pelo presente diploma, que se passa a designar como de pré-reforma, assume estes objectivos.

Aproveita-se a oportunidade para instituir apoios financeiros que confiram eficácia à pré-reforma enquadrada em medidas de recuperação de empresas declaradas em situação económica difícil ao abrigo do Decreto-Lei n.° 353-H/77, de 29 de Agosto, em projectos de reestruturação desenvolvidos ao abrigo dos Decretos-Leis n.ºs 251/86, de 25 de Agosto, e 206/87, de 16 de Maio, ou em processos de recuperação de empresas nos termos do Decreto-Lei n.° 177/86, de 2 de Julho,

---

[3] O presente diploma foi revogado expressamente pela al. *o*), do n.° 1, do art. 21.°, da Lei n.° 99/2003, de 27 de Agosto (que aprovou o Código do Trabalho), passando o regime jurídico da pré-reforma a constar dos arts. 356.° a 362.°, do Código do Trabalho. Acontece que, conforme se lê no preâmbulo do Decreto-Lei n.° 87/2004, de 17 de Abril, "*a condição de trabalhador e de empregador compreende também direitos e deveres em matéria de segurança social que não devem ser descurados e que importa salvaguardar*". Assim, para evitar uma lacuna legal, o legislador (através do Decreto-Lei n.° 87/2004) repristinou (e retroagiu os respectivos efeitos a 1 de Dezembro de 2003, data da entrada em vigor do Código do Trabalho) os arts. 8.°, 9.°, 12.° e 15.°, do Decreto-Lei n.° 261/91, de 25 de Julho, que aqui se transcrevem.

316   *Regulamentação do Código do Trabalho*

abrindo-se, nestes casos, a possibilidade de os trabalhadores com idades mais avançadas, em alternativa à pré-reforma, requererem a reforma nas condições legais aplicáveis.

O regime ora instituído enquadra-se em objectivos de política social e económica já traduzidos noutros diplomas, como os que definiram a regulamentação de fundos de pensões, as prestações complementares de reforma, a pensão unificada e o pagamento retroactivo de contribuições relativas a períodos de exercício efectivo de actividade profissional por conta de outrem ou por conta própria, em que os interessados não apresentem carreira contributiva no âmbito do sistema de segurança social.

Saliente-se, finalmente, que as soluções vertidas no presente diploma integram o Acordo Económico e Social, celebrado em 19 de Outubro de 1990, em sede do Conselho Permanente de Concertação Social.

Foram ouvidos os órgãos de governo próprio das Regiões Autónomas dos Açores e da Madeira.

O projecto de diploma foi submetido à discussão pública, com publicação na separata n.° 1 do *Boletim do Trabalho e Emprego*, de 27 de Fevereiro de 1991.

Foram recebidos diversos contributos de organizações de trabalhadores que concordam, na generalidade, com o regime contido no projecto, havendo, porém, quem sustente uma melhoria dos direitos sociais dos trabalhadores.

Assim:

Nos termos da alínea *a*) do n.° 1 do artigo 201.° da Constituição, o Governo decreta o seguinte:

ARTIGOS 1.° A 7.°

(Revogados pela al. *o*), do n.° 1, do art. 21.°, da Lei n.° 99/2003, de 27 de Agosto (que aprovou o Código do Trabalho)).

ARTIGO 8.° **(Direitos em matéria de segurança social)**

1 – Na situação de pré-reforma, o trabalhador mantém o direito às prestações do sistema de segurança social, sem prejuízo do disposto nos números seguintes.

2 – Quando a pré-reforma se traduza em suspensão da prestação de trabalho, o trabalhador perde, nessa qualidade, o direito aos subsídios de doença, maternidade ou paternidade e desemprego.

3 – Quando a pré-reforma se traduza em redução da prestação de trabalho, o trabalhador mantém o direito referido no número anterior, com base na remuneração auferida referente ao trabalho prestado.

4 – O disposto nos n.os 2 e 3 não prejudica a aquisição do mesmo direito quando se verifique a entrada de contribuições pelo exercício de outra actividade.

ARTIGO 9.° **(Regime contributivo)**

1 – As entidades empregadoras e os trabalhadores estão sujeitos a contribuições para a segurança social, que incidem sobre o valor da remuneração

Decreto-Lei n.° 261/91, de 25 de Julho 317

que serviu de base ao cálculo da prestação de pré-reforma do mês a que respeitam.

2 – Às contribuições referidas no número anterior são aplicadas as normas relativas ao pagamento das contribuições devidas por remunerações, de acordo com as seguintes taxas:

a) 7% e 3%, a pagar, respectivamente, pela entidade empregadora e pelo trabalhador, no caso de este ter completado 37 anos de período contributivo;

b) 14,6% e 7%, a pagar, respectivamente, pela entidade empregadora e pelo trabalhador, nos restantes casos.

3 – Até 31 de Dezembro de 1995 considera-se que há equivalência à entrada de contribuições até à idade legal de reforma, a partir do momento em que o trabalhador complete 40 anos de período contributivo.

ARTIGO 10.° E 11.°

(Revogados pela al. *o*), do n.° 1, do art. 21.°, da Lei n.° 99/2003, de 27 de Agosto (que aprovou o Código do Trabalho)).

ARTIGO 12.° **(Situações especiais de pré-reforma antecipada)**

1 – Sempre que o acordo de pré-reforma se enquadre em medidas de recuperação de empresas declaradas em situação económica difícil ao abrigo do Decreto-Lei n.° 353-H/77, de 29 de Agosto, em projectos de reestruturação desenvolvidos ao abrigo do Decreto-Lei n.° 251/86, de 25 de Agosto, ou do n.° 2 do artigo 5.° do Decreto-Lei n.° 206/87, de 16 de Maio, e, bem assim, em processos de recuperação de empresas nos termos do Decreto-Lei n.° 177/86, de 2 de Julho, e se verifique o desequilíbrio económico-financeiro da entidade empregadora, esta pode requerer:

a) A equivalência, pelo prazo de 1 ano, prorrogável pelo período máximo de 12 meses, à entrada de contribuições para os trabalhadores pré-reformados;

b) Uma comparticipação do Instituto do Emprego e Formação Profissional no pagamento da prestação de pré-reforma até metade do valor desta, pelo prazo de 6 meses, prorrogável pelo período máximo de 12 meses, salvo se, em relação ao mesmo trabalhador, a empresa já tiver beneficiado da comparticipação financeira prevista no artigo 13.° do Decreto-Lei n.° 398/83, de 2 de Novembro;

c) Relativamente aos trabalhadores que tenham completado 60 anos, em alternativa à pré-reforma, a possibilidade de requererem a reforma antecipada nas condições legais aplicáveis.

2 – A comparticipação prevista na alínea *b*) do número anterior não pode, em qualquer caso, exceder a remuneração mínima mensal garantida por lei, sendo deduzida dos rendimentos de trabalho auferidos pelo trabalhador no exercício de actividade profissional após passagem à situação de pré-reforma, independentemente do estipulado no acordo de pré-reforma.

3 – A prorrogação dos benefícios é concedida mediante requerimento da entidade empregadora em que se prove a manutenção das condições que fundamentaram a sua concessão inicial.

318   *Regulamentação do Código do Trabalho*

4 – O disposto no n.º 1 é igualmente aplicável às actividades ou empresas afectadas pelo impacte económico e social das referidas reestruturações, cuja situação seja expressamente reconhecida por portaria conjunta dos Ministros das Finanças, do Planeamento e da Administração do Território e do Emprego e da Segurança Social e responsável pelo respectivo sector de actividade, ouvido o Conselho Permanente de Concertação Social.

ARTIGO 13.º E 14.º
(Revogados pela al. *o*), do n.º 1, do art. 21.º, da Lei n.º 99/2003, de 27 de Agosto (que aprovou o Código do Trabalho)).

ARTIGO 15.º **(Regiões Autónomas)**
O presente diploma aplica-se nas Regiões Autónomas dos Açores e da Madeira, sem prejuízo das adaptações decorrentes das competências próprias dos seus órgãos e serviços que vierem a ser introduzidas por decreto legislativo regional.

ARTIGO 16.º
(Revogado pela al. *o*), do n.º 1, do art. 21.º, da Lei n.º 99/2003, de 27 de Agosto (que aprovou o Código do Trabalho)).

MATERNIDADE E PATERNIDADE

LEI N.° 4/84,

de 05 de Abril[4]

(...)

ARTIGO 3.° **(Igualdade dos pais)**

1 – São garantidas aos pais, em condições de igualdade, a realização profissional e a participação na vida cívica do País.

2 – Os pais são iguais em direitos e deveres quanto à manutenção e educação dos filhos.

3 – Os filhos não podem ser separados dos pais, salvo quando estes não cumpram os seus deveres fundamentais para com eles, e sempre mediante decisão judicial.

4 – São garantidos às mães direitos especiais relacionados com o ciclo biológico da maternidade.

ARTIGO 4.° **(Dever de informar sobre o regime de protecção da maternidade e paternidade)**

1 – Incumbe ao Estado o dever de informar e divulgar conhecimentos úteis referentes aos direitos das mulheres grávidas, dos nascituros, das crianças e dos pais, designadamente através da utilização dos meios de comunicação social e da elaboração e difusão gratuita da adequada documentação.

2 – A informação prestada nos termos do número anterior deve procurar consciencializar e responsabilizar os progenitores, sem distinção, pelos cuidados e pela educação dos filhos, em ordem à defesa da saúde e à criação de condições favoráveis ao pleno desenvolvimento da criança.

---

[4] O art. 21.°, n.° 2, al. *d*), da Lei n.° 99/2003, de 27.08 revogou a presente lei.

No entanto, nos termos do art. 10.°, n.° 2, da presente regulamentação, mantêm-se em vigor os artigos 3.° a 8.° e 31.° da Lei 4/84, de 05 de Abril, com a numeração e redacção constantes do Decreto-Lei n.° 70/2000, de 04 de Maio.

320 *Regulamentação do Código do Trabalho*

CAPÍTULO II
Protecção da saúde

ARTIGO 5.º **(Direito a assistência médica)**
1 – É assegurado à mulher o direito de efectuar gratuitamente as consultas e os exames necessários à correcta preparação e vigilância da gravidez, assim como durante os 60 dias após o parto.

2 – O internamento hospitalar durante os períodos referidos no número anterior é gratuito.

3 – Na preparação e no decurso da gravidez, e em função desta, serão igualmente assegurados ao outro progenitor os exames considerados indispensáveis pelo médico assistente da mulher.

ARTIGO 6.º **(Incumbências dos serviços de saúde)**
Incumbe aos serviços de saúde, relativamente aos futuros pais, sem encargos para estes:

a) Assegurar as actividades necessárias para uma assistência eficiente e humanizada, na preparação e no acompanhamento clínico da gravidez e do parto;

b) Assegurar o transporte de grávidas e recém-nascidos, em situação de risco, com utilização de meios próprios ou em colaboração com outros serviços;

c) Desenvolver, em cooperação com as escolas, autarquias locais e outras entidades públicas e privadas, acções de informação e esclarecimento sobre a importância do planeamento familiar, da consulta pré-concepcional, da vigilância médica da gravidez, da preparação para o parto, do parto assistido, das vantagens do aleitamento materno e dos cuidados com o recém-nascido.

ARTIGO 7.º **(Protecção da criança)**
1 – É assegurado à criança, nomeadamente, o direito de efectuar gratuitamente as consultas previstas no Programa de Acção-Tipo em Saúde Infantil e Juvenil do Ministério da Saúde, através da Direcção-Geral da Saúde.

2 – É assegurado à criança, nomeadamente, o direito de efectuar gratuitamente as vacinações que constam do Programa Nacional de Vacinação.

ARTIGO 8.º **(Incumbências especiais do Estado)**
Incumbe especialmente ao Estado para protecção da maternidade, da paternidade, do nascituro e da criança, no domínio dos cuidados de saúde:

a) Garantir a acessibilidade aos serviços de saúde reprodutiva, nomeadamente cuidados contraceptivos, pré-concepcionais e de vigilância da gravidez;

b) Dotar os centros de saúde dos meios humanos e técnicos necessários ao cumprimento do preceituado na alínea anterior;

c) Generalizar e uniformizar a utilização do Boletim de Saúde da Grávida e do Boletim de Saúde Infantil e Juvenil;

Lei n.° 4/84, de 05 de Abril 321

d) Incentivar o recurso aos métodos de preparação para o parto, assegurando as condições necessárias ao pleno exercício dos direitos do casal nos serviços públicos de saúde;

e) Garantir o parto hospitalar e assegurar os meios humanos e técnicos que possibilitem a assistência eficaz e humanizada à grávida e ao recém-nascido;

f) Promover e incrementar a visitação domiciliária à grávida ou puérpera, assim como ao filho até aos 90 dias de idade, em caso de impedimento de deslocação aos serviços de saúde ou com a finalidade de desenvolver a promoção para a saúde;

g) Desenvolver uma rede nacional de atendimentos diurnos (creches, jardins-de-infância) e de espaços de jogo e de recreio, com estrito cumprimento do Decreto-Lei n.° 379/97, de 27 de Dezembro;

h) Apoiar as associações de doentes ou dos seus representantes, as associações de utentes e consumidores da saúde e as associações promotoras de saúde, na área da saúde reprodutiva e da saúde infantil e juvenil;

i) Desenvolver as medidas adequadas à promoção do aleitamento materno;

j) Fomentar o ensino, a aprendizagem e a formação pré-graduada, pós-graduada e contínua aos profissionais de saúde nas áreas da saúde reprodutiva e da saúde infantil e juvenil;

l) Difundir, nomeadamente através das escolas e dos órgãos de comunicação social, as informações e conhecimentos úteis a que se refere o n.° 1 do artigo 4.°, bem como as medidas referentes à promoção da saúde e do bem-estar.

(...)

ARTIGO 31.° **(Meios de apoio à infância)**

1 – O Estado, em cooperação com as pessoas colectivas de direito público, com as instituições privadas de solidariedade social, organizações de trabalhadores e associações patronais, implementará progressivamente uma rede nacional de equipamentos e serviços de apoio aos trabalhadores com filhos em idade pré-escolar.

2 – A rede de equipamentos e serviços prevista no número anterior visa a prestação de serviços em condições que permitam o acesso dos interessados, independentemente da sua condição económica, incluindo, nomeadamente:

a) Estruturas de guarda de crianças, tais como creches, jardins-de-infância, serviços de amas e creches familiares, adequadamente dimensionadas e localizadas, dotadas de meios humanos, técnicos e em geral de condições apropriadas à promoção do desenvolvimento integral da criança;

b) Serviços de apoio domiciliário.

3 – Os horários de funcionamento dos equipamentos e serviços previstos nos números anteriores serão compatibilizados com o exercício da actividade profissional dos pais.

(...)

TRABALHO DESPORTIVO E FORMAÇÃO DESPORTIVA

LEI N.º 28/98,

de 26 de Junho[5]

Estabelece um novo regime jurídico do contrato de trabalho do praticante desportivo e do contrato de formação desportiva e revoga o Decreto-Lei n.º 305//95, de 18 de Novembro.

A Assembleia da República decreta, nos termos dos artigos 161.º, alínea *c*), 165.º, n.º 1, alíneas *b*) e *d*), e 166.º, n.º 3, e do artigo 112.º, n.º 5, da Constituição, para valer como lei geral da República, o seguinte:

CAPÍTULO I
Disposições gerais

ARTIGO 1.º **(Objecto)**

O presente diploma estabelece o regime jurídico do contrato de trabalho do praticante desportivo e do contrato de formação desportiva.

ARTIGO 2.º **(Definições)**

Para efeitos do presente diploma entende-se por:

a) Contrato de trabalho desportivo aquele pelo qual o praticante desportivo se obriga, mediante retribuição, a prestar actividade desportiva a uma pessoa singular ou colectiva que promova ou participe em actividades desportivas, sob a autoridade e a direcção desta;

b) Praticante desportivo profissional aquele que, através de contrato de trabalho desportivo e após a necessária formação técnico-profissional, pratica uma modalidade desportiva como profissão exclusiva ou principal, auferindo por via dela uma retribuição;

---

[5] Com o aditamento introduzido pela Lei n.º 114/99, de 03.08 (cap. VII).

324 *Regulamentação do Código do Trabalho*

c) Contrato de formação desportiva o contrato celebrado entre uma entidade formadora e um formando, nos termos do qual aquela se obriga a prestar a este a formação adequada ao desenvolvimento da sua capacidade técnica e à aquisição de conhecimentos necessários à prática de uma modalidade desportiva, ficando o formando obrigado a executar as tarefas inerentes a essa formação;

d) Empresário desportivo a pessoa singular ou colectiva que, estando devidamente credenciada, exerça a actividade de representação ou intermediação, ocasional ou permanente, mediante remuneração, na celebração de contratos desportivos;

e) Entidade formadora as pessoas singulares ou colectivas desportivas que garantam um ambiente de trabalho e os meios humanos e técnicos adequados à formação desportiva a ministrar;

f) Formando os jovens praticantes que, tendo cumprido a escolaridade obrigatória, tenham idades compreendidas entre os 14 e os 18 anos e tenham assinado o contrato de formação desportiva, tendo por fim a aprendizagem ou o aperfeiçoamento de uma modalidade desportiva.

ARTIGO 3.° **(Direito subsidiário)**
Às relações emergentes do contrato de trabalho desportivo aplicam-se, subsidiariamente, as regras aplicáveis ao contrato de trabalho.

ARTIGO 4.° **(Capacidade)**
1 – Só podem celebrar contratos de trabalho desportivo os menores que hajam completado 16 anos de idade e que reúnam os requisitos exigidos pela lei geral do trabalho.

2 – O contrato de trabalho desportivo celebrado por menor deve ser igualmente subscrito pelo seu representante legal.

3 – É anulável o contrato de trabalho celebrado com violação do disposto no número anterior.

ARTIGO 5.° **(Forma)**
1 – Sem prejuízo do disposto em outras normas legais, na regulamentação desportiva ou em instrumento de regulamentação colectiva de trabalho, o contrato de trabalho desportivo é lavrado em duplicado, ficando cada uma das partes com um exemplar.

2 – O contrato de trabalho desportivo só é válido se for celebrado por escrito e assinado por ambas as partes, dele devendo constar:

a) A identificação das partes, incluindo a nacionalidade e a data de nascimento do praticante;

b) A actividade desportiva que o praticante se obriga a prestar;

c) O montante de retribuição;

d) A data de início de produção de efeitos do contrato;

e) O termo de vigência do contrato;

Lei n.º 28/98, de 26 de Junho 325

f) A data de celebração.

3 – Quando a retribuição for constituída por uma parte certa e outra variável, do contrato deverá constar indicação da parte certa e, se não for possível determinar a parte variável, o estabelecimento das formas que esta pode revestir, bem como dos critérios em função dos quais é calculada e paga.

ARTIGO 6.º **(Registo)**

1 – A participação do praticante desportivo em competições promovidas por uma federação dotada de utilidade pública desportiva depende de prévio registo do contrato de trabalho desportivo na respectiva federação.

2 – O registo é efectuado nos termos que forem estabelecidos por regulamento federativo.

3 – O disposto nos números anteriores é aplicável às modificações que as partes introduzam no contrato.

4 – No acto do registo do contrato de trabalho desportivo a entidade empregadora desportiva deve fazer prova de ter efectuado o correspondente seguro de acidentes de trabalho, sob pena de incorrer no disposto no artigo 44.º do Decreto-Lei n.º 491/85, de 26 de Novembro.

5 – A falta de registo do contrato ou das cláusulas adicionais presume-se de culpa exclusiva da entidade empregadora desportiva, salvo prova em contrário.

ARTIGO 7.º **(Promessa de contrato de trabalho)**

A promessa de contrato de trabalho desportivo só é válida se, além dos elementos previstos na lei geral do trabalho, contiver indicação do início e do termo do contrato prometido ou a menção a que se refere a alínea *b*) do n.º 2 do artigo 8.º

ARTIGO 8.º **(Duração do contrato)**

1 – O contrato de trabalho desportivo não pode ter duração inferior a uma época desportiva nem superior a oito épocas.

2 – Sem prejuízo do disposto no número anterior, podem ser celebrados por período inferior a uma época desportiva:

a) Contratos de trabalho celebrados após o início de uma época desportiva para vigorarem até ao fim desta;

b) Contratos de trabalho pelos quais o praticante desportivo seja contratado para participar numa competição ou em determinado número de prestações que constituam uma unidade identificável no âmbito da respectiva modalidade desportiva.

3 – No caso a que se refere a alínea *b*) do número anterior, não é necessário que do contrato constem os elementos referidos nas alíneas *d*) e *e*) do n.º 2 do artigo 5.º

4 – Considera-se celebrado por uma época desportiva, ou para a época desportiva no decurso da qual for celebrado, o contrato em que falte a indicação do respectivo termo.

326 *Regulamentação do Código do Trabalho*

5 – Entende-se por época desportiva o período de tempo, nunca superior a 12 meses, durante o qual decorre a actividade desportiva, a fixar para cada modalidade pela respectiva federação dotada de utilidade pública desportiva.

ARTIGO 9.° **(Violação das regras sobre a duração do contrato)**
A violação do disposto no n.° 1 do artigo anterior determina a aplicação ao contrato em causa dos prazos mínimo ou máximo admitidos.

ARTIGO 10.° **(Direito de imagem)**
1 – Todo o praticante desportivo profissional tem direito a utilizar a sua imagem pública ligada à prática desportiva e a opor-se a que outrem a use ilicitamente para exploração comercial ou para outros fins económicos.
2 – Fica ressalvado o direito de uso de imagem do colectivo dos praticantes, o qual poderá ser objecto de regulamentação em sede de contratação colectiva.

ARTIGO 11.° **(Período experimental)**
1 – A duração do período experimental não pode exceder, em qualquer caso, 30 dias, considerando-se reduzido a este período em caso de estipulação superior.
2 – Relativamente ao primeiro contrato de trabalho celebrado após a vigência de um contrato de formação, não existe período experimental caso o contrato seja celebrado com a entidade formadora.
3 – Considera-se, em qualquer caso, cessado o período experimental quando se verifique, pelo menos, uma das seguintes situações:
a) Quando o praticante participe, pela primeira vez, em competição ao serviço de entidade empregadora desportiva, nas modalidades em cuja regulamentação tal participação impeça ou limite a participação do praticante ao serviço de outra entidade empregadora desportiva na mesma época ou na mesma competição;
b) Quando o praticante desportivo sofra lesão desportiva que o impeça de praticar a modalidade para que foi contratado e que se prolongue para além do período experimental.

CAPÍTULO II
Direitos, deveres e garantias das partes

ARTIGO 12.° **(Deveres da entidade empregadora desportiva)**
São deveres da entidade empregadora desportiva, em especial:
a) Proporcionar aos praticantes desportivos as condições necessárias à participação desportiva, bem como a participação efectiva nos treinos e outras actividades preparatórias ou instrumentais da competição desportiva;
b) Submeter os praticantes aos exames e tratamentos clínicos necessários à prática da actividade desportiva;

Lei n.º 28/98, de 26 de Junho 327

c) Permitir que os praticantes, em conformidade com o previsto nos regulamentos federativos, participem nos trabalhos de preparação e integrem as selecções ou representações nacionais.

ARTIGO 13.º **(Deveres do praticante desportivo)**

São deveres do praticante desportivo, em especial:

a) Prestar a actividade desportiva para que foi contratado, participando nos treinos, estágios e outras sessões preparatórias das competições com a aplicação e a diligência correspondentes às suas condições psicofísicas e técnicas e, bem assim, de acordo com as regras da respectiva modalidade desportiva e com as instruções da entidade empregadora desportiva;

b) Participar nos trabalhos de preparação e integrar as selecções ou representações nacionais;

c) Preservar as condições físicas que lhe permitam participar na competição desportiva objecto do contrato;

d) Submeter-se aos exames e tratamento clínicos necessários à prática desportiva;

e) Conformar-se, no exercício da actividade desportiva, com as regras próprias da disciplina e da ética desportivas.

ARTIGO 14.º **(Retribuição)**

1 – Compreendem-se na retribuição todas as prestações patrimoniais que, nos termos das regras aplicáveis ao contrato de trabalho, a entidade empregadora realize a favor do praticante desportivo profissional pelo exercício da sua actividade ou com fundamento nos resultados nela obtidos.

2 – É válida a cláusula constante de contrato de trabalho desportivo que determine o aumento ou a diminuição da retribuição em caso de subida ou descida de escalão competitivo em que esteja integrada a entidade empregadora desportiva.

3 – Quando a retribuição compreenda uma parte correspondente aos resultados desportivos obtidos, esta considera-se vencida, salvo acordo em contrário, com a remuneração do mês seguinte àquele em que esses resultados se verificarem.

ARTIGO 15.º **(Período normal de trabalho)**

1 – Considera-se compreendido no período normal de trabalho do praticante desportivo:

a) O tempo em que o praticante está sob as ordens e na dependência da entidade empregadora desportiva, com vista à participação nas provas desportivas em que possa vir tomar parte;

b) O tempo despendido em sessões de apuramento técnico, táctico e físico e em outras sessões de treino, bem como em exames e tratamentos clínicos, com vista à preparação e recuperação do praticante para as provas desportivas;

c) O tempo despendido em estágios de concentração e em viagens que precedam ou se sucedam à participação em provas desportivas.

328   *Regulamentação do Código do Trabalho*

2 – Não relevam, para efeito dos limites do período normal de trabalho previstos na lei geral, os períodos de tempo referidos na alínea *c*) do número anterior.

3 – A frequência e a duração dos estágios de concentração devem limitar-se ao que, tendo em conta as exigências próprias da modalidade e da competição em que o praticante intervém e a idade deste, deva ser considerado indispensável.

4 – Podem ser estabelecidas por convenção colectiva regras em matéria de frequência e de duração dos estágios de concentração.

ARTIGO 16.º **(Férias, feriados e descanso semanal)**

1 – O praticante desportivo tem direito a um dia de descanso semanal, bem como ao gozo do período de férias previsto na lei, sem prejuízo de disposições mais favoráveis constantes da convenção colectiva de trabalho.

2 – Quando tal seja imposto pela realização de provas desportivas, incluindo as não oficiais, o gozo do dia de descanso semanal transfere-se para a data a acordar entre as partes ou, não havendo acordo, para o 1.º dia disponível.

3 – O disposto no número anterior é aplicável ao gozo de feriados obrigatórios ou facultativos.

ARTIGO 17.º **(Poder disciplinar)**

1 – Sem prejuízo do disposto em convenção colectiva de trabalho, a entidade empregadora desportiva pode aplicar ao trabalhador, pela comissão de infracções disciplinares, as seguintes sanções:

a) Repreeensão;
b) Repreensão registada;
c) Multa;
d) Suspensão do trabalho com perda de retribuição;
e) Despedimento com justa causa.

2 – As multas aplicadas a um praticante desportivo por infracções praticadas no mesmo dia não podem exceder metade da retribuição diária e, em cada época, a retribuição correspondente a 30 dias.

3 – A suspensão do trabalho não pode exceder, por cada infracção, 24 dias e, em cada época, o total de 60 dias.

4 – A aplicação de sanções disciplinares deve ser precedida de procedimento disciplinar no qual sejam garantidas ao arguido as adequadas garantias de defesa.

5 – A sanção disciplinar deve ser proporcionada à gravidade da infracção e à culpabilidade do infractor, não podendo aplicar-se mais de uma pena pela mesma infracção.

ARTIGO 18.º **(Liberdade de trabalho)**

1 – São nulas as cláusulas inseridas em contrato de trabalho desportivo visando condicionar ou limitar a liberdade de trabalho do praticante desportivo após o termo do vínculo contratual.

Lei n.° 28/98, de 26 de Junho   329

2 – Pode ser estabelecida por convenção colectiva a obrigação de pagamento de uma justa indemnização, a título de promoção ou valorização do praticante desportivo, à anterior entidade empregadora por parte da entidade empregadora desportiva que com esse praticante desportivo celebre, após a cessação do anterior, um contrato de trabalho desportivo.

3 – A convenção colectiva referida no número anterior é aplicável apenas em relação às transferências de praticantes que ocorram entre clubes portugueses com sede em território nacional.

4 – O valor da compensação referida no n.° 2 não poderá, em caso algum, afectar de forma desproporcionada, na prática, a liberdade de contratar do praticante.

5 – A validade e a eficácia do novo contrato não estão dependentes do pagamento de compensação devida nos termos do n.° 2.

6 – A compensação a que se refere o n.° 2 pode ser satisfeita pelo praticante desportivo.

CAPÍTULO III
Cedência e transferência de praticantes desportivos

ARTIGO 19.° **(Cedência do praticante desportivo)**

1 – Na vigência do contrato de trabalho desportivo é permitida, havendo acordo das partes, a cedência do praticante desportivo a outra entidade empregadora desportiva.

2 – O acordo a que se refere o número anterior deve ser reduzido a escrito, não podendo o seu objecto ser diverso da actividade desportiva que o praticante se obrigou a prestar nos termos do contrato de trabalho desportivo.

ARTIGO 20.° **(Contrato de cedência)**

1 – Ao contrato de cedência do praticante desportivo celebrado entre as entidades empregadoras desportivas aplica-se o disposto nos artigos 5.° e 6.°, com as devidas adaptações.

2 – Do contrato de cedência deve constar declaração de concordância do trabalhador.

3 – No contrato de cedência podem ser estabelecidas condições remuneratórias diversas das acordadas no contrato de trabalho desportivo, desde que não envolvam diminuição da retribuição nele prevista.

4 – A entidade empregadora a quem o praticante passa a prestar a sua actividade desportiva, nos termos do contrato de cedência, fica investida na posição jurídica da entidade empregadora anterior, nos termos do contrato e da convenção colectiva aplicável.

330   *Regulamentação do Código do Trabalho*

ARTIGO 21.º **(Transferência de praticantes desportivos)**
A transferência do praticante desportivo é regulada pelos regulamentos da respectiva federação dotada de utilidade pública desportiva, sem prejuízo do disposto no artigo 18.º

CAPÍTULO IV
Dos empresários desportivos

ARTIGO 22.º **(Exercício da actividade de empresário desportivo)**
1 – Só podem exercer actividade de empresário desportivo as pessoas singulares ou colectivas devidamente autorizadas pelas entidades desportivas, nacionais ou internacionais, competentes.
2 – A pessoa que exerça a actividade de empresário desportivo só pode agir em nome e por conta de uma das partes da relação contratual.

ARTIGO 23.º **(Registo dos empresários desportivos)**
1 – Sem prejuízo do disposto no artigo anterior, os empresários desportivos que pretendam exercer a actividade de intermediários na contratação de praticantes desportivos devem registar-se como tal junto da federação desportiva da respectiva modalidade, que, para este efeito, deve dispor de um registo organizado e actualizado.
2 – Nas federações desportivas onde existam competições de carácter profissional o registo a que se refere o número anterior será igualmente efectuado junto da respectiva liga.
3 – O registo a que se refere o número anterior é constituído por um modelo de identificação do empresário, cujas características serão definidas por regulamento federativo.
4 – Os contratos de mandato celebrados com empresários desportivos que se não encontrem inscritos no registo referido no presente artigo, bem como as cláusulas contratuais que prevejam a respectiva remuneração pela prestação desses serviços, são considerados inexistentes.

ARTIGO 24.º **(Remuneração da actividade de empresário)**
1 – As pessoas singulares ou colectivas que exerçam a actividade de intermediários, ocasional ou permanentemente, só podem ser remuneradas pela parte que representam.
2 – Salvo acordo em contrário, que deverá constar de cláusula escrita no contrato inicial, o montante máximo recebido pelo empresário é fixado em 5% do montante global do contrato.

Lei n.º 28/98, de 26 de Junho

ARTIGO 25.º **(Limitações ao exercício da actividade de empresário)**
Sem prejuízo de outras limitações estabelecidas em regulamentos federativos nacionais ou internacionais, ficam inibidos de exercer a actividade de empresários desportivos as seguintes entidades:
a) As sociedades desportivas;
b) Os clubes;
c) Os dirigentes desportivos;
d) Os titulares de cargos em órgãos das sociedades desportivas;
e) Os treinadores, praticantes, árbitros, médicos e massagistas.

CAPÍTULO V
Cessação do contrato de trabalho desportivo

ARTIGO 26.º **(Formas de cessação)**
1 – O contrato de trabalho desportivo pode cessar por:
a) Caducidade;
b) Revogação, por acordo das partes;
c) Despedimento com justa causa promovido pela entidade empregadora-desportiva;
d) Rescisão com justa causa por iniciativa do praticante desportivo;
e) Rescisão por qualquer das partes durante o período experimental;
f) Despedimento colectivo;
g) Abandono do trabalho.
2 – À cessação do contrato por abandono do trabalho aplicam-se as normas do artigo 40.º do regime jurídico da cessação do contrato individual de trabalho, aprovado pelo Decreto-Lei n.º 64-A/89, de 27 de Fevereiro.

ARTIGO 27.º **(Responsabilidade das partes pela cessação do contrato)**
1 – Nos casos previstos nas alíneas *c)* e *d)* do n.º 1 do artigo anterior, a parte que der causa à cessação ou que a haja promovido indevidamente incorre em responsabilidade civil pelos danos causados em virtude do incumprimento do contrato, não podendo a indemnização exceder o valor das retribuições que ao praticante seriam devidas se o contrato de trabalho tivesse cessado no seu termo.
2 – Quando se trate de extinção promovida pela entidade empregadora, o disposto no número anterior não prejudica o direito do trabalhador à reintegração no clube em caso de despedimento ilícito.
3 – Quando, em caso de despedimento promovido pela entidade empregadora, caiba o direito à indemnização prevista no n.º 1, do respectivo montante devem ser deduzidas as remunerações que, durante o período correspondente à duração fixada para o contrato, o trabalhador venha a receber pela prestação da mesma actividade a outra entidade empregadora desportiva.

ARTIGO 28.º **(Rescisão pelo trabalhador)**

Não é devida a compensação referida no artigo 18.º quando o contrato de trabalho desportivo seja rescindido com justa causa pelo trabalhador.

ARTIGO 29.º **(Comunicação da cessação do contrato)**

1 – A eficácia da cessação do contrato de trabalho desportivo depende da comunicação às entidades que procedem ao registo obrigatório do contrato, nos termos do disposto no artigo 6.º

2 – A comunicação deve ser realizada pela parte que promoveu a cessação, com indicação da respectiva forma de extinção do contrato.

ARTIGO 30.º **(Convenção de arbitragem)**

1 – Para a solução de quaisquer conflitos de natureza laboral emergentes da celebração de contrato de trabalho desportivo poderão as associações representativas de entidades empregadoras e de praticantes desportivos, por meio de convenção colectiva, estabelecer o recurso à arbitragem, nos termos da Lei n.º 31/86, de 29 de Agosto, através da atribuição, para tal efeito, de competência exclusiva ou prévia a comissões arbitrais paritárias, institucionalizadas, nos termos do disposto no Decreto-Lei n.º 425/86, de 27 de Dezembro.

2 – A convenção que estabelecer o recurso à arbitragem prevista no número anterior deverá fixar as competências próprias da comissão arbitral paritária, bem como a respectiva composição.

3 – As comissões e tribunais arbitrais já existentes à data da entrada em vigor do presente diploma consideram-se competentes nos termos do n.º 1 do presente artigo, desde que tal competência resulte da convenção que determinou a sua constituição.

CAPÍTULO VI
Contrato de formação desportiva

ARTIGO 31.º **(Capacidade)**

1 – Podem ser contratados como formandos os jovens que, cumulativamente, tenham:

a) Cumprido a escolaridade obrigatória;

b) Idade compreendida entre 14 e 18 anos.

2 – Podem celebrar contratos de formação como entidades formadoras as entidades empregadoras desportivas que garantam um ambiente de trabalho e meios humanos e técnicos adequados à formação desportiva a ministrar.

3 – A verificação do disposto no número anterior é certificada mediante documento comprovativo a emitir pela respectiva federação dotada de utilidade pública desportiva e pode ser reapreciada a todo o tempo.

Lei n.° 28/98, de 26 de Junho 333

4 – A celebração do contrato depende da realização de exame médico, a promover pela entidade formadora, que certifique a capacidade física e psíquica adequada ao desempenho da actividade.

5 – O incumprimento dos requisitos previstos no presente artigo determina a anulabilidade do contrato.

ARTIGO 32.° **(Forma)**

1 – O contrato de formação desportiva deve ser reduzido a escrito e é feito em triplicado.

2 – Os três exemplares são assinados pelo representante da entidade formadora, pelo formando e pelo seu representante legal, quando aquele for menor.

3 – Dos três exemplares um é para a entidade formadora, outro para o formando ou seu representante legal e outro para a federação respectiva.

4 – O modelo do contrato de formação é aprovado por regulamento federativo.

ARTIGO 33.° **(Duração)**

1 – O contrato de formação tem a duração mínima de uma época desportiva e a duração máxima de quatro épocas desportivas.

2 – O contrato de formação pode ser prorrogado até ao limite máximo estabelecido no número anterior.

ARTIGO 34.° **(Tempo de trabalho)**

No que respeita ao tempo de trabalho, feriados e descanso semanal do formando, é aplicável o regime estabelecido pelo presente diploma para o praticante desportivo profissional.

ARTIGO 35.° **(Deveres da entidade formadora)**

1 – Constituem, em especial, deveres da entidade formadora:

a) Proporcionar ao formando os conhecimentos necessários à prática da modalidade desportiva;

b) Não exigir dos formandos tarefas que não se compreendam no objecto do contrato;

c) Respeitar as condições de higiene e segurança e de ambiente compatíveis com a idade do formando;

d) Informar regularmente o representante legal do formando sobre o desenvolvimento do processo de formação e, bem assim, prestar os esclarecimentos que lhes forem por aquele solicitados;

e) Proporcionar ao formando a frequência e a prossecução dos seus estudos.

2 – A entidade formadora é responsável pela realização de um exame médico anual, se periodicidade mais curta não for exigida pelo desenvolvimento do processo de formação, por forma a assegurar que das actividades desenvolvidas no âmbito da formação não resulte perigo para a saúde e para o desenvolvimento físico e psíquico do formando.

334   *Regulamentação do Código do Trabalho*

ARTIGO 36.º **(Deveres do formando)**
Constituem em especial, deveres do formando:
a) Ser assíduo, pontual e realizar as suas tarefas com zelo e diligência;
b) Observar as instruções das pessoas encarregadas da sua formação;
c) Utilizar cuidadosamente e zelar pela boa conservação dos bens materiais que lhe sejam confiados.

ARTIGO 37.º **(Promessa de contrato de trabalho desportivo)**
1 – Vale como promessa de contrato de trabalho desportivo o acordo pelo qual o formando se obriga a celebrar com a entidade formadora um contrato de trabalho desportivo após a cessação do contrato de formação.
2 – A duração do contrato de trabalho prometido não pode exceder quatro épocas desportivas, considerando-se reduzida a essa duração em caso de estipulação de duração superior.
3 – A promessa de contrato de trabalho referida no número anterior caduca caso o contrato de formação cesse antes do termo fixado.
4 – O incumprimento do contrato, sem justa causa, de formação por parte do formando inibirá este de celebrar contrato de trabalho desportivo com clube diverso do clube formador até ao final do prazo pelo qual se tinha comprometido com este.

ARTIGO 38.º **(Compensação por formação)**
A celebração, pelo praticante desportivo, do primeiro contrato de trabalho como profissional com entidade empregadora distinta da entidade formadora confere a esta o direito de receber uma compensação por formação, de acordo com o disposto no artigo 18.º

ARTIGO 39.º **(Cessação do contrato)**
1 – À cessação do contrato de formação desportiva é aplicável, com as necessárias adaptações, o regime previsto nos artigos 26.º a 30.º do Decreto-Lei n.º 205/96, de 25 de Outubro.
2 – A cessação do contrato de formação por iniciativa do clube formador depende da verificação de justa causa apurada através do competente procedimento disciplinar.

ARTIGO 40.º **(Liberdade de contratar)**
A federação de cada modalidade, dotada de utilidade pública desportiva, pode estabelecer, por regulamento, limites quanto à possibilidade de participação do formando em competições oficiais em representação de mais de uma entidade formadora numa mesma época desportiva.

ARTIGO 41.º **(Norma revogatória)**
É revogado o Decreto-Lei n.º 305/95, de 18 de Novembro.

Lei n.º 28/98, de 26 de Junho

CAPÍTULO VII
Sanções

ARTIGO 42.º – **Contra-ordenações**

1 – Constitui contra-ordenação muito grave a prestação de actividade com base num contrato de trabalho desportivo por parte de menor que não satisfaça as condições referidas no n.º 1 do artigo 4.º, bem como a execução de contrato de formação desportiva por parte de menor sem os requisitos mínimos do n.º 1 do artigo 31.º.

2 – Constitui contra-ordenação grave a violação das alíneas *a*) e *b*) do artigo 12.º, do n.º 3 do 15.º, do artigo 16.º, dos n.ºs 2, 3 e 4 do artigo 17.º, do n.º 2 do artigo 27.º e da alínea *c*) do n.º 1 e do n.º 2 do artigo 35.º.

3 – Constitui contra-ordenação leve a violação do n.º 2 do artigo 4.º, dos n.ºs 1 e 2 do artigo 5.º e da parte final do n.º 2 do artigo 32.º.

TRABALHO DOMÉSTICO

DECRETO-LEI N.° 235/92,

de 24 de Outubro[6]

O Decreto-Lei n.° 508/80, de 21 de Outubro, actualmente em vigor, definiu, pela primeira vez, no nosso ordenamento jurídico, um regime específico regulamentador do contrato de serviço doméstico.

Até à data da sua entrada em vigor, as normas regulamentadoras deste tipo de contrato eram as do Código Civil de 1867, que, pela época em que foram produzidas, se mostravam completamente desfasadas da realidade social.

Tratando-se da primeira tentativa de regular, global e coerentemente, a prestação de trabalho doméstico e tendo surgido numa época de profundas mutações na concepção dos regimes disciplinadores da relação de trabalho, o referido diploma não poderia deixar de ter, naturalmente, um período de vigência transitório.

Decorridos cerca de 10 anos, reconhece-se que a dinâmica das relações laborais e a melhoria das condições de vida dos agregados familiares justificam uma revisão de algumas matérias do actual regime.

A circunstância de o trabalho doméstico ser prestado a agregados familiares, e, por isso, gerar relações profissionais com acentuado carácter pessoal que postulam um permanente clima de confiança, exige, a par da consideração da especificidade económica daqueles, que o seu regime se continue a configurar como especial em certas matérias.

Por outro lado, prevê-se a aproximação ao quadro normativo geral atinente aos regimes de faltas, de férias e do respectivo subsídio.

No que concerne às inovações, cabe anotar a justaposição do subsídio de Natal, tendo em conta a sua prática generalizada na contratação colectiva, e a regulação flexível de períodos de trabalho semanais para trabalhadores alojados e não alojados, de acordo, aliás, com o previsto na Lei n.° 2/91, de 17 de Janeiro. Por último, inserem-se prescrições gerais relativas à segurança e saúde no trabalho doméstico.

---

[6] Com as alterações introduzidas pela Declaração de Rectificação n.° 174/92, de 31.10, pelo Decreto-Lei n.° 88/96, de 03.07 (art. 12.°) e pela Lei n.° 114/99, de 03.08 (art. 36.°).

338   *Regulamentação do Código do Trabalho*

Foram ouvidas as entidades representativas dos trabalhadores, nos termos da lei, sendo, porém, que na ponderação dos respectivos contributos houve de atender à circunstância de o objecto e o sentido do presente diploma se acharem já estabelecidos na Lei n.º 12/92, de 16 de Julho, este também objecto de audição dos representantes dos trabalhadores.

Assim:

No uso da autorização concedida pela Lei n.º 12/92, de 16 de Julho, e nos termos da alínea *b*) do n.º 1 do artigo 201.º da Constituição, o Governo decreta o seguinte:

ARTIGO 1.º **(Objecto)**

O presente diploma estabelece o regime das relações de trabalho emergentes do contrato de serviço doméstico.

ARTIGO 2.º **(Definição)**

1 – Contrato de serviço doméstico é aquele pelo qual uma pessoa se obriga, mediante retribuição, a prestar a outrem, com carácter regular, sob a sua direcção e autoridade, actividades destinadas à satisfação das necessidades próprias ou específicas de um agregado familiar, ou equiparado, e dos respectivos membros, nomeadamente:

a) Confecção de refeições;

b) Lavagem e tratamento de roupas;

c) Limpeza e arrumo de casa;

d) Vigilância e assistência a crianças, pessoas idosas e doentes;

e) Tratamento de animais domésticos;

f) Execução de serviços de jardinagem;

g) Execução de serviços de costura;

h) Outras actividades consagradas pelos usos e costumes;

i) Coordenação e supervisão de tarefas do tipo das mencionadas neste número;j) Execução de tarefas externas relacionadas com as anteriores.

2 – O regime previsto no presente diploma aplica-se, com as necessárias adaptações, à prestação das actividades referidas no número anterior a pessoas colectivas de fins não lucrativos, ou a agregados familiares, por conta daquelas, desde que não abrangidas por regime legal ou convencional.

3 – Não se considera serviço doméstico a prestação de trabalhos com carácter acidental, a execução de uma tarefa concreta de frequência intermitente ou o desempenho de trabalhos domésticos em regime au pair, de autonomia ou de voluntariado social.

ARTIGO 3.º **(Forma)**

O contrato de serviço doméstico não está sujeito a forma especial, salvo no caso de contrato a termo.

ARTIGO 4.º (Idade mínima)

1 – Só podem ser admitidos a prestar serviço doméstico os menores que já tenham completado 16 anos de idade.

2 – A admissão de menores deve ser comunicada pela entidade empregadora, no prazo de 90 dias, à Inspecção-Geral do Trabalho, com a indicação dos seguintes elementos:

a) Nome e idade do menor;
b) Nome e morada do representante legal;
c) Local da prestação de trabalho;
d) Duração diária e semanal do trabalho;
e) Retribuição;
f) Número de beneficiário da segurança social.

ARTIGO 5.º (Contrato a termo)

1 – Ao contrato de serviço doméstico pode ser aposto termo, certo ou incerto, quando se verifique a natureza transitória ou temporária do trabalho a prestar.

2 – O contrato de serviço doméstico pode ainda ser celebrado a termo certo quando as partes assim o convencionarem, desde que a sua duração, incluindo as renovações, não seja superior a um ano.

3 – Nas situações previstas no n.º 1, na falta de estipulação escrita do prazo considera-se que o contrato é celebrado pelo período em que persistir o motivo determinante.

4 – A não verificação dos requisitos de justificação, quando exigidos, ou a falta de redução a escrito, no caso do n.º 2, tornam nula a estipulação do termo.

ARTIGO 6.º (Renovação do contrato a termo)

1 – O contrato de trabalho a termo certo pode ser objecto de duas renovações, considerando-se o contrato renovado se o trabalhador continuar ao serviço para além do prazo estabelecido.

2 – Se o trabalhador continuar ao serviço da entidade empregadora após o decurso de 15 dias sobre a data do termo da última renovação do contrato ou da verificação do evento que, nos termos do n.º 1 do artigo anterior, justificou a sua celebração, o contrato converte-se em contrato sem termo.

ARTIGO 7.º (Modalidades)

1 – O contrato de serviço doméstico pode ser celebrado com ou sem alojamento e com ou sem alimentação.

2 – Entende-se por alojado, para os efeitos deste diploma, o trabalhador doméstico cuja retribuição em espécie compreenda a prestação de alojamento ou de alojamento e alimentação.

3 – O contrato de serviço doméstico pode ser celebrado a tempo inteiro ou a tempo parcial.

340   *Regulamentação do Código do Trabalho*

ARTIGO 8.° **(Período experimental)**

1 – No contrato de serviço doméstico há um período experimental de 90 dias, salvo estipulação escrita por via da qual seja eliminado ou reduzido.

2 – Durante o período experimental, qualquer das partes pode fazer cessar o contrato, sem aviso prévio ou alegação de justa causa, não havendo lugar a qualquer indemnização.

3 – No caso de cessação do contrato durante o período experimental, deve ser concedido ao trabalhador alojado um prazo não inferior a vinte e quatro horas para abandono do alojamento.

4 – O período experimental conta para efeitos de antiguidade.

ARTIGO 9.° **(Conceito e modalidades de retribuição)**

1 – Só se considera retribuição aquilo a que o trabalhador tem direito como contrapartida do seu trabalho, nos termos da lei ou do contrato.

2 – A retribuição do trabalhador pode ser paga parte em dinheiro e parte em espécie, designadamente pelo fornecimento de alojamento e alimentação ou só alojamento ou apenas alimentação.

3 – Sempre que no dia de descanso semanal ou feriado a entidade empregadora não conceda refeição ao trabalhador alojado, nem permita a sua confecção com géneros por aquela fornecidos, o trabalhador tem direito a receber o valor correspondente à alimentação em espécie, que acrescerá à retribuição em numerário.

ARTIGO 10.° **(Tempo de cumprimento e limites)**

1 – A obrigação de satisfazer a retribuição em dinheiro vence-se, salvo estipulação em contrário, no termo da unidade de tempo que servir de base para a sua fixação.

2 – A remuneração mínima garantida para o trabalhador de serviço doméstico é a fixada em diploma especial.

3 – Para efeitos de cálculo das várias prestações, compensações e indemnizações estabelecidas no presente diploma, o valor total da retribuição será expresso em dinheiro.

ARTIGO 11.° **(Cálculo de valor diário)**

A determinação do valor diário da retribuição deve efectuar-se dividindo o montante desta por 30, por 15 ou por 7, consoante tenha sido fixada com referência ao mês, à quinzena ou à semana, respectivamente.

ARTIGO 12.° **(Subsídio de Natal)**[7]

---

[7] O Decreto-Lei n.° 88/96, de 03.07, que instituiu o regime do subsídio de Natal foi revogado pelo art. 21.°, n.° 1, al. s) da Lei Preambular ao Código do Trabalho, encontrando-se agora esta matéria regulada no art. 254.°, do Código do Trabalho.

Decreto-Lei n.º 235/92, de 24 de Outubro 341

ARTIGO 13.º **(Duração do trabalho)**

1 – O período normal de trabalho semanal não pode ser superior a quarenta e quatro horas.

2 – No caso dos trabalhadores alojados apenas são considerados, para efeitos do número anterior, os tempos de trabalho efectivo.

3 – Quando exista acordo do trabalhador, o período normal de trabalho pode ser observado em termos médios.

ARTIGO 14.º **(Intervalos para refeições e descanso)**

1 – O trabalhador alojado tem direito, em cada dia, a gozar de intervalos para refeições e descanso, sem prejuízo das funções de vigilância e assistência a prestar ao agregado familiar.

2 – O trabalhador alojado tem direito a um repouso nocturno de, pelo menos, oito horas consecutivas, que não deve ser interrompido, salvo por motivos graves, imprevistos ou de força maior, ou quando tenha sido contratado para assistir a doentes ou crianças até aos 3 anos.

3 – A organização dos intervalos para refeições e descanso é estabelecida por acordo ou, na falta deste, fixada pelo empregador dentro dos períodos consagrados para o efeito pelos usos.

ARTIGO 15.º **(Descanso semanal)**

1 – O trabalhador não alojado a tempo inteiro e o trabalhador alojado têm direito, sem prejuízo da retribuição, ao gozo de um dia de descanso semanal.

2 – Pode ser convencionado entre as partes o gozo de meio dia ou de um dia completo de descanso, além do dia de descanso semanal previsto no número anterior.

3 – O dia de descanso semanal deve coincidir com o domingo, podendo recair em outro dia da semana, quando motivos sérios e não regulares da vida do agregado familiar o justifiquem.

ARTIGO 16.º **(Direito a férias)**

1 – O trabalhador de serviço doméstico tem direito, em cada ano civil, a um período de férias remuneradas de 22 dias úteis.

2 – O direito a férias vence-se no dia 1 de Janeiro de cada ano, salvo quando a antiguidade do trabalhador ao serviço do empregador for inferior a seis meses, caso em que só se vence no fim deste período.

3 – Quando o início do exercício de funções ocorra no 1.º trimestre do ano civil, o trabalhador tem direito, após o decurso do período experimental, a um período de férias de oito dias úteis, a gozar até 31 de Dezembro do ano da admissão.

4 – O trabalhador contratado a prazo inferior a um ano tem direito a um período de férias equivalente a dois dias úteis por cada mês completo.

5 – Para efeitos de férias, a contagem dos dias úteis compreende os dias da semana de segunda a sexta-feira, com a exclusão dos feriados, não sendo como tal considerados o sábado e o domingo.

342 · *Regulamentação do Código do Trabalho*

ARTIGO 17.º **(Retribuição durante as férias)**
1 – A retribuição correspondente ao período de férias não pode ser inferior à que o trabalhador perceberia se estivesse em serviço efectivo.

2 – O trabalhador contratado com alojamento e alimentação ou só com alimentação tem direito a receber a retribuição correspondente ao período de férias integralmente em dinheiro, no valor equivalente àquelas prestações, salvo se, por acordo, se mantiver o direito às mesmas durante o período de férias.

3 – Para efeitos do número anterior, os valores do alojamento e da alimentação são os determinados por referência ao valor da remuneração mínima garantida para os trabalhadores do serviço doméstico, nos termos da respectiva legislação.

ARTIGO 18.º **(Subsídio de férias)**
O trabalhador tem direito a receber, até ao início das férias, um subsídio em numerário de montante igual ao valor da remuneração correspondente ao período de férias.

ARTIGO 19.º **(Férias não gozadas por cessação do contrato)**
1 – Cessando o contrato de trabalho, o trabalhador tem direito a receber a retribuição e o subsídio correspondentes a um período de férias proporcional ao tempo de serviço prestado no ano da cessação.

2 – Se o contrato cessar antes do gozo do período de férias vencido nesse ano, o trabalhador tem direito a receber a retribuição e o subsídio correspondentes a esse período.

3 – O período de férias a que se refere o número anterior, embora não gozado, conta para efeitos de antiguidade.

ARTIGO 20.º **(Gozo e marcação de férias)**
1 – As férias devem ser gozadas no decurso do ano civil em que se vencem, podendo, por acordo, ser gozadas em dois períodos interpolados, sem que, neste caso, qualquer dos períodos possa ter duração inferior a 10 dias úteis consecutivos.

2 – A marcação do período de férias deve ser feita por acordo entre a entidade empregadora e o trabalhador.

3 – Na falta de acordo, cabe à entidade empregadora fixar as férias no período que medeia entre 1 de Maio e 31 de Outubro.

ARTIGO 21.º **(Violação do direito a férias)**
No caso de a entidade empregadora obstar ao gozo das férias nos termos previstos no presente diploma, o trabalhador tem direito a receber, a título de indemnização, o dobro da retribuição correspondente ao período em falta, que deverá, obrigatoriamente, ser gozado no 1.º trimestre do ano civil subsequente.

Decreto-Lei n.º 235/92, de 24 de Outubro 343

ARTIGO 22.º **(Irrenunciabilidade do direito a férias)**

O direito a férias é irrenunciável e o seu gozo efectivo não pode ser substi-tuído por qualquer compensação económica ou outra, ainda que com o acordo do trabalhador.

ARTIGO 23.º **(Faltas)**

1 – Falta é a ausência do trabalhador durante o período normal de trabalho a que está obrigado.

2 – As faltas podem ser justificadas ou injustificadas, nos termos do regime geral do contrato individual de trabalho.

3 – As faltas podem ser descontadas na retribuição paga em dinheiro, salvo quando motivadas por casamento, falecimento do cônjuge e de parentes ou afins, com referência aos limites e graus de parentesco consagrados na regulamentação geral do contrato individual de trabalho.

ARTIGO 24.º **(Feriados)**

1 – O trabalhador alojado e o não alojado a tempo inteiro têm direito, sem prejuízo da retribuição, ao gozo dos feriados obrigatórios previstos no regime geral do contrato individual de trabalho.

2 – Com o acordo do trabalhador pode haver prestação de trabalho de dura-ção normal nos feriados obrigatórios, que deve ser compensado com tempo livre, por um período correspondente, a gozar na mesma semana ou na seguinte.

3 – Quando, por razões de atendível interesse do agregado familiar, não seja viável a compensação com tempo livre, o trabalhador tem direito à remuneração correspondente.

4 – Os trabalhadores de serviço doméstico cuja retribuição seja fixada com referência à semana, à quinzena ou ao mês não podem sofrer redução na retribui-ção por motivo do gozo de feriados obrigatórios.

ARTIGO 25.º **(Suspensão do contrato de trabalho por impedimento prolon-gado respeitante ao trabalhador)**

1 – Quando o trabalhador esteja temporariamente impedido de prestar tra-balho por facto que não lhe seja imputável, nomeadamente doença ou acidente, e o impedimento se prolongue por mais de um mês, cessam os direitos, deveres e garantias das partes, na medida em que pressuponham a efectiva prestação de tra-balho, sem prejuízo da observância das disposições aplicáveis na legislação sobre segurança social ou outra.

2 – O tempo de suspensão conta para efeitos de antiguidade, mantendo-se os direitos, deveres e garantias das partes, na medida em que não pressuponham a efectiva prestação de trabalho.

3 – Terminado o impedimento, o trabalhador deve, dentro de 10 dias, apre-sentar-se à entidade empregadora para retomar o serviço, sob pena de se conside-rar abandono do trabalho, com consequente cessação do contrato de trabalho.

344   *Regulamentação do Código do Trabalho*

4 – Sendo o contrato sujeito a termo, a suspensão não impede a sua caducidade pela verificação daquele.

ARTIGO 26.° **(Segurança e saúde no trabalho)**

1 – A entidade empregadora deve tomar as medidas necessárias para que os locais de trabalho, os utensílios, os produtos e os processos de trabalho não apresentem riscos para a segurança e saúde do trabalhador, nomeadamente:

a) Informar o trabalhador sobre o modo de funcionamento e conservação dos equipamentos utilizados na execução das suas tarefas;

b) Promover a reparação de utensílios, e equipamentos cujo deficiente funcionamento possa constituir risco para a segurança e saúde do trabalhador;

c) Assegurar a identificação dos recipientes que contenham produtos que apresentem grau de toxicidade ou possam causar qualquer tipo de lesão e fornecer as instruções necessárias à sua adequada utilização;

d) Fornecer, em caso de necessidade, vestuário e equipamento de protecção adequados, a fim de prevenir, na medida do possível, dos riscos de acidente e ou de efeitos prejudiciais à saúde dos trabalhadores;

e) Proporcionar, quando for o caso, alojamento e alimentação em condições que salvaguardem a higiene e saúde dos trabalhadores.

2 – O trabalhador deve zelar pela manutenção das condições de segurança e de saúde, nomeadamente:

a) Cumprir as prescrições de segurança e saúde determinadas pela entidade empregadora;

b) Utilizar correctamente os equipamentos, utensílios, e produtos postos à sua disposição;

c) Comunicar imediatamente à entidade empregadora as avarias e deficiências relativas aos equipamentos e utensílios postos à sua disposição.

3 – A entidade empregadora deve transferir a responsabilidade pela reparação dos danos emergentes de acidente de trabalho para entidades legalmente autorizadas a fazer este seguro.

ARTIGO 27.° **(Cessação do contrato)**

O contrato de serviço doméstico pode cessar:

a) Por acordo das partes;

b) Por caducidade;

c) Por rescisão de qualquer das partes, ocorrendo justa causa;

d) Por rescisão unilateral do trabalhador, com pré-aviso.

ARTIGO 28.° **(Cessação do contrato por caducidade)**

1 – O contrato de serviço doméstico caduca nos casos previstos neste diploma e nos termos gerais de direito, nomeadamente:

a) Verificando-se o seu termo;

Decreto-Lei n.º 235/92, de 24 de Outubro 345

b) Verificando-se a impossibilidade superveniente, absoluta e definitiva de o trabalhador prestar o seu trabalho ou de o empregador o receber;

c) Verificando-se manifesta insuficiência económica do empregador, superveniente à celebração do contrato;

d) Ocorrendo alteração substancial das circunstâncias de vida familiar do empregador que torne imediata e praticamente impossível a subsistência da relação de trabalho;

e) Com a reforma do trabalhador por velhice ou invalidez.

2 – Para efeitos da alínea *b*) do número anterior, considera-se definitivo o impedimento cuja duração seja superior a seis meses ou, antes de expirado este prazo, quando haja a certeza ou se preveja com segurança que o impedimento terá duração superior.

3 – No caso previsto na alínea *d*) do n.º 1, o trabalhador terá direito a uma compensação de valor correspondente à retribuição de um mês por cada três anos de serviço, até ao limite de cinco, independentemente da retribuição por inteiro do mês em que se verificar a caducidade do contrato.

4 – Quando se dê a caducidade do contrato a termo celebrado com trabalhador alojado, a este será concedido um prazo de três dias para abandono do alojamento.

ARTIGO 29.º **(Rescisão com justa causa)**

1 – Constitui justa causa de rescisão qualquer facto ou circunstância que impossibilite a manutenção, atenta a natureza especial da relação em causa, do contrato de serviço doméstico.

2 – Ocorrendo justa causa, qualquer das partes pode pôr imediatamente termo ao contrato.

3 – No momento da rescisão do contrato devem ser referidos pela parte que o rescinde, expressa e inequivocamente, por escrito, os factos e circunstâncias que a fundamentem.

4 – A existência de justa causa será apreciada tendo sempre em atenção o carácter das relações entre as partes, nomeadamente a natureza dos laços de convivência do trabalhador com o agregado familiar a que presta serviço.

JURISPRUDÊNCIA:

I – Salvo convenção expressa em contrário em sede da convenção colectiva aplicável ou em sede do contrato individual de trabalho, a entidade empregadora pode alterar unilateralmente o horário de trabalho do trabalhador.

II – Sendo a alteração legítima, a recusa do trabalhador em cumprir o novo horário de trabalho constitui fundamento para o empregador rescindir o contrato com justa causa.

Ac. da Relação do Porto, de 15.12.2003 *in* Colectânea de Jurisprudência, Ano XXVIII, Tomo V, p. 243

346   *Regulamentação do Código do Trabalho*

ARTIGO 30.º **(Justa causa de rescisão por parte do empregador)**
Constituem justa causa de despedimento por parte do empregador, entre outros, os seguintes factos e comportamentos do trabalhador:
a) Desobediência ilegítima às ordens dadas pelo empregador ou outros
membros do agregado familiar;
b) Desinteresse repetido pelo cumprimento, com a diligência devida, das
obrigações inerentes ao exercício das funções que lhe estejam cometidas;
c) Provocação repetida de conflitos com outro ou outros trabalhadores ao
serviço da entidade empregadora;
d) Lesão de interesses patrimoniais sérios do empregador ou do agregado
familiar;
e) Faltas não justificadas ao trabalho que determinem prejuízos ou riscos
sérios para o empregador ou para o agregado familiar ou, independentemente de
qualquer prejuízo ou risco, quando o número de faltas injustificadas atingir em
cada ano 5 seguidas ou 10 interpoladas;
f) Falta culposa da observância de normas de segurança e saúde no trabalho;
g) Prática de violências físicas, de injúrias ou de outras ofensas sobre a entidade empregadora, membros do agregado familiar, outros trabalhadores ao serviço do empregador e pessoas das relações do agregado familiar;
h) Reduções anormais da produtividade do trabalhador;
i) Falsas declarações relativas à justificação de faltas;
j) Quebra de sigilo sobre qualquer assunto de que tenha conhecimento em
virtude da convivência decorrente da natureza do contrato e de cuja revelação possa
resultar prejuízo para a honra, bom nome ou património do agregado familiar;
l) Manifesta falta de urbanidade no trato habitual com os membros do
agregado familiar, designadamente as crianças e os idosos, ou com outras pessoas
que, regular ou acidentalmente, sejam recebidas na família;
m) Introdução abusiva no domicílio do agregado familiar de pessoas estra-
nhas ao mesmo, sem autorização ou conhecimento prévio do empregador ou de
quem o substitua;
n) Recusa em prestar contas de dinheiros que lhe tenham sido confiados
para compras ou pagamentos ou infidelidade na prestação dessas contas;
o) Hábitos ou comportamentos que não se coadunem com o ambiente normal do agregado familiar ou tendam a afectar gravemente a respectiva saúde ou
qualidade de vida;
p) Negligência reprovável ou reiterada na utilização de aparelhagem elec-
trodoméstica, utensílios de serviço, louças, roupas e objectos incluídos no recheio
da habitação, quando daí resulte avaria, quebra ou inutilização que impliquem
dano grave para o empregador.

ARTIGO 31.º **(Indemnização por despedimento com alegação insubsistente de
         justa causa)**
1 – O despedimento decidido com alegação de justa causa e que venha a ser ju-

Decreto-Lei n.º 235/92, de 24 de Outubro

dicialmente declarado insubsistente, não havendo acordo quanto à reintegração do trabalhador, confere a este o direito a uma indemnização correspondente à retribuição de um mês por cada ano completo de serviço ou fracção, decorrido até à data em que tenha sido proferido o despedimento, nos casos de contrato sem termo ou com termo incerto, e às retribuições vincendas, nos casos de contrato com termo certo.

2 – Quando se prove dolo do empregador, o valor da indemnização prevista no número anterior será agravado até ao dobro.

ARTIGO 32.º **(Rescisão com justa causa pelo trabalhador)**

1 – O trabalhador poderá rescindir o contrato com justa causa nas situações seguintes:

a) Necessidade de cumprir obrigações legais incompatíveis com a continuação ao serviço;

b) Falta culposa de pagamento pontual da retribuição, na forma devida;

c) Lesão culposa de interesses patrimoniais do trabalhador ou ofensa à sua honra ou dignidade;

d) Falta culposa quanto às condições proporcionadas ao trabalhador, nomeadamente alimentação, segurança e salubridade, em termos de acarretar prejuízo sério para a sua saúde;

e) Aplicação de sanção abusiva;

f) Mudança de residência permanente do empregador para outra localidade;

g) Quebra de sigilo sobre assuntos de carácter pessoal do trabalhador;

h) Manifesta falta de urbanidade no trato habitual com o trabalhador por parte do empregador ou dos membros do agregado familiar;

i) Violação culposa das garantias do trabalhador previstas no presente diploma ou no contrato de trabalho.

2 – A cessação do contrato nos termos das alíneas *b)* a *e)* do número anterior confere ao trabalhador o direito a indemnização de valor correspondente a um mês de retribuição por cada ano completo de serviço ou fracção.

ARTIGO 33.º **(Rescisão do contrato pelo trabalhador, com aviso prévio)**

1 – O trabalhador tem direito a rescindir o contrato, devendo propô-lo por escrito, com aviso prévio de duas semanas por cada ano de serviço ou fracção, não sendo, porém, obrigatório aviso prévio superior a seis semanas.

2 – Se o trabalhador não cumprir, total ou parcialmente, o prazo do aviso prévio, pagará ao empregador, a título de indemnização, o valor da retribuição correspondente ao período do aviso prévio em falta.

3 – A obrigação a que se refere o número anterior poderá ser satisfeita por compensação com créditos de retribuição.

ARTIGO 34.º **(Abandono do trabalho)**

1 – Considera-se abandono do trabalho a ausência do trabalhador ao serviço acompanhada de factos que, com toda a probabilidade, revelem a intenção de o não retomar.

348   *Regulamentação do Código do Trabalho*

2 – Presume-se abandono do trabalho a ausência do trabalhador ao serviço num período de 10 dias sem que a entidade empregadora tenha recebido comunicação do motivo da ausência.

3 – A presunção estabelecida no número anterior pode ser ilidida pelo trabalhador mediante prova da ocorrência de motivo de força maior impeditivo da comunicação da ausência.

4 – O abandono do trabalho vale como rescisão do contrato e constitui o trabalhador na obrigação de indemnizar a entidade empregadora de acordo com o estabelecido no artigo anterior.

5 – A cessação do contrato só é invocável pela entidade empregadora após comunicação registada, com aviso de recepção, para a última morada conhecida do trabalhador.

ARTIGO 35.° **(Documentos a entregar ao trabalhador)**

1 – Todos os pagamentos em numerário devem constar de documento que titule terem sido recebidas as prestações correspondentes, as quais devem ser nele discriminadas.

2 – Ao cessar o contrato de trabalho por qualquer das formas previstas no presente diploma, a entidade empregadora deve passar ao trabalhador, caso este o solicite, certificado donde conste o tempo durante o qual esteve ao seu serviço e a retribuição auferida.

3 – O certificado só poderá conter outras referências quando tal for expressamente requerido pelo trabalhador.

ARTIGO 36.° **(Contra-ordenações)**

1 – Constitui contra-ordenação muito grave a violação do n.° 1 do artigo 4.°.

2 – Constitui contra-ordenação grave a violação do n.° 1 do artigo 10.°, do n.° 1 do artigo 13.°, do n.° 1 do artigo 15.°, do n.° 1 do artigo 16.°, do artigo 18.°, do n.° 1 do artigo 24.°, dos n.ºs 1 e 3 do artigo 26.°, do n.° 3 do artigo 28.°, bem como do n.° 3 do artigo 29.° no caso de a rescisão do contrato de trabalho ser efectuada pelo empregador.

3 – Constitui contra-ordenação leve a violação do n.° 2 do artigo 4.° e do artigo 35.°.

ARTIGO 37.° **(Norma revogatória)**

É revogado o Decreto-Lei n.° 508/80, de 21 de Outubro.

ARTIGO 38.° **(Entrada em vigor)**

O presente diploma entra em vigor decorridos 60 dias após a sua publicação.

CARTEIRAS PROFISSIONAIS

DECRETO-LEI N.° 358/84,

de 13 de Novembro[8]

1. O regime jurídico das carteiras profissionais, adoptado no presente diploma, é justificado pelo propósito de harmonizar com os princípios do actual sistema jurídico um instituto cuja origem remonta à época inicial da organização corporativa. Criada pelo Decreto-Lei n.° 29931, de 15 de Setembro de 1939, a carteira profissional vinha secundar a obrigatoriedade de pagamento de quotas aos grémios e sindicatos por todas as empresas e trabalhadores, para assegurar a estabilidade dos organismos corporativos. A imposição da carteira profissional a qualquer profissão realizava-se por despacho do membro do Governo competente, sem especificar a lei, o critério ou o fim da decisão. A sua passagem, segundo regulamentos previamente aprovados, competia aos sindicatos para permitir que arrecadassem uma taxa e controlar o pagamentos das quotas.

A evolução do sistema jurídico, marcada pelo reconhecimento do princípio da liberdade sindical, eliminou as regras de quotização obrigatória mas não atingiu o instituto da carteira profissional, que continuou a ser praticada sem oposição da doutrina e da jurisprudência. Esta sobrevivência foi possível através de algumas adaptações do regime em relação aos fins e aos meios. Eliminado o fim de promover a estabilidade financeira dos sindicatos, passou a destacar-se a certificação pública da aptidão profissional dos titulares das carteiras, garantida pelos requisitos regulamentares de cursos escolares, aprovação em exames prévios ou frequência de estágios. A passagem das carteiras pelos sindicatos acomodou-se às novas situações de pluralismo sindical e de trabalhadores sem sindicalização, através de determinações administrativas e de lei que proibiu que ela fosse recusada por falta de pagamento de quotas.

2. No contexto da preparação do novo regime jurídico, foi publicado um projecto, para apreciação pública, na separata n.° 1 do *Boletim do Trabalho e Emprego* de 11 de Junho de 1979. Emitiram pareceres várias associações sindicais e uma confederação patronal.

---

[8] Com a alteração introduzida pela Lei n.° 118/99, de 11.08 (art. 6.°).

350   *Regulamentação do Código do Trabalho*

Do lado sindical, as raras expressões contrárias ao projecto limitaram-se a afirmações não fundamentadas ou a invocar uma indefinida inconstitucionalidade. As posições mais elaboradas, das confederações sindicais, não impugnaram abertamente nenhuma das regras principais: aceitaram umas e expressaram perante outras receios de utilização abusiva por parte do Governo ou da Administração. A confederação patronal não criticou as soluções do projecto.

As alterações mais sensíveis entre o projecto e o texto final localizaram-se em dois aspectos, influenciados por importantes modificações legislativas entretanto verificadas. Previam-se restrições ao exercício da profissão como efeito da condenação em certos crimes, que foram eliminadas em benefício da aplicação do disposto na lei penal sobre a suspensão do exercício de funções como pena acessória da condenação. Alterou-se a natureza contravencional do ilícito e das sanções nos casos de violação da exigência legal da carteira ou das regras de conduta profissional e adoptou-se o regime do direito de mera ordenação social, especificamente apropriado a este tipo de intervenção legislativa que impõe condutas despidas de fundamentação ético-jurídica.

3. O novo regime estrutura-se sobre três regras fundamentais: a definição dos fins que podem justificar o condicionamento ao exercício de determinadas profissões; a concretização por portaria das profissões condicionadas e das qualificações especiais exigidas, e a atribuição da competência para a passagem das carteiras à Administração.

A primeira regra reconhece como de interesse colectivo a defesa de bens jurídicos essenciais contra possíveis lesões praticadas por causa do exercício inábil de certas funções. Identifica os bens jurídicos e apenas para a sua protecção permite que se condicione o exercício de certas profissões. Deverá existir uma ligação estreita entre a profissão e um qualquer destes bens, de modo que as regras de experiência manifestem uma causalidade adequada entre a execução defeituosa das funções e a lesão do bem protegido.

A diversidade e permanente evolução das actividades económicas e sociais e das regras técnicas não permitem a concentração num único diploma de toda a regulamentação relativa ao exercício das várias profissões. Manteve-se, por isso, o sistema de remeter para diplomas regulamentares a concretização das profissões condicionadas com base na lei que lhes determina as finalidades, os instrumentos e as garantias.

Finalmente, atribui-se a competência para a passagem das carteiras profissionais à Administração. O condicionamento das profissões impõe-se por razões de ordem pública, pelo que deve caber aos órgãos estaduais a totalidade da regulamentação, execução e garantia do sistema. Afasta-se imediatamente a competência dos sindicatos, mesmo no âmbito de regulamentos anteriores que transitoriamente continuam em vigor; nenhuma razão existe que a justificasse e, decisivamente, ela é, como já demonstrou o Tribunal Constitucional, contrária ao princípio da liberdade sindical.

Nos termos constitucionais foram ouvidas as Regiões Autónomas dos Açores e da Madeira.

Decreto-Lei n.º 358/84, de 13 de Novembro   351

Assim:

O Governo decreta, nos termos da alínea *a*) do n.º 1 do artigo 201.º da Constituição, o seguinte:

ARTIGO 1.º   (Condicionamento do exercício de profissões)

1 – O exercício de profissões cuja natureza exija qualificações especiais só pode ser condicionado à existência dessas qualificações para defesa da saúde e da integridade física e moral das pessoas ou da segurança dos bens.

2 – O regime previsto no presente diploma não é aplicável às profissões cujo exercício dependa de inscrição em ordens.

ARTIGO 2.º   (Determinação das profissões)

1 – As profissões a que se refere o n.º 1 do artigo anterior serão definidas em portaria conjunta do Ministro do Trabalho e Segurança Social, do ministro da tutela do sector de actividade em que são exercidas e, para os efeitos das alíneas *a*) e *b*) do n.º 2 do artigo 3.º, do Ministro da Educação.

2 – Na preparação das portarias serão ouvidas as associações sindicais e patronais interessadas.

ARTIGO 3.º   (Requisitos)

1 – A existência das qualificações especiais necessárias para o exercício das profissões referidas no n.º 1 do artigo 1.º pode ser provada por certificado de curso escolar adequado ou apurada mediante provas a realizar para o efeito.

2 – A portaria determina, relativamente a cada profissão:

a) Cursos escolares com cuja habilitação é permitido o exercício da profissão;

b) Regras aplicáveis às provas de habilitação, domínios do conhecimento abrangidos e composição do júri;

c) Os requisitos e, quando se julgar conveniente, o prazo de validade da carteira profissional;

d) O prazo máximo do exercício da profissão no caso previsto no n.º 2 do artigo 4.º;

e) A idade mínima exigida para o exercício da profissão.

3 – A portaria pode exigir que o exercício da profissão seja precedido de estágio, a realizar em condições que regulará.

ARTIGO 4.º   (Carteira profissional)

1 – O exercício de profissões que constem das portarias emitidas ao abrigo deste diploma obriga à posse de carteira profissional passada pelos serviços competentes do Ministério do Trabalho e Segurança Social e das Secretarias Regionais do Trabalho dos Açores e da Madeira.

2 – O exercício temporário de profissões referidas no n.º 1 em território nacional pode ser autorizado, mediante certificado, a quem, habilitado com título escolar ou profissional adequado, as tenha exercido em país estrangeiro.

352 *Regulamentação do Código do Trabalho*

ARTIGO 5.º **(Regras de conduta no exercício da profissão)**
As portarias referidas no n.º 1 do artigo 2.º podem incluir regras de conduta a observar no exercício da profissão.

ARTIGO 6.º **(Efeitos de falta de carteira profissional ou certificado)**
1 – É nulo o contrato pelo qual alguém se obrigue a exercer, mediante remuneração, profissões abrangidas por portarias emitidas ao abrigo deste diploma sem que possua carteira profissional ou certificado.
2 – O exercício das referidas profissões por quem não possua carteira profissional ou certificado constitui contra-ordenação grave.
3 – No caso do exercício por conta de outrem das referidas profissões, pratica contra-ordenação grave a entidade patronal que nele consentir.

ARTIGO 7.º **(Autoridade administrativa competente)**
Para o processamento das contra-ordenações referidas nos n.os 2 e 3 do artigo 6.º e aplicação das coimas são competentes a Inspecção-Geral do Trabalho e as Inspecções Regionais do Trabalho dos Açores e da Madeira.

ARTIGO 8.º **(Disposições finais e transitórias)**
1 – Os regulamentos de carteiras profissionais aprovados ao abrigo do Decreto-Lei n.º 29 931, de 15 de Setembro de 1939, mantêm-se em vigor até que sejam revogados ou substituídos, nos termos do n.º 1 do artigo 2.º
2 – A passagem de carteiras profissionais ao abrigo de regulamentos mantidos em vigor nos termos do número anterior será feita pelos serviços competentes do Ministério do Trabalho e Segurança Social e das Secretarias Regionais do Trabalho dos Açores e da Madeira.
3 – As carteiras profissionais emitidas ao abrigo do regime anterior mantêm a sua validade, sem prejuízo do que vier a ser disposto nas portarias a que se refere o n.º 1 do artigo 2.º

ARTIGO 9.º **(Norma revogatória)**
É revogado o artigo 3.º do Decreto-Lei n.º 29 931, de 15 de Setembro de 1939.

CONTRATO INDIVIDUAL DE TRABALHO DA ADMINISTRAÇÃO PÚBLICA

LEI N.º 23/2004,

de 22 de Junho

Aprova o regime jurídico do contrato individual de trabalho da Administração Pública.

A Assembleia da República decreta, nos termos da alínea *c*) do artigo 161.º da Constituição, para valer como lei geral da República, o seguinte:

ARTIGO 1.º **(Objecto e âmbito)**

1 – A presente lei define o regime jurídico do contrato de trabalho nas pessoas colectivas públicas.

2 – Podem celebrar contratos de trabalho o Estado e outras pessoas colectivas públicas nos termos da presente lei.

3 – Sem prejuízo do disposto em legislação especial, o regime previsto na presente lei não se aplica às seguintes entidades:

a) Empresas públicas;

b) Pessoas colectivas de utilidade pública administrativa;

c) Associações públicas;

d) Associações ou fundações criadas como pessoas colectivas de direito privado por pessoas colectivas de direito público abrangidas pela presente lei;

e) Entidades administrativas independentes;

f) Universidades, institutos politécnicos e escolas não integradas do ensino superior;

g) O Banco de Portugal e os fundos que funcionam junto dele.

4 – No âmbito da administração directa do Estado, não podem ser objecto de contrato de trabalho por tempo indeterminado actividades que impliquem o exercício directo de poderes de autoridade que definam situações jurídicas subjectivas de terceiros ou o exercício de poderes de soberania.

5 – A presente lei aplica-se à administração regional autónoma e à administração local, podendo ser-lhe introduzidas adaptações em diploma próprio.

354   *Regulamentação do Código do Trabalho*

ARTIGO 2.º **(Regime jurídico)**

1 – Aos contratos de trabalho celebrados por pessoas colectivas públicas é aplicável o regime do Código do Trabalho e respectiva legislação especial, com as especificidades constantes da presente lei.

2 – O contrato de trabalho com pessoas colectivas públicas não confere a qualidade de funcionário público ou agente administrativo, ainda que estas tenham um quadro de pessoal em regime de direito público.

ARTIGO 3.º **(Empregadores públicos)**

1 – As pessoas colectivas públicas são equiparadas a empresas para efeitos de aplicação das regras do Código do Trabalho e respectiva legislação especial e desta lei, sendo consideradas como grandes empresas.

2 – O regime da pluralidade de empregadores previsto no Código do Trabalho é aplicável quando se verifiquem relações de colaboração entre pessoas colectivas públicas ou a existência de estruturas organizativas comuns, designadamente serviços partilhados que impliquem a prestação de trabalho subordinado a mais de uma pessoa colectiva pública.

ARTIGO 4.º **(Deveres especiais dos trabalhadores)**

1 – Sem prejuízo dos deveres gerais constantes do Código do Trabalho, de instrumento de regulamentação colectiva de trabalho ou decorrentes do contrato, os trabalhadores das pessoas colectivas públicas estão sujeitos, em especial, à prossecução do interesse público e devem agir com imparcialidade e isenção perante os cidadãos.

2 – Os trabalhadores abrangidos pela presente lei estão sujeitos ao regime de incompatibilidades do pessoal com vínculo de funcionário público ou de agente administrativo.

3 – Os trabalhadores vinculados por contrato de trabalho às pessoas colectivas públicas carecem de autorização para exercerem outra actividade, nos mesmos termos que o pessoal com vínculo de funcionário ou agente.

ARTIGO 5.º **(Processo de selecção)**

1 – A celebração de contrato de trabalho por tempo indeterminado no âmbito da presente lei deve ser precedida de um processo de selecção que obedece aos seguintes princípios:

    a) Publicitação da oferta de trabalho;

    b) Garantia de igualdade de condições e oportunidades;

    c) Decisão de contratação fundamentada em critérios objectivos de selecção.

2 – O processo prévio de selecção não está sujeito ao Código do Procedimento Administrativo, sem prejuízo da aplicação dos princípios gerais que regem a actividade administrativa.

3 – A publicitação da oferta de trabalho deve ser feita em jornal de expansão regional e nacional, incluindo obrigatoriamente informação sobre o serviço a

Lei n.º 23/2004, de 22 de Junho 355

que se destina, a actividade para a qual o trabalhador é contratado, os requisitos exigidos e os métodos e critérios objectivos de selecção.

4 – A aplicação dos métodos e critérios de selecção é efectuada por uma comissão, preferencialmente constituída por pessoas com formação específica na área do recrutamento e selecção.

5 – A decisão deve ser fundamentada por escrito e comunicada aos candidatos.

6 – As regras a que deve obedecer o processo de selecção constam obrigatoriamente dos estatutos próprios ou dos regulamentos internos das pessoas colectivas públicas previstos na presente lei.

ARTIGO 6.º **(Pessoal de direcção e chefia em regime de contrato de trabalho)**

1 – As pessoas colectivas públicas cujas estruturas tenham funções dirigentes em regime de contrato de trabalho apenas podem contratar pessoal para as referidas funções em regime de comissão de serviço prevista no Código do Trabalho.

2 – Os trabalhadores que exerçam funções em regime de comissão de serviço nos termos do número anterior estão sujeitos ao mesmo regime de incompatibilidades, bem como aos deveres específicos do pessoal dirigente da Administração Pública.

ARTIGO 7.º **(Limites à contratação)**

1 – As pessoas colectivas públicas apenas podem celebrar contratos de trabalho por tempo indeterminado se existir um quadro de pessoal para este efeito e nos limites deste quadro.

2 – No âmbito da administração directa do Estado, a competência para celebrar contratos de trabalho pertence ao dirigente máximo do serviço.

3 – A celebração de contratos de trabalho por pessoas colectivas públicas deve ser comunicada ao Ministro das Finanças e ao membro do Governo que tiver a seu cargo a Administração Pública.

4 – A celebração de contratos de trabalho em violação do disposto no n.º 1 implica a sua nulidade e gera responsabilidade civil, disciplinar e financeira dos titulares dos órgãos que celebraram os contratos de trabalho.

5 – A celebração de contratos de trabalho que envolvam encargos com remunerações globais superiores às que resultam da aplicação de regulamentos internos ou dos instrumentos de regulamentação colectiva fica sujeita à autorização do Ministro das Finanças.

6 – Para efeitos do número anterior, a determinação da remuneração global inclui quaisquer suplementos remuneratórios, incluindo a fixação de indemnizações ou valores pecuniários incertos.

ARTIGO 8.º **(Forma)**

1 – Os contratos de trabalho celebrados por pessoas colectivas públicas estão sujeitos à forma escrita.

356 *Regulamentação do Código do Trabalho*

2 – Do contrato de trabalho devem constar as seguintes indicações:
a) Nome ou denominação e domicílio ou sede dos contraentes;
b) Tipo de contrato e respectivo prazo, quando aplicável;
c) Actividade contratada e retribuição do trabalhador;
d) Local e período normal de trabalho;
e) Data de início da actividade;
f) Indicação do processo de selecção adoptado;
g) Identificação da entidade que autorizou a contratação.

3 – A não redução a escrito ou a falta das indicações constantes das alíneas *a*), *b*) e *c*) do número anterior determinam a nulidade do contrato.

ARTIGO 9.º **(Termo resolutivo)**

1 – Nos contratos de trabalho celebrados por pessoas colectivas públicas só pode ser aposto termo resolutivo nas seguintes situações:

a) Substituição directa ou indirecta de funcionário, agente ou outro trabalhador ausente ou que, por qualquer razão, se encontre temporariamente impedido de prestar serviço;

b) Substituição directa ou indirecta de funcionário, agente ou outro trabalhador em relação ao qual esteja pendente em juízo acção de apreciação da licitude do despedimento;

c) Substituição directa ou indirecta de funcionário, agente ou outro trabalhador em situação de licença sem retribuição;

d) Substituição de funcionário, agente ou outro trabalhador a tempo completo que passe a prestar trabalho a tempo parcial;

e) Para assegurar necessidades públicas urgentes de funcionamento das pessoas colectivas públicas;

f) Execução de tarefa ocasional ou serviço determinado precisamente definido e não duradouro;

g) Para o exercício de funções em estruturas temporárias das pessoas colectivas públicas;

h) Para fazer face ao aumento excepcional e temporário da actividade do serviço;

i) Para o desenvolvimento de projectos não inseridos nas actividades normais dos serviços;

j) Quando a formação dos trabalhadores no âmbito das pessoas colectivas públicas envolva a prestação de trabalho subordinado.

2 – Os contratos previstos no número anterior só podem ser a termo incerto nas situações previstas nas alíneas *a*) a *d*) e *f*) a *i*) do número anterior.

3 – No caso da alínea *e*) do número anterior, o contrato não pode ter uma duração superior a seis meses.

4 – A celebração de contratos de trabalho a termo resolutivo obedece a um processo de selecção simplificado, precedido de publicação da oferta de trabalho

Lei n.º 23/2004, de 22 de Junho

pelos meios adequados e de decisão reduzida a escrito e fundamentada em critérios objectivos de selecção.

5 – A celebração de contratos de trabalho a termo resolutivo nas situações previstas nas alínea *e*) a *j*) do n.º 1 do presente artigo depende da autorização do Ministro das Finanças e do membro do Governo que tiver a seu cargo a Administração Pública.

6 – Nos casos das alíneas *a*) a *d*) do n.º 1 do presente artigo, a celebração dos respectivos contratos deve ser comunicada à Direcção-Geral da Administração Pública.

ARTIGO 10.º **(Regras especiais aplicáveis ao contrato de trabalho a termo resolutivo)**

1 – O contrato de trabalho a termo resolutivo certo celebrado por pessoas colectivas públicas não está sujeito a renovação automática.

2 – O contrato de trabalho a termo resolutivo celebrado por pessoas colectivas públicas não se converte, em caso algum, em contrato por tempo indeterminado, caducando no termo do prazo máximo de duração previsto no Código do Trabalho.

3 – A celebração de contratos de trabalho a termo resolutivo com violação do disposto na presente lei implica a sua nulidade e gera responsabilidade civil, disciplinar e financeira dos titulares dos órgãos que celebraram os contratos de trabalho.

ARTIGO 11.º **(Regulamentos internos)**

1 – As pessoas colectivas públicas podem emitir regulamentos internos nos termos previstos no Código do Trabalho, com as especificidades constantes dos números seguintes.

2 – Os regulamentos internos aplicáveis ao pessoal em regime de contrato de trabalho na administração directa do Estado são aprovados pelo ministro da tutela, com faculdade de delegação nos dirigentes máximos dos serviços.

3 – Os regulamentos internos das pessoas colectivas públicas que disponham em matéria salarial e de carreiras carecem de homologação dos Ministros das Finanças e da tutela, sob pena de ineficácia.

4 – Os regulamentos internos devem ser publicados na 2.ª série do *Diário da República* e afixados nos locais de trabalho.

5 – A eficácia dos regulamentos internos não depende de comunicação à Inspecção-Geral do Trabalho, produzindo os seus efeitos com a publicação a que se refere o número anterior.

ARTIGO 12.º **(Tempo de trabalho nas pessoas colectivas públicas)**

Por instrumento de regulamentação colectiva de trabalho, os limites dos períodos normais de trabalho fixados no Código do Trabalho podem ser alargados até aos limites previstos para as correspondentes carreiras do pessoal com vínculo de funcionário público ou agente administrativo.

358   *Regulamentação do Código do Trabalho*

ARTIGO 13.º **(Níveis retributivos)**

1 – Sem prejuízo do regime resultante de instrumentos de regulamentação colectiva, os níveis retributivos dos trabalhadores das pessoas colectivas públicas não devem ultrapassar os níveis remuneratórios do pessoal com vínculo de funcionário ou agente, quando existam as respectivas carreiras no âmbito da Administração Pública.

2 – A violação do disposto no número anterior implica responsabilidade disciplinar e financeira dos titulares dos órgãos da pessoa colectiva pública que fixaram os níveis remuneratórios dos trabalhadores.

ARTIGO 14.º **(Cedência ocasional de trabalhadores)**

1 – É lícita a cedência ocasional de trabalhadores das pessoas colectivas públicas para o exercício de funções temporárias noutra pessoa colectiva pública, com o acordo do trabalhador expresso por escrito.

2 – No quadro da colaboração entre pessoas colectivas públicas, a cedência não exige o acordo do trabalhador se for fundamentada em necessidades prementes das entidades envolvidas ou em razões de economia, eficácia e eficiência na prossecução das respectivas atribuições.

3 – A cedência prevista no número anterior não pode fazer diminuir os direitos do trabalhador e deve respeitar as regras do Código do Trabalho quanto à mobilidade funcional e geográfica e ao tempo de trabalho.

4 – O acordo de cedência entre pessoas colectivas deve ser reduzido a escrito e prever expressamente a entidade responsável pelo pagamento da retribuição ao trabalhador.

5 – Nas matérias não especificamente reguladas neste artigo é aplicável o regime do Código do Trabalho sobre a cedência ocasional.

ARTIGO 15.º **(Redução do período normal de trabalho ou suspensão dos contratos de trabalho)**

1 – As pessoas colectivas públicas podem reduzir os períodos normais de trabalho ou suspender os contratos de trabalho quando se verifique uma redução grave e anormal da sua actividade por razões estruturais ou tecnológicas, pela ocorrência de catástrofes ou por outras razões de natureza análoga, seguindo-se o regime previsto para a redução ou suspensão dos contratos de trabalho previsto no Código do Trabalho, com as especificidades constantes dos números seguintes.

2 – A redução grave e anormal da actividade deve ser fundamentada e declarada pelo ministro da tutela.

3 – Durante a redução ou suspensão, o trabalhador tem direito a receber uma compensação retributiva nos termos do Código do Trabalho, a suportar pela pessoa colectiva pública.

Lei n.º 23/2004, de 22 de Junho 359

ARTIGO 16.º **(Sucessão nas atribuições)**

1 – Os contratos de trabalho celebrados por pessoas colectivas públicas transmitem-se aos sujeitos que venham a prosseguir as respectivas atribuições, haja ou não extinção da pessoa colectiva pública, nos termos previstos no Código do Trabalho para a transmissão de empresa ou de estabelecimento.

2 – O disposto no número anterior aplica-se, nomeadamente, nos casos em que haja transferência da responsabilidade pela gestão do serviço público para entidades privadas sob qualquer forma.

3 – No caso de transferência ou delegação de parte das atribuições da pessoa colectiva pública para outras entidades, apenas se transmitem os contratos de trabalho afectos às actividades respectivas.

4 – Pode haver acordo entre a pessoa colectiva pública de origem e o trabalhador no sentido de este continuar ao serviço daquela.

ARTIGO 17.º **(Extinção da pessoa colectiva pública)**

A extinção da pessoa colectiva pública a que o trabalhador pertence determina a caducidade dos contratos de trabalho, salvo se se verificar a situação prevista no artigo anterior.

ARTIGO 18.º **(Despedimento por redução de actividade)**

1 – Para além dos casos previstos no Código do Trabalho, as pessoas colectivas públicas podem promover o despedimento colectivo ou a extinção de postos de trabalho por razões de economia, eficácia e eficiência na prossecução das respectivas atribuições, nos termos do mesmo Código, com um dos seguintes fundamentos:

a) Cessação parcial da actividade da pessoa colectiva pública determinada nos termos da lei;

b) Extinção, fusão ou reestruturação de serviços ou de uma unidade orgânica ou estrutura equivalente que determine a redução de efectivos.

2 – Para efeitos da alínea *b*) do número anterior, considera-se:

a) Extinção de serviços a cessação da actividade de um serviço, com liquidação ou desafectação do património e desocupação do pessoal que nele desempenhe funções, acompanhada ou não da transferência da totalidade ou de parte das suas atribuições e competências;

b) Fusão de serviços a transformação de dois ou mais serviços num outro distinto ou não, quer este absorva a totalidade ou apenas parte das atribuições e competências daqueles que lhe dão origem, podendo envolver serviços de diferentes departamentos governamentais;

c) Reestruturação de serviços a reorganização de um serviço que tenha por objecto a alteração da sua estrutura orgânica ou do seu quadro de pessoal, acompanhada ou não de redefinição das suas atribuições e competências.

360 *Regulamentação do Código do Trabalho*

ARTIGO 19.º **(Convenções colectivas de trabalho)**
1 – Para efeitos de aplicação aos contratos de trabalho celebrados por pessoas colectivas públicas, as convenções colectivas podem ser dos seguintes níveis:
a) Contratos colectivos nacionais – convenções outorgadas por associações sindicais e pelo Estado, representado pelo Ministro das Finanças, e aplicáveis a todas as pessoas colectivas públicas;
b) Contratos colectivos sectoriais – convenções outorgadas por associações sindicais e pelo ministro da tutela do sector de actividade e aplicáveis nesse sector de actividade;
c) Acordos colectivos sectoriais – convenções outorgadas por associações sindicais e por uma pluralidade de pessoas colectivas tuteladas pelo mesmo ministro;
d) Acordos de pessoa colectiva pública – convenções outorgadas por associações sindicais e uma pessoa colectiva pública.
2 – Os diferentes tipos de convenções colectivas correspondem a níveis de convenções colectivas em função do âmbito subjectivo quanto aos empregadores públicos.
3 – Para efeitos da alínea *c*) do n.º 1, as pessoas colectivas públicas podem designar um representante comum para a celebração das convenções colectivas sempre que não haja outorga da convenção pelo ministro da tutela.
4 – A competência para celebrar convenções colectivas pode ser delegada.
5 – São nulos quaisquer acordos que regulem matérias salariais e de carreiras que não respeitem o disposto na presente lei.

ARTIGO 20.º **(Articulação entre convenções colectivas)**
1 – As convenções colectivas previstas no artigo anterior são articuladas, devendo a convenção colectiva mais abrangente indicar as matérias que podem ser reguladas pelas convenções colectivas de âmbito mais restrito, não havendo lugar à aplicação das regras de preferência previstas no Código do Trabalho.
2 – As convenções colectivas de diferentes níveis devem respeitar as seguintes regras de articulação:
a) O disposto nos contratos colectivos nacionais prevalece sobre todas as restantes convenções colectivas;
b) O disposto nos contratos colectivos sectoriais prevalece sobre os acordos colectivos sectoriais e os acordos de pessoa colectiva pública.
3 – O regime dos números anteriores pode ser afastado por cláusula da convenção colectiva.
4 – Devem ser outorgadas pelos Ministros das Finanças e da tutela, sob pena de ineficácia, as convenções colectivas que:
a) Afastem a forma articulada nos termos do n.º 3;
b) Não respeitem as limitações ao conteúdo estabelecidas pela convenção colectiva de âmbito mais abrangente;
c) Derroguem as regras de articulação definidas nos n.os 1 e 2;
d) Afastem o conteúdo da convenção colectiva de âmbito mais abrangente.

Lei n.° 23/2004, de 22 de Junho   361

5 – Devem igualmente ser outorgadas pelos Ministros das Finanças e da tutela as convenções colectivas que, abrangendo trabalhadores não filiados nos sindicatos outorgantes das convenções colectivas mais abrangentes, tenham uma eficácia que afaste as regras do n.° 4.

ARTIGO 21.° **(Processo de negociação)**

No processo de negociação das convenções colectivas de trabalho em que intervenham pessoas colectivas públicas devem obrigatoriamente estar presentes representantes do Ministério das Finanças e dos ministérios que tenham a tutela sobre a função pública e sobre as relações colectivas de trabalho, sob pena de ineficácia.

ARTIGO 22.° **(Aplicação das convenções colectivas)**

1 – No caso de haver mais de uma convenção colectiva do mesmo âmbito sectorial ou profissional aplicável a uma pessoa colectiva pública, os trabalhadores não filiados nos sindicatos outorgantes podem escolher, por escrito, o instrumento que lhes é aplicável.

2 – No caso previsto no número anterior, a convenção aplica-se aos trabalhadores até ao final do prazo que dela expressamente constar ou, sendo esta objecto de alteração, até à sua entrada em vigor.

3 – No caso de a convenção colectiva não ter prazo de vigência, os trabalhadores são abrangidos durante o prazo mínimo de um ano.

4 – A competência para a emissão de regulamentos de extensão para as pessoas colectivas públicas é do Ministro das Finanças e do ministro responsável pela área laboral.

ARTIGO 23.° **(Cedência especial de funcionários e agentes)**

1 – Mediante acordo de cedência especial, os funcionários e agentes que tenham dado o seu consentimento expresso por escrito podem exercer funções noutras pessoas colectivas públicas em regime de contrato de trabalho, com suspensão do seu estatuto de funcionário ou agente nos termos do presente artigo.

2 – A cedência especial sujeita o funcionário e agente às ordens e instruções da pessoa colectiva onde vai prestar funções, sendo remunerado por esta nos termos do acordo.

3 – O exercício do poder disciplinar compete à pessoa colectiva pública cessionária, excepto quando esteja em causa a aplicação de penas disciplinares expulsivas.

4 – O funcionário ou agente cedido tem direito:

a) À contagem, na categoria de origem, do tempo de serviço prestado em regime de contrato de trabalho;

b) A optar pela manutenção do regime de protecção social da função pública, incidindo os descontos sobre o montante da remuneração que lhe competiria no cargo de origem;

362 *Regulamentação do Código do Trabalho*

c) A ser opositor aos concursos de pessoal em regime de emprego público para os quais preencha os requisitos nos termos da respectiva lei reguladora.

5 – No caso previsto na alínea *b*) do número anterior, o empregador público deve comparticipar no financiamento do regime de previdência gerido pela Caixa Geral de Aposentações em montante igual ao das quotas dos subscritores.

6 – O contrato de cedência especial extingue-se no caso da alínea *c*) do n.º 4 pelo provimento na sequência de concurso, sem prejuízo de um novo acordo de cedência.

7 – Os comportamentos do funcionário ou agente cedido têm relevância no âmbito da relação jurídica de emprego público, devendo o procedimento disciplinar que apure as referidas infracções disciplinares respeitar o Estatuto Disciplinar dos Funcionários e Agentes da Administração Pública.

ARTIGO 24.º (**Extensão do âmbito da cedência especial de funcionários e agentes**)

1 – O regime previsto no artigo anterior é ainda aplicável à cedência de funcionários e agentes a pessoas colectivas privadas, quando existam razões de interesse público que justifiquem a cedência.

2 – Com excepção do disposto nos n.ºs 2 e 3 do artigo anterior, e com necessárias adaptações, é igualmente aplicável o regime da cedência aos casos em que um funcionário ou agente de um quadro de pessoal de uma pessoa colectiva pública passa a exercer funções nessa mesma pessoa colectiva em regime de contrato de trabalho.

ARTIGO 25.º (**Contrato de trabalho na administração directa**)

1 – Para efeitos do n.º 4 do artigo 1.º, as funções que no âmbito da administração directa do Estado podem ser objecto de contrato de trabalho são definidas em decreto-lei.

2 – Sem prejuízo do disposto no número anterior, as actividades de apoio administrativo, auxiliar e de serviços gerais podem, desde já, ser objecto de contrato de trabalho na administração directa do Estado.

3 – Para efeitos dos números anteriores, os quadros de pessoal dos serviços da administração directa do Estado relativos aos trabalhadores em regime de contrato de trabalho serão aprovados por portaria conjunta dos Ministros das Finanças e da tutela.

ARTIGO 26.º (**Disposições finais e transitórias**)

1 – Ficam sujeitos ao regime da presente lei os contratos de trabalho e os instrumentos de regulamentação colectiva de trabalho celebrados ou aprovados antes da sua entrada em vigor que abranjam pessoas colectivas públicas, salvo quanto às condições de validade e aos efeitos de factos ou situações totalmente passados anteriormente àquele momento.

2 – O disposto no n.º 4 do artigo 1.º e no artigo anterior não prejudica a imediata aplicação da presente lei, designadamente quanto aos contratos de trabalho já em execução.

Lei n.° 23/2004, de 22 de Junho 363

3 – O regime previsto na presente lei aplica-se aos contratos de trabalho a celebrar ao abrigo da base XXXI da Lei de Bases da Saúde, aprovada pela Lei n.° 48/90, de 24 de Agosto, na redacção dada pela Lei n.° 27/2002, de 8 de Novembro, e do artigo 14.° do regime jurídico da gestão hospitalar, aprovado pela Lei n.° 27/2002, de 8 de Novembro.

ARTIGO 27.° **(Norma de prevalência)**

As normas da presente lei prevalecem sobre quaisquer normas especiais aplicáveis aos contratos de trabalho no âmbito das pessoas colectivas públicas, designadamente sobre as normas previstas nos respectivos estatutos.

ARTIGO 28.° **(Alterações ao Decreto-Lei n.° 184/89, de 2 de Junho)**

O artigo 7.° do Decreto-Lei n.° 184/89, de 2 de Junho, passa a ter a seguinte redacção:

«Artigo 7.°

1 – O contrato de pessoal é um acto bilateral, nos termos do qual se constitui uma relação de trabalho subordinado.

2 – ...

a) ...

b) Contrato de trabalho em qualquer das suas modalidades.»

ARTIGO 29.° **(Alterações ao Decreto-Lei n.° 427/89, de 7 de Dezembro)**

1 – O artigo 14.° do Decreto-Lei n.° 427/89, de 7 de Dezembro, passa a ter a seguinte redacção:

«Artigo 14.°

1 – O contrato de pessoal pode revestir as modalidades de:

a) ...

b) Contrato de trabalho em qualquer das suas modalidades.

2 – ...

3 – O contrato de trabalho não confere a qualidade de funcionário público ou agente administrativo e rege-se pelo Código do Trabalho, com as especialidades constantes de diploma especial sobre contrato de trabalho na Administração Pública.»

ARTIGO 30.° **(Revogações)**

São revogadas as seguintes disposições:

a) Os artigos 9.° e 11.°-A do Decreto-Lei n.° 184/89, de 2 de Junho, este último aditado pelo artigo 2.° da Lei n.° 25/98, de 26 de Maio;

b) Os artigos 18.° a 21.° do Decreto-Lei n.° 427/89, de 7 de Dezembro.

ARTIGO 31.° **(Entrada em vigor)**

A presente lei entra em vigor 30 dias após a data da sua publicação.

PROTECÇÃO SOCIAL NA EVENTUALIDADE DOENÇA, NO ÂMBITO DO SUBSISTEMA PREVIDENCIAL DE SEGURANÇA SOCIAL

DECRETO-LEI N.° 28/2004,

de 04 de Fevereiro[9]

A Lei n.° 32/2002, de 20 de Dezembro, que aprovou as bases da segurança social, visa erigir um sistema de segurança social moderno e adequado, assente numa cultura de partilha de riscos sociais e de co-responsabilização. Nesse sentido, constata-se que o regime jurídico de protecção social na eventualidade doença, consubstanciado no Decreto-Lei n.° 132/88, de 20 de Abril, com a redacção que lhe foi dada pelos Decretos-Leis n.os 287/90, de 19 de Setembro, e 165/99, de 13 de Maio, encontra-se desfasado desse novo contexto, não obstante as alterações pontuais que tem vindo a sofrer ao longo da sua vigência.

A natureza avulsa das medidas introduzidas no referido regime, bem como as alterações legislativas subsequentes, não se revelou suficientemente adequada ao acompanhamento desejável da evolução social, antes pelo contrário, originou uma certa opacidade e incoerência no sistema, gerando iniquidades no seio do mesmo, que urge presentemente corrigir.

Impõe-se, assim, a revisão do regime jurídico de protecção social na eventualidade doença, adaptando-o à nova realidade social, no quadro dos princípios da lei de bases da segurança social, clarificando normas e conceitos, inibindo a verificação de situações indevidas, pugnando por um aperfeiçoamento formal e material do conteúdo da prestação, bem como pelo incremento da articulação entre as diversas áreas envolvidas.

Num outro plano, as normas ora criadas visam prevenir e reforçar os mecanismos efectivos de combate à fraude na obtenção do subsídio de doença, tendo em conta os reflexos significativos de tais práticas na sustentabilidade financeira do sistema público de segurança social.

---

[9] Com a redacção introduzida pela Declaração de Rectificação n.° 29/2004, de 23.03 e pelo Decreto-Lei n.° 146/2005, de 26.08, que alterou os arts. 12.°, 16.°, 21.°, 33.° e 36.°.

Na realidade, os montantes envolvidos na efectivação da protecção social na doença pelo subsistema previdencial provêm das contribuições sobre os salários ou sobre os rendimentos de trabalho, quer da responsabilidade dos empregadores quer dos próprios trabalhadores, pelo que se impõe um rigor acrescido no acesso à protecção desta eventualidade que garanta sempre os direitos legalmente reconhecidos ao mesmo tempo que previne as práticas abusivas, socialmente censuráveis e que jamais beneficiam os legítimos titulares.

O presente diploma procede ainda à integração global das normas de protecção na eventualidade doença dos beneficiários do regime geral dos trabalhadores por conta de outrem, dos trabalhadores independentes e do regime de inscrição facultativa, superando os inconvenientes da actual dispersão legislativa. Desta forma o Governo reforça a justiça social, assegura a coerência do sistema e preserva a unidade jurídica do ordenamento, concretizando uma uniformização das normas aplicáveis aos beneficiários do regime dos independentes e do seguro social voluntário no domínio da escolha e do registo das remunerações convencionais.

No âmbito do índice de profissionalidade, o presente diploma procede à flexibilização para 60 dias, em vez dos actuais 30, do período que medeia entre a ocorrência de incapacidades por doença, com recurso ao registo de remunerações por equivalência, dado que irão ser beneficiadas as situações de doenças crónicas e prolongadas.

A prestação concretizada no âmbito da protecção social na eventualidade doença visa compensar a perda de remuneração de trabalho do beneficiário e pressupõe a conexão deste com o sistema de segurança social e uma ligação mínima ao subsistema previdencial, cuja natureza contributiva que lhe é inerente não pode ser descurada, e por isso determinou a fixação de um novo período de 20 dias de trabalho efectivo.

É propósito expresso e assumido do XV Governo Constitucional proceder a uma diferenciação do regime do subsídio de doença, privilegiando a protecção social das doenças graves e longas e moralizando a atribuição de baixas de curta duração. Nesse sentido, foram fixadas novas percentagens de cálculo da prestação em obediência a critérios de duração da incapacidade temporária por doença, introduzindo melhorias significativas no nível de protecção das doenças de longa duração.

Tendo presente que a prestação conferida traduz uma compensação da perda de remuneração de trabalho, o regime instituído pelo presente diploma visa não só compensar essa perda mas também atenuar as consequências dessa adversidade, promovendo a adequação da protecção social na eventualidade doença em função da presumida gravidade e duração da doença do beneficiário, bem como da composição da respectiva família.

O regime de certificação havia sido objecto de aperfeiçoamento durante os últimos anos e por isso mantém-se, não obstante a coerência e compatibilidade que é necessário desenvolver numa perspectiva integradora e global deste aspecto concreto do regime, assim como também é um imperativo de modernidade fomentar o recurso a mecanismos de transferência electrónica de dados entre as

Decreto-Lei n.º 28/2004, de 04 de Fevereiro 367

áreas da saúde e da segurança social, a fim de agilizar o processo de atribuição do subsídio de doença.

A articulação entre os empregadores e os serviços do sistema de segurança social constitui um avanço relevante no fomento da cultura de co-responsabilização que caracteriza o actual sistema de segurança social e consubstancia um contributo decisivo para a prevenção e para o controlo das situações abusivas, concorrendo para uma melhor protecção aos trabalhadores com efectiva incapacidade por doença.

Considerando as alterações introduzidas pelo presente diploma, bem como as inovações operacionais que as mesmas comportam, e tendo em conta a natureza substitutiva, compensatória, e por isso essencial, desta prestação para os beneficiários e para as suas famílias, é criada uma comissão de acompanhamento da aplicação do regime de protecção na doença, no sentido de promover a melhoria da eficácia das respostas sociais.

O presente diploma foi objecto de discussão pública mediante publicação no *Boletim de Trabalho e do Emprego*, nos termos das Leis n.ºs 16/99 e 36/99, de 26 de Maio, e foram ouvidos os parceiros sociais no âmbito da Comissão Permanente de Concertação Social, do Conselho Económico e Social.

Assim:

No desenvolvimento da Lei n.º 32/2002, de 20 de Dezembro, e nos termos da alínea *c*) do n.º 1 do artigo 198.º da Constituição, o Governo decreta, para valer como lei geral da República, o seguinte:

CAPÍTULO I
Natureza, objectivo e âmbito

ARTIGO 1.º **(Natureza e objectivo)**

1 – O presente diploma define o regime jurídico de protecção social na eventualidade doença no âmbito do subsistema previdencial.

2 – A protecção na eventualidade doença realiza-se mediante a atribuição de prestações destinadas a compensar a perda de remuneração presumida, em consequência de incapacidade temporária para o trabalho.

ARTIGO 2.º **(Caracterização da eventualidade)**

Para efeitos deste diploma é considerada doença toda a situação mórbida, evolutiva, não decorrente de causa profissional ou de acto da responsabilidade de terceiro pelo qual seja devida indemnização, que determine incapacidade temporária para o trabalho.

ARTIGO 3.º **(Âmbito pessoal)**

1 – A protecção social regulada no presente diploma abrange os beneficiários do subsistema previdencial integrados no regime geral de segurança social

368   *Regulamentação do Código do Trabalho*

dos trabalhadores por conta de outrem e dos trabalhadores independentes, desde que o respectivo esquema de protecção integre a eventualidade doença.

2 – A protecção social na doença abrange ainda os trabalhadores marítimos e os vigias nacionais que exercem actividade em barcos de empresas estrangeiras e se encontrem enquadrados no regime do seguro social voluntário.

ARTIGO 4.º **(Âmbito material)**

1 – A protecção na eventualidade doença é efectivada mediante a atribuição de subsídio de doença.

2 – A protecção na doença integra, também, a atribuição de prestações pecuniárias compensatórias de subsídios de férias, de Natal ou outros de natureza análoga.

3 – As prestações referidas no número anterior não integram o âmbito da protecção na doença dos trabalhadores independentes.

ARTIGO 5.º **(Titularidade do direito)**

O direito às prestações é reconhecido aos beneficiários que, à data do início da incapacidade temporária para o trabalho, reúnam as respectivas condições de atribuição.

ARTIGO 6.º **(Exclusão do direito ao subsídio)**

Não há lugar à atribuição de subsídio de doença aos beneficiários que se encontrem nas seguintes situações:

a) A receber quantias pagas periodicamente pelos empregadores sem contraprestação de trabalho, designadamente pré-reforma;

b) A receber prestações de desemprego;

c) A receber pensões de invalidez e velhice de quaisquer regimes de protecção social, salvo o disposto no n.º 2 do artigo 27.º;

d) Reclusos em estabelecimento prisional, sem prejuízo da manutenção do subsídio em curso à data da detenção.

ARTIGO 7.º **(Concessão provisória do subsídio)**

1 – Nas situações de incapacidade temporária para o trabalho decorrentes de acidente de trabalho ou de acto da responsabilidade de terceiro, pelo qual seja devida indemnização, há lugar à concessão provisória de subsídio de doença enquanto não se encontrar reconhecida a responsabilidade de quem deva pagar aquelas indemnizações.

2 – A concessão provisória do subsídio de doença cessa logo que se verifique o reconhecimento judicial da obrigação de indemnizar ou o pagamento voluntário da indemnização, sem prejuízo do disposto no artigo 31.º

3 – Sempre que seja judicialmente reconhecida a obrigação de indemnizar, as instituições de segurança social têm direito ao reembolso dos valores correspondentes à concessão provisória do subsídio de doença até ao limite do valor da indemnização.

4 – Nas situações de incapacidade temporária para o trabalho dos trabalhadores independentes decorrentes de acidente de trabalho, a concessão provisória do subsídio de doença depende da existência de seguro válido de acidentes de trabalho.

CAPÍTULO II
Condições de atribuição das prestações

SECÇÃO I
Subsídio de doença

ARTIGO 8.º **(Disposição geral)**

A atribuição do subsídio de doença depende da verificação do prazo de garantia, do índice de profissionalidade e da certificação da incapacidade temporária para o trabalho, nos termos previstos no presente diploma.

ARTIGO 9.º **(Prazo de garantia)**

A atribuição do subsídio de doença depende de os beneficiários, à data do início da incapacidade temporária para o trabalho, terem cumprido um prazo de garantia de seis meses civis, seguidos ou interpolados, com registo de remunerações.

ARTIGO 10.º **(Contagem do prazo de garantia)**

Nos casos de ausência de registo de remunerações durante seis meses consecutivos ou nas situações em que tenham sido esgotados os períodos máximos de concessão do subsídio de doença, a contagem do prazo de garantia tem início a partir da data em que ocorra um novo registo de remunerações.

ARTIGO 11.º **(Totalização de períodos contributivos)**

Para efeitos de cumprimento do prazo de garantia para atribuição do subsídio de doença são considerados, desde que não se sobreponham, os períodos de registo de remunerações em quaisquer regimes obrigatórios de protecção social que assegurem prestações pecuniárias de protecção na eventualidade, incluindo o da função pública.

ARTIGO 12.º **(Índice de profissionalidade)**

1 – A atribuição do subsídio de doença depende de os beneficiários terem cumprido um índice de profissionalidade de 12 dias com registo de remunerações por trabalho efectivamente prestado no decurso dos quatro meses imediatamente anteriores ao mês que antecede o da data do início da incapacidade temporária para o trabalho.

370   *Regulamentação do Código do Trabalho*

2 – A atribuição do subsídio de doença aos trabalhadores independentes e aos trabalhadores marítimos não depende do cumprimento de índice de profissionalidade.

ARTIGO 13.º **(Relevância do registo de remunerações por equivalência)**
1 – Para efeitos de cumprimento do índice de profissionalidade são equiparados ao registo de remunerações por trabalho efectivamente prestado os registos de remunerações por equivalência verificados no período relevante para a sua formação, nas seguintes situações:
a) Sempre que ocorrer uma nova situação de incapacidade temporária nos 60 dias imediatos ao da cessação da anterior incapacidade;
b) Por prestação de serviço militar obrigatório ou de serviço cívico substitutivo;
c) Por atribuição de subsídios no âmbito da protecção na maternidade.
2 – Para efeitos de aplicação do disposto na alínea *a*) do número anterior, consideram-se também as situações em que a incapacidade decorra de acto da responsabilidade de terceiro, de acidente de trabalho e de doença profissional.

ARTIGO 14.º **(Certificação da incapacidade temporária para o trabalho)**
1 – A certificação da incapacidade temporária para o trabalho é efectuada pelos serviços competentes do Serviço Nacional de Saúde, através de documento emitido pelos respectivos médicos.
2 – Para efeitos do disposto no número anterior, são considerados serviços competentes as entidades prestadoras de cuidados de saúde, designadamente centros de saúde, serviços de prevenção e tratamento da toxicodependência e hospitais, com excepção dos serviços de urgência.
3 – Nas situações de internamento, a certificação da incapacidade temporária para o trabalho pode, igualmente, ser efectuada por estabelecimento particular com autorização legal de funcionamento, concedida pelo Ministério da Saúde.

SECÇÃO II
Prestações compensatórias

ARTIGO 15.º **(Prestação compensatória de subsídios de férias e de Natal)**
A atribuição da prestação compensatória dos subsídios de férias, de Natal ou de outros de natureza análoga depende, cumulativamente, de:
a) Os beneficiários não terem direito, em consequência de doença subsidiada, ao pagamento daqueles subsídios, no todo ou em parte, pelo respectivo empregador, por força do disposto em instrumento de regulamentação colectiva de trabalho;
b) O respectivo empregador não ter pago os subsídios, por força do disposto em instrumento de regulamentação colectiva de trabalho ou noutra fonte de direito laboral.

CAPÍTULO III
Montantes das prestações

ARTIGO 16.º **(Montante do subsídio de doença)**

1 – O montante diário do subsídio de doença é calculado pela aplicação à remuneração de referência de uma percentagem variável em função da duração do período de incapacidade para o trabalho ou da natureza da doença.

2 – As percentagens a que se refere o número anterior são as seguintes:

a) 65% para o cálculo do subsídio referente a período de incapacidade temporária de duração inferior ou igual a 90 dias;

b) 70% para o cálculo do subsídio referente a período de incapacidade temporária de duração superior a 90 e que não ultrapasse os 365 dias;

c) 75% para o cálculo do subsídio referente a período de incapacidade temporária que ultrapasse os 365 dias.

3 – O montante diário do subsídio de doença nas situações de incapacidade para o trabalho decorrente de tuberculose é calculado pela aplicação das percentagens de 80% ou 100%, consoante o agregado familiar do beneficiário integre até dois ou mais familiares a seu cargo.

ARTIGO 17.º *(Majoração do subsídio de doença)*

1 – Para efeitos de cálculo do subsídio de doença, as percentagens fixadas nas alíneas a) e b) do n.º 2 do artigo anterior são acrescidas de 5% relativamente aos beneficiários que se encontrem numa das seguintes situações:

a) Remuneração de referência igual ou inferior a € 500;

b) Agregado familiar que integre três ou mais descendentes com idades até 16 anos, ou até 24 anos se receberem abono de família;

c) Agregado familiar que integre descendentes que beneficiem da bonificação por deficiência do subsídio familiar a crianças e jovens, nos termos do Decreto-Lei n.º 133-B/97, de 30 de Maio.

2 – O montante diário do subsídio de doença calculado sobre uma remuneração de referência superior a € 500, em aplicação do disposto nas alíneas a) e b) do n.º 2 do artigo 16.º, não pode ser inferior ao valor do subsídio de doença resultante da aplicação da majoração prevista no número anterior a uma remuneração de referência de € 500.

3 – Para efeitos do presente diploma, as majorações previstas no número 1 não são cumuláveis.

4 – O valor monetário referido na alínea a) do n.º 1 e no n.º 2 será periodicamente revisto, tendo por referência a actualização da retribuição mínima mensal.

NOTAS:

O artigo em anotação foi revogado pelo Decreto-Lei n.º 146/2005, de 26.08.

ARTIGO 18.º **(Remuneração de referência)**

1 – A remuneração de referência a considerar é definida por R/180, em que R representa o total das remunerações registadas nos primeiros seis meses civis que precedem o 2.º mês anterior ao mês em que teve início a incapacidade temporária para o trabalho.

2 – Em caso de totalização de períodos contributivos, se os beneficiários, no período de referência indicado no número anterior, não apresentarem seis meses com registo de remunerações, a remuneração de referência é definida por R/(30 x n), em que R representa o total das remunerações registadas desde o início do período de referência até ao início do mês em que se verifique a incapacidade temporária para o trabalho e n o número de meses a que as mesmas se reportam.

3 – A remuneração de referência a considerar para efeitos de determinação do montante do subsídio de doença dos profissionais de espectáculos é definida por R/360, em que R representa o total das remunerações registadas nos 12 meses que antecedem o 2.º mês anterior ao do início da incapacidade temporária para o trabalho.

4 – Nas situações previstas no número anterior, se o beneficiário se encontrar inscrito há menos de um ano ou tiver registo de remunerações após um período de interrupção igual ou superior a seis meses, a remuneração média é definida por R/(30 x n), em que R representa o total das remunerações registadas desde a data do início ou reinício do registo de remunerações e n o número total de meses com ou sem registo de remunerações decorridos desde a mesma data.

5 – Na determinação do total de remunerações registadas não são consideradas as importâncias relativas aos subsídios de férias, de Natal ou outros de natureza análoga.

ARTIGO 19.º **(Limites ao montante do subsídio)**

1 – O montante diário do subsídio de doença não pode ser inferior a 30% do valor diário da retribuição mínima mensal estabelecida para o sector de actividade do beneficiário, sem prejuízo do disposto no n.º 3.

2 – Nos casos em que a remuneração de referência do beneficiário seja inferior ao valor mínimo estabelecido no número anterior o montante diário do subsídio de doença é igual ao montante diário daquela remuneração, sem prejuízo do disposto no número seguinte.

3 – O montante diário do subsídio de doença não pode ser superior ao valor líquido da remuneração de referência que lhe serviu de base de cálculo.

4 – O valor líquido da remuneração de referência referido no número anterior obtém-se pela dedução, ao valor ilíquido da remuneração, da taxa contributiva que seria imputável ao beneficiário e da taxa de retenção do imposto sobre rendimento das pessoas singulares (IRS).

5 – Nas situações de acumulação previstas no n.º 1 do artigo 27.º, o montante do subsídio de doença é igual à diferença entre o valor que lhe corresponde e o valor das indemnizações por acidente de trabalho ou doença profissional.

Decreto-Lei n.° 28/2004, de 04 de Fevereiro 373

ARTIGO 20.° **(Montante da prestação compensatória)**
O montante da prestação compensatória a conceder ao abrigo do artigo 15.° do presente diploma corresponde a 60% da importância que o beneficiário deixa de receber do respectivo empregador.

CAPÍTULO IV
Duração, acumulação e coordenação das prestações

SECÇÃO I
Início e duração

ARTIGO 21.° **(Início do pagamento)**
1 – O início do pagamento do subsídio de doença dos trabalhadores por conta de outrem está sujeito a um período de espera de três dias, sendo devido a partir do 4.° dia de incapacidade temporária para o trabalho.

2 – Relativamente aos trabalhadores independentes e aos beneficiários do regime de inscrição facultativa, o início do pagamento do subsídio de doença está sujeito a um período de espera de 30 dias, sendo devido a partir do 31.° dia de incapacidade temporária para o trabalho.

3 – Para efeitos do disposto no número 1 não é considerado o dia do início da incapacidade, se o mesmo tiver sido remunerado.

4 – Nas situações em que o certificado de incapacidade temporária não seja remetido às instituições gestoras no prazo previsto no n.° 1 do artigo 34.°, o subsídio de doença é devido a partir da data em que seja remetido aquele certificado, sem prejuízo da aplicação dos períodos de espera previstos neste artigo.

5 – Não existe período de espera nas situações de internamento hospitalar, de incapacidade decorrente de tuberculose, bem como nos casos em que a incapacidade tenha início no decurso do período de atribuição do subsídio de maternidade e ultrapasse o termo desse período.

ARTIGO 22.° **(Registo de equivalências)**
1 – Os períodos de concessão do subsídio de doença e de concessão provisória deste subsídio nos termos do artigo 7.° do presente diploma dão lugar ao registo de remunerações por equivalência à entrada de contribuições.

2 – Os períodos de espera estabelecidos no artigo anterior dão lugar ao registo de remunerações por equivalência, salvo nas situações respeitantes aos trabalhadores independentes.

374   *Regulamentação do Código do Trabalho*

ARTIGO 23.° **(Período de concessão)**

1 – O subsídio de doença é concedido pelos períodos máximos de 1095 dias e de 365 dias, consoante se trate, respectivamente, de trabalhadores por conta de outrem ou de trabalhadores independentes.

2 – Para efeitos de contagem do período máximo de concessão do subsídio, consideram-se as situações de incapacidade que ocorram nos 60 dias imediatos à data da cessação da incapacidade anterior.

3 – A atribuição dos subsídios de maternidade, paternidade e por adopção não interrompe, mas suspende, a contagem dos períodos máximos previstos no n.° 1.

4 – A concessão do subsídio de doença por incapacidade decorrente de tuberculose não se encontra sujeita aos limites temporais estabelecidos no n.° 1, mantendo-se a concessão do subsídio enquanto se verificar a incapacidade.

ARTIGO 24.° **(Cessação)**

1 – O direito ao subsídio de doença cessa quando for atingido o termo do período constante do certificado de incapacidade temporária para o trabalho ou, durante o referido período, desde que:

a) Tenha sido declarada pelos serviços competentes do Ministério da Saúde a não subsistência da incapacidade temporária para o trabalho;

b) O beneficiário tenha retomado o exercício de actividade profissional por se considerar apto;

c) O beneficiário tenha exercido actividade profissional, independentemente da prova de não existência de remuneração.

2 – O direito ao subsídio de doença cessa ainda quando:

a) O beneficiário não tiver apresentado justificação atendível da ausência da residência, sem autorização médica expressa;

b) O beneficiário não tiver apresentado justificação atendível para a falta a exame médico para que tenha sido convocado;

c) Tiver sido declarada a não subsistência da incapacidade temporária para o trabalho pela comissão de reavaliação;

d) Não tiver sido requerida a intervenção da comissão de reavaliação ou a mesma não tiver sido admitida nos termos do artigo 37.° do Decreto-Lei n.° 360/97, de 17 de Dezembro.

3 – O prazo para apresentação da justificação previsto nas alíneas *a*) e *b*) do número anterior é de cinco dias úteis, após a data de recepção da comunicação de suspensão do pagamento do subsídio ou da data marcada para o exame médico, respectivamente.

Decreto-Lei n.º 28/2004, de 04 de Fevereiro 375

SECÇÃO II
Coordenação entre a protecção na doença e na invalidez

ARTIGO 25.º **(Atribuição de pensão provisória de invalidez)**

A manutenção da situação de incapacidade para o trabalho confere direito à atribuição de uma pensão provisória de invalidez ainda que não tenha sido cumprido o prazo de garantia legalmente estabelecido para o efeito, nos termos definidos em diploma próprio.

SECÇÃO III
Acumulação de prestações

ARTIGO 26.º **(Disposição geral)**

1 – O subsídio de doença não é acumulável com outras prestações compensatórias da perda da remuneração de trabalho, concedidas no âmbito do subsistema previdencial ou de outros regimes de protecção social, sem prejuízo do disposto no artigo seguinte.

2 – O subsídio de doença não é acumulável com prestações concedidas no âmbito do subsistema de solidariedade, excepto com o rendimento social de inserção, em que se observa o disposto no regime jurídico que regulamenta esta prestação.

ARTIGO 27.º **(Acumulação com prestações de natureza indemnizatória)**

1 – O subsídio de doença é acumulável com indemnizações por incapacidade temporária resultantes de doença profissional e de acidente de trabalho, desde que o valor destas indemnizações seja inferior ao montante do subsídio, nos termos previstos no n.º 5 do artigo 19.º

2 – O subsídio de doença é acumulável com pensões concedidas no âmbito da protecção por acidente de trabalho e doença profissional e com outras pensões a que seja reconhecida natureza indemnizatória.

CAPÍTULO V
Deveres

ARTIGO 28.º **(Deveres dos beneficiários)**

1 – Constituem deveres dos beneficiários abrangidos pelo regime de protecção na doença:

a) Comparecer aos exames médicos para que forem convocados nos termos

376 *Regulamentação do Código do Trabalho*

deste diploma e no âmbito da legislação que regula o sistema de verificação de incapacidades;

b) Não se ausentar do seu domicílio durante o período de incapacidade fixado, salvo em caso de tratamento ou em caso de autorização médica expressa no documento de certificação de incapacidade temporária para o trabalho nos períodos entre as 11 e as 15 e entre as 18 e as 21 horas.

2 – Os beneficiários devem, ainda, comunicar à instituição de segurança social:

a) O recebimento de quantias pagas, periodicamente, sem contraprestação de trabalho, designadamente pré-reforma;

b) A titularidade de pensões ou de outras prestações compensatórias da perda de remuneração de trabalho, respectivos montantes, bem como o regime de protecção social pelo qual lhe são atribuídas;

c) A identificação de eventuais responsáveis e o montante da indemnização recebida, em caso de haver acordo, sempre que a incapacidade resulte de acidente de trabalho ou de acto de terceiro pelo qual seja devida indemnização;

d) O exercício de actividade profissional, independentemente de prova da inexistência de remuneração;

e) A mudança de residência;

f) A reclusão em estabelecimento prisional;

g) Qualquer outra situação susceptível de impossibilitar o reconhecimento do direito às prestações ou determinar a sua cessação.

ARTIGO 29.º **(Prazo de comunicação)**

A comunicação dos factos a que se refere o artigo anterior deve ser feita, por declaração do próprio ou de quem o represente, no prazo de cinco dias úteis a contar da data do início da situação de incapacidade temporária ou da ocorrência do facto, no caso de este se verificar subsequentemente.

ARTIGO 30.º **(Incumprimento de deveres)**

O incumprimento dos deveres dos beneficiários determina os efeitos previstos no presente diploma, sem prejuízo das sanções contra-ordenacionais fixadas em lei especial.

ARTIGO 31.º **(Celebração de acordos)**

1 – Nos casos em que o pedido de reembolso do valor dos subsídios de doença, concedidos provisoriamente ao abrigo do artigo 7.º do presente diploma, não tiver sido judicialmente formulado pela instituição de segurança social, nenhuma transacção pode ser celebrada com o beneficiário titular do direito à indemnização, nem lhe pode ser efectuado qualquer pagamento com a mesma finalidade, sem que se encontre certificado, pela mesma instituição, se houve concessão provisória de subsídio de doença e qual o respectivo montante.

Decreto-Lei n.° 28/2004, de 04 de Fevereiro 377

2 – Nas situações em que tenha sido celebrado acordo, o responsável pela indemnização deve:

a) Comunicar à instituição da segurança social o valor total da indemnização devida;

b) Reter e entregar directamente à instituição o valor correspondente aos subsídios de doença pagos, até ao limite do montante da indemnização devida.

3 – Em caso de incumprimento do disposto nos números anteriores, o terceiro responsável pela indemnização responde solidariamente com o beneficiário pelo reembolso do valor dos subsídios de doença provisoriamente concedidos.

CAPÍTULO VI
Gestão, administração e certificação da incapacidade

SECÇÃO I
Gestão e organização dos processos

ARTIGO 32.° **(Entidades competentes)**

A gestão das prestações reguladas neste diploma compete ao Instituto de Solidariedade e Segurança Social, através dos centros distritais de solidariedade e segurança social, às caixas de actividade ou de empresa subsistentes e às entidades competentes das administrações regionais autónomas, no âmbito das respectivas competências.

ARTIGO 33.° **(Requerimento)**

1 – A atribuição de subsídio de doença não depende da apresentação de requerimento pelo beneficiário.

2 – A atribuição da prestação compensatória do não pagamento de subsídios de férias, de Natal ou outros de natureza análoga, prevista no n.° 2 do artigo 4.° do presente diploma, depende de requerimento.

3 – O requerimento referido no número anterior deve ser apresentado nas instituições gestoras das prestações no prazo de seis meses contados a partir de 1 de Janeiro do ano subsequente àquele em que os subsídios eram devidos, salvo no caso de cessação do contrato de trabalho, situação em que o prazo se inicia a contar da data dessa cessação.

4 – O requerimento deve ser instruído com uma declaração da entidade empregadora, na qual conste a indicação dos quantitativos não pagos e a referência à norma contratual justificativa do não pagamento.

5 – Nas situações de falecimento do beneficiário que, reunindo as condições legais substantivas para a atribuição da prestação compensatória, não a requereu em vida, os familiares com direito ao subsídio por morte podem requerê-la no prazo estabelecido para a apresentação do respectivo requerimento.

378   *Regulamentação do Código do Trabalho*

ARTIGO 34.º **(Remessa do certificado de incapacidade temporária)**

1 – Os documentos médicos de certificação da incapacidade temporária para o trabalho por doença referidos no artigo 14.º são remetidos, pelos beneficiários, às instituições gestoras das prestações, no prazo de cinco dias úteis a contar da data da respectiva emissão, enquanto não for concretizada a transmissão electrónica de dados respeitantes àquela certificação.

2 – Nas situações em que o certificado de incapacidade temporária não seja recebido nas instituições gestoras no prazo referido no número anterior, aplica-se o disposto no n.º 4 do artigo 21.º, salvo justificação atendível devidamente fundamentada.

ARTIGO 35.º **(Prova da incapacidade temporária em situações especiais)**

1 – Nas situações em que a doença ocorra a bordo de embarcações, a certificação da incapacidade é sempre feita com intervenção médica, ainda que não presencial, cabendo ao empregador a responsabilidade pela remessa do documento médico às instituições gestoras.

2 – Fora do território nacional, os documentos que certifiquem as situações de incapacidade temporária para o trabalho são emitidos pelos médicos dos beneficiários no Estado respectivo e autenticados pelos serviços consulares portugueses, sem prejuízo do disposto em instrumento internacional a que Portugal se encontre vinculado.

ARTIGO 36.º **(Confirmação da subsistência da incapacidade)**

1 – A incapacidade temporária para o trabalho determinante do direito ao subsídio de doença pode ser objecto de confirmação oficiosa da sua subsistência, através da intervenção do sistema de verificação de incapacidades, nos termos constantes de diploma próprio.

2 – A reavaliação das situações objecto das deliberações das comissões de verificação de incapacidades que determinaram a não subsistência da incapacidade temporária para o trabalho é regulada nos termos do presente decreto-lei e do diploma que define o sistema de verificação de incapacidades.

3 – Sem prejuízo do disposto no n.º 1, serão, no mínimo, verificadas as situações de incapacidade temporária que se prolonguem por mais de 30 dias, nos seguintes termos:

    a) 50% das situações no ano de 2006;

    b) 75% das situações no ano de 2007;

    c) A totalidade das situações a partir de 2008.

ARTIGO 37.º **(Verificação da incapacidade permanente)**

Nas situações de incapacidade temporária que atinjam 365 dias, as instituições podem promover, oficiosamente, a verificação da eventual incapacidade permanente do beneficiário, desde que à data se encontre preenchido o prazo de garantia legalmente estabelecido para a atribuição da pensão de invalidez.

ARTIGO 38.º **(Verificação da incapacidade por iniciativa dos empregadores)**
As iniciativas dos empregadores para requererem a verificação das incapacidades temporária e permanente dos respectivos trabalhadores são objecto de regulamentação específica.

SECÇÃO II
Pagamento das prestações

ARTIGO 39.º **(Disposição geral)**
As prestações por doença previstas neste diploma são pagas aos beneficiários ou aos seus representantes legais.

ARTIGO 40.º **(Condição especial de pagamento)**
1 – O pagamento das prestações aos trabalhadores independentes e aos beneficiários do regime de inscrição facultativa depende de se encontrar regularizada a sua situação contributiva até ao termo do 3.º mês imediatamente anterior àquele em que teve início a incapacidade.

2 – A não verificação do disposto no número anterior determina a suspensão do pagamento das prestações por doença.

3 – O beneficiário readquire o direito ao pagamento das prestações suspensas desde que regularize a sua situação contributiva nos três meses civis subsequentes ao mês em que tenha ocorrido a suspensão.

4 – Se a situação contributiva não for regularizada no prazo previsto no número anterior, o beneficiário perde o direito ao pagamento das prestações suspensas.

5 – No caso da regularização da situação contributiva se verificar posteriormente ao decurso do prazo referido no n.º 3, o beneficiário retoma o direito às prestações a que houver lugar a partir do dia subsequente àquele em que ocorra a regularização.

ARTIGO 41.º **(Suspensão do pagamento)**
O pagamento do subsídio de doença é suspenso nas seguintes situações:
a) Durante o período de concessão dos subsídios de maternidade, de paternidade e por adopção;
b) Nos casos em que, sem autorização médica expressa, o beneficiário se ausente da sua residência, sem prejuízo da observância do período obrigatório de permanência na mesma;
c) Em caso de falta a exame médico para que o beneficiário tenha sido convocado, nos termos da lei;
d) Quando for declarada a não subsistência da incapacidade temporária para o trabalho pela comissão de verificação de incapacidades.

380 · Regulamentação do Código do Trabalho

ARTIGO 42.º (Comunicação da atribuição das prestações)

As instituições gestoras devem comunicar as decisões sobre a atribuição das prestações de acordo com o disposto no Código do Procedimento Administrativo.

ARTIGO 43.º (Prescrição)

O direito ao subsídio de doença prescreve a favor das instituições gestoras devedoras no prazo de cinco anos após a data em que a prestação é posta a pagamento com conhecimento do credor.

CAPÍTULO VII
Disposições finais

ARTIGO 44.º (Cooperação interministerial)

Os Ministérios da Saúde e da Segurança Social e do Trabalho devem conceber e desenvolver formas de colaboração, tendo em vista o controlo das situações de incapacidade temporária para o trabalho, bem como a eficiência dos serviços a prestar aos beneficiários.

ARTIGO 45.º (Comissão de acompanhamento)

1 – É criada uma comissão de acompanhamento, de âmbito nacional, com a participação de representantes dos organismos das áreas da saúde e da segurança social, à qual compete acompanhar e avaliar a execução dos procedimentos adoptados pelas instituições intervenientes no processo de certificação das incapacidades temporárias para o trabalho e apresentar propostas de aperfeiçoamento da legislação aplicável.

2 – A composição da comissão de acompanhamento e as respectivas condições de funcionamento são definidas por despacho conjunto dos Ministros da Saúde e da Segurança Social e do Trabalho.

ARTIGO 46.º (Cooperação e acções de prevenção)

As instituições de segurança social colaboram ainda com outros serviços oficiais, designadamente nas áreas do trabalho e da educação, tendo em vista a adopção de medidas adequadas à prevenção das doenças e à criação de condições que permitam uma reparação eficaz e em tempo útil dos danos decorrentes desta eventualidade.

ARTIGO 47.º (Doenças crónicas)

A regulamentação das doenças crónicas ou de outras cuja natureza determine especificidades no âmbito da protecção da eventualidade doença constará de portaria conjunta dos Ministros da Saúde e da Segurança Social e do Trabalho, a aprovar no prazo máximo de 180 dias.

Decreto-Lei n.º 28/2004, de 04 de Fevereiro 381

ARTIGO 48.º **(Disposições especiais)**

Mantêm-se em vigor as disposições especiais de protecção na incapacidade temporária para o trabalho por doença para determinados grupos sócio-profissionais, constantes de diplomas próprios.

ARTIGO 49.º **(Regulamentação)**

Os procedimentos considerados necessários à execução do disposto no presente diploma são aprovados por portaria conjunta dos Ministros da Saúde e da Segurança Social e do Trabalho[10].

ARTIGO 50.º **(Remissão)**

Todas as referências legais às normas do Decreto-Lei n.º 132/88, de 20 de Abril, nas redacções dadas pelos Decretos-Leis n.os 287/90, de 19 de Setembro, e 165/99, de 13 de Maio, consideram-se feitas às normas correspondentes do presente diploma.

ARTIGO 51.º **(Norma revogatória)**

1 – É revogado o Decreto-Lei n.º 132/88, de 20 de Abril, nas redacções dadas pelos Decretos-Leis n.os 287/90, de 19 de Setembro, e 165/99, de 13 de Maio, bem como toda a legislação complementar que contrarie o presente diploma.

2 – São derrogadas as disposições dos Decretos-Leis n.os 328/93, de 25 de Setembro, e 40/89, de 1 de Fevereiro, relativamente às normas que disponham sobre a mesma matéria no âmbito do presente diploma.

ARTIGO 52.º **(Entrada em vigor)**

1 – O presente diploma entra em vigor no dia 1 de Abril de 2004 e é aplicável às situações de incapacidade temporária para o trabalho iniciadas a partir da data de início da sua vigência.

2 – O disposto nos n.os 3 e 4 do artigo 19.º entra em vigor em 1 de Janeiro de 2005.

---

[10] *V.* Portaria n.º 337/2004, de 31.03.

PROCEDIMENTOS NECESSÁRIOS À APLICAÇÃO DA PROTECÇÃO SOCIAL NA EVENTUALIDADE DOENÇA

PORTARIA N.º 337/2004,

de 31 de Março[13]

O regime jurídico de protecção social na eventualidade doença, aprovado pelo Decreto-Lei n.º 28/2004, de 4 de Fevereiro, introduziu medidas e consagrou mecanismos de protecção assentes numa cultura de co-responsabilização e que visam contribuir para uma protecção social mais eficaz e equitativa. Por essa razão, procedeu-se também à adequação de regras e de procedimentos já instituídos e inseridos em legislação avulsa, concretizando uma revisão global do regime jurídico de protecção social na eventualidade doença, consentâneo com a realidade social e no quadro dos princípios definidos pela Lei n.º 32/2002, de 17 de Dezembro.

A articulação entre as entidades competentes na área da saúde e na área da segurança social é essencial para a eficácia e para a adequação do regime instituído, constituindo a transferência electrónica de dados referentes à certificação um instrumento decisivo na prossecução daquele objectivo e que importa, pois, concretizar com celeridade. Os mesmos propósitos de eficácia e de adequação impõem que, neste momento, pela presente portaria sejam reguladas as formas e os termos de articulação entre aquelas entidades, assim como também sejam definidos as regras e os procedimentos que devem ser adoptados para a cabal execução do regime instituído, enquanto não se encontra concluído o processo de transferência electrónica de dados respeitantes à certificação.

Assim:

Ao abrigo do artigo 49.º do Decreto-Lei n.º 28/2004, de 4 de Fevereiro, manda o Governo, pelos Ministros da Saúde e da Segurança Social e do Trabalho, o seguinte:

---

[11] Segundo a redacção introduzida pela Declaração de Rectificação n.º 36/2004, de 24 de Abril.

384 *Regulamentação do Código do Trabalho*

1.° – (Objecto)
A presente portaria visa regular os procedimentos necessários à aplicação do regime jurídico de protecção social na eventualidade doença no âmbito do subsistema previdencial, aprovado pelo Decreto-Lei n.° 28/2004, de 4 de Fevereiro.

2.° – (Meios de certificação)
1 – O reconhecimento e a duração da incapacidade temporária são fundamentados em exame clínico do beneficiário, sendo os respectivos elementos de informação anotados e arquivados no respectivo processo clínico.

2 – A certificação da incapacidade temporária é efectuada através de atestado médico, em impresso de modelo próprio, designado por certificado de incapacidade temporária para o trabalho por estado de doença (CIT), o qual é identificado pela aposição das vinhetas do médico e do estabelecimento de saúde.

3 – O modelo de impresso referido no número anterior é aprovado pela presente portaria e publicado em anexo que dela faz parte integrante.

3.° – (Períodos de certificação da incapacidade temporária)
1 – A certificação da incapacidade temporária está subordinada a limites temporais de 12 e de 30 dias, consoante se trate de período inicial ou de prorrogação, salvo o disposto em legislação especial.

2 – Os períodos de incapacidade temporária que se encontrem certificados não são interrompidos ainda que, durante esses períodos, não seja reconhecido o direito ao subsídio de doença.

4.° – (Articulação entre as entidades competentes da área da saúde e da área da segurança social)
As entidades competentes da área da saúde e da área da segurança social devem articular as respectivas intervenções sempre que seja necessário, nomeadamente nas seguintes situações:

a) Se se verificar alguma irregularidade formal do CIT;

b) Se o médico constatar que a evolução clínica do beneficiário determina a não subsistência da incapacidade temporária antes do termo do período fixado no certificado, para efeitos de aplicação da alínea *a*) do n.° 1 do artigo 24.° do Decreto-Lei n.° 28/2004, de 4 de Fevereiro.

5.° – (Familiares a cargo)
1 – Para efeitos do disposto n.° 3 do artigo 16.° do Decreto-Lei n.° 28/2004, de 4 de Fevereiro, consideram-se familiares a cargo o cônjuge que não exerça actividade profissional e os descendentes que se encontrem nas condições previstas nas alíneas *b*) e *c*) do n.° 1 do artigo 17.° do mesmo diploma legal.

2 – A composição do agregado familiar é verificada nos termos do n.° 6.° da presente portaria.

Portaria n.º 337/2004, de 31 de Março 385

6.º – **(Majoração do subsídio de doença)**

1 – A entidade competente da segurança social verifica, oficiosamente, os factos constitutivos do direito à majoração prevista no artigo 17.º do Decreto-Lei n.º 28/2004, de 4 de Fevereiro, designadamente:

a) O valor limite da remuneração de referência;

b) A composição do agregado familiar, sempre que estejam a efectuar o pagamento ao beneficiário de abono de família ou de bonificação por deficiência.

2 – Nas situações previstas no número anterior não há lugar à apresentação do requerimento a que se refere o artigo 33.º do Decreto-Lei n.º 28/2004, de 4 de Fevereiro.

3 – Nas situações em que a composição do agregado familiar não possa ser verificada nos termos da alínea *b*) do n.º 1, a entidade competente da segurança social notifica o beneficiário para remeter uma declaração relativa à composição do respectivo agregado familiar, acompanhada de documento comprovativo, no prazo de 10 dias úteis a contar da recepção da notificação.

4 – Nos casos de incumprimento do prazo previsto no número anterior a majoração é devida a partir do dia seguinte ao da apresentação dos documentos, salvo justificação atendível.

5 – O valor limite da remuneração de referência de € 500 a que se refere o artigo 17.º do Decreto-Lei n.º 28/2004, de 4 de Fevereiro, corresponde ao valor da remuneração de referência diária do beneficiário multiplicada por 30 dias.

7.º – **(Dever de comunicação)**

As situações susceptíveis de determinarem a perda do direito à majoração são equiparadas às situações previstas na alínea *g*) do n.º 2 do artigo 28.º do Decreto-Lei n.º 28/2004, de 4 de Fevereiro.

8.º – **(Atribuição da prestação compensatória)**

A passagem do beneficiário à situação de pensionista, incluindo nos casos em que se verifique a atribuição de pensão provisória, não prejudica o reconhecimento do direito previsto no artigo 15.º do Decreto-Lei n.º 28/2004, de 4 de Fevereiro, em função dos direitos adquiridos na vigência do respectivo contrato de trabalho.

9.º – **(Norma transitória)**

Sem prejuízo do disposto no n.º 3 do n.º 2.º da presente portaria, o modelo de certificado de incapacidade temporária aprovado pelo despacho conjunto n.º 381/99, publicado no *Diário da República*, 2.ª série, n.º 103, de 4 de Maio de 1999, mantém-se em vigor durante o prazo de 180 dias a contar da publicação do presente diploma.

10.º – **(Norma revogatória)**

São revogados o despacho n.º 94/SESS/90, publicado no *Diário da República*, 2.ª série, n.º 279, de 4 de Dezembro de 1990, o despacho n.º 46/SESS/91, publicado no *Diário da República*, 2.ª série, n.° 113, de 17 de Maio de 1991, o despacho n.° 1961/98, publicado no *Diário da República*, 2.ª série, n.° 27, de 2 de Fevereiro de 1998, o despacho conjunto n.° 381/99, e o despacho n.° 8834/99, ambos publicados no *Diário da República*, 2.ª série, n.° 103, de 4 de Maio de 1999.

11.° – (Entrada em vigor)
A presente portaria entra em vigor no dia 1 de Abril de 2004.

AUTORIZADO PELOS CTT
NO SERVIÇO NACIONAL

RSF
NÃO PRECISA DE SELO

Exmo° Senhor
Director do Centro Distrital de
Solidariedade e Segurança Social de

A morada actualizada
é indispensável para o pagamento das prestações.

ENDEREÇO DO BENEFICIÁRIO

Mudou de morada nos últimos 12 meses?   Sim ☐   Não ☐

PRINCÍPIO DA IGUALDADE DE TRATAMENTO ENTRE AS PESSOAS, SEM DISTINÇÃO DE ORIGEM RACIAL OU ÉTNICA

LEI N.º 18/2004,

de 11 de Maio[12]

A Assembleia da República decreta, nos termos da alínea *c*) do artigo 161.º da Constituição, para valer como lei geral da República, o seguinte:

ARTIGO 1.º **(Objecto)**
A presente lei transpõe, parcialmente, para a ordem jurídica interna a Directiva n.º 2000/43/CE, do Conselho, de 29 de Junho, que aplica o princípio da igualdade de tratamento entre as pessoas, sem distinção de origem racial ou étnica, e tem por objectivo estabelecer um quadro jurídico para o combate à discriminação baseada em motivos de origem racial ou étnica.

ARTIGO 2.º **(Âmbito)**
1 – A presente lei é aplicável, tanto no sector público como no privado:
a) À protecção social, incluindo a segurança social e os cuidados de saúde;
b) Aos benefícios sociais;
c) À educação;
d) Ao acesso e fornecimento de bens e prestação de serviços postos à disposição do público, incluindo a habitação.
2 – A matéria relativa à não discriminação no contrato de trabalho, nos contratos equiparados e na relação jurídica de emprego público, independentemente de conferir a qualidade de funcionário ou agente da Administração Pública, é regulada em diploma próprio.
3 – A aplicação da presente lei não prejudica as diferenças de tratamento baseadas na nacionalidade ou nas disposições e condições que regulam a entrada e residência de nacionais de países terceiros e de apátridas no território nacional nem qualquer tratamento que decorra do respectivo estatuto jurídico.

---

[12] Nos termos do art. 21.º, n.º 2, al. *q*), da LP ao Código do Trabalho, este diploma revoga parcialmente o Decreto-Lei n.º 111/2000, de 04.07.

ARTIGO 3.° (Definições)

1 – Para efeitos da presente lei, entende-se por princípio da igualdade de tratamento a ausência de qualquer discriminação, directa ou indirecta, em razão da origem racial ou étnica.

2 – Consideram-se práticas discriminatórias as acções ou omissões que, em razão da pertença de qualquer pessoa a determinada raça, cor, nacionalidade ou origem étnica, violem o princípio da igualdade, designadamente:

a) A recusa de fornecimento ou impedimento de fruição de bens ou serviços;

b) O impedimento ou limitação ao acesso e exercício normal de uma actividade económica;

c) A recusa ou condicionamento de venda, arrendamento ou subarrendamento de imóveis;

d) A recusa de acesso a locais públicos ou abertos ao público;

e) A recusa ou limitação de acesso aos cuidados de saúde prestados em estabelecimentos de saúde públicos ou privados;

f) A recusa ou limitação de acesso a estabelecimento de educação ou ensino público ou privado;

g) A constituição de turmas ou a adopção de outras medidas de organização interna nos estabelecimentos de educação ou ensino, públicos ou privados, segundo critérios de discriminação racial, salvo se tais critérios forem justificados pelos objectivos referidos no n.° 2 do artigo 3.° da Lei n.° 134/99, de 28 de Agosto;

h) A adopção de prática ou medida, por parte de qualquer órgão, funcionário ou agente da administração directa ou indirecta do Estado, das Regiões Autónomas ou das autarquias locais, que condicione ou limite o exercício de qualquer direito;

i) A adopção de acto em que, publicamente ou com intenção de ampla divulgação, pessoa singular ou colectiva emita uma declaração ou transmita uma informação em virtude da qual um grupo de pessoas seja ameaçado, insultado ou aviltado por motivos de discriminação racial.

3 – Para os efeitos do n.° 1:

a) Considera-se que existe discriminação directa sempre que, em razão da origem racial ou étnica, uma pessoa seja objecto de tratamento menos favorável do que aquele que é, tenha sido ou possa vir a ser dado a outra pessoa em situação comparável;

b) Considera-se que existe discriminação indirecta sempre que disposição, critério ou prática, aparentemente neutro, coloque pessoas de uma dada origem racial ou étnica numa situação de desvantagem comparativamente com outras pessoas;

c) Não se considera discriminação o comportamento baseado num dos factores indicados nas alíneas anteriores, sempre que, em virtude da natureza das actividades em causa ou do contexto da sua execução, esse factor constitua um requisito justificável e determinante para o seu exercício, devendo o objectivo ser legítimo e o requisito proporcional.

Lei n.° 18/2004, de 11 de Maio 391

4 – O assédio é considerado discriminação na acepção do n.° 1 sempre que ocorrer um comportamento indesejado relacionado com a origem racial ou étnica, com o objectivo ou o efeito de afectar a dignidade da pessoa ou de criar um ambiente intimidativo, hostil, degradante, humilhante ou desestabilizador.

5 – Uma instrução no sentido de discriminar pessoas com base na origem racial ou étnica é considerada discriminação na acepção do n.° 1.

ARTIGO 4.° **(Níveis mínimos de protecção)**

A presente lei consagra os níveis mínimos de protecção e não prejudica as disposições mais favoráveis estabelecidas noutra legislação, devendo prevalecer o regime que melhor garanta o princípio da igualdade de tratamento e da não discriminação.

ARTIGO 5.° **(Tutela de direitos)**

As associações que, de acordo com o respectivo estatuto, tenham por fim a defesa da não discriminação baseada em motivos de origem racial ou étnica têm legitimidade para intervir, em representação ou em apoio do interessado e com a aprovação deste, nos respectivos processos jurisdicionais.

ARTIGO 6.° **(Ónus da prova)**

1 – Cabe a quem alegar ter sofrido uma discriminação fundamentá-la, apresentando elementos de facto susceptíveis de a indiciarem, incumbindo à outra parte provar que as diferenças de tratamento não assentam em nenhum dos factores indicados no artigo 3.°

2 – O disposto no n.° 1 não se aplica ao processo penal nem às acções em que a averiguação dos factos incumbe ao tribunal ou a outra instância competente, nos termos da lei.

3 – O disposto nos números anteriores aplica-se igualmente às acções intentadas nos termos do artigo 5.°

ARTIGO 7.° **(Protecção contra actos de retaliação)**

É nulo o acto retaliatório que implique tratamento ou consequências desfavoráveis contra qualquer pessoa por causa do exercício do direito de queixa ou de acção em defesa do princípio da igualdade de tratamento.

ARTIGO 8.° **(Promoção da igualdade)**

1 – Compete, nos termos do Decreto-Lei n.° 251/2002, de 22 de Novembro, ao Alto-Comissariado para a Imigração e Minorias Étnicas a promoção da igualdade de tratamento entre todas as pessoas, sem qualquer discriminação por motivo de origem racial ou étnica.

2 – Compete, ainda, ao Alto-Comissariado para a Imigração e Minorias Étnicas:

a) Promover, através do Conselho Consultivo para os Assuntos da Imigração, o diálogo entre os parceiros sociais neste representados, tendo em vista a pro-

392 · *Regulamentação do Código do Trabalho*

moção da igualdade de tratamento, sem prejuízo da intervenção própria de outras entidades a quem incumba o diálogo social;

b) Promover, através do Conselho Consultivo para os Assuntos da Imigração, o diálogo com as organizações não governamentais cujos fins se inscrevam no âmbito do combate à discriminação por razões raciais ou étnicas;

c) Propor, através da Comissão para a Igualdade e contra a Discriminação Racial, medidas normativas que visem suprimir disposições legislativas, regulamentares e administrativas contrárias ao princípio da igualdade de tratamento;

d) Prestar às vítimas de discriminação o apoio e a informação necessários para a defesa dos seus direitos.

3 – O disposto nos números anteriores não prejudica o direito de intervenção das entidades referidas no artigo 5.°

ARTIGO 9.° **(Dever de comunicação)**

Todas as entidades públicas que tomem conhecimento de disposições que se integrem na previsão do n.° 1 do artigo 3.° devem informar desse facto a Comissão para a Igualdade e contra a Discriminação Racial.

ARTIGO 10.° **(Contra-ordenações)**

1 – A prática de qualquer dos actos discriminatórios previstos no artigo 3.° por pessoa singular constitui contra-ordenação punível com coima graduada entre uma e cinco vezes o valor mais elevado do salário mínimo nacional mensal, sem prejuízo da eventual responsabilidade civil ou da aplicação de outra sanção que ao caso couber.

2 – A prática de qualquer dos actos discriminatórios previstos no artigo 3.° por pessoa colectiva de direito público ou privado constitui contra-ordenação punível com coima graduada entre duas e dez vezes o valor mais elevado do salário mínimo nacional mensal, sem prejuízo da responsabilidade civil ou da aplicação de outra sanção que ao caso couber.

3 – Em caso de reincidência, os limites mínimo e máximo são elevados para o dobro.

4 – A tentativa e a negligência são puníveis.

5 – Sempre que a contra-ordenação resulte da omissão de um dever, a aplicação da sanção e o pagamento da coima não dispensam o infractor do seu cumprimento, se este ainda for possível.

ARTIGO 11.° **(Sanções acessórias)**

1 – Sem prejuízo do disposto no artigo 10.° da Lei n.° 134/99, de 28 de Agosto, podem ainda ser determinadas as seguintes sanções acessórias, em função da gravidade da infracção e da culpa do agente:

a) Perda de objectos pertencentes ao agente;

Lei n.º 18/2004, de 11 de Maio 393

b) Interdição do exercício de actividades que dependa de título público ou de autorização ou homologação de autoridade pública;

c) Privação do direito a subsídio ou benefício outorgado por entidades ou serviços públicos;

d) Privação do direito de participar em feiras ou mercados;

e) Privação do direito de participar em arrematações ou concursos públicos que tenham por objecto a empreitada ou a concessão de obras públicas, o fornecimento de bens e serviços públicos e a atribuição de licenças ou alvarás;

f) Encerramento de estabelecimento cujo funcionamento esteja sujeito a autorização ou licença de autoridade administrativa;

g) Suspensão de autorizações, licenças e alvarás.

2 – As sanções referidas nas alíneas *b*) a *g*) do número anterior têm a duração máxima de dois anos contados a partir da decisão condenatória definitiva.

ARTIGO 12.º **(Competência)**

São competentes para tomar conhecimento de facto susceptível de ser considerado contra-ordenação as seguintes entidades:

a) Membro do Governo que tenha a seu cargo a área da igualdade e das minorias étnicas;

b) Alto-Comissariado para a Imigração e Minorias Étnicas;

c) Comissão para a Igualdade e contra a Discriminação Racial;

d) Inspecção-geral competente em razão da matéria.

2 – Logo que tomem conhecimento de facto susceptível de ser considerado contra-ordenação, as entidades mencionadas nas alíneas *a*), *b*) e *c*) do número anterior enviam o processo para a inspecção-geral mencionada na alínea *d*) do mesmo número, a qual procede à sua instrução.

ARTIGO 13.º **(Aplicação das coimas)**

1 – Instruído o processo, o mesmo é enviado à Comissão para a Igualdade e contra a Discriminação Racial, acompanhado do respectivo relatório final.

2 – A definição da medida das sanções e a aplicação das coimas e das sanções acessórias correspondentes é da competência do Alto-Comissário para a Imigração e Minorias Étnicas, ouvida a comissão permanente mencionada no n.º 2 do artigo 7.º da Lei n.º 134/99, de 28 de Agosto.

ARTIGO 14.º **(Destino das coimas)**

O destino das coimas é o seguinte:

a) 60% para o Estado;

b) 10% para o Alto-Comissariado para a Imigração e Minorias Étnicas;

c) 30% para a entidade administrativa que instruiu o processo de contra-ordenação.

394 *Regulamentação do Código do Trabalho*

ARTIGO 15.º **(Legislação subsidiária)**

1 – Aos processos de contra-ordenação por prática discriminatória aplica-se o disposto nos artigos 9.º e 10.º do Decreto-Lei n.º 111/2000, de 4 de Julho.[13]

2 – Em tudo o que não estiver regulado na presente lei são aplicáveis a Lei n.º 134/99, de 28 de Agosto, e o regime geral das contra-ordenações.

ARTIGO 16.º **(Entrada em vigor)**

A presente lei entra em vigor no dia seguinte ao da sua publicação.

---

[13] Nos termos do n.º 1, deste preceito, mantêm-se em vigor, os artigos 9.º e 10.º, do Decreto-Lei n.º 111/2000, de 04.07 (que regulamentou a Lei n.º 134/99, de 28.08), sendo, o seguinte, o teor dos mesmos:

Artigo 9.º – (Conflitos de competência)

"Os conflitos positivos ou negativos de competência são decididos pelo membro do Governo que tenha a seu cargo a área da igualdade e pelos ministros que superintendem as inspecções-gerais envolvidas na situação geradora de competência".

Artigo 10.º – (Registo e organização de dados)

"A Comissão para a Igualdade e contra a Discriminação Racial mantém, em registo próprio, os dados das pessoas singulares e colectivas a quem foram aplicadas coimas e sanções acessórias correspondentes, nos termos da alínea *d*) do artigo 6.º e do n.º 2 do artigo 8.º, todos da Lei n.º 67/98, de 26.10."

O art. 8.º, desta Lei foi, entretanto, revogado pelo art. 1.º, do Decreto-Lei n.º 86/ /2005, de 02.05, que dispõe, quanto aos *conflitos de atribuições*, o seguinte:

"Os conflitos, positivos ou negativos, de atribuições emergentes da aplicação do disposto na alínea *d*) do n.º 1 do artigo 12.º da Lei n.º 18/2004, de 11 de Maio, quanto à actuação das inspecções-gerais, são resolvidos por despacho do membro do Governo responsável pela área das minorias étnicas".

PROIBIÇÃO DE DISCRIMINAÇÃO BASEADA NA RAÇA, COR, NACIONALIDADE OU ORIGEM ÉTNICA

LEI N.º 134/99,

de 28 de Agosto[14]

Proíbe as discriminações no exercício de direitos por motivos baseados na raça, cor, nacionalidade ou origem étnica.

A Assembleia da República decreta, nos termos da alínea *c*) do artigo 161.º da Constituição, para valer como lei geral da República, o seguinte:

CAPÍTULO I
Princípios gerais

ARTIGO 1.º – **(Objecto)**

A presente lei tem por objecto prevenir e proibir a discriminação racial sob todas as suas formas e sancionar a prática de actos que se traduzam na violação de quaisquer direitos fundamentais, ou na recusa ou condicionamento do exercício de quaisquer direitos económicos, sociais ou culturais, por quaisquer pessoas, em razão da sua pertença a determinada raça, cor, nacionalidade ou origem étnica.

---

[14] O Código do Trabalho, na respectiva Lei Preambular prevê, expressamente, apenas a revogação do Decreto-Lei n.º 111/2000, de 04 de Julho, aquando da publicação das normas regulamentares (al. *q*), do n.º 2, do art. 21.º).

Neste seguimento, poder-se-ia considerar que a presente Lei n.º 134/99 ficaria, na temática laboral por inerência, também revogada.

No entanto, tal parece não se ter verificado, dado que o art. 15.º, da Lei n.º 18/2004, de 11 de Maio (que transpôs a Directiva n.º 2000/43/CE, do Conselho, de 29 de Junho) remete, no que concerne aos processos contra-ordenacionais, para tal Lei (cfr. arts. 11.º e 15.º, n.º 2).

ARTIGO 2.º – (**Âmbito**)

A presente lei vincula todas as pessoas singulares e colectivas, públicas ou privadas.

ARTIGO 3.º – (**Discriminação racial**)

1 – Entende-se por discriminação racial qualquer distinção, exclusão, restrição ou preferência em função da raça, cor, ascendência, origem nacional ou étnica, que tenha por objectivo ou produza como resultado a anulação ou restrição do reconhecimento, fruição ou exercício, em condições de igualdade, de direitos, liberdades e garantias ou de direitos económicos, sociais e culturais.

2 – O disposto na presente lei não prejudica a vigência e aplicação das disposições de natureza legislativa, regulamentar ou administrativa, que beneficiem certos grupos desfavorecidos com o objectivo de garantir o exercício, em condições de igualdade, dos direitos nele referidos.

3 – O disposto na presente lei não prejudica igualmente a vigência e aplicação das disposições que restrinjam o reconhecimento de certos direitos a determinadas pessoas, com fundamento na Constituição, na lei ou em convenções internacionais regularmente ratificadas pelo Estado Português.

CAPÍTULO II
Práticas discriminatórias

ARTIGO 4.º – (**Práticas discriminatórias**)

1 – Consideram-se práticas discriminatórias as acções ou omissões que, em razão da pertença de qualquer pessoa a determinada raça, cor, nacionalidade ou origem étnica, violem o princípio da igualdade, designadamente:

a) A adopção de procedimento, medida ou critério, directamente pela entidade empregadora ou através de instruções dadas aos seus trabalhadores ou a agência de emprego, que subordine a factores de natureza racial a oferta de emprego, a cessação de contrato de trabalho ou a recusa de contratação;

b) A produção ou difusão de anúncios de ofertas de emprego, ou outras formas de publicidade ligada à pré-selecção ou ao recrutamento, que contenham, directa ou indirectamente, qualquer especificação ou preferência baseada em factores de discriminação racial;

c) A recusa de fornecimento ou impedimento de fruição de bens ou serviços, por parte de qualquer pessoa singular ou colectiva;

d) O impedimento ou limitação ao acesso e exercício normal de uma actividade económica por qualquer pessoa singular ou colectiva;

e) A recusa ou condicionamento de venda, arrendamento ou subarrendamento de imóveis;

f) A recusa de acesso a locais públicos ou abertos ao público;

Lei n.° 134/99, de 28 de Agosto 397

g) A recusa ou limitação de acesso aos cuidados de saúde prestados em estabelecimentos de saúde públicos ou privados;

h) A recusa ou limitação de acesso a estabelecimento de ensino público ou privado;

i) A constituição de turmas ou a adopção de outras medidas de organização interna nos estabelecimentos de ensino público ou privado, segundo critérios de discriminação racial, salvo se tais critérios forem justificados pelos objectivos referidos no n.° 2 do artigo 3.°;

j) A adopção de prática ou medida por parte de qualquer órgão, funcionário ou agente da administração directa ou indirecta do Estado, das Regiões Autónomas ou das autarquias locais, que condicione ou limite a prática do exercício de qualquer direito;

l) A adopção por entidade empregadora de prática que no âmbito da relação laboral discrimine um trabalhador ao seu serviço;

m) A adopção de acto em que, publicamente ou com intenção de ampla divulgação, pessoa singular ou colectiva emita uma declaração ou transmita uma informação em virtude da qual um grupo de pessoas seja ameaçado, insultado ou aviltado por motivos de discriminação racial.

2 – É proibido despedir, aplicar sanções ou prejudicar por qualquer outro meio o trabalhador por motivo do exercício de direito ou de acção judicial contra prática discriminatória.

CAPÍTULO III
Órgãos competentes

ARTIGO 5.° – **(Comissão para a Igualdade e contra a Discriminação Racial)**
1 – A aplicação da presente lei será acompanhada por uma Comissão para a Igualdade e contra a Discriminação Racial, a criar junto da estrutura governamental responsável pela imigração e minorias étnicas.

2 – Compete especialmente à Comissão referida no número anterior:

a) Aprovar o seu regulamento interno;

b) Recolher toda a informação relativa à prática de actos discriminatórios e à aplicação das respectivas sanções;

c) Recomendar a adopção das medidas legislativas, regulamentares e administrativas que considere adequadas para prevenir a prática de discriminações por motivos baseados na raça, cor, nacionalidade ou origem étnica;

d) Promover a realização de estudos e trabalhos de investigação sobre a problemática da discriminação racial;

e) Tornar públicos, por todos os meios ao seu alcance, casos de efectiva violação da presente lei;

398 *Regulamentação do Código do Trabalho*

f) Elaborar e publicitar um relatório anual sobre a situação da igualdade e da discriminação racial em Portugal.

ARTIGO 6.º – **(Composição)**
A Comissão para a Igualdade e contra a Discriminação Racial é constituída pelas seguintes entidades:
a) O Alto-Comissário para a Imigração e as Minorias Étnicas, que preside;
b) Dois representantes eleitos pela Assembleia da República;
c) Dois representantes do Governo, a designar pelos departamentos governamentais responsáveis pelo emprego, solidariedade e segurança social e pela educação;
d) Dois representantes das associações de imigrantes;
e) Dois representantes das associações anti-racistas;
f) Dois representantes das centrais sindicais;
g) Dois representantes das associações patronais;
h) Dois representantes das associações de defesa dos direitos humanos;
i) Três personalidades a designar pelos restantes membros.

ARTIGO 7.º – **(Funcionamento)**
1 – Compete ao Governo dotar a Comissão com os meios necessários ao seu funcionamento.
2 – A Comissão dispõe de uma comissão permanente, composta pelo presidente e por dois membros eleitos pelos restantes.
3 – A Comissão reúne ordinariamente uma vez por trimestre e extraordinariamente sempre que convocada pelo presidente, ouvida a comissão permanente.

ARTIGO 8.º – **(Dever de cooperação)**
Todas as entidades públicas têm o dever de cooperar com a Comissão na prossecução das suas actividades, nomeadamente fornecendo-lhe os dados que esta solicite com vista à elaboração do seu relatório anual.

CAPÍTULO IV
Regime sancionatório

ARTIGO 9.º – **(Regime sancionatório)**
1 – A prática de qualquer acto discriminatório referido no capítulo II da presente lei por pessoa singular constitui contra-ordenação punível com coima graduada entre uma e cinco vezes o valor mais elevado do salário mínimo nacional mensal, sem prejuízo da eventual responsabilidade civil ou da aplicação de outra sanção que ao caso couber.

Lei n.º 134/99, de 28 de Agosto

2 – A prática de qualquer acto discriminatório referido no capítulo II da presente lei por pessoa colectiva de direito privado constitui contra-ordenação punível com coima graduada entre duas e dez vezes o valor mais elevado do salário mínimo nacional mensal, sem prejuízo da eventual responsabilidade civil ou da aplicação de outra sanção que ao caso couber.

3 – Em caso de reincidência, os limites mínimo e máximo são elevados para o dobro.

ARTIGO 10.º – **(Pena acessória)**

Sem prejuízo das demais sanções que ao caso couberem, relativamente aos actos discriminatórios previstos na presente lei, o juiz pode, com carácter acessório, aplicar ainda as seguintes penas:

a) A publicidade da decisão;

b) A advertência ou censura públicas dos autores da prática discriminatória.

ARTIGO 11.º – **(Concurso de infracções)**

1 – Se o mesmo facto constituir, simultaneamente, ilícito penal e contra-ordenação, o agente é punido sempre a título penal.

2 – As sanções aplicadas às contra-ordenações em concurso são sempre cumuladas materialmente.

ARTIGO 12.º – **(Omissão de dever)**

Sempre que a contra-ordenação resulte da omissão de um dever, a aplicação da sanção e o pagamento da coima não dispensam o infractor do seu cumprimento, se este ainda for possível.

ARTIGO 13.º – **(Interpretação e integração)**

Os preceitos da presente lei devem ser interpretados e integrados de harmonia com a Declaração Universal dos Direitos do Homem, a Convenção para a Protecção dos Direitos do Homem e das Liberdades Fundamentais e a Convenção Internacional sobre Eliminação de Todas as Formas de Discriminação Racial.

ARTIGO 14.º – **(Regime financeiro)**

As disposições da presente lei com implicações financeiras entram em vigor com o Orçamento do Estado para o ano 2000, de acordo com o disposto no n.º 2 do artigo 167.º da Constituição.

ARTIGO 15.º – **(Regulamentação)**

Compete ao Governo, no âmbito da regulamentação da presente lei, tomar as medidas necessárias para a instituição da Comissão para a Igualdade e contra a Discriminação Racial e definir as entidades administrativas competentes para a aplicação das coimas pela prática dos actos discriminatórios referidos no capítulo II, no prazo de 120 dias após a sua entrada em vigor.

REGIME JURÍDICO DA PREVENÇÃO, HABILITAÇÃO, REABILITAÇÃO E PARTICIPAÇÃO DA PESSOA COM DEFICIÊNCIA

LEI N.º 38/2004,

de 18 de Agosto

Define as bases gerais do regime jurídico da prevenção, habilitação, reabilitação e participação da pessoa com deficiência.

A Assembleia da República decreta, nos termos da alínea *c*) do artigo 161.º da Constituição, para valer como lei geral da República, o seguinte:

CAPÍTULO I
Disposições gerais

ARTIGO 1.º – (**Âmbito**)

A presente lei define as bases gerais do regime jurídico da prevenção, habilitação, reabilitação e participação da pessoa com deficiência.

ARTIGO 2.º – (**Noção**)

Considera-se pessoa com deficiência aquela que, por motivo de perda ou anomalia, congénita ou adquirida, de funções ou de estruturas do corpo, incluindo as funções psicológicas, apresente dificuldades específicas susceptíveis de, em conjugação com os factores do meio, lhe limitar ou dificultar a actividade e a participação em condições de igualdade com as demais pessoas.

ARTIGO 3.º – (**Objectivos**)

Constituem objectivos da presente lei a realização de uma política global, integrada e transversal de prevenção, habilitação, reabilitação e participação da pessoa com deficiência, através, nomeadamente, da:

402 *Regulamentação do Código do Trabalho*

a) Promoção da igualdade de oportunidades, no sentido de que a pessoa com deficiência disponha de condições que permitam a plena participação na sociedade;

b) Promoção de oportunidades de educação, formação e trabalho ao longo da vida;

c) Promoção do acesso a serviços de apoio;

d) Promoção de uma sociedade para todos através da eliminação de barreiras e da adopção de medidas que visem a plena participação da pessoa com deficiência.

CAPÍTULO II
Princípios fundamentais

ARTIGO 4.º – **(Princípio da singularidade)**

À pessoa com deficiência é reconhecida a singularidade, devendo a sua abordagem ser feita de forma diferenciada, tendo em consideração as circunstâncias pessoais.

ARTIGO 5.º – **(Princípio da cidadania)**

A pessoa com deficiência tem direito ao acesso a todos os bens e serviços da sociedade, bem como o direito e o dever de desempenhar um papel activo no desenvolvimento da sociedade.

ARTIGO 6.º – **(Princípio da não discriminação)**

1 – A pessoa não pode ser discriminada, directa ou indirectamente, por acção ou omissão, com base na deficiência.

2 – A pessoa com deficiência deve beneficiar de medidas de acção positiva com o objectivo de garantir o exercício dos seus direitos e deveres corrigindo uma situação factual de desigualdade que persista na vida social.

ARTIGO 7.º – **(Princípio da autonomia)**

A pessoa com deficiência tem o direito de decisão pessoal na definição e condução da sua vida.

ARTIGO 8.º – **(Princípio da informação)**

A pessoa com deficiência tem direito a ser informada e esclarecida sobre os seus direitos e deveres.

ARTIGO 9.º – **(Princípio da participação)**

A pessoa com deficiência tem o direito e o dever de participar no planeamento, desenvolvimento e acompanhamento da política de prevenção, habilitação, reabilitação e participação da pessoa com deficiência.

Lei n.º 38/2004, de 18 de Agosto   403

ARTIGO 10.º – **(Princípio da globalidade)**
A pessoa com deficiência tem direito aos bens e serviços necessários ao seu desenvolvimento ao longo da vida.

ARTIGO 11.º – **(Princípio da qualidade)**
A pessoa com deficiência tem o direito à qualidade dos bens e serviços de prevenção, habilitação e reabilitação, atendendo à evolução da técnica e às necessidades pessoais e sociais.

ARTIGO 12.º – **(Princípio do primado da responsabilidade pública)**
Ao Estado compete criar as condições para a execução de uma política de prevenção, habilitação, reabilitação e participação da pessoa com deficiência.

ARTIGO 13.º – **(Princípio da transversalidade)**
A política de prevenção, habilitação, reabilitação e participação da pessoa com deficiência deve ter um carácter pluridisciplinar e ser desenvolvida nos diferentes domínios de forma coerente e global.

ARTIGO 14.º – **(Princípio da cooperação)**
O Estado e as demais entidades públicas e privadas devem actuar de forma articulada e cooperar entre si na concretização da política de prevenção, habilitação, reabilitação e participação da pessoa com deficiência.

ARTIGO 15.º – **(Princípio da solidariedade)**
Todos os cidadãos devem contribuir para a prossecução da política de prevenção, habilitação, reabilitação e participação da pessoa com deficiência.

CAPÍTULO III
Promoção e desenvolvimento

ARTIGO 16.º – **(Intervenção do Estado)**
1 – Compete ao Estado a promoção e o desenvolvimento da política nacional de prevenção, habilitação, reabilitação e participação da pessoa com deficiência em colaboração com toda a sociedade, em especial com a pessoa com deficiência, a sua família, respectivas organizações representativas e autarquias locais.
2 – Compete ao Estado a coordenação e articulação das políticas, medidas e acções sectoriais, ao nível nacional, regional e local.
3 – O Estado pode atribuir a entidades públicas e privadas a promoção e o desenvolvimento da política nacional de prevenção, habilitação, reabilitação e participação, em especial às organizações representativas das pessoas com defi-

404   *Regulamentação do Código do Trabalho*

ciência, instituições particulares e cooperativas de solidariedade social e autarquias locais.

4 – Compete ao Estado realizar as acções de fiscalização necessárias ao cumprimento da lei.

ARTIGO 17.° – **(Entidade coordenadora)**

1 – O Estado deve assegurar a existência de uma entidade pública que colabore na definição, coordenação e acompanhamento da política nacional de prevenção, habilitação, reabilitação e participação da pessoa com deficiência.

2 – A entidade referida no número anterior deve assegurar a participação de toda a sociedade, nomeadamente das organizações representativas da pessoa com deficiência.

ARTIGO 18.° – **(Intervenção de entidades públicas e privadas)**

1 – As entidades públicas e privadas têm o dever de realizar todos os actos necessários para a promoção e o desenvolvimento da política nacional de prevenção, habilitação, reabilitação e participação da pessoa com deficiência.

2 – O Estado deve apoiar as entidades públicas e privadas que realizem os actos previstos no número anterior.

ARTIGO 19.° – **(Relações com as organizações não governamentais)**

O Estado deve apoiar as acções desenvolvidas pela sociedade, em especial pelas organizações representativas da pessoa com deficiência, na prossecução dos objectivos da presente lei.

ARTIGO 20.° – **(Coesão social)**

As entidades privadas, nomeadamente as empresas, cooperativas, fundações e instituições com ou sem fins lucrativos, estruturas representativas dos trabalhadores e associações de empregadores, devem, no desenvolvimento da sua actividade e com vista ao reforço da coesão social, promover a satisfação dos interesses económicos, sociais e culturais da pessoa com deficiência.

ARTIGO 21.° – **(Rede de apoio de serviços e equipamentos sociais)**

Compete ao Estado promover a celebração de protocolos, nomeadamente com as autarquias locais e as instituições particulares e cooperativas de solidariedade social, com vista à criação de uma rede descentralizada de apoio de serviços e equipamentos sociais à pessoa com deficiência.

ARTIGO 22.° – **(Apoio à família)**

Compete ao Estado adoptar medidas que proporcionem à família da pessoa com deficiência as condições para a sua plena participação.

ARTIGO 23.º – (**Voluntariado**)

Compete ao Estado incentivar o voluntariado e promover a participação solidária em acções de apoio a pessoas com deficiência num quadro de liberdade e responsabilidade, tendo em vista um envolvimento efectivo da sociedade no desenvolvimento de acções de voluntariado no âmbito da política de prevenção, habilitação, reabilitação e participação da pessoa com deficiência.

CAPÍTULO IV
Prevenção, habilitação, reabilitação e participação

SECÇÃO I
Prevenção

ARTIGO 24.º – (**Prevenção**)

1 – A prevenção é constituída pelas medidas que visam evitar o aparecimento ou agravamento da deficiência e eliminar ou atenuar as suas consequências.

2 – O Estado deve promover, directa ou indirectamente, todas as acções necessárias à efectivação da prevenção, nomeadamente de informação e sensibilização sobre:

a) Acessibilidades;

b) Sinistralidade, em especial resultante da circulação de veículos e de actividades laboral, doméstica e de tempos livres;

c) Consumo de substâncias que afectem a saúde, em especial álcool, droga e tabaco;

d) Hábitos alimentares;

e) Cuidados peri, pré e pós-natais;

f) Segurança, higiene e saúde no trabalho.

SECÇÃO II
Habilitação e reabilitação

ARTIGO 25.º – (**Habilitação e reabilitação**)

A habilitação e a reabilitação são constituídas pelas medidas, nomeadamente nos domínios do emprego, trabalho e formação, consumo, segurança social, saúde, habitação e urbanismo, transportes, educação e ensino, cultura e ciência, sistema fiscal, desporto e tempos livres, que tenham em vista a aprendizagem e o desenvolvimento de aptidões, a autonomia e a qualidade de vida da pessoa com deficiência.

406 *Regulamentação do Código do Trabalho*

ARTIGO 26.° – **(Direito ao emprego, trabalho e formação)**
1 – Compete ao Estado adoptar medidas específicas necessárias para assegurar o direito de acesso ao emprego, ao trabalho, à orientação, formação, habilitação e reabilitação profissionais e a adequação das condições de trabalho da pessoa com deficiência.
2 – No cumprimento do disposto no número anterior, o Estado deve fomentar e apoiar o recurso ao auto-emprego, teletrabalho, trabalho a tempo parcial e no domicílio.

ARTIGO 27.° – **(Conciliação entre a actividade profissional e a vida familiar)**
Compete ao Estado adoptar medidas específicas necessárias para assegurar o direito de conciliação entre a actividade profissional e a vida familiar da pessoa com deficiência, bem como dos familiares com pessoas com deficiência a cargo.

ARTIGO 28.° – **(Quotas de emprego)**
1 – As empresas devem, tendo em conta a sua dimensão, contratar pessoas com deficiência, mediante contrato de trabalho ou de prestação de serviço, em número até 2% do total de trabalhadores.
2 – O disposto no número anterior pode ser aplicável a outras entidades empregadoras nos termos a regulamentar.
3 – A Administração Pública deve proceder à contratação de pessoas com deficiência em percentagem igual ou superior a 5%.

ARTIGO 29.° – **(Direitos do consumidor)**
Compete ao Estado adoptar medidas específicas necessárias para assegurar os direitos de consumidor da pessoa com deficiência, nomeadamente criando um regime especial de protecção.

ARTIGO 30.° – **(Direito à segurança social)**
Compete ao Estado adoptar medidas específicas necessárias para assegurar a protecção social da pessoa com deficiência, mediante prestações pecuniárias ou em espécie, que tenham em vista a autonomia pessoal e uma adequada integração profissional e social.

ARTIGO 31.° – **(Direito à saúde)**
Compete ao Estado adoptar medidas específicas necessárias para assegurar os cuidados de promoção e vigilância da saúde, o despiste e o diagnóstico, a estimulação precoce do tratamento e a habilitação e reabilitação médico-funcional da pessoa com deficiência, bem como o fornecimento, adaptação, manutenção ou renovação dos meios de compensação que forem adequados.

ARTIGO 32.° – **(Direito à habitação e urbanismo)**
Compete ao Estado adoptar, mediante a elaboração de um plano nacional de promoção da acessibilidade, tendo em atenção os princípios do desenho universal:

Lei n.º 38/2004, de 18 de Agosto

a) Medidas específicas necessárias para assegurar o direito à habitação da pessoa com deficiência, em articulação com as autarquias locais;

b) Medidas específicas necessárias para assegurar o acesso da pessoa com deficiência, nomeadamente aos espaços interiores e exteriores, mediante a eliminação de barreiras arquitectónicas na construção, ampliação e renovação.

ARTIGO 33.º – **(Direito aos transportes)**
Compete ao Estado adoptar, mediante a elaboração de um plano nacional de promoção da acessibilidade, medidas específicas necessárias para assegurar o acesso da pessoa com deficiência, nomeadamente à circulação e utilização da rede de transportes públicos, de transportes especiais e outros meios de transporte apropriados, bem como a modalidades de apoio social.

ARTIGO 34.º – **(Direito à educação e ensino)**
Compete ao Estado adoptar medidas específicas necessárias para assegurar o acesso da pessoa com deficiência à educação e ao ensino inclusivo, mediante, nomeadamente, a afectação de recursos e instrumentos adequados à aprendizagem e à comunicação.

ARTIGO 35.º – **(Direito à cultura e ciência)**
Compete ao Estado adoptar medidas específicas necessárias para assegurar o acesso da pessoa com deficiência à cultura e à ciência, mediante, nomeadamente, a afectação de recursos e instrumentos que permitam a supressão das limitações existentes.

ARTIGO 36.º – **(Sistema fiscal)**
Compete ao Estado adoptar medidas específicas necessárias para assegurar o acesso da pessoa com deficiência a bens essenciais que visem melhorar as condições de vida, nomeadamente mediante a concessão de benefícios fiscais.

ARTIGO 37.º – **(Mecenato)**
Compete ao Estado adoptar medidas específicas necessárias para assegurar o incentivo do mecenato, mediante, nomeadamente, a criação e a fixação de isenções fiscais.

ARTIGO 38.º – **(Direito à prática do desporto e de tempos livres)**
Compete ao Estado adoptar medidas específicas necessárias para assegurar o acesso da pessoa com deficiência à prática do desporto e à fruição dos tempos livres, mediante, nomeadamente, a criação de estruturas adequadas e formas de apoio social.

ARTIGO 39.º – **(Alta competição)**
Compete ao Estado adoptar medidas específicas necessárias para assegurar

408   *Regulamentação do Código do Trabalho*

a prática do desporto de alta competição pela pessoa com deficiência, mediante, nomeadamente, a criação de estruturas adequadas e formas de apoio social.

SECÇÃO III
Participação

ARTIGO 40.º – **(Participação)**

A participação é constituída pelas medidas específicas necessárias para assegurar a participação da pessoa com deficiência, ou respectivas organizações representativas, nomeadamente na elaboração da legislação sobre deficiência, execução e avaliação das políticas referidas na presente lei, de modo a garantir o seu envolvimento em todas as situações da vida e da sociedade em geral.

CAPÍTULO V
Políticas transversais

ARTIGO 41.º – **(Estatuto patrimonial)**

Compete ao Estado adoptar medidas específicas necessárias para assegurar a protecção patrimonial da pessoa com deficiência.

ARTIGO 42.º – **(Intervenção precoce)**

Compete ao Estado desenvolver acções de intervenção precoce, enquanto conjunto de medidas integradas de apoio dirigidas à criança, à família e à comunidade, com o objectivo de responder de imediato às necessidades da criança com deficiência.

ARTIGO 43.º – **(Informação)**

1 – O Estado e as demais entidades públicas e privadas devem colocar à disposição da pessoa com deficiência, em formato acessível, designadamente em *braille*, caracteres ampliados, áudio, língua gestual, ou registo informático adequado, informação sobre os serviços, recursos e benefícios que lhes são destinados.

2 – Os órgãos de comunicação social devem disponibilizar a informação de forma acessível à pessoa com deficiência bem como contribuir para a sensibilização da opinião pública, tendo em vista a eliminação das práticas discriminatórias baseadas na deficiência.

ARTIGO 44.º – **(Sociedade da informação)**

Compete ao Estado adoptar, mediante a elaboração de um plano nacional de promoção da acessibilidade, medidas específicas necessárias para assegurar o acesso da pessoa com deficiência à sociedade de informação.

Lei n.º 38/2004, de 18 de Agosto

ARTIGO 45.º – **(Investigação)**

Compete ao Estado promover e apoiar programas de investigação e desenvolvimento com carácter pluridisciplinar que permitam melhorar os meios de prevenção, habilitação e reabilitação.

ARTIGO 46.º – **(Formação)**

1 – Compete ao Estado promover e apoiar a formação específica de profissionais que actuem na área da prevenção, habilitação e reabilitação da pessoa com deficiência.

2 – As entidades competentes devem desenvolver, sempre que se justificar, nos programas de formação, conteúdos que contribuam para o processo de prevenção, habilitação e reabilitação da pessoa com deficiência.

ARTIGO 47.º – **(Estatísticas)**

Compete ao Estado assegurar a recolha, tratamento e divulgação de dados estatísticos relacionados com a deficiência.

CAPÍTULO VI
Disposições finais

ARTIGO 48.º – **(Fundo de apoio)**

A lei poderá prever a constituição de um fundo de apoio à pessoa com deficiência constituído pelo produto de coimas de processos de contra-ordenação por violação dos direitos da pessoa com deficiência.

ARTIGO 49.º – **(Orçamento)**

Os encargos decorrentes da execução da presente lei devem ser inscritos nos orçamentos dos respectivos ministérios.

ARTIGO 50.º – **(Regulamentação)**

O Governo deve aprovar as normas necessárias ao desenvolvimento da presente lei.

ARTIGO 51.º – **(Revogação)**

É revogada a Lei n.º 9/89, de 2 de Maio.

PROTECÇÃO DE DADOS PESSOAIS

LEI N.º 67/98,

de 26 de Outubro[15]

Lei da Protecção de Dados Pessoais (transpõe para a ordem jurídica portuguesa a Directiva n.º 95/46/CE, do Parlamento Europeu e do Conselho, de 24 de Outubro de 1995, relativa à protecção das pessoas singulares no que diz respeito ao tratamento dos dados pessoais e à livre circulação desses dados).

A Assembleia da República decreta, nos termos da alínea c) do artigo 161.º, das alíneas b) e c) do n.º 1 do artigo 165.º e do n.º 3 do artigo 166.º da Constituição, para valer como lei geral da República, o seguinte:

CAPÍTULO I
Disposições gerais

ARTIGO 1.º **(Objecto)**

A presente lei transpõe para a ordem jurídica interna a Directiva n.º 95//46/CE, do Parlamento Europeu e do Conselho, de 24 de Outubro de 1995, relativa à protecção das pessoas singulares no que diz respeito ao tratamento de dados pessoais e à livre circulação desses dados.

ARTIGO 2.º **(Princípio geral)**

O tratamento de dados pessoais deve processar-se de forma transparente e no estrito respeito pela reserva da vida privada, bem como pelos direitos, liberdades e garantias fundamentais.

ARTIGO 3.º **(Definições)**

Para efeitos da presente lei, entende-se por:

a) «Dados pessoais»: qualquer informação, de qualquer natureza e independentemente do respectivo suporte, incluindo som e imagem, relativa a uma

---

[15] A Lei Orgânica da Comissão Nacional de Protecção de Dados consta da Lei n.º 43/2004, de 18.08.

pessoa singular identificada ou identificável («titular dos dados»); é considerada identificável a pessoa que possa ser identificada directa ou indirectamente, designadamente por referência a um número de identificação ou a um ou mais elementos específicos da sua identidade física, fisiológica, psíquica, económica, cultural ou social;

b) «Tratamento de dados pessoais» («tratamento»): qualquer operação ou conjunto de operações sobre dados pessoais, efectuadas com ou sem meios automatizados, tais como a recolha, o registo, a organização, a conservação, a adaptação ou alteração, a recuperação, a consulta, a utilização, a comunicação por transmissão, por difusão ou por qualquer outra forma de colocação à disposição, com comparação ou interconexão, bem como o bloqueio, apagamento ou destruição;

c) «Ficheiro de dados pessoais» («ficheiro»): qualquer conjunto estruturado de dados pessoais, acessível segundo critérios determinados, quer seja centralizado, descentralizado ou repartido de modo funcional ou geográfico;

d) «Responsável pelo tratamento»: a pessoa singular ou colectiva, a autoridade pública, o serviço ou qualquer outro organismo que, individualmente ou em conjunto com outrem, determine as finalidades e os meios de tratamento dos dados pessoais; sempre que as finalidades e os meios do tratamento sejam determinados por disposições legislativas ou regulamentares, o responsável pelo tratamento deve ser indicado na lei de organização e funcionamento ou no estatuto da entidade legal ou estatutariamente competente para tratar os dados pessoais em causa;

e) «Subcontratante»: a pessoa singular ou colectiva, a autoridade pública, o serviço ou qualquer outro organismo que trate os dados pessoais por conta do responsável pelo tratamento;

f) «Terceiro»: a pessoa singular ou colectiva, a autoridade pública, o serviço ou qualquer outro organismo que, não sendo o titular dos dados, o responsável pelo tratamento, o subcontratante ou outra pessoa sob autoridade directa do responsável pelo tratamento ou do subcontratante, esteja habilitado a tratar os dados;

g) «Destinatário»: a pessoa singular ou colectiva, a autoridade pública, o serviço ou qualquer outro organismo a quem sejam comunicados dados pessoais, independentemente de se tratar ou não de um terceiro, sem prejuízo de não serem consideradas destinatários as autoridades a quem sejam comunicados dados no âmbito de uma disposição legal;

h) «Consentimento do titular dos dados»: qualquer manifestação de vontade, livre, específica e informada, nos termos da qual o titular aceita que os seus dados pessoais sejam objecto de tratamento;

i) «Interconexão de dados»: forma de tratamento que consiste na possibilidade de relacionamento dos dados de um ficheiro com os dados de um ficheiro ou ficheiros mantidos por outro ou outros responsáveis, ou mantidos pelo mesmo responsável com outra finalidade.

Lei n.º 67/98, de 26 de Outubro   413

ARTIGO 4.º **(Âmbito de aplicação)**

1 – A presente lei aplica-se ao tratamento de dados pessoais por meios total ou parcialmente automatizados, bem como ao tratamento por meios não automatizados de dados pessoais contidos em ficheiros manuais ou a estes destinados.

2 – A presente lei não se aplica ao tratamento de dados pessoais efectuado por pessoa singular no exercício de actividades exclusivamente pessoais ou domésticas.

3 – A presente lei aplica-se ao tratamento de dados pessoais efectuado:

a) No âmbito das actividades de estabelecimento do responsável do tratamento situado em território português;

b) Fora do território nacional, em local onde a legislação portuguesa seja aplicável por força do direito internacional;

c) Por responsável que, não estando estabelecido no território da União Europeia, recorra, para tratamento de dados pessoais, a meios, automatizados ou não, situados no território português, salvo se esses meios só forem utilizados para trânsito através do território da União Europeia.

4 – A presente lei aplica-se à videovigilância e outras formas de captação, tratamento e difusão de sons e imagens que permitam identificar pessoas sempre que o responsável pelo tratamento esteja domiciliado ou sediado em Portugal ou utilize um fornecedor de acesso a redes informáticas e telemáticas estabelecido em território português.

5 – No caso referido na alínea c) do n.º 3, o responsável pelo tratamento deve designar, mediante comunicação à Comissão Nacional de Protecção de Dados (CNPD), um representante estabelecido em Portugal, que se lhe substitua em todos os seus direitos e obrigações, sem prejuízo da sua própria responsabilidade.

6 – O disposto no número anterior aplica-se no caso de o responsável pelo tratamento estar abrangido por estatuto de extraterritorialidade, de imunidade ou por qualquer outro que impeça o procedimento criminal.

7 – A presente lei aplica-se ao tratamento de dados pessoais que tenham por objectivo a segurança pública, a defesa nacional e a segurança do Estado, sem prejuízo do disposto em normas especiais constantes de instrumentos de direito internacional a que Portugal se vincule e de legislação específica atinente aos respectivos sectores.

CAPÍTULO II
Tratamento de dados pessoais

SECÇÃO I
Qualidade dos dados e legitimidade do seu tratamento

ARTIGO 5.º **(Qualidade dos dados)**

1 – Os dados pessoais devem ser:

a) Tratados de forma lícita e com respeito pelo princípio da boa fé;

b) Recolhidos para finalidades determinadas, explícitas e legítimas, não podendo ser posteriormente tratados de forma incompatível com essas finalidades;

c) Adequados, pertinentes e não excessivos relativamente às finalidades para que são recolhidos e posteriormente tratados;

d) Exactos e, se necessário, actualizados, devendo ser tomadas as medidas adequadas para assegurar que sejam apagados ou rectificados os dados inexactos ou incompletos, tendo em conta as finalidades para que foram recolhidos ou para que são tratados posteriormente;

e) Conservados de forma a permitir a identificação dos seus titulares apenas durante o período necessário para a prossecução das finalidades da recolha ou do tratamento posterior.

2 – Mediante requerimento do responsável pelo tratamento, e caso haja interesse legítimo, a CNPD pode autorizar a conservação de dados para fins históricos, estatísticos ou científicos por período superior ao referido na alínea *e*) do número anterior.

3 – Cabe ao responsável pelo tratamento assegurar a observância do disposto nos números anteriores.

ARTIGO 6.º **(Condições de legitimidade do tratamento de dados)**

O tratamento de dados pessoais só pode ser efectuado se o seu titular tiver dado de forma inequívoca o seu consentimento ou se o tratamento for necessário para:

a) Execução de contrato ou contratos em que o titular dos dados seja parte ou de diligências prévias à formação do contrato ou declaração da vontade negocial efectuadas a seu pedido;

b) Cumprimento de obrigação legal a que o responsável pelo tratamento esteja sujeito;

c) Protecção de interesses vitais do titular dos dados, se este estiver física ou legalmente incapaz de dar o seu consentimento;

d) Execução de uma missão de interesse público ou no exercício de autoridade pública em que esteja investido o responsável pelo tratamento ou um terceiro a quem os dados sejam comunicados;

Lei n.º 67/98, de 26 de Outubro 415

e) Prossecução de interesses legítimos do responsável pelo tratamento ou de terceiro a quem os dados sejam comunicados, desde que não devam prevalecer os interesses ou os direitos, liberdades e garantias do titular dos dados.

ARTIGO 7.º **(Tratamento de dados sensíveis)**

1 – É proibido o tratamento de dados pessoais referentes a convicções filosóficas ou políticas, filiação partidária ou sindical, fé religiosa, vida privada e origem racial ou étnica, bem como o tratamento de dados relativos à saúde e à vida sexual, incluindo os dados genéticos.

2 – Mediante disposição legal ou autorização da CNPD, pode ser permitido o tratamento dos dados referidos no número anterior quando por motivos de interesse público importante esse tratamento for indispensável ao exercício das atribuições legais ou estatutárias do seu responsável, ou quando o titular dos dados tiver dado o seu consentimento expresso para esse tratamento, em ambos os casos com garantias de não discriminação e com as medidas de segurança previstas no artigo 15.º

3 – O tratamento dos dados referidos no n.º 1 é ainda permitido quando se verificar uma das seguintes condições:

a) Ser necessário para proteger interesses vitais do titular dos dados ou de uma outra pessoa e o titular dos dados estiver física ou legalmente incapaz de dar o seu consentimento;

b) Ser efectuado, com o consentimento do titular, por fundação, associação ou organismo sem fins lucrativos de carácter político, filosófico, religioso ou sindical, no âmbito das suas actividades legítimas, sob condição de o tratamento respeitar apenas aos membros desse organismo ou às pessoas que com ele mantenham contactos periódicos ligados às suas finalidades, e de os dados não serem comunicados a terceiros sem consentimento dos seus titulares;

c) Dizer respeito a dados manifestamente tornados públicos pelo seu titular, desde que se possa legitimamente deduzir das suas declarações o consentimento para o tratamento dos mesmos;

d) Ser necessário à declaração, exercício ou defesa de um direito em processo judicial e for efectuado exclusivamente com essa finalidade.

4 – O tratamento dos dados referentes à saúde e à vida sexual, incluindo os dados genéticos, é permitido quando for necessário para efeitos de medicina preventiva, de diagnóstico médico, de prestação de cuidados ou tratamentos médicos ou de gestão de serviços de saúde, desde que o tratamento desses dados seja efectuado por um profissional de saúde obrigado a sigilo ou por outra pessoa sujeita igualmente a segredo profissional, seja notificado à CNPD, nos termos do artigo 27.º, e sejam garantidas medidas adequadas de segurança da informação.

ARTIGO 8.º **(Suspeitas de actividades ilícitas, infracções penais e contra-ordenações)**

1 – A criação e a manutenção de registos centrais relativos a pessoas suspeitas de actividades ilícitas, infracções penais, contra-ordenações e decisões que

416   *Regulamentação do Código do Trabalho*

apliquem penas, medidas de segurança, coimas e sanções acessórias só podem ser mantidas por serviços públicos com competência específica prevista na respectiva lei de organização e funcionamento, observando normas procedimentais e de protecção de dados previstas em diploma legal, com prévio parecer da CNPD.

2 – O tratamento de dados pessoais relativos a suspeitas de actividades ilícitas, infracções penais, contra-ordenações e decisões que apliquem penas, medidas de segurança, coimas e sanções acessórias pode ser autorizado pela CNPD, observadas as normas de protecção de dados e de segurança da informação, quando tal tratamento for necessário à execução de finalidades legítimas do seu responsável, desde que não prevaleçam os direitos, liberdades e garantias do titular dos dados.

3 – O tratamento de dados pessoais para fins de investigação policial deve limitar-se ao necessário para a prevenção de um perigo concreto ou repressão de uma infracção determinada, para o exercício de competências previstas no respectivo estatuto orgânico ou noutra disposição legal e ainda nos termos de acordo ou convenção internacional de que Portugal seja parte.

ARTIGO 9.º **(Interconexão de dados pessoais)**
1 – A interconexão de dados pessoais que não esteja prevista em disposição legal está sujeita a autorização da CNPD solicitada pelo responsável ou em conjunto pelos correspondentes responsáveis dos tratamentos, nos termos previstos no artigo 27.º

2 – A interconexão de dados pessoais deve ser adequada à prossecução das finalidades legais ou estatutárias e de interesses legítimos dos responsáveis dos tratamentos, não implicar discriminação ou diminuição dos direitos, liberdades e garantias dos titulares dos dados, ser rodeada de adequadas medidas de segurança e ter em conta o tipo de dados objecto de interconexão.

SECÇÃO II
Direitos do titular dos dados

ARTIGO 10.º **(Direito de informação)**
1 – Quando recolher dados pessoais directamente do seu titular, o responsável pelo tratamento ou o seu representante deve prestar-lhe, salvo se já dele forem conhecidas, as seguintes informações:

a) Identidade do responsável pelo tratamento e, se for caso disso, do seu representante;

b) Finalidades do tratamento;

c) Outras informações, tais como:

Os destinatários ou categorias de destinatários dos dados;

O carácter obrigatório ou facultativo da resposta, bem como as possíveis consequências se não responder;

Lei n.° 67/98, de 26 de Outubro 417

A existência e as condições do direito de acesso e de rectificação, desde que sejam necessárias, tendo em conta as circunstâncias específicas da recolha dos dados, para garantir ao seu titular um tratamento leal dos mesmos.

2 – Os documentos que sirvam de base à recolha de dados pessoais devem conter as informações constantes do número anterior.

3 – Se os dados não forem recolhidos junto do seu titular, e salvo se dele já forem conhecidas, o responsável pelo tratamento, ou o seu representante, deve prestar-lhe as informações previstas no n.° 1 no momento do registo dos dados ou, se estiver prevista a comunicação a terceiros, o mais tardar aquando da primeira comunicação desses dados.

4 – No caso de recolha de dados em redes abertas, o titular dos dados deve ser informado, salvo se disso já tiver conhecimento, de que os seus dados pessoais podem circular na rede sem condições de segurança, correndo o risco de serem vistos e utilizados por terceiros não autorizados.

5 – A obrigação de informação pode ser dispensada, mediante disposição legal ou deliberação da CNPD, por motivos de segurança do Estado e prevenção ou investigação criminal, e, bem assim, quando, nomeadamente no caso do tratamento de dados com finalidades estatísticas, históricas ou de investigação científica, a informação do titular dos dados se revelar impossível ou implicar esforços desproporcionados ou ainda quando a lei determinar expressamente o registo dos dados ou a sua divulgação.

6 – A obrigação de informação, nos termos previstos no presente artigo, não se aplica ao tratamento de dados efectuado para fins exclusivamente jornalísticos ou de expressão artística ou literária.

ARTIGO 11.° **(Direito de acesso)**

1 – O titular dos dados tem o direito de obter do responsável pelo tratamento, livremente e sem restrições, com periodicidade razoável e sem demoras ou custos excessivos:

a) A confirmação de serem ou não tratados dados que lhe digam respeito, bem como informação sobre as finalidades desse tratamento, as categorias de dados sobre que incide e os destinatários ou categorias de destinatários a quem são comunicados os dados;

b) A comunicação, sob forma inteligível, dos seus dados sujeitos a tratamento e de quaisquer informações disponíveis sobre a origem desses dados;

c) O conhecimento da lógica subjacente ao tratamento automatizado dos dados que lhe digam respeito;

d) A rectificação, o apagamento ou o bloqueio dos dados cujo tratamento não cumpra o disposto na presente lei, nomeadamente devido ao carácter incompleto ou inexacto desses dados;

e) A notificação aos terceiros a quem os dados tenham sido comunicados de qualquer rectificação, apagamento ou bloqueio efectuado nos termos da alínea *d*), salvo se isso for comprovadamente impossível.

418   *Regulamentação do Código do Trabalho*

2 – No caso de tratamento de dados pessoais relativos à segurança do Estado e à prevenção ou investigação criminal, o direito de acesso é exercido através da CNPD ou de outra autoridade independente a quem a lei atribua a verificação do cumprimento da legislação de protecção de dados pessoais.

3 – No caso previsto no n.º 6 do artigo anterior, o direito de acesso é exercido através da CNPD com salvaguarda das normas constitucionais aplicáveis, designadamente as que garantem a liberdade de expressão e informação, a liberdade de imprensa e a independência e sigilo profissionais dos jornalistas.

4 – Nos casos previstos nos n.ºs 2 e 3, se a comunicação dos dados ao seu titular puder prejudicar a segurança do Estado, a prevenção ou a investigação criminal ou ainda a liberdade de expressão e informação ou a liberdade de imprensa, a CNPD limita-se a informar o titular dos dados das diligências efectuadas.

5 – O direito de acesso à informação relativa a dados da saúde, incluindo os dados genéticos, é exercido por intermédio de médico escolhido pelo titular dos dados.

6 – No caso de os dados não serem utilizados para tomar medidas ou decisões em relação a pessoas determinadas, a lei pode restringir o direito de acesso nos casos em que manifestamente não exista qualquer perigo de violação dos direitos, liberdades e garantias do titular dos dados, designadamente do direito à vida privada, e os referidos dados forem exclusivamente utilizados para fins de investigação científica ou conservados sob forma de dados pessoais durante um período que não exceda o necessário à finalidade exclusiva de elaborar estatísticas.

ARTIGO 12.º **(Direito de oposição do titular dos dados)**

O titular dos dados tem o direito de:

a) Salvo disposição legal em contrário, e pelo menos nos casos referidos nas alíneas *d*) e *e*) do artigo 6.º, se opor em qualquer altura, por razões ponderosas e legítimas relacionadas com a sua situação particular, a que os dados que lhe digam respeito sejam objecto de tratamento, devendo, em caso de oposição justificada, o tratamento efectuado pelo responsável deixar de poder incidir sobre esses dados;

b) Se opor, a seu pedido e gratuitamente, ao tratamento dos dados pessoais que lhe digam respeito previsto pelo responsável pelo tratamento para efeitos de marketing directo ou qualquer outra forma de prospecção, ou de ser informado, antes de os dados pessoais serem comunicados pela primeira vez a terceiros para fins de marketing directo ou utilizados por conta de terceiros, e de lhe ser expressamente facultado o direito de se opor, sem despesas, a tais comunicações ou utilizações.

ARTIGO 13.º **(Decisões individuais automatizadas)**

1 – Qualquer pessoa tem o direito de não ficar sujeita a uma decisão que produza efeitos na sua esfera jurídica ou que a afecte de modo significativo, tomada exclusivamente com base num tratamento automatizado de dados destinado a ava-

Lei n.º 67/98, de 26 de Outubro 419

liar determinados aspectos da sua personalidade, designadamente a sua capacidade profissional, o seu crédito, a confiança de que é merecedora ou o seu comportamento.

2 – Sem prejuízo do cumprimento das restantes disposições da presente lei, uma pessoa pode ficar sujeita a uma decisão tomada nos termos do n.º 1, desde que tal ocorra no âmbito da celebração ou da execução de um contrato, e sob condição de o seu pedido de celebração ou execução do contrato ter sido satisfeito, ou de existirem medidas adequadas que garantam a defesa dos seus interesses legítimos, designadamente o seu direito de representação e expressão.

3 – Pode ainda ser permitida a tomada de uma decisão nos termos do n.º 1 quando a CNPD o autorize, definindo medidas de garantia da defesa dos interesses legítimos do titular dos dados.

SECÇÃO III
Segurança e confidencialidade do tratamento

ARTIGO 14.º **(Segurança do tratamento)**

1 – O responsável pelo tratamento deve pôr em prática as medidas técnicas e organizativas adequadas para proteger os dados pessoais contra a destruição, acidental ou ilícita, a perda acidental, a alteração, a difusão ou o acesso não autorizados, nomeadamente quando o tratamento implicar a sua transmissão por rede, e contra qualquer outra forma de tratamento ilícito; estas medidas devem assegurar, atendendo aos conhecimentos técnicos disponíveis e aos custos resultantes da sua aplicação, um nível de segurança adequado em relação aos riscos que o tratamento apresenta e à natureza dos dados a proteger.

2 – O responsável pelo tratamento, em caso de tratamento por sua conta, deverá escolher um subcontratante que ofereça garantias suficientes em relação às medidas de segurança técnica e de organização do tratamento a efectuar, e deverá zelar pelo cumprimento dessas medidas.

3 – A realização de operações de tratamento em subcontratação deve ser regida por um contrato ou acto jurídico que vincule o subcontratante ao responsável pelo tratamento e que estipule, designadamente, que o subcontratante apenas actua mediante instruções do responsável pelo tratamento e que lhe incumbe igualmente o cumprimento das obrigações referidas no n.º 1.

4 – Os elementos de prova da declaração negocial, do contrato ou do acto jurídico relativos à protecção dos dados, bem como as exigências relativas às medidas referidas no n.º 1, são consignados por escrito em documento em suporte com valor probatório legalmente reconhecido.

ARTIGO 15.º **(Medidas especiais de segurança)**

1 – Os responsáveis pelo tratamento dos dados referidos no n.º 2 do artigo 7.º e no n.º 1 do artigo 8.º devem tomar as medidas adequadas para:

420 *Regulamentação do Código do Trabalho*

a) Impedir o acesso de pessoa não autorizada às instalações utilizadas para o tratamento desses dados (controlo da entrada nas instalações);

b) Impedir que suportes de dados possam ser lidos, copiados, alterados ou retirados por pessoa não autorizada (controlo dos suportes de dados);

c) Impedir a introdução não autorizada, bem como a tomada de conhecimento, a alteração ou a eliminação não autorizadas de dados pessoais inseridos (controlo da inserção);

d) Impedir que sistemas de tratamento automatizados de dados possam ser utilizados por pessoas não autorizadas através de instalações de transmissão de dados (controlo da utilização);

e) Garantir que as pessoas autorizadas só possam ter acesso aos dados abrangidos pela autorização (controlo de acesso);

f) Garantir a verificação das entidades a quem possam ser transmitidos os dados pessoais através das instalações de transmissão de dados (controlo da transmissão);

g) Garantir que possa verificar-se *a posteriori,* em prazo adequado à natureza do tratamento, a fixar na regulamentação aplicável a cada sector, quais os dados pessoais introduzidos quando e por quem (controlo da introdução);

h) Impedir que, na transmissão de dados pessoais, bem como no transporte do seu suporte, os dados possam ser lidos, copiados, alterados ou eliminados de forma não autorizada (controlo do transporte).

2 – Tendo em conta a natureza das entidades responsáveis pelo tratamento e o tipo das instalações em que é efectuado, a CNPD pode dispensar a existência de certas medidas de segurança, garantido que se mostre o respeito pelos direitos, liberdades e garantias dos titulares dos dados.

3 – Os sistemas devem garantir a separação lógica entre os dados referentes à saúde e à vida sexual, incluindo os genéticos, dos restantes dados pessoais.

4 – A CNPD pode determinar que, nos casos em que a circulação em rede de dados pessoais referidos nos artigos 7.° e 8.° possa pôr em risco direitos, liberdades e garantias dos respectivos titulares, a transmissão seja cifrada.

ARTIGO 16.° **(Tratamento por subcontratante)**

Qualquer pessoa que, agindo sob a autoridade do responsável pelo tratamento ou do subcontratante, bem como o próprio subcontratante, tenha acesso a dados pessoais não pode proceder ao seu tratamento sem instruções do responsável pelo tratamento, salvo por força de obrigações legais.

ARTIGO 17.° **(Sigilo profissional)**

1 – Os responsáveis do tratamento de dados pessoais, bem como as pessoas que, no exercício das suas funções, tenham conhecimento dos dados pessoais tratados, ficam obrigados a sigilo profissional, mesmo após o termo das suas funções.

2 – Igual obrigação recai sobre os membros da CNPD, mesmo após o termo do mandato.

Lei n.º 67/98, de 26 de Outubro   421

3 – O disposto nos números anteriores não exclui o dever do fornecimento das informações obrigatórias, nos termos legais, excepto quando constem de ficheiros organizados para fins estatísticos.

4 – Os funcionários, agentes ou técnicos que exerçam funções de assessoria à CNPD ou aos seus vogais estão sujeitos à mesma obrigação de sigilo profissional.

CAPÍTULO III
Transferência de dados pessoais

SECÇÃO I
Transferência de dados pessoais na União Europeia

ARTIGO 18.º **(Princípio)**

É livre a circulação de dados pessoais entre Estados membros da União Europeia, sem prejuízo do disposto nos actos comunitários de natureza fiscal e aduaneira.

SECÇÃO II
Transferência de dados pessoais para fora da União Europeia

ARTIGO 19.º **(Princípios)**

1 – Sem prejuízo do disposto no artigo seguinte, a transferência, para um Estado que não pertença à União Europeia, de dados pessoais que sejam objecto de tratamento ou que se destinem a sê-lo só pode realizar-se com o respeito das disposições da presente lei e se o Estado para onde são transferidos assegurar um nível de protecção adequado.

2 – A adequação do nível de protecção num Estado que não pertença à União Europeia é apreciada em função de todas as circunstâncias que rodeiem a transferência ou o conjunto de transferências de dados; em especial, devem ser tidas em consideração a natureza dos dados, a finalidade e a duração do tratamento ou tratamentos projectados, os países de origem e de destino final, as regras de direito, gerais ou sectoriais, em vigor no Estado em causa, bem como as regras profissionais e as medidas de segurança que são respeitadas nesse Estado.

3 – Cabe à CNPD decidir se um Estado que não pertença à União Europeia assegura um nível de protecção adequado.

4 – A CNPD comunica, através do Ministério dos Negócios Estrangeiros, à Comissão Europeia os casos em que tenha considerado que um Estado não assegura um nível de protecção adequado.

422 Regulamentação do Código do Trabalho

5 – Não é permitida a transferência de dados pessoais de natureza idêntica aos que a Comissão Europeia tiver considerado que não gozam de protecção adequada no Estado a que se destinam.

ARTIGO 20.º (**Derrogações**)

1 – A transferência de dados pessoais para um Estado que não assegure um nível de protecção adequado na acepção do n.º 2 do artigo 19.º pode ser permitida pela CNPD se o titular dos dados tiver dado de forma inequívoca o seu consentimento à transferência ou se essa transferência:

a) For necessária para a execução de um contrato entre o titular dos dados e o responsável pelo tratamento ou de diligências prévias à formação do contrato decididas a pedido do titular dos dados;

b) For necessária para a execução ou celebração de um contrato celebrado ou a celebrar, no interesse do titular dos dados, entre o responsável pelo tratamento e um terceiro; ou

c) For necessária ou legalmente exigida para a protecção de um interesse público importante, ou para a declaração, o exercício ou a defesa de um direito num processo judicial; ou

d) For necessária para proteger os interesses vitais do titular dos dados; ou

e) For realizada a partir de um registo público que, nos termos de disposições legislativas ou regulamentares, se destine à informação do público e se encontre aberto à consulta do público em geral ou de qualquer pessoa que possa provar um interesse legítimo, desde que as condições estabelecidas na lei para a consulta sejam cumpridas no caso concreto.

2 – Sem prejuízo do disposto no n.º 1, a CNPD pode autorizar uma transferência ou um conjunto de transferências de dados pessoais para um Estado que não assegure um nível de protecção adequado na acepção do n.º 2 do artigo 19.º desde que o responsável pelo tratamento assegure mecanismos suficientes de garantia de protecção da vida privada e dos direitos e liberdades fundamentais das pessoas, bem como do seu exercício, designadamente, mediante cláusulas contratuais adequadas.

3 – A CNPD informa a Comissão Europeia, através do Ministério dos Negócios Estrangeiros, bem como as autoridades competentes dos restantes Estados da União Europeia, das autorizações que conceder nos termos do n.º 2.

4 – A concessão ou derrogação das autorizações previstas no n.º 2 efectua-se pela CNPD nos termos de processo próprio e de acordo com as decisões da Comissão Europeia.

5 – Sempre que existam cláusulas contratuais tipo aprovadas pela Comissão Europeia, segundo procedimento próprio, por oferecerem as garantias suficientes referidas no n.º 2, a CNPD autoriza a transferência de dados pessoais que se efectue ao abrigo de tais cláusulas.

6 – A transferência de dados pessoais que constitua medida necessária à protecção da segurança do Estado, da defesa, da segurança pública e da prevenção,

Lei n.º 67/98, de 26 de Outubro 423

investigação e repressão das infracções penais é regida por disposições legais específicas ou pelas convenções e acordos internacionais em que Portugal é parte.

CAPÍTULO IV
Comissão Nacional de Protecção de Dados

SECÇÃO I
Natureza, atribuições e competências

ARTIGO 21.º **(Natureza)**

1 – A CNPD é uma entidade administrativa independente, com poderes de autoridade, que funciona junto da Assembleia da República.

2 – A CNPD, independentemente do direito nacional aplicável a cada tratamento de dados em concreto, exerce as suas competências em todo o território nacional.

3 – A CNPD pode ser solicitada a exercer os seus poderes por uma autoridade de controlo de protecção de dados de outro Estado membro da União Europeia ou do Conselho da Europa.

4 – A CNPD coopera com as autoridades de controlo de protecção de dados de outros Estados na difusão do direito e das regulamentações nacionais em matéria de protecção de dados pessoais, bem como na defesa e no exercício dos direitos de pessoas residentes no estrangeiro.

ARTIGO 22.º **(Atribuições)**

1 – A CNPD é a autoridade nacional que tem como atribuição controlar e fiscalizar o cumprimento das disposições legais e regulamentares em matéria de protecção de dados pessoais, em rigoroso respeito pelos direitos do homem e pelas liberdades e garantias consagradas na Constituição e na lei.

2 – A CNPD deve ser consultada sobre quaisquer disposições legais, bem como sobre instrumentos jurídicos em preparação em instituições comunitárias ou internacionais, relativos ao tratamento de dados pessoais.

3 – A CNPD dispõe:

a) De poderes de investigação e de inquérito, podendo aceder aos dados objecto de tratamento e recolher todas as informações necessárias ao desempenho das suas funções de controlo;

b) De poderes de autoridade, designadamente o de ordenar o bloqueio, apagamento ou destruição dos dados, bem como o de proibir, temporária ou definitivamente, o tratamento de dados pessoais, ainda que incluídos em redes abertas de transmissão de dados a partir de servidores situados em território português;

424   *Regulamentação do Código do Trabalho*

c) Do poder de emitir pareceres prévios ao tratamento de dados pessoais, assegurando a sua publicitação.

4 – Em caso de reiterado não cumprimento das disposições legais em matéria de dados pessoais, a CNPD pode advertir ou censurar publicamente o responsável pelo tratamento, bem como suscitar a questão, de acordo com as respectivas competências, à Assembleia da República, ao Governo ou a outros órgãos ou autoridades.

5 – A CNPD tem legitimidade para intervir em processos judiciais no caso de violação das disposições da presente lei e deve denunciar ao Ministério Público as infracções penais de que tiver conhecimento, no exercício das suas funções e por causa delas, bem como praticar os actos cautelares necessários e urgentes para assegurar os meios de prova.

6 – A CNPD é representada em juízo pelo Ministério Público e está isenta de custas nos processos em que intervenha.

ARTIGO 23.º **(Competências)**

1 – Compete em especial à CNPD:

a) Emitir parecer sobre disposições legais, bem como sobre instrumentos jurídicos em preparação em instituições comunitárias e internacionais, relativos ao tratamento de dados pessoais;

b) Autorizar ou registar, consoante os casos, os tratamentos de dados pessoais;

c) Autorizar excepcionalmente a utilização de dados pessoais para finalidades não determinantes da recolha, com respeito pelos princípios definidos no artigo 5.º;

d) Autorizar, nos casos previstos no artigo 9.º, a interconexão de tratamentos automatizados de dados pessoais;

e) Autorizar a transferência de dados pessoais nos casos previstos no artigo 20.º;

f) Fixar o tempo da conservação dos dados pessoais em função da finalidade, podendo emitir directivas para determinados sectores de actividade;

g) Fazer assegurar o direito de acesso à informação, bem como do exercício do direito de rectificação e actualização;

h) Autorizar a fixação de custos ou de periodicidade para o exercício do direito de acesso, bem como fixar os prazos máximos de cumprimento, em cada sector de actividade, das obrigações que, por força dos artigos 11.º a 13.º, incumbem aos responsáveis pelo tratamento de dados pessoais;

i) Dar seguimento ao pedido efectuado por qualquer pessoa, ou por associação que a represente, para protecção dos seus direitos e liberdades no que diz respeito ao tratamento de dados pessoais e informá-la do resultado;

j) Efectuar, a pedido de qualquer pessoa, a verificação de licitude de um tratamento de dados, sempre que esse tratamento esteja sujeito a restrições de acesso ou de informação, e informá-la da realização da verificação;

Lei n.º 67/98, de 26 de Outubro 425

k) Apreciar as reclamações, queixas ou petições dos particulares;

l) Dispensar a execução de medidas de segurança, nos termos previstos no n.º 2 do artigo 15.º, podendo emitir directivas para determinados sectores de actividade;

m) Assegurar a representação junto de instâncias comuns de controlo e em reuniões comunitárias e internacionais de entidades independentes de controlo da protecção de dados pessoais, bem como participar em reuniões internacionais no âmbito das suas competências, designadamente exercer funções de representação e fiscalização no âmbito dos sistemas Schengen e Europol, nos termos das disposições aplicáveis;

n) Deliberar sobre a aplicação de coimas;

o) Promover e apreciar códigos de conduta;

p) Promover a divulgação e esclarecimento dos direitos relativos à protecção de dados e dar publicidade periódica à sua actividade, nomeadamente através da publicação de um relatório anual;

q) Exercer outras competências legalmente previstas.

2 – No exercício das suas competências de emissão de directivas ou de apreciação de códigos de conduta, a CNPD deve promover a audição das associações de defesa dos interesses em causa.

3 – No exercício das suas funções, a CNPD profere decisões com força obrigatória, passíveis de reclamação e de recurso para o Tribunal Central Administrativo.

4 – A CNPD pode sugerir à Assembleia da República as providências que entender úteis à prossecução das suas atribuições e ao exercício das suas competências.

ARTIGO 24.º **(Dever de colaboração)**

1 – As entidades públicas e privadas devem prestar a sua colaboração à CNPD, facultando-lhe todas as informações que por esta, no exercício das suas competências, lhes forem solicitadas.

2 – O dever de colaboração é assegurado, designadamente, quando a CNPD tiver necessidade, para o cabal exercício das suas funções, de examinar o sistema informático e os ficheiros de dados pessoais, bem como toda a documentação relativa ao tratamento e transmissão de dados pessoais.

3 – A CNPD ou os seus vogais, bem como os técnicos por ela mandatados, têm direito de acesso aos sistemas informáticos que sirvam de suporte ao tratamento dos dados, bem como à documentação referida no número anterior, no âmbito das suas atribuições e competências.

426   *Regulamentação do Código do Trabalho*

SECÇÃO II
Composição e funcionamento

ARTIGO 25.º **(Composição e mandato)**

1 – A CNPD é composta por sete membros de integridade e mérito reconhecidos, dos quais o presidente e dois dos vogais são eleitos pela Assembleia da República segundo o método da média mais alta de Hondt.

2 – Os restantes vogais são:

a) Dois magistrados com mais de 10 anos de carreira, sendo um magistrado judicial, designado pelo Conselho Superior da Magistratura, e um magistrado do Ministério Público, designado pelo Conselho Superior do Ministério Público;

b) Duas personalidades de reconhecida competência designadas pelo Governo.

3 – O mandato dos membros da CNPD é de cinco anos e cessa com a posse dos novos membros.

4 – Os membros da CNPD constam de lista publicada na 1.ª série do *Diário da República*.

5 – Os membros da CNPD tomam posse perante o Presidente da Assembleia da República nos 10 dias seguintes à publicação da lista referida no número anterior.

ARTIGO 26.º **(Funcionamento)**

1 – São aprovados por lei da Assembleia da República:

a) A lei orgânica e o quadro de pessoal da CNPD;

b) O regime de incompatibilidades, de impedimentos, de suspeições e de perda de mandato, bem como o estatuto remuneratório dos membros da CNPD.

2 – O estatuto dos membros da CNPD garante a independência do exercício das suas funções.

3 – A Comissão dispõe de quadro próprio para apoio técnico e administrativo, beneficiando os seus funcionários e agentes do estatuto e regalias do pessoal da Assembleia da República.

SECÇÃO III
Notificação

ARTIGO 27.º **(Obrigação de notificação à CNPD)**

1 – O responsável pelo tratamento ou, se for caso disso, o seu representante deve notificar a CNPD antes da realização de um tratamento ou conjunto de tratamentos, total ou parcialmente autorizados, destinados à prossecução de uma ou mais finalidades interligadas.

Lei n.º 67/98, de 26 de Outubro 427

2 – A CNPD pode autorizar a simplificação ou a isenção da notificação para determinadas categorias de tratamentos que, tendo aos dados a tratar, não sejam susceptíveis de pôr em causa os direitos e liberdades dos titulares dos dados e tenham em conta critérios de celeridade, economia e eficiência.

3 – A autorização, que está sujeita a publicação no *Diário da República*, deve especificar as finalidades do tratamento, os dados ou categorias de dados a tratar, a categoria ou categorias de titulares dos dados, os destinatários ou categorias de destinatários a quem podem ser comunicados os dados e o período de conservação dos dados.

4 – Estão isentos de notificação os tratamentos cuja única finalidade seja a manutenção de registos que, nos termos de disposições legislativas ou regulamentares, se destinem a informação do público e possam ser consultados pelo público em geral ou por qualquer pessoa que provar um interesse legítimo.

5 – Os tratamentos não automatizados dos dados pessoais previstos no n.º 1 do artigo 7.º estão sujeitos a notificação quando tratados ao abrigo da alínea *a*) do n.º 3 do mesmo artigo.

ARTIGO 28.º **(Controlo prévio)**

1 – Carecem de autorização da CNPD:

a) O tratamento dos dados pessoais a que se referem o n.º 2 do artigo 7.º e o n.º 2 do artigo 8.º;

b) O tratamento dos dados pessoais relativos ao crédito e à solvabilidade dos seus titulares;

c) A interconexão de dados pessoais prevista no artigo 9.º;

d) A utilização de dados pessoais para fins não determinantes da recolha.

2 – Os tratamentos a que se refere o número anterior podem ser autorizados por diploma legal, não carecendo neste caso de autorização da CNPD.

ARTIGO 29.º **(Conteúdo dos pedidos de parecer ou de autorização e da notificação)**

Os pedidos de parecer ou de autorização, bem como as notificações, remetidos à CNPD devem conter as seguintes informações:

a) Nome e endereço do responsável pelo tratamento e, se for o caso, do seu representante;

b) As finalidades do tratamento;

c) Descrição da ou das categorias de titulares dos dados e dos dados ou categorias de dados pessoais que lhes respeitem;

d) Destinatários ou categorias de destinatários a quem os dados podem ser comunicados e em que condições;

e) Entidade encarregada do processamento da informação, se não for o próprio responsável do tratamento;

f) Eventuais interconexões de tratamentos de dados pessoais;

g) Tempo de conservação dos dados pessoais;

428   *Regulamentação do Código do Trabalho*

h) Forma e condições como os titulares dos dados podem ter conhecimento ou fazer corrigir os dados pessoais que lhes respeitem;

i) Transferências de dados previstas para países terceiros;

j) Descrição geral que permita avaliar de forma preliminar a adequação das medidas tomadas para garantir a segurança do tratamento em aplicação dos artigos 14.º e 15.º

ARTIGO 30.º **(Indicações obrigatórias)**

1 – Os diplomas legais referidos no n.º 2 do artigo 7.º e no n.º 1 do artigo 8.º, bem como as autorizações da CNPD e os registos de tratamentos de dados pessoais, devem, pelo menos, indicar:

a) O responsável do ficheiro e, se for caso disso, o seu representante;

b) As categorias de dados pessoais tratados;

c) As finalidades a que se destinam os dados e as categorias de entidades a quem podem ser transmitidos;

d) A forma de exercício do direito de acesso e de rectificação;

e) Eventuais interconexões de tratamentos de dados pessoais;

f) Transferências de dados previstas para países terceiros.

2 – Qualquer alteração das indicações constantes do n.º 1 está sujeita aos procedimentos previstos nos artigos 27.º e 28.º

ARTIGO 31.º **(Publicidade dos tratamentos)**

1 – O tratamento dos dados pessoais, quando não for objecto de diploma legal e dever ser autorizado ou notificado, consta de registo na CNPD, aberto à consulta por qualquer pessoa.

2 – O registo contém as informações enumeradas nas alíneas *a)* a *d)* e *i)* do artigo 29.º

3 – O responsável por tratamento de dados não sujeito a notificação está obrigado a prestar, de forma adequada, a qualquer pessoa que lho solicite, pelo menos as informações referidas no n.º 1 do artigo 30.º

4 – O disposto no presente artigo não se aplica a tratamentos cuja única finalidade seja a manutenção de registos que, nos termos de disposições legislativas ou regulamentares, se destinem à informação do público e se encontrem abertos à consulta do público em geral ou de qualquer pessoa que possa provar um interesse legítimo.

5 – A CNPD deve publicar no seu relatório anual todos os pareceres e autorizações elaborados ou concedidas ao abrigo da presente lei, designadamente as autorizações previstas no n.º 2 do artigo 7.º e no n.º 2 do artigo 9.º

CAPÍTULO V
Códigos de conduta

ARTIGO 32.º **(Códigos de conduta)**

1 – A CNPD apoia a elaboração de códigos de conduta destinados a contribuir, em função das características dos diferentes sectores, para a boa execução das disposições da presente lei.

2 – As associações profissionais e outras organizações representativas de categorias de responsáveis pelo tratamento de dados que tenham elaborado projectos de códigos de conduta podem submetê-los à apreciação da CNPD.

3 – A CNPD pode declarar a conformidade dos projectos com as disposições legais e regulamentares vigentes em matéria de protecção de dados pessoais.

CAPÍTULO VI
Tutela administrativa e jurisdicional

SECÇÃO I
Tutela administrativa e jurisdicional

ARTIGO 33.º **(Tutela administrativa e jurisdicional)**

Sem prejuízo do direito de apresentação de queixa à CNPD, qualquer pessoa pode, nos termos da lei, recorrer a meios administrativos ou jurisdicionais para garantir o cumprimento das disposições legais em matéria de protecção de dados pessoais.

ARTIGO 34.º **(Responsabilidade civil)**

1 – Qualquer pessoa que tiver sofrido um prejuízo devido ao tratamento ilícito de dados ou a qualquer outro acto que viole disposições legais em matéria de protecção de dados pessoais tem o direito de obter do responsável a reparação pelo prejuízo sofrido.

2 – O responsável pelo tratamento pode ser parcial ou totalmente exonerado desta responsabilidade se provar que o facto que causou o dano lhe não é imputável.

430 *Regulamentação do Código do Trabalho*

SECÇÃO II
Contra-ordenações

ARTIGO 35.º **(Legislação subsidiária)**
Às infracções previstas na presente secção é subsidiariamente aplicável o regime geral das contra-ordenações, com as adaptações constantes dos artigos seguintes.

ARTIGO 36.º **(Cumprimento do dever omitido)**
Sempre que a contra-ordenação resulte de omissão de um dever, a aplicação da sanção e o pagamento da coima não dispensam o infractor do seu cumprimento, se este ainda for possível.

ARTIGO 37.º **(Omissão ou defeituoso cumprimento de obrigações)**
1 – As entidades que, por negligência, não cumpram a obrigação de notificação à CNPD do tratamento de dados pessoais a que se referem os n.ºs 1 e 5 do artigo 27.º, prestem falsas informações ou cumpram a obrigação de notificação com inobservância dos termos previstos no artigo 29.º, ou ainda quando, depois de notificadas pela CNPD, mantiverem o acesso às redes abertas de transmissão de dados a responsáveis por tratamento de dados pessoais que não cumpram as disposições da presente lei, praticam contra-ordenação punível com as seguintes coimas:
a) Tratando-se de pessoa singular, no mínimo de 50 000$00 e no máximo de 500 000$00;
b) Tratando-se de pessoa colectiva ou de entidade sem personalidade jurídica, no mínimo de 300 000$00 e no máximo de 3 000 000$00.
2 – A coima é agravada para o dobro dos seus limites quando se trate de dados sujeitos a controlo prévio, nos termos do artigo 28.º

ARTIGO 38.º **(Contra-ordenações)**
1 – Praticam contra-ordenação punível com a coima mínima de 100 000$00 e máxima de 1 000 000$00, as entidades que não cumprirem alguma das seguintes disposições da presente lei:
a) Designar representante nos termos previstos no n.º 5 do artigo 4.º;
b) Observar as obrigações estabelecidas nos artigos 5.º, 10.º, 11.º, 12.º, 13.º, 15.º, 16.º e 31.º, n.º 3.
2 – A pena é agravada para o dobro dos seus limites quando não forem cumpridas as obrigações constantes dos artigos 6.º, 7.º, 8.º, 9.º, 19.º e 20.º

ARTIGO 39.º **(Concurso de infracções)**
1 – Se o mesmo facto constituir, simultaneamente, crime e contra-ordenação, o agente é punido sempre a título de crime.
2 – As sanções aplicadas às contra-ordenações em concurso são sempre cumuladas materialmente.

Lei n.º 67/98, de 26 de Outubro 431

ARTIGO 40.º **(Punição de negligência e da tentativa)**

1 – A negligência é sempre punida nas contra-ordenações previstas no artigo 38.º

2 – A tentativa é sempre punível nas contra-ordenações previstas nos artigos 37.º e 38.º

ARTIGO 41.º **(Aplicação das coimas)**

1 – A aplicação das coimas previstas na presente lei compete ao presidente da CNPD, sob prévia deliberação da Comissão.

2 – A deliberação da CNPD, depois de homologada pelo presidente, constitui título executivo, no caso de não ser impugnada no prazo legal.

ARTIGO 42.º **(Destino das receitas cobradas)**

O montante das importâncias cobradas, em resultado da aplicação das coimas, reverte, em partes iguais, para o Estado e para a CNPD.

SECÇÃO III
Crimes

ARTIGO 43.º **(Não cumprimento de obrigações relativas a protecção de dados)**

1 – É punido com prisão até um ano ou multa até 120 dias quem intencionalmente:

a) Omitir a notificação ou o pedido de autorização a que se referem os artigos 27.º e 28.º;

b) Fornecer falsas informações na notificação ou nos pedidos de autorização para o tratamento de dados pessoais ou neste proceder a modificações não consentidas pelo instrumento de legalização;

c) Desviar ou utilizar dados pessoais, de forma incompatível com a finalidade determinante da recolha ou com o instrumento de legalização;

d) Promover ou efectuar uma interconexão ilegal de dados pessoais;

e) Depois de ultrapassado o prazo que lhes tiver sido fixado pela CNPD para cumprimento das obrigações previstas na presente lei ou em outra legislação de protecção de dados, as não cumprir;

f) Depois de notificado pela CNPD para o não fazer, mantiver o acesso a redes abertas de transmissão de dados a responsáveis pelo tratamento de dados pessoais que não cumpram as disposições da presente lei.

2 – A pena é agravada para o dobro dos seus limites quando se tratar de dados pessoais a que se referem os artigos 7.º e 8.º

ARTIGO 44.º **(Acesso indevido)**

1 – Quem, sem a devida autorização, por qualquer modo, aceder a dados pessoais cujo acesso lhe está vedado é punido com prisão até um ano ou multa até 120 dias.

2 – A pena é agravada para o dobro dos seus limites quando o acesso:

a) For conseguido através de violação de regras técnicas de segurança;

b) Tiver possibilitado ao agente ou a terceiros o conhecimento de dados pessoais;

c) Tiver proporcionado ao agente ou a terceiros benefício ou vantagem patrimonial.

3 – No caso do n.° 1 o procedimento criminal depende de queixa.

ARTIGO 45.° (Viciação ou destruição de dados pessoais)

1 – Quem, sem a devida autorização, apagar, destruir, danificar, suprimir ou modificar dados pessoais, tornando-os inutilizáveis ou afectando a sua capacidade de uso, é punido com prisão até dois anos ou multa até 240 dias.

2 – A pena é agravada para o dobro nos seus limites se o dano produzido for particularmente grave.

3 – Se o agente actuar com negligência, a pena é, em ambos os casos, de prisão até um ano ou multa até 120 dias.

ARTIGO 46.° (Desobediência qualificada)

1 – Quem, depois de notificado para o efeito, não interromper, cessar ou bloquear o tratamento de dados pessoais é punido com a pena correspondente ao crime de desobediência qualificada.

2 – Na mesma pena incorre quem, depois de notificado:

a) Recusar, sem justa causa, a colaboração que concretamente lhe for exigida nos termos do artigo 24.°;

b) Não proceder ao apagamento, destruição total ou parcial de dados pessoais;

c) Não proceder à destruição de dados pessoais, findo o prazo de conservação previsto no artigo 5.°

ARTIGO 47.° (Violação do dever de sigilo)

1 – Quem, obrigado a sigilo profissional, nos termos da lei, sem justa causa e sem o devido consentimento, revelar ou divulgar no todo ou em parte dados pessoais é punido com prisão até dois anos ou multa até 240 dias.

2 – A pena é agravada de metade dos seus limites se o agente:

a) For funcionário público ou equiparado, nos termos da lei penal;

b) For determinado pela intenção de obter qualquer vantagem patrimonial ou outro benefício ilegítimo;

c) Puser em perigo a reputação, a honra e consideração ou a intimidade da vida privada de outrem.

3 – A negligência é punível com prisão até seis meses ou multa até 120 dias.

4 – Fora dos casos previstos no n.° 2, o procedimento criminal depende de queixa.

Lei n.° 67/98, de 26 de Outubro 433

ARTIGO 48.° **(Punição da tentativa)**

Nos crimes previstos nas disposições anteriores, a tentativa é sempre punível.

ARTIGO 49.° **(Pena acessória)**

1 – Conjuntamente com as coimas e penas aplicadas pode, acessoriamente, ser ordenada:

a) A proibição temporária ou definitiva do tratamento, o bloqueio, o apagamento ou a destruição total ou parcial dos dados;

b) A publicidade da sentença condenatória;

c) A advertência ou censura públicas do responsável pelo tratamento, nos termos do n.° 4 do artigo 22.°

2 – A publicidade da decisão condenatória faz-se a expensas do condenado, na publicação periódica de maior expansão editada na área da comarca da prática da infracção ou, na sua falta, em publicação periódica da comarca mais próxima, bem como através da afixação de edital em suporte adequado, por período não inferior a 30 dias.

3 – A publicação é feita por extracto de que constem os elementos da infracção e as sanções aplicadas, bem como a identificação do agente.

CAPÍTULO VII
Disposições finais

ARTIGO 50.° **(Disposição transitória)**

1 – Os tratamentos de dados existentes em ficheiros manuais à data da entrada em vigor da presente lei devem cumprir o disposto nos artigos 7.°, 8.°, 10.° e 11.° no prazo de cinco anos.

2 – Em qualquer caso, o titular dos dados pode obter, a seu pedido e, nomeadamente, aquando do exercício do direito de acesso, a rectificação, o apagamento ou o bloqueio dos dados incompletos, inexactos ou conservados de modo incompatível com os fins legítimos prosseguidos pelo responsável pelo tratamento.

3 – A CNPD pode autorizar que os dados existentes em ficheiros manuais e conservados unicamente com finalidades de investigação histórica não tenham que cumprir os artigos 7.°, 8.° e 9.°, desde que não sejam em nenhum caso reutilizados para finalidade diferente.

ARTIGO 51.° **(Disposição revogatória)**

São revogadas as Leis n.ᵒˢ 10/91, de 29 de Abril, e 28/94, de 29 de Agosto.

ARTIGO 52.° **(Entrada em vigor)**

A presente lei entra em vigor no dia seguinte ao da sua publicação.

INFORMAÇÃO GENÉTICA PESSOAL E INFORMAÇÃO DE SAÚDE

LEI N.° 12/2005,

de 26 de Janeiro

A Assembleia da República decreta, nos termos da alínea c) do artigo 161.° da Constituição, a lei seguinte:

ARTIGO 1.° **(Objecto)**

A presente lei define o conceito de informação de saúde e de informação genética, a circulação de informação e a intervenção sobre o genoma humano no sistema de saúde, bem como as regras para a colheita e conservação de produtos biológicos para efeitos de testes genéticos ou de investigação.

ARTIGO 2.° **(Informação de saúde)**

Para os efeitos desta lei, a informação de saúde abrange todo o tipo de informação directa ou indirectamente ligada à saúde, presente ou futura, de uma pessoa, quer se encontre com vida ou tenha falecido, e a sua história clínica e familiar.

ARTIGO 3.° **(Propriedade da informação de saúde)**

1 – A informação de saúde, incluindo os dados clínicos registados, resultados de análises e outros exames subsidiários, intervenções e diagnósticos, é propriedade da pessoa, sendo as unidades do sistema de saúde os depositários da informação, a qual não pode ser utilizada para outros fins que não os da prestação de cuidados e a investigação em saúde e outros estabelecidos pela lei.

2 – O titular da informação de saúde tem o direito de, querendo, tomar conhecimento de todo o processo clínico que lhe diga respeito, salvo circunstâncias excepcionais devidamente justificadas e em que seja inequivocamente demonstrado que isso lhe possa ser prejudicial, ou de o fazer comunicar a quem seja por si indicado.

436   *Regulamentação do Código do Trabalho*

3 – O acesso à informação de saúde por parte do seu titular, ou de terceiros com o seu consentimento, é feito através de médico, com habilitação própria, escolhido pelo titular da informação.

ARTIGO 4.º **(Tratamento da informação de saúde)**

1 – Os responsáveis pelo tratamento da informação de saúde devem tomar as providências adequadas à protecção da sua confidencialidade, garantindo a segurança das instalações e equipamentos, o controlo no acesso à informação, bem como o reforço do dever de sigilo e da educação deontológica de todos os profissionais.

2 – As unidades do sistema de saúde devem impedir o acesso indevido de terceiros aos processos clínicos e aos sistemas informáticos que contenham informação de saúde, incluindo as respectivas cópias de segurança, assegurando os níveis de segurança apropriados e cumprindo as exigências estabelecidas pela legislação que regula a protecção de dados pessoais, nomeadamente para evitar a sua destruição, acidental ou ilícita, a alteração, difusão ou acesso não autorizado ou qualquer outra forma de tratamento ilícito da informação.

3 – A informação de saúde só pode ser utilizada pelo sistema de saúde nas condições expressas em autorização escrita do seu titular ou de quem o represente.

4 – O acesso a informação de saúde pode, desde que anonimizada, ser facultado para fins de investigação.

5 – A gestão dos sistemas que organizam a informação de saúde deve garantir a separação entre a informação de saúde e genética e a restante informação pessoal, designadamente através da definição de diversos níveis de acesso.

6 – A gestão dos sistemas de informação deve garantir o processamento regular e frequente de cópias de segurança da informação de saúde, salvaguardadas as garantias de confidencialidade estabelecidas por lei.

ARTIGO 5.º **(Informação médica)**

1 – Para os efeitos desta lei, a informação médica é a informação de saúde destinada a ser utilizada em prestações de cuidados ou tratamentos de saúde.

2 – Entende-se por «processo clínico» qualquer registo, informatizado ou não, que contenha informação de saúde sobre doentes ou seus familiares.

3 – Cada processo clínico deve conter toda a informação médica disponível que diga respeito à pessoa, ressalvada a restrição imposta pelo artigo seguinte.

4 – A informação médica é inscrita no processo clínico pelo médico que tenha assistido a pessoa ou, sob a supervisão daquele, informatizada por outro profissional igualmente sujeito ao dever de sigilo, no âmbito das competências específicas de cada profissão e dentro do respeito pelas respectivas normas deontológicas.

Lei n.º 12/2005, de 26 de Janeiro

5 – O processo clínico só pode ser consultado por médico incumbido da realização de prestações de saúde a favor da pessoa a que respeita ou, sob a supervisão daquele, por outro profissional de saúde obrigado a sigilo e na medida do estritamente necessário à realização das mesmas, sem prejuízo da investigação epidemiológica, clínica ou genética que possa ser feita sobre os mesmos, ressalvando-se o que fica definido no artigo 16.º

ARTIGO 6.º **(Informação genética)**

1 – A informação genética é a informação de saúde que verse as características hereditárias de uma ou de várias pessoas, aparentadas entre si ou com características comuns daquele tipo, excluindo-se desta definição a informação derivada de testes de parentesco ou estudos de zigotia em gémeos, dos estudos de identificação genética para fins criminais, bem como do estudo das mutações genéticas somáticas no cancro.

2 – A informação genética pode ser resultado da realização de testes genéticos por meios de biologia molecular, mas também de testes citogenéticos, bioquímicos, fisiológicos ou imagiológicos, ou da simples recolha de informação familiar, registada sob a forma de uma árvore familiar ou outra, cada um dos quais pode, por si só, enunciar o estatuto genético de uma pessoa e seus familiares.

3 – A informação genética reveste natureza médica apenas quando se destina a ser utilizada nas prestações de cuidados ou tratamentos de saúde, no contexto da confirmação ou exclusão de um diagnóstico clínico, no contexto de diagnóstico pré-natal ou diagnóstico pré-implantatório ou no da farmacogenética, excluindo-se, pois, a informação de testes preditivos para predisposições a doenças comuns e pré-sintomáticos para doenças monogénicas.

4 – A informação genética que não tenha implicações imediatas para o estado de saúde actual, tal como a resultante de testes de paternidade, de estudos de zigotia em gémeos, e a de testes preditivos – com a excepção de testes genéticos para resposta a medicamentos –, de heterozigotia, pré-sintomáticos, pré-natais ou pré-implantatórios não pode ser incluída no processo clínico, salvo no caso de consultas ou serviços de genética médica com arquivos próprios e separados.

5 – Os processos clínicos de consultas ou serviços de genética médica não podem ser acedidos, facultados ou consultados por médicos, outros profissionais de saúde ou funcionários de outros serviços da mesma instituição ou outras instituições do sistema de saúde no caso de conterem informação genética sobre pessoas saudáveis.

6 – A informação genética deve ser objecto de medidas legislativas e administrativas de protecção reforçada em termos de acesso, segurança e confidencialidade.

7 – A utilização de informação genética é um acto entre o seu titular e o médico, que é sujeito às regras deontológicas de sigilo profissional dos médicos e dos restantes profissionais de saúde.

8 – A existência de vínculo laboral ou outro entre o médico ou outro profissional de saúde e qualquer actividade, incluindo companhias de seguros, entidades profissionais ou fornecedores de quaisquer bens ou serviços, não justifica qualquer diminuição aos deveres de segredo que sobre aqueles impendem.

9 – Os cidadãos têm o direito de saber se um processo clínico, ficheiro ou registo médico ou de investigação contém informação genética sobre eles próprios e a sua família e de conhecer as finalidades e usos dessa informação, a forma como é armazenada e os prazos da sua conservação.

ARTIGO 7.º **(Bases de dados genéticos)**

1 – Entende-se por «base de dados genéticos» qualquer registo, informatizado ou não, que contenha informação genética sobre um conjunto de pessoas ou famílias.

2 – As regras de criação, manutenção, gestão e segurança das bases de dados genéticos para prestação de cuidados de saúde e relativas à investigação em saúde são regulamentadas nos termos da legislação que regula a protecção de dados pessoais.

3 – As bases de dados genéticos que contenham informação familiar e os registos genéticos que permitam a identificação de familiares devem ser mantidas e supervisionadas por um médico com especialidade em genética ou, na sua falta, por outro médico.

4 – Qualquer pessoa pode pedir e ter acesso à informação sobre si própria contida em ficheiros com dados pessoais, nos termos da lei.

ARTIGO 8.º **(Terapia génica)**

1 – A intervenção médica que tenha como objecto modificar intencionalmente o genoma humano só pode ser levada a cabo, verificadas as condições estabelecidas nesta lei, por razões preventivas ou terapêuticas.

2 – É proibida qualquer intervenção médica que tenha por objectivo a manipulação genética de características consideradas normais, bem como a alteração da linha germinativa de uma pessoa.

ARTIGO 9.º **(Testes genéticos)**

1 – A realização de testes genéticos diagnósticos ou de farmacogenética obedece aos princípios que regem a prestação de qualquer cuidado de saúde.

2 – A detecção do estado de heterozigotia para doenças recessivas, o diagnóstico pré-sintomático de doenças monogénicas e os testes de susceptibilidades genéticas em pessoas saudáveis só podem ser executados com autorização do próprio, a pedido de um médico com a especialidade de genética e na sequência da realização de consulta de aconselhamento genético, após consentimento informado, expresso por escrito.

Lei n.º 12/2005, de 26 de Janeiro

3 – A comunicação dos resultados de testes genéticos deve ser feita exclusivamente ao próprio, ou, no caso de testes diagnósticos, a quem legalmente o represente ou seja indicado pelo próprio, e em consulta médica apropriada.

4 – No caso de testes de estado de heterozigotia, pré-sintomáticos e preditivos, os resultados devem ser comunicados ao próprio e não podem nunca ser comunicados a terceiros sem a sua autorização expressa por escrito, incluindo a médicos ou outros profissionais de saúde de outros serviços ou instituições ou da mesma consulta ou serviço mas não envolvidos no processo de teste dessa pessoa ou da sua família.

5 – No caso de testes pré-natais e pré-implantatórios, os resultados devem ser comunicados exclusivamente à progenitora, aos progenitores ou aos respectivos representantes legais.

6 – Não devem ser realizados testes pré-sintomáticos, preditivos ou pré-implantatórios em pessoas com incapacidade mental que possam não compreender as implicações deste tipo de testes e dar o seu consentimento.

7 – Em situações de risco para doenças de início na vida adulta e sem cura nem tratamento comprovadamente eficaz, a realização do teste pré-sintomático ou preditivo tem ainda como condição uma avaliação psicológica e social prévia e o seu seguimento após a entrega dos resultados do teste.

8 – A frequência das consultas de aconselhamento genético e a forma do seguimento psicológico e social são determinadas considerando a gravidade da doença, a idade mais habitual de manifestação dos primeiros sintomas e a existência ou não de tratamento comprovado.

ARTIGO 10.º (**Testes de heterozigotia, pré-sintomáticos, preditivos e pré-natais**)

1 – Para efeitos do artigo anterior, consideram-se testes para detecção do estado de heterozigotia os que permitam a detecção de pessoas saudáveis portadoras heterozigóticas para doenças recessivas.

2 – Consideram-se testes pré-sintomáticos os que permitam a identificação da pessoa como portadora, ainda assintomática, do genótipo inequivocamente responsável por uma dada doença monogénica.

3 – Consideram-se testes genéticos preditivos os que permitam a detecção de genes de susceptibilidade, entendida como uma predisposição genética para uma dada doença com hereditariedade complexa e com início habitualmente na vida adulta.

4 – Consideram-se testes de farmacogenética os testes preditivos que permitem a detecção de predisposições para respostas diferenciais no tratamento com um dado medicamento ou a susceptibilidade para reacções adversas derivadas da toxicidade da droga.

5 – Consideram-se testes pré-natais todos aqueles executados antes ou durante uma gravidez, com a finalidade de obtenção de informação genética sobre

440 *Regulamentação do Código do Trabalho*

o embrião ou o feto, considerando-se assim como caso particular destes o diagnóstico pré-implantatório.

6 – Consideram-se testes de rastreio todos os testes diagnósticos, de heterozigotia, pré-sintomáticos, preditivos ou pré-natais que são aplicados a toda a população ou grupos populacionais de risco aumentado, nomeadamente por género, idade, origem étnica, em qualquer altura da vida.

ARTIGO 11.º **(Princípio da não discriminação)**

1 – Ninguém pode ser prejudicado, sob qualquer forma, em função da presença de doença genética ou em função do seu património genético.

2 – Ninguém pode ser discriminado, sob qualquer forma, em função dos resultados de um teste genético diagnóstico, de heterozigotia, pré-sintomático ou preditivo, incluindo para efeitos de obtenção ou manutenção de emprego, obtenção de seguros de vida e de saúde, acesso ao ensino e, para efeitos de adopção, no que respeita quer aos adoptantes quer aos adoptandos.

3 – Ninguém pode ser discriminado, sob qualquer forma, nomeadamente no seu direito a seguimento médico e psicossocial e a aconselhamento genético, por se recusar a efectuar um teste genético.

4 – É garantido a todos o acesso equitativo ao aconselhamento genético e aos testes genéticos, salvaguardando-se devidamente as necessidades das populações mais fortemente atingidas por uma dada doença ou doenças genéticas.

ARTIGO 12.º **(Testes genéticos e seguros)**

1 – As companhias de seguros não podem pedir nem utilizar qualquer tipo de informação genética para recusar um seguro de vida ou estabelecer prémios mais elevados.

2 – As companhias de seguros não podem pedir a realização de testes genéticos aos seus potenciais segurados para efeitos de seguros de vida ou de saúde ou para outros efeitos.

3 – As companhias de seguros não podem utilizar a informação genética obtida de testes genéticos previamente realizados nos seus clientes actuais ou potenciais para efeitos de seguros de vida e de saúde ou para outros efeitos.

4 – As seguradoras não podem exigir nem podem utilizar a informação genética resultante da colheita e registo dos antecedentes familiares para recusar um seguro ou estabelecer prémios aumentados ou para outros efeitos.

ARTIGO 13.º **(Testes genéticos no emprego)**

1 – A contratação de novos trabalhadores não pode depender de selecção assente no pedido, realização ou resultados prévios de testes genéticos.

2 – Às empresas e outras entidades patronais não é permitido exigir aos seus trabalhadores, mesmo que com o seu consentimento, a realização de testes genéticos ou a divulgação de resultados previamente obtidos.

Lei n.º 12/2005, de 26 de Janeiro

3 – Nos casos em que o ambiente de trabalho possa colocar riscos específicos para um trabalhador com uma dada doença ou susceptibilidade, ou afectar a sua capacidade de desempenhar com segurança uma dada tarefa, pode ser usada a informação genética relevante para benefício do trabalhador e nunca em seu prejuízo, desde que tenha em vista a protecção da saúde da pessoa, a sua segurança e a dos restantes trabalhadores, que o teste genético seja efectuado após consentimento informado e no seguimento do aconselhamento genético apropriado, que os resultados sejam entregues exclusivamente ao próprio e ainda desde que não seja nunca posta em causa a sua situação laboral.

4 – As situações particulares que impliquem riscos graves para a segurança ou a saúde pública podem constituir uma excepção ao anteriormente estipulado, observando-se no entanto a restrição imposta no número seguinte.

5 – Nas situações previstas nos números anteriores os testes genéticos, dirigidos apenas a riscos muito graves e se relevantes para a saúde actual do trabalhador, devem ser seleccionados, oferecidos e supervisionados por uma agência ou entidade independente e não pelo empregador.

6 – Os encargos da realização de testes genéticos a pedido ou por interesse directo de entidades patronais são por estas suportados.

ARTIGO 14.º **(Testes genéticos e adopção)**

1 – Não podem ser pedidos testes genéticos, nem usada informação genética já disponível, para efeitos de adopção.

2 – Os serviços de adopção ou os pais prospectivos não podem pedir testes genéticos ou usar informação de testes anteriores nas crianças adoptandas.

3 – Os serviços de adopção não podem exigir aos pais adoptantes a realização de testes genéticos, nem usar informação já disponível sobre os mesmos.

ARTIGO 15.º **(Laboratórios que procedem ou que oferecem testes genéticos)**

1 – Compete ao Governo regulamentar as condições da oferta e da realização de testes genéticos do estado de heterozigotia, pré-sintomáticos, preditivos ou pré-natais e pré-implantatórios, de modo a evitar, nomeadamente, a sua realização por laboratórios, nacionais ou estrangeiros, sem apoio de equipa médica e multidisciplinar necessária, assim como a eventual venda livre dos mesmos.

2 – Nos termos da lei e das recomendações éticas, de qualidade e de segurança dos organismos reguladores nacionais e internacionais, o Governo determina medidas de acreditação e de certificação dos laboratórios públicos ou privados que realizem testes genéticos e procede ao seu licenciamento.

ARTIGO 16.º **(Investigação sobre o genoma humano)**

1 – A investigação sobre o genoma humano segue as regras gerais da investigação científica no campo da saúde, estando obrigada a confidencialidade reforçada sobre a identidade e as características das pessoas individualmente estudadas.

442   *Regulamentação do Código do Trabalho*

2 – Deve ser garantido o livre acesso da comunidade científica aos dados emergentes da investigação sobre o genoma humano.

3 – A investigação sobre o genoma humano está sujeita à aprovação pelos comités de ética da instituição hospitalar, universitária ou de investigação.

4 – A investigação sobre o genoma humano em pessoas não pode ser realizada sem o consentimento informado dessas pessoas, expresso por escrito, após a explicação dos seus direitos, da natureza e finalidades da investigação, dos procedimentos utilizados e dos riscos potenciais envolvidos para si próprios e para terceiros.

ARTIGO 17.º **(Dever de protecção)**

1 – É ilícita a criação de qualquer lista de doenças ou características genéticas que possa fundamentar pedidos de testes de diagnóstico, de heterozigotia, pré-sintomáticos, preditivos ou pré-natais ou de qualquer tipo de rastreio genético.

2 – Todo o cidadão tem direito a recusar-se a efectuar um teste genético do estado de heterozigotia, pré-sintomático, preditivo ou pré-natal.

3 – Todo o cidadão tem direito a receber aconselhamento genético e, se indicado, acompanhamento psicossocial, antes e depois da realização de testes de heterozigotia, pré-sintomáticos, preditivos e pré-natais.

4 – Só podem ser pedidos testes genéticos a menores desde que sejam efectuados em seu benefício e nunca em seu prejuízo, com o consentimento informado dos seus pais ou tutores, mas procurando-se sempre o seu próprio consentimento.

5 – Nomeadamente, não podem ser pedidos testes preditivos em menores para doenças de início habitual na vida adulta, sem prevenção ou cura comprovadamente eficaz.

6 – Do mesmo modo, o diagnóstico pré-natal para doenças de início habitual na vida adulta e sem cura não pode ser efectuado para mera informação dos pais, mas apenas para prevenção da doença ou deficiência, dentro dos prazos previstos na lei.

7 – Os médicos têm o dever de informar as pessoas que os consultam sobre os mecanismos de transmissão e os riscos que estes implicam para os seus familiares e de os orientar para uma consulta de genética médica, a qual deve ser assegurada nos termos da legislação regulamentar da presente lei.

8 – No caso dos testes de rastreio genético, deve sempre proteger-se, além dos direitos individuais, os direitos das populações ou grupos populacionais a rastrear, evitando-se a sua estigmatização.

9 – Os cidadãos com necessidades especiais, bem como os que são portadores de deficiências ou doenças crónicas, incluindo os doentes com patologias genéticas e seus familiares, gozam do direito à protecção do Estado em matéria de informação sobre os cuidados de saúde de que necessitam.

Lei n.º 12/2005, de 26 de Janeiro 443

ARTIGO 18.º **(Obtenção e conservação de material biológico)**

1 – A colheita de sangue e outros produtos biológicos e a obtenção de amostras de DNA para testes genéticos devem ser objecto de consentimento informado separado para efeitos de testes assistenciais e para fins de investigação em que conste a finalidade da colheita e o tempo de conservação das amostras e produtos deles derivados.

2 – O material armazenado é propriedade das pessoas em quem foi obtido e, depois da sua morte ou incapacidade, dos seus familiares.

3 – O consentimento pode ser retirado a qualquer altura pela pessoa a quem o material biológico pertence ou, depois da sua morte ou incapacidade, pelos seus familiares, devendo nesse caso as amostras biológicas e derivados armazenados ser definitivamente destruídos.

4 – Não devem ser utilizadas para efeitos assistenciais ou de investigação amostras biológicas cuja obtenção se destinou a uma finalidade diferente, a não ser com nova autorização por parte da pessoa a quem pertence ou, depois da sua morte ou incapacidade, dos seus familiares, ou após a sua anonimização irreversível.

5 – Amostras colhidas para um propósito médico ou científico específico só podem ser utilizadas com a autorização expressa das pessoas envolvidas ou seus representantes legais.

6 – Em circunstâncias especiais, em que a informação possa ter relevância para o tratamento ou a prevenção da recorrência de uma doença na família, essa informação pode ser processada e utilizada no contexto de aconselhamento genético, mesmo que já não seja possível obter o consentimento informado da pessoa a quem pertence.

7 – Todos os parentes em linha directa e do segundo grau da linha colateral podem ter acesso a uma amostra armazenada, desde que necessário para conhecer melhor o seu próprio estatuto genético, mas não para conhecer o estatuto da pessoa a quem a amostra pertence ou de outros familiares.

8 – É proibida a utilização comercial, o patenteamento ou qualquer ganho financeiro de amostras biológicas enquanto tais.

ARTIGO 19.º **(Bancos de DNA e de outros produtos biológicos)**

1 – Para efeitos desta lei, entende-se por «banco de produtos biológicos» qualquer repositório de amostras biológicas ou seus derivados, com ou sem tempo delimitado de armazenamento, quer utilize colheita prospectiva ou material previamente colhido, quer tenha sido obtido como componente da prestação de cuidados de saúde de rotina, quer em programas de rastreio, quer para investigação, e que inclua amostras que sejam identificadas, identificáveis, anonimizadas ou anónimas.

2 – Ninguém pode colher ou usar amostras biológicas humanas já colhidas ou seus derivados, com vista à constituição de um banco de produtos biológicos, se não tiver obtido autorização prévia de entidade credenciada pelo departamento

444   *Regulamentação do Código do Trabalho*

responsável pela tutela da saúde, assim como da Comissão Nacional de Protecção de Dados se o banco estiver associado a informação pessoal.

3 – Os bancos de produtos biológicos devem ser constituídos apenas com a finalidade da prestação de cuidados de saúde, incluindo o diagnóstico e a prevenção de doenças, ou de investigação básica ou aplicada à saúde.

4 – Um banco de produtos biológicos só deve aceitar amostras em resposta a pedidos de médicos e não das próprias pessoas ou seus familiares.

5 – O consentimento informado escrito é necessário para a obtenção e utilização de material para um banco de produtos biológicos, devendo o termo de consentimento incluir informação sobre as finalidades do banco, o seu responsável, os tipos de investigação a desenvolver, os seus riscos e benefícios potenciais, as condições e a duração do armazenamento, as medidas tomadas para garantir a privacidade e a confidencialidade das pessoas participantes e a previsão quanto à possibilidade de comunicação ou não de resultados obtidos com esse material.

6 – No caso de uso retrospectivo de amostras ou em situações especiais em que o consentimento das pessoas envolvidas não possa ser obtido devido à quantidade de dados ou de sujeitos, à sua idade ou outra razão comparável, o material e os dados podem ser processados, mas apenas para fins de investigação científica ou obtenção de dados epidemiológicos ou estatísticos.

7 – A conservação de amostras de sangue seco em papel obtidas em rastreios neonatais ou outros deve ser considerada à luz dos potenciais benefícios e perigos para os indivíduos e a sociedade, podendo, no entanto, essas colecções ser utilizadas para estudos familiares no contexto do aconselhamento genético ou então para investigação genética, desde que previamente anonimizadas de forma irreversível.

8 – Deve ser sempre garantida a privacidade e a confidencialidade, evitando-se o armazenamento de material identificado, controlando-se o acesso às colecções de material biológico, limitando-se o número de pessoas autorizadas a fazê-lo e garantindo-se a sua segurança quanto a perdas, alteração ou destruição.

9 – Só podem ser usadas amostras anónimas ou irreversivelmente anonimizadas, devendo as amostras identificadas ou identificáveis ficar limitadas a estudos que não possam ser feitos de outro modo.

10 – Não é permitido o armazenamento de material biológico humano não anonimizado por parte de entidades com fins comerciais.

11 – Havendo absoluta necessidade de se usarem amostras identificadas ou identificáveis, estas devem ser codificadas, ficando os códigos armazenados separadamente, mas sempre em instituições públicas.

12 – Se o banco envolver amostras identificadas ou identificáveis e estiver prevista a possibilidade de comunicação de resultados dos estudos efectuados, deve ser envolvido nesse processo um médico especialista em genética.

13 – O material biológico armazenado é considerado propriedade da pessoa de quem foi obtido ou, depois da sua morte ou incapacidade, dos seus fa-

miliares, devendo ser armazenado enquanto for de comprovada utilidade para os familiares actuais e futuros.

14 – Os investigadores responsáveis por estudos em amostras armazenadas em bancos de produtos biológicos devem sempre verificar que os direitos e os interesses das pessoas a quem o material biológico pertence são devidamente protegidos, incluindo a sua privacidade e confidencialidade, mas também no que respeita à preservação das amostras, que podem mais tarde vir a ser necessárias para diagnóstico de doença familiar, no contexto de testes genéticos nessas pessoas ou seus familiares.

15 – Compete aos investigadores responsáveis pela colecção e manutenção de bancos de produtos biológicos zelar pela sua conservação e integridade e informar as pessoas de quem foi obtido consentimento de qualquer perda, alteração ou destruição, assim como da sua decisão de abandonar um tipo de investigação ou de fechar o banco.

16 – A lei define as regras para o licenciamento e a promoção de processos de garantia de qualidade dos bancos de produtos biológicos.

17 – A transferência de um grande número de amostras ou colecções de material biológico para outras entidades nacionais ou estrangeiras deve sempre respeitar o propósito da criação do banco para o qual foi obtido o consentimento e ser aprovada pelas comissões de ética responsáveis.

18 – A constituição de bancos de dados que descrevam uma determinada população e a eventual transferência dos seus dados devem ser aprovadas pelo Conselho Nacional de Ética para as Ciências da Vida e, no caso de serem representativos da população nacional, pela Assembleia da República.

19 – Os bancos de produtos biológicos constituídos para fins forenses de identificação criminal ou outros devem ser objecto de regulamentação específica.

ARTIGO 20.º **(Património genético humano)**

O património genético humano não é susceptível de qualquer pantenteamento.

ARTIGO 21.º **(Relatório sobre a aplicação da lei)**

O Governo, ouvido o Conselho Nacional de Ética para as Ciências da Vida, apresenta à Assembleia da República, no prazo de dois anos após a entrada em vigor desta lei, e a cada dois anos subsequentes, um relatório que inventarie as condições e as consequências da sua aplicação, considerando a evolução da discussão pública acerca dos seus fundamentos éticos e os progressos científicos entretanto obtidos.

ARTIGO 22.º **(Regulamentação)**

1 – Compete ao Governo a regulamentação desta lei no prazo de 180 dias.

446   *Regulamentação do Código do Trabalho*

2 – É objecto de regulamentação própria a definição de medidas de promoção da investigação e de protecção da identidade genética pessoal, de validação clínica e analítica dos testes genéticos, particularmente dos testes preditivos para genes de susceptibilidade e da resposta a tratamentos medicamentosos, bem como dos testes de rastreio genético.

Aprovada em 9 de Dezembro de 2004.

O Presidente da Assembleia da República, *João Bosco Mota Amaral.*

Promulgada em 7 de Janeiro de 2005.

Publique-se.

O Presidente da República, Jorge Sampaio.

Referendada em 13 de Janeiro de 2005.

O Primeiro-Ministro, *Pedro Miguel de Santana Lopes.*

ESTATUTOS DO FUNDO DE GARANTIA SALARIAL

DECRETO-LEI N.º 139/2001,

de 24 de Abril

O Decreto-Lei n.º 219/99, de 15 de Junho, procedeu à revisão do sistema de garantia salarial instituído pelo Decreto-Lei n.º 50/85, de 27 de Fevereiro.

Visou-se, no essencial, para além de dar execução a compromissos assumidos em sede de concertação social, compatibilizar a legislação nacional com o regime constante da Directiva n.º 80/987/CEE, relativa à aproximação das legislações dos Estados membros respeitantes à protecção dos trabalhadores assalariados em caso de insolvência do empregador.

Através do presente diploma visa-se regulamentar o funcionamento do Fundo de Garantia Salarial instituído pelo Decreto-Lei n.º 219/99, de 15 de Junho, e definir o enquadramento orgânico-institucional do sistema da satisfação de créditos de trabalhadores em que este se consubstancia.

O modelo orgânico-institucional acolhido procura dar resposta a diversas preocupações.

Desde logo, à exigência de participação dos parceiros sociais na respectiva gestão, afirmada no n.º 1 do artigo 5.º do Decreto-Lei n.º 219/99, de 15 de Junho. Por outro lado, à necessidade de garantir a eficácia e celeridade, quer no processamento dos pagamentos dos créditos dos trabalhadores garantidos por lei quer na recuperação das importâncias pagas, sem prejuízo de uma gestão rigorosa e transparente dos recursos financeiros afectos ao Fundo. Por fim, à necessidade de dotar o Fundo de personalidade jurídica, por forma a assegurar-se a possibilidade da sua sub-rogação nos créditos dos trabalhadores cujo pagamento efectue e de actuação judicial e extrajudicial tendo em vista a respectiva recuperação, bem como a exclusiva afectação dos seus recursos financeiros à prossecução das respectivas atribuições.

Nesta medida, entende o Governo que o Fundo de Garantia Salarial deve revestir a natureza própria de um fundo autónomo, consequentemente dotado de personalidade jurídica e de autonomia administrativa, patrimonial e financeira, cujas

448 Regulamentação do Código do Trabalho

atribuições são as de assegurar o pagamento de créditos emergentes de contratos de trabalho ou da sua cessação e promover a respectiva recuperação, nos casos e nos termos previstos e regulados no Decreto-Lei n.º 219/99, de 15 de Junho.

No entanto, por razões de racionalidade de gestão de recursos públicos e de celeridade de estruturação institucional, o funcionamento do Fundo será assegurado através da estrutura orgânica do Instituto de Gestão Financeira da Segurança Social (IGFSS), designadamente das respectivas delegações distritais, que lhe prestará apoio financeiro, administrativo e logístico, o que, para além do mais, permite aproveitar a larga experiência do IGFSS em intervenções processuais do tipo daquelas que o Fundo terá de promover no desenvolvimento das suas atribuições.

Com a presente opção, torna-se possível dar a resposta institucional adequada ao sistema de garantia salarial, cuja específica natureza reclama e aconselha que a sua gestão se faça nos quadros da autonomia administrativa, patrimonial e financeira, no âmbito de um modelo que salvaguarde a eficácia e celeridade de procedimentos e a exclusiva afectação de recursos aos fins que lhe são próprios, sem que, concomitantemente, tal acarrete a criação de raiz, no plano material, de uma nova estrutura administrativa.

O Fundo é gerido, nos termos do n.º 1 do artigo 5.º do Decreto-Lei n.º 219/ /99, de 15 de Junho, por um conselho de gestão, composto por um presidente, que é por inerência o presidente do IGFSS, e por sete vogais, quatro deles indicados pelos parceiros sociais com assento na Comissão Permanente de Concertação Social.

Os mecanismos de controlo e fiscalização patrimonial e financeira da actividade do Fundo são reforçados com a previsão de um fiscal único, com competências alargadas, das quais se destacam a emissão obrigatória de parecer sobre o orçamento, relatório de contas e balanço anual e a competência de fiscalização contabilístico-financeira permanente.

Refira-se, ainda, que o presente diploma contém algumas alterações ao Decreto-Lei n.º 219/99, de 15 de Junho, das quais se destacam:

Um aditamento ao artigo 2.º do referido diploma, com vista a garantir a circulação entre os tribunais judiciais e o Instituto de Apoio às Pequenas e Médias Empresas e ao Investimento (IAPMEI), por um lado, e o Fundo, por outro, da informação de que este necessita para uma prossecução cabal das suas atribuições;

Uma alteração ao artigo 6.º, que visa graduar os créditos obtidos pelo Fundo através da sub-rogação nos créditos dos trabalhadores, imediatamente a seguir à posição de que gozam os créditos dos trabalhadores por salários em atraso;

Um aditamento ao artigo 7.º, com vista a permitir que o Fundo, perante um requerimento de pagamento de créditos relativos a contratos de trabalho já extintos, tenha tempo de desenvolver as diligências necessárias à respectiva recuperação antes da prescrição dos referidos créditos;

Uma alteração ao artigo 8.º, alargando o número de situações que estão cobertas pelo novo sistema de garantia salarial, a fim de impedir que a morosidade sempre envolvida nos procedimentos e diligências de criação e estruturação de uma nova pessoa colectiva pública penalize as justas expectativas dos trabalhadores.

Decreto-Lei n.º 139/2001, de 24 de Abril 449

O diploma que agora se aprova esteve em apreciação pública, nos termos dos artigos 3.º e seguintes do Decreto-Lei n.º 16/79, de 26 de Maio, através de publicação do respectivo projecto em separata do Boletim do Trabalho e Emprego, no âmbito da qual se pronunciaram diversos parceiros sociais. Em consequência, o Governo entendeu acolher no texto do diploma alguns dos seus contributos, dos quais se destacam os seguintes:

Esclarece-se que os créditos do Fundo são graduados imediatamente a seguir à posição dos créditos dos trabalhadores, de acordo com a graduação estabelecida no artigo 12.º do Decreto-Lei n.º 17/86, de 14 de Junho, na redacção que lhe foi conferida pelo Decreto-Lei n.º 221/89, de 5 de Julho, e pela Lei n.º 118/99, de 11 de Agosto;

Relativamente a créditos referentes a contratos de trabalho extintos e caso o seu titular não interrompa, por qualquer acto, a respectiva prescrição, o prazo para apresentação do requerimento de pagamento ao Fundo é alargado para nove meses a contar do início da contagem do prazo prescricional;

A periodicidade das reuniões ordinárias do conselho de gestão, onde estão representados os parceiros sociais, passa a ser mensal;

Prevê-se que o presidente do conselho de gestão elabore relatórios mensais da actividade desenvolvida, que incluam informação sobre o volume de requerimentos apresentados, o sentido das decisões, o volume e duração das pendências e sobre as diligências de recuperação de créditos em curso, submetendo-os à apreciação do conselho de gestão.

Assim:

Nos termos da alínea *a*) do n.º 1 do artigo 198.º da Constituição, o Governo decreta, para valer como lei geral da República, o seguinte:

ARTIGO 1.º **(Objecto)**

1 – O presente diploma altera algumas disposições do Decreto-Lei n.º 219/99, de 15 de Junho, e aprova em anexo, que dele faz parte integrante, o Regulamento do Fundo de Garantia Salarial.

2 – O Fundo rege-se pelo disposto no presente diploma, pelo seu Regulamento, bem como, no desenvolvimento das suas atribuições, pelo disposto no Decreto-Lei n.º 219/99, de 15 de Junho, e pela regulamentação complementar específica que vier a ser aprovada.

ARTIGO 2.º **(Alterações)**

Os artigos 2.º, 6.º, 7.º e 8.º do Decreto-Lei n.º 219/99, de 15 de Junho[16], passam a ter a seguinte redacção:

"Artigo 2.º

[...]

1 – ...

---

[16] O Decreto-Lei n.º 219/99, de 15.06 foi revogado pelo art. 21.º, n.º 2, al. m), da Lei n.º 99/2003, de 27.08.

450 *Regulamentação do Código do Trabalho*

2 – O Fundo de Garantia Salarial assegura igualmente o pagamento dos créditos referidos no número anterior desde que iniciado o procedimento de conciliação previsto no Decreto-Lei n.º 316/98, de 20 de Outubro.

3 – Sem prejuízo do disposto no número anterior, caso o procedimento de conciliação não tenha sequência, por recusa ou extinção, nos termos dos artigos 4.º e 9.º, respectivamente, do Decreto-Lei n.º 316/98, de 20 de Outubro, e tenha sido requerido por trabalhadores da empresa o pagamento de créditos garantidos pelo Fundo, deverá este requerer judicialmente a falência da empresa, quando ocorra o previsto na alínea *a*) do n.º 1 do mencionado artigo 4.º, ou requerer a adopção de providência de recuperação da empresa, nos restantes casos.

4 – Para efeito do cumprimento do disposto nos números anteriores, o Fundo deve ser notificado, quando as empresas em causa tenham trabalhadores ao seu serviço:

a) Pelos tribunais judiciais, no que respeita ao requerimento dos processos especiais de falência ou de recuperação da empresa e ao despacho de prosseguimento da acção ou à declaração imediata da falência;

b) Pelo IAPMEI, no que respeita ao requerimento do procedimento de conciliação, à sua recusa e à extinção do procedimento.

Artigo 6.º

[...]

1 – ...

2 – ...

3 – ...

4 – Os créditos do Fundo são graduados imediatamente a seguir à posição dos créditos dos trabalhadores de acordo com a graduação estabelecida no artigo 12.º da Lei n.º 17/86, de 14 de Junho, na redacção que lhe foi conferida pelo Decreto-Lei n.º 221/89, de 5 de Julho, e pela Lei n.º 118/99, de 11 de Agosto.

5 – ...

Artigo 7.º

[...]

1 – O Fundo efectua o pagamento dos créditos garantidos mediante requerimento do trabalhador, sendo os respectivos termos e trâmites aprovados por portaria do Ministro do Trabalho e da Solidariedade.

2 – Relativamente a créditos referentes a contratos de trabalho extintos e caso o seu titular não interrompa, por qualquer acto, a respectiva prescrição, o requerimento referido no número anterior deve ser apresentado no prazo de nove meses a contar do início da contagem do prazo prescricional.

Decreto-Lei n.º 139/2001, de 24 de Abril

Artigo 8.º
[...]

O regime instituído pelo presente diploma aplica-se às situações em que a declaração de falência, a providência de recuperação da empresa ou o procedimento extrajudicial de conciliação foram requeridos a partir de 1 de Novembro de 1999."

ARTIGO 3.º **(Créditos relativos a contratos de trabalho extintos)**

Excepcionalmente, os trabalhadores titulares de créditos não prescritos, emergentes de contratos de trabalho que se tenham extinguido em data anterior à da entrada em vigor deste diploma e relativamente aos quais não tenha havido interrupção da prescrição, podem reclamá-los junto do Fundo até nove meses a contar da data de início do prazo prescricional.

ARTIGO 4.º **(Entrada em vigor)**

O presente diploma entra em vigor 30 dias após a sua publicação.

ANEXO
REGULAMENTO DO FUNDO DE GARANTIA SALARIAL

ARTIGO 1.º **(Denominação e natureza)**

O Fundo de Garantia Salarial, adiante designado por Fundo, é dotado de personalidade jurídica e autonomia administrativa, patrimonial e financeira.

ARTIGO 2.º **(Sede)**

O Fundo tem a sua sede em Lisboa.

ARTIGO 3.º **(Atribuições)**

O Fundo tem por atribuições assegurar o pagamento de créditos emergentes de contratos de trabalho ou da sua cessação e promover a respectiva recuperação, nos casos e nos termos previstos e regulados no Decreto-Lei n.º 219/99, de 15 de Junho, no diploma que aprova o presente Regulamento e na demais regulamentação complementar.

ARTIGO 4.º **(Tutela e superintendência)**

O Fundo fica sob a tutela e superintendência do Ministro do Trabalho e da Solidariedade.

ARTIGO 5.º **(Serviços administrativos e apoio financeiro e logístico)**

1 – O funcionamento do Fundo é assegurado através da estrutura orgânica do Instituto de Gestão Financeira da Segurança Social (IGFSS), designadamente das respectivas delegações distritais.

2 – O IGFSS presta apoio financeiro, administrativo e logístico ao Fundo.

452   *Regulamentação do Código do Trabalho*

ARTIGO 6.º **(Gestão do Fundo)**

1 – O Fundo é gerido, nos termos do n.º 1 do artigo 5.º do Decreto-Lei n.º 219/99, de 15 de Julho, por um conselho de gestão composto por um presidente e sete vogais.

2 – O conselho de gestão referido no número anterior integra:

a) Quatro representantes do Estado;

b) Dois representantes das confederações empresariais;

c) Dois representantes das confederações sindicais.

3 – A representação referida na alínea *a*) do número anterior é assegurada:

a) Pelo presidente do Instituto de Gestão Financeira da Segurança Social;

b) Por um representante do Ministro das Finanças;

c) Por um representante do Ministro do Trabalho e da Solidariedade na área do trabalho;

d) Por um representante do Ministro da Economia.

4 – Os membros do conselho de gestão referidos nas alíneas *b*) e *c*) do n.º 2 e nas alíneas *b*), *c*) e *d*) do número anterior são nomeados por despacho do Ministro do Trabalho e da Solidariedade:

a) Por indicação dos respectivos Ministros, nos casos das alíneas *b*) e *d*) do número anterior;

b) Por indicação dos parceiros sociais com assento efectivo na Comissão Permanente de Concertação Social, nos casos das alíneas *b*) e *c*) do n.º 2.

5 – O conselho de gestão é presidido pelo representante referido na alínea *a*) do n.º 3.

6 – Os membros do conselho de gestão que não desempenham actividades no âmbito da Administração Pública auferem senhas de presença de montante a definir por despacho conjunto dos Ministros das Finanças e do Trabalho e da Solidariedade.

ARTIGO 7.º **(Competências do conselho de gestão)**

Compete ao conselho de gestão:

a) A aprovação do plano de actividades e do orçamento;

b) A aprovação do relatório de actividades e do relatório de contas e balanço anuais;

c) Acompanhar as actividades do Fundo, apresentando ao presidente as propostas, sugestões, recomendações ou pedidos de esclarecimento que entender convenientes, bem como propor a adopção de medidas que julgue necessárias à realização dos seus fins;

d) Pronunciar-se sobre a proposta de regulamento interno.

ARTIGO 8.º **(Reuniões do conselho de gestão)**

1 – O conselho de gestão reúne ordinariamente uma vez por mês e extraordinariamente sempre que o respectivo presidente o convoque, por sua iniciativa ou a solicitação de metade dos seus membros.

2 – Os membros do conselho de gestão podem delegar o seu voto dentro de cada representação.

ARTIGO 9.º **(Competências do presidente)**

1 – Compete ao presidente do conselho de gestão:

a) Dirigir a actividade do Fundo, assegurando o desenvolvimento das suas atribuições;

b) Gerir os recursos financeiros do Fundo;

c) Emitir as directrizes de natureza interna adequadas ao bom funcionamento do Fundo;

Decreto-Lei n.° 139/2001, de 24 de Abril 453

d) Elaborar o regulamento interno necessário à organização e funcionamento do Fundo, submetendo-o à aprovação do Ministro do Trabalho e da Solidariedade, após o conselho de gestão se ter pronunciado;

e) Ponderar, no âmbito da sua autonomia funcional, o acolhimento e as formas de implementação das sugestões e recomendações formuladas pelo conselho de gestão;

f) Elaborar relatórios mensais da actividade desenvolvida, que incluam informação sobre o volume de requerimentos apresentados, o sentido das decisões, o volume e duração das pendências e sobre as diligências de recuperação de créditos em curso, submetendo-os à apreciação do conselho de gestão;

g) Elaborar o plano anual de actividades e o orçamento anual e apresentá-los ao Ministro do Trabalho e da Solidariedade para homologação depois de aprovados pelo conselho de gestão;

h) Elaborar o relatório anual de actividades e o relatório de contas e balanço de cada exercício e apresentá-los ao Ministro do Trabalho e da Solidariedade para homologação depois de aprovados pelo conselho de gestão;

i) Assegurar a representação do Fundo em juízo ou fora dele, bem como conferir mandato para esse efeito;

j) Autorizar despesas com a aquisição, alienação ou locação de bens e serviços e realização de empreitadas dentro dos limites fixados por lei;

k) Estabelecer relações com as instituições do sistema bancário, designadamente para a contracção de empréstimos, sempre que tal se revelar necessário à prossecução das suas atribuições;

l) Assegurar o pagamento dos créditos garantidos nos termos do Decreto-Lei n.° 219/99, de 15 de Junho;

m) Promover a recuperação dos créditos em que ficar sub-rogado por via da sua satisfação aos trabalhadores, desenvolvendo todas as diligências judiciais e extrajudiciais adequadas a tal fim.

n) Dar parecer ao Ministro do Trabalho e da Solidariedade sobre as matérias concernentes às atribuições do Fundo;

o) Exercer as demais competências que lhe sejam delegadas ou subdelegadas pela tutela, bem como praticar quaisquer actos necessários à prossecução das atribuições do Fundo que não sejam da competência de outros órgãos.

2 – As competências referidas nas alíneas *k*) e *l*) do número anterior podem ser objecto de delegação.

3 – Nas suas ausências e impedimentos, o presidente é substituído pelo representante do Ministro do Trabalho e da Solidariedade.

ARTIGO 10.° **(Fiscal único)**

1 – O fiscal único é designado, de entre revisores oficiais de contas, mediante despacho conjunto dos Ministros das Finanças e do Trabalho e da Solidariedade, do qual deve constar ainda a designação do fiscal suplente.

2 – Os mandatos do fiscal único e do fiscal suplente têm a duração de três anos, podendo ser renovados por iguais períodos de tempo.

3 – A remuneração do fiscal único será definida no despacho referido no n.° 1 do presente artigo.

454   *Regulamentação do Código do Trabalho*

ARTIGO 11.º **(Competências do fiscal único)**

Compete ao fiscal único:

a) Acompanhar a gestão financeira do Fundo;

b) Emitir parecer sobre o orçamento, o relatório de contas e balanço anuais;

c) Fiscalizar a execução da contabilidade do Fundo e o cumprimento dos normativos aplicáveis, informando o conselho de gestão de qualquer anomalia detectada;

d) Solicitar ao conselho directivo reuniões conjuntas dos dois órgãos, quando, no âmbito das suas competências, o entender;

e) Pronunciar-se sobre qualquer assunto de interesse para o Fundo, que seja submetido à sua apreciação pelo presidente do conselho de gestão;

f) Elaborar relatório anual sobre a acção fiscalizadora exercida;

g) Acompanhar, nos termos que vierem a ser definidos pela portaria prevista no artigo 7.º do Decreto-Lei n.º 219/99, de 15 de Junho, as operações de satisfação de créditos de trabalhadores e respectiva recuperação desenvolvidas pelo Fundo.

ARTIGO 12.º **(Vinculação)**

1 – O Fundo obriga-se pela assinatura do presidente do conselho de gestão.

2 – Os actos de mero expediente de que não resultem obrigações para o Fundo podem ser assinados pelos dirigentes dos serviços a que se refere o artigo 5.º do presente Regulamento ou por a quem tal poder tenha sido expressamente conferido.

ARTIGO 13.º **(Gestão financeira)**

1 – A gestão financeira do Fundo, incluindo a organização da sua contabilidade rege-se exclusivamente pelo regime jurídico aplicável aos fundos e serviços autónomos do Estado, em tudo o que não for especialmente regulado pelo presente Regulamento e no seu regulamento interno.

2 – A gestão económica e financeira será disciplinada pelo plano de actividades, orçamento, relatório de contas e balanço anuais.

ARTIGO 14.º **(Receitas)**

1 – Constituem receitas do Fundo:

a) As que lhe forem atribuídas pelo Orçamento do Estado e pelo orçamento da segurança social;

b) As advindas da venda de publicações;

c) Os subsídios ou donativos que lhe forem atribuídos por qualquer entidade nacional ou estrangeira;

d) As provenientes da recuperação de créditos pagos aos trabalhadores no exercício das suas atribuições;

e) Quaisquer outras receitas que lhe forem atribuídas nos termos da lei.

2 – Transitarão para o ano seguinte os saldos apurados em cada exercício.

3 – O Fundo está isento de taxas, custas e emolumentos nos processos, contratos, actos notariais e registrais em que intervenha, com excepção dos emolumentos pessoais e das importâncias correspondentes à participação emolumentar devida aos notários, conservadores e oficiais do registo e do notariado pela sua intervenção nos actos.

ARTIGO 15.º **(Despesas)**

Constituem despesas do Fundo:

a) O pagamento, nos termos do Decreto-Lei n.º 219/99, de 15 de Junho, de créditos emergentes de contratos de trabalho;

b) Os encargos com o respectivo funcionamento;

c) Os custos de aquisição, manutenção e conservação de bens ou serviços que tenha de utilizar;

d) Outras legalmente previstas ou permitidas.

ARTIGO 16.º **(Instrumentos de gestão)**

1 – Os instrumentos de gestão previstos no n.º 2 do artigo 19.º serão elaborados pelo presidente do conselho de gestão, aprovados pelo conselho de gestão e homologados pelo Ministro do Trabalho e da Solidariedade.

2 – O plano de actividades e orçamento anuais devem ser aprovados pelo conselho de gestão até final de Novembro de cada ano e o relatório de actividades, relatório de contas e balanço anuais até final de Março de cada ano.

3 – O presidente do conselho de gestão, antes de submeter o orçamento, o relatório de contas e o balanço anuais à apreciação do conselho de gestão deve remeter esses documentos ao fiscal único para emissão do respectivo parecer.

NORMAS DO CÓDIGO DA INSOLVÊNCIA E DA RECUPERAÇÃO DE EMPRESAS

DECRETO-LEI N.º 53/2004,

de 18 de Março[17]

ARTIGO 1.º – **(Finalidade do processo de insolvência)**

O processo de insolvência é um processo de execução universal que tem como finalidade a liquidação do património de um devedor insolvente e a repartição do produto obtido pelos credores, ou a satisfação destes pela forma prevista num plano de insolvência, que nomeadamente se baseie na recuperação da empresa compreendida na massa insolvente.

(...)

ARTIGO 3.º – **(Situação de insolvência)**

1 – É considerado em situação de insolvência o devedor que se encontre impossibilitado de cumprir as suas obrigações vencidas.

2 – As pessoas colectivas e os patrimónios autónomos por cujas dívidas nenhuma pessoa singular responda pessoal e ilimitadamente, por forma directa ou indirecta, são também considerados insolventes quando o seu passivo seja manifestamente superior ao activo, avaliados segundo as normas contabilísticas aplicáveis.

3 – Cessa o disposto no número anterior, quando o activo seja superior ao passivo, avaliados em conformidade com as seguintes regras:

a) Consideram-se no activo e no passivo os elementos identificáveis, mesmo que não constantes do balanço, pelo seu justo valor;

b) Quando o devedor seja titular de uma empresa, a valorização baseia-se numa perspectiva de continuidade ou de liquidação, consoante o que se afigure mais provável, mas em qualquer caso com exclusão da rubrica de trespasse;

---

[17] Alterado pelo Decreto-Lei n.º 200/2004, de 18.08 e pelo Decreto-Lei n.º 76--A/2006, de 29.03.

458   *Regulamentação do Código do Trabalho*

c) Não se incluem no passivo dívidas que apenas hajam de ser pagas à custa de fundos distribuíveis ou do activo restante depois de satisfeitos ou acautelados os direitos dos demais credores do devedor.

4 – Equipara-se à situação de insolvência actual a que seja meramente iminente, no caso de apresentação pelo devedor à insolvência.

(...)

ARTIGO 5.° – (**Noção de empresa**)

Para efeitos deste Código, considera-se empresa toda a organização de capital e de trabalho destinada ao exercício de qualquer actividade económica.

(...)

ARTIGO 84.° – (**Alimentos ao insolvente e aos trabalhadores**)

1 – Se o devedor carecer absolutamente de meios de subsistência e os não puder angariar pelo seu trabalho, pode o administrador da insolvência, com o acordo da comissão de credores, ou da assembleia de credores, se aquela não existir, arbitrar-lhe um subsídio à custa dos rendimentos da massa insolvente, a título de alimentos.

2 – Havendo justo motivo, pode a atribuição de alimentos cessar em qualquer estado do processo, por decisão do administrador da insolvência.

3 – O disposto nos números anteriores é aplicável a quem, encontrando-se na situação prevista no n.° 1, seja titular de créditos sobre a insolvência emergentes de contrato de trabalho, ou da violação ou cessação deste contrato, até ao limite do respectivo montante, mas, a final, deduzir-se-ão os subsídios ao valor desses créditos.

(...)

ARTIGO 174.° – (**Pagamento aos credores garantidos**)

1 – Sem prejuízo do disposto nos n.ºs 1 e 2 do artigo 172.°, liquidados os bens onerados com garantia real, e abatidas as correspondentes despesas, é imediatamente feito o pagamento aos credores garantidos, com respeito pela prioridade que lhes caiba; quanto àqueles que não fiquem integralmente pagos e perante os quais o devedor responda com a generalidade do seu património, são os saldos respectivos incluídos entre os créditos comuns, em substituição dos saldos estimados, caso não se verifique coincidência entre eles.

2. Anteriormente à venda dos bens, o saldo estimado reconhecido como crédito comum é atendido nos rateios que se efectuarem entre os credores comuns, devendo continuar, porém, depositadas as quantias que pelos rateios lhe cores-

pondam até à confirmação do saldo efectivo, sendo o levantamento autorizado na medida do que se vier a apurar.

3 – O pagamento de dívida de terceiro não exigível:

a) Não tem lugar, na hipótese prevista na primeira parte do n.º 5 do artigo 164.º ou se o respectivo titular renunciar à garantia;

b) Não pode exceder o montante da dívida, actualizado para a data do pagamento por aplicação do n.º 2 do artigo 91.º;

c) Importa sub-rogação nos direitos do credor, na proporção da quantia paga relativamente ao montante da dívida, actualizado nos mesmos termos.

NOTA:

O n.º 3, do artigo em anotação tem a redacção introduzida pelo Decreto-Lei n.º 200/2004, de 18.08.

ARTIGO 175.º – **(Pagamento aos credores privilegiados)**

1 – O pagamento dos créditos privilegiados é feito à custa dos bens não afectos a garantias reais prevalecentes, com respeito da prioridade que lhes caiba, e na proporção dos seus montantes, quanto aos que sejam igualmente privilegiados.

2 – É aplicável o disposto na segunda parte do n.º 1 e no n.º 2 do artigo anterior, com as devidas adaptações.

NORMAS PENAIS AVULSAS

TIPOS DE CRIME PREVISTOS NO CÓDIGO PENAL

ARTIGO 152.°, N.° 1 – **(Crime de maus tratos de regras de segurança)**
Quem, tendo ao seu cuidado, à sua guarda, sob a responsabilidade da sua direcção ou educação, ou a trabalhar ao seu serviço, pessoa menor ou particularmente indefesa, em razão de idade, deficiência, doença ou gravidez, e:
a) Lhe infligir maus tratos físicos ou psíquicos ou a tratar cruelmente;
b) A empregar em actividades perigosas, desumanas ou proibidas; ou
c) A sobrecarregar com trabalhos excessivos;
é punido com pena de prisão de 1 a 5 anos, se o facto não for punível pelo artigo 144.°" (Ofensa à integridade física grave).

ARTIGO 159.° – **(Escravidão)**
Quem:
a) Reduzir outra pessoa ao estado ou à condição de escravo; ou
b) Alienar, ceder ou adquirir pessoa ou dela se apossar com a intenção de a manter na situação prevista na alínea anterior;
é punido com pena de prisão de 5 a 15 anos.

ARTIGO 277.° – **(Infracção de regras de construção, dano em instalações e perturbação de serviços)**
1 – Quem:
a) No âmbito da sua actividade profissional infringir regras legais, regulamentares ou técnicas que devam ser observadas no planeamento, direcção ou execução de construção, demolição ou instalação, ou na sua modificação;
b) Destruir, danificar ou tornar não utilizável, total ou parcialmente, aparelhagem ou outros meios existentes em local de trabalho e destinados a prevenir acidentes, ou, infringindo regras legais, regulamentares ou técnicas, omitir a instalação de tais meios ou aparelhagem;
c) Destruir, danificar ou tornar não utilizável, total ou parcialmente, instalação para aproveitamento, produção, armazenamento, condução ou distribuição de água, óleo, gasolina, calor, electricidade, gás ou energia nuclear, ou para protecção contra forças da natureza; ou

462 Regulamentação do Código do Trabalho

d) Impedir ou perturbar a exploração de serviços de comunicações ou de fornecimento ao público de água, luz, energia ou calor, subtraindo ou desviando, destruindo, danificando ou tornando não utilizável, total ou parcialmente, coisa ou energia que serve tais serviços;

e criar deste modo perigo para a vida ou para a integridade física de outrem, ou para bens patrimoniais alheios de valor elevado, é punido com pena de prisão de 1 a 8 anos.

2 – Se o perigo referido no número anterior for criado por negligência, o agente é punido com pena de prisão até 5 anos.

3 – Se a conduta referida no n.° 1 for praticada por negligência, o agente é punido com pena de prisão até 3 anos ou com pena de multa.

JURISPRUDÊNCIA:

I – A acção típica no crime de infracção a regras de construção p.p. pelo art. 277.° do C.P., centra-se na criação de um perigo para a vida ou intregridade física de outrem decorrente da violação de regras legais, regulamentares ou técnicas na direcção ou execução de uma obra de construção.

II – Quanto ao bem jurídico protegido, o preceito visa garantir a segurança em determinadas áreas da actuação humana contra comportamentos susceptíveis de colocarem em perigo a vida ou a integridade física de outrem.

III – Visados pelo comando legal são aqueles que planeiam, executam e dirigem a obra, sendo que cada uma dessas pessoas que intervém nestas diferentes fases toma-se responsável pela violação das regras legais, regulamentares ou técnicas vigentes no respectivo sector.

IV – De uma forma geral, as regras técnicas são as regras cuja lesão possa conduzir a um perigo para terceiros, sendo bastante que se trate de regras que devam ser seguidas ou porque decorrem das condições técnicas gerais a observar naquele particular ramo de construção ou porque já impostas no caderno de encargos da obra.

V – O art. 67.° do D.L. n.° 41821 de 11.08.58, estatui a necessidade de entivação do solo nas frentes de escavação, entivação que o seu § único dispensa nas escavações de rochas e argilas duras, no pressuposto óbvio de que as escavações em rochas e argilas duras não oferecerão perigo de desmoronamento. Contudo, esta desobrigação de entivação, face ao disposto no art. 66.° do mesmo diploma, cede sempre que as escavações não ofereçam as indispensáveis condições de segurança dos trabalhadores.

VI – Praticou um crime culposo de infracção a regras de construção o director de uma obra em que foi aberta uma vala com pelo menos 3 metros de profundidade, em solo constituído por uma parte superior de cerca de 1 a 1,40 metros de granito de grão grosseiro descomprimido e em avançado estado de arenização (saibros), e uma parte inferior de maciço granítico muito alterado e cortado por fracturas inclinadas para o interior da vala e por isso desfavorável à sua estabilidade, que para que nela se pudesse trabalhar em segurança haveria que entivá-la ou ser usado qualquer outro dispositivo de segurança, que negligenciou as condições de segurança dos operários, omitindo o escoramento ou qualquer outra forma de suporte de terras que no caso fosse bastante, vindo a morrer um trabalhador devido a um desmoronamento ali ocorrido.

Ac. da Relação de Coimbra, de 26.11.2003 *in* Colectânea de Jurisprudência, Ano XXVIII, Tomo V, p. 46

Normas Penais Avulsas 463

TIPOS DE CRIME PREVISTOS NO CÓDIGO DO TRABALHO

ARTIGO 608.º – (**Utilização indevida de trabalho de menor**)

1 – A utilização do trabalho de menor em violação do disposto no n.º 1 do artigo 55.º e do n.º 2 do artigo 60.º é punida com pena de prisão até 2 anos ou com pena de multa até 240 dias, se pena mais grave não couber por força de outra disposição legal.

2 – No caso de o menor não ter ainda completado a idade mínima de admissão nem ter concluído a escolaridade obrigatória, os limites das penas são elevados para o dobro.

3 – No caso de reincidência, os limites mínimos das penas previstas nos números anteriores são elevados para o triplo.

ARTIGO 609.º – (**Desobediência**)

Quando a Inspecção-Geral do Trabalho verificar a violação do disposto no n.º 1 do artigo 55.º ou das normas relativas a trabalhos proibidos a que se refere o n.º 2 do artigo 60.º, notifica, por escrito, o infractor para fazer cessar de imediato a actividade do menor, com a cominação que, se o não fizer, incorre no crime de desobediência qualificada.

ARTIGO 611.º – (**Violação da autonomia e da independência sindicais**)

1. As entidades ou organizações que violem o disposto nos n.ºs 1 e 2 do artigo 452.º e no artigo 453.º são punidas com pena de multa até 120 dias.

2. Os administradores, directores ou gerentes, e os trabalhadores que ocupem lugares de chefia, responsáveis pelos actos referidos no número anterior, são punidos com pena de prisão até um ano.

3. Perdem as regalias que lhes são atribuídas por este Código os dirigentes sindicais ou delegados sindicais que forrem condenados nos termos do número anterior.

ARTIGO 612.º – (**Retenção de quota sindical**)

A retenção e não entrega à associação sindical da quota sindical cobrada pelo empregador é punida com a pena prevista para o crime de abuso de confiança.

ARTIGO 613.º – (**Violação do direito à greve**)

1. A violação do disposto nos artigos 596.º e 603.º é punida com pena de multa até 120 dias.

2. A violação do disposto no artigo 605.º é punida com pena de prisão até dois anos ou com pena de multa até 240 dias.

TIPOS DE CRIME PREVISTOS NA REGULAMENTAÇÃO DO CÓDIGO DO TRABALHO

ARTIGO 465.º – (**Encerramento ilícito**)

A violação do disposto nos artigos 296.º (Procedimento relativo a encerramento temporário) e 299.º (Encerramento definitivo) é punida com pena de prisão até dois anos ou com pena de multa até 240 dias.

464   *Regulamentação do Código do Trabalho*

ARTIGO 466.° – (**Actos proibidos em caso de encerramento temporário**)
A violação do artigo 297.° (Inibição da prática de certos actos) é punida com pena de prisão até três anos, sem prejuízo de pena mais grave aplicável ao caso.

ARTIGO 467.° – (**Actos proibidos em caso de incumprimento do contrato**)
A violação do n.° 1 do artigo 301.° (Inibição da prática de certos actos) é punida com pena de prisão até três anos, sem prejuízo de pena mais grave aplicável ao caso.

ARTIGO 468.° – (**Desobediência qualificada**)
1. O empregador incorre no crime de desobediência qualificada sempre que não apresentar à Inspecção-Geral do Trabalho os documentos e outros registos por esta requisitados que interessem para o estabelecimento de quaisquer situações laborais.
2. Incorre ainda no crime de desobediência qualificada o empregador que ocultar, destruir ou danificar documentos ou outros registos que tenham sido requisitados pela Inspecção-Geral do Trabalho.

TIPOS DE CRIME CONTRA A SEGURANÇA SOCIAL (Previstos no Regime Geral das Infracções Tributárias aprovado pela Lei n.° 15/2001, de 05.06)

ARTIGO 106.° – (**Fraude contra a segurança social**)
1 – Constituem fraude contra a segurança social as condutas das entidades empregadoras, dos trabalhadores independentes e dos beneficiários que visem a não liquidação, entrega ou pagamento, total ou parcial, ou o recebimento indevido, total ou parcial, de prestações de segurança social com intenção de obter para si ou para outrem vantagem patrimonial ilegítima de valor superior a € 7500.
2 – É aplicável à fraude contra a segurança social a pena prevista no n.° 1 do artigo 103.° e o disposto nas alíneas *a*) a *c*) do n.° 1 e o n.° 3 do mesmo artigo.
3 – É igualmente aplicável às condutas previstas no n.° 1 deste artigo o disposto no artigo 104.°.
4 – Para efeito deste artigo consideram-se prestação da segurança social os benefícios previstos na legislação da segurança social.

ARTIGO 107.° – (**Abuso de confiança contra a segurança social**)
1 – As entidades empregadoras que, tendo deduzido do valor das remunerações devidas a trabalhadores e membros dos orgãos sociais o montante das contribuições por estes legalmente devidas, não o entreguem, total ou parcialmente, às instituições de segurança social, são punidas com as penas previstas nos n.os 1 e 5 do artigo 105.°
2 – É aplicável o disposto nos n.os 4, 6 e 7 do artigo 105.°.

INDICE ANALÍTICO

Actividades condicionadas a trabalhadora grávida, puérpera ou lactante, 88
- Actividades condicionadas, 88
- Agentes biológicos, 90
- Agentes físicos, 89
- Agentes químicos, 90
- Processos industriais e condições de trabalho, 90

Actividades condicionadas que envolvam agentes biológicos condicionados, 70
- Avaliação dos riscos, 70
- Vacinação dos trabalhadores, 70

Actividades condicionadas que envolvam agentes biológicos, físicos ou químicos condicionados, 60
- Acesso às áreas de riscos, 66
- Avaliação dos riscos, 61
- Comunicação de acidente ou incidente, 66
- Conservação de registos e arquivos, 69
- Exposição imprevisível, 65
- Exposição previsível, 65
- Higiene e protecção individual, 67
- Informação das autoridades competentes, 64
- Início da actividade, 61
- Redução dos riscos de exposição, 63
- Registo e arquivo de documentos, 68
- Substituição e redução de agentes, 62
- Vigilância da saúde, 66

Actividades condicionadas que envolvam agentes químicos condicionados, 71
- Acidentes, incidentes e situações de emergência, 72
- Avaliação dos riscos, 71
- Informação sobre as medidas de emergência, 73
- Instalações e equipamentos de trabalho, 73
- Medição da exposição, 71
- Operações específicas, 72

Actividades proibidas a trabalhadora grávida, 91
- Actividades proibidas, 91
- Agentes biológicos, 91
- Agentes físicos, 91
- Agentes químicos, 92
- Condições de trabalho, 92

Actividades proibidas a trabalhadora lactante, 92
- Agentes e condições de trabalho, 92
- Condições de trabalho, 92

Actividades proibidas que envolvam agentes biológicos, físicos ou químicos proibidos, 59
- Agentes biológicos, físicos ou químicos proibidos, 59
- Utilizações permitidas de agentes proibidos, 60

Administração Pública, 99
– Efeitos das dispensas e faltas, 100
– Efeitos das licenças parental, especial para assistência a filho ou adoptado e especial para assistência a pessoa com deficiência ou com doença crónica, 100
– Efeitos das licenças por maternidade, paternidade e adopção, 99
– Faltas para assistência a membros do agregado familiar, 100
– Licenças, dispensas e faltas, 99
– Regime de trabalho especial na Administração Pública, 100
– Retribuição, 102
– Subsídio de refeição, 102
– Trabalho a tempo parcial e flexibilidade de horário, 101

Arbitragem dos serviços mínimos, 274
– Âmbito, 274
– Audição das partes, 276
– Comunicação ao Conselho Económico e Social, 274
– Decisão, 276
– Designação de árbitros, 274
– Designação dos trabalhadores, 277
– Funcionamento, 275
– Impedimento e suspeição, 275
– Início e desenvolvimento da arbitragem, 276
– Peritos, 276
– Redução da arbitragem, 276
– Sorteio de árbitros, 274
– Subsidiariedade, 277

Arbitragem obrigatória, 261
– Alegações escritas, 270
– Alegações orais, 270
– Âmbito, 261
– Apoio administrativo, 272
– Apoio técnico, 272
– Árbitros (V. Árbitros)
– Audição das partes, 269
– Audiência das entidades reguladoras e de supervisão, 261

– Contagem dos prazos, 269
– Decisão, 271
– Designação de árbitros, 243
– Determinação, 261
– Dever de sigilo, 269
– Encargos do processo, 273
– Escolha dos árbitros, 263
– Escolha do terceiro árbitro, 263
– Funcionamento, 268
– Honorários dos árbitros e peritos, 272
– Impedimento e suspeição, 269
– Início da arbitragem, 269
– Instrução, 271
– Língua, 269
– Local, 272
– Notificações e comunicações, 265
– Peritos, 271
– Presidente, 268
– Questões processuais, 269
– Redução ou extinção da arbitragem, 270
– Sorteio de árbitros, 264
– Supletividade, 268
– Tentativa de acordo, 270

Árbitros, 265
– Competência do presidente do Conselho Económico e Social, 268
– Limitações de actividades, 267
– Listas de árbitros, 265
– Sanção, 267
– Substituição de árbitros na composição do tribunal arbitral, 267
– Substituição na lista de árbitros, 267

Associações sindicais, 258
– Âmbito, 258
– Crédito de horas dos membros da direcção, 258
– Faltas, 260
– Não cumulação de crédito de horas, 259
– Suspensão do contrato de trabalho, 260

Balanço social, 280
- Âmbito, 280
- Apresentação do balanço social, 281
- Arquivo, 282
- Formas de apresentação do balanço social, 281
- Modelo do balanço social, 281
- Parecer da estrutura representativa dos trabalhadores, 281
- Utilização de apuramentos estatísticos, 282

Cedência ocasional (Balanço social relativamente aos trabalhadores em situação de), 207

Comissão coordenadora, 233
- Constituição e estatutos, 233
- Duração dos mandatos, 233
- Eleição, 234
- Início de funções, 234
- Número de membros, 233
- Participação das comissões de trabalhadores, 233

Comissão para a Igualdade no Trabalho e no Emprego, 292
- Atribuições, 292
- Competências, 292
- Composição, 292
- Deliberação, 293
- Recursos humanos e financeiros, 294
- Regulamento de funcionamento, 294

Comissões de trabalhadores, 227
- Acta, 230
- Alteração dos estatutos, 231
- Âmbito, 227
- Apuramento global, 230
- Caderno eleitoral, 229
- Capacidade, 229
- Comissão coordenadora (V. Comissão coordenadora)
- Constituição da comissão de trabalhadores e aprovação dos estatutos, 228

- Conteúdo do controlo de gestão, 240
- Controlo de legalidade da constituição e dos estatutos das comissões, 235
- Deliberação, 231
- Direito a informação, 238
- Direitos, 236
- Duração dos mandatos, 232
- Eleição da comissão e das subcomissões de trabalhadores, 231
- Estatutos, 228
- Exclusões do controlo de gestão, 240
- Exercício do controlo de gestão na empresa, 240
- Finalidade do controlo de gestão, 240
- Informação e consulta, 238
- Início de actividades, 232
- Participação nos processos de reestruturação da empresa, 241
- Prestação de informações, 239
- Publicação, 235
- Publicidade do resultado da eleição, 232
- Publicidade do resultado da votação, 232
- Obrigatoriedade de parecer prévio, 238
- Registo, 234
- Regras gerais da eleição, 231
- Regulamento, 229
- Representantes dos trabalhadores nos órgãos das entidades públicas empresariais, 241
- Reuniões da comissão de trabalhadores com o órgão de gestão da empresa, 237
- Secções de voto, 229
- Votação, 230

Compensação retributiva no caso de redução da actividade e suspensão do contrato, 208
- Redução do período normal de trabalho, 208
- Subsídio de férias, 209
- Subsídio de Natal, 209

Conselhos de empresa europeus, 242
- Acordos sobre a informação e consulta, 246
- Âmbito, 242
- Âmbito das disposições e acordos transnacionais, 244
- Cálculo do número de trabalhadores, 254
- Casos especiais de empresa que exerce o controlo, 243
- Composição, 249
- Composição do grupo especial de negociação, 245
- Comunicação, 248
- Constituição do grupo especial de negociação, 244
- Conteúdo do acordo, 246
- Designação ou eleição dos membros do grupo especial de negociação e do conselho de empresa europeu, 255
- Disposições de carácter nacional, 254
- Disposições e acordos transnacionais, 244
- Duração do mandato, 256
- Empresa que exerce o controlo, 243
- Funcionamento, 249
- Informação dos representantes locais, 251
- Informação e consulta, 250
- Informação e consulta em situações excepcionais, 251
- Informações confidenciais, 252 e 257
- Instituição de um ou mais procedimentos de informação e consulta, 247
- Instituição do conselho de empresa europeu, 246
- Instituição obrigatória, 248
- Negociação de um acordo sobre informação e consulta, 252
- Negociações, 245
- Procedimento das negociações, 244
- Protecção dos representantes dos trabalhadores, 256
- Relatório anual, 250
- Recursos financeiros e materiais, 253

- Relacionamento entre a administração e os representantes dos trabalhadores, 252
- Representantes dos trabalhadores para o início das negociações, 255
- Reuniões com a administração, 250
- Termo das negociações, 246

Contra-ordenações em especial, 285
- Balanço social, 290
- Comissões de trabalhadores, 289
- Conselhos de empresa europeus, 289
- Dados biométricos, 285
- Eleição dos representantes dos trabalhadores para a segurança, higiene e saúde no trabalho, 289
- Encerramento temporário, 289
- Formação profissional, 288
- Igualdade, 285
- Incumprimento do contrato, 289
- Mapas de horário de trabalho, 288
- Mapas do quadro de pessoal, 290
- Maternidade e paternidade, 286
- Participação de menores em espectáculos e outras actividades, 287
- Período de laboração, 288
- Protecção do património genético, 285
- Retribuição mínima mensal garantida, 288
- Serviços de segurança, higiene e saúde no trabalho, 288
- Trabalho de menores, 287
- Trabalho no domicílio, 285
- Trabalhador estrangeiro ou apátrida, 287
- Trabalhador-estudante, 287
- Utilização de meios de vigilância a distância, 285

Dados biométricos, 47

Destacamento, 36
- Âmbito, 36
- Condições de trabalho, 37
- Cooperação em matéria de informação, 38

Direitos de personalidade, 47

Direitos do credor (Salvaguarda dos), 221

Dispensas para amamentação e aleitação (V. Maternidade e paternidade)

Dispensa para consultas pré-natais (V. Maternidade e paternidade)

Doença (Fiscalização de), 155
- Âmbito, 155
- Regime, 155

Doenças (Fiscalização durante as férias), 147
- Âmbito, 147
- Comunicação do resultado da verificação, 152
- Comunicações, 152
- Eficácia do resultado da verificação da situação de doença, 152
- Impossibilidade de comparência ao exame médico, 151
- Reavaliação da situação de doença (V. Reavaliação da situação de doença)
- Taxas, 153
- Verificação da situação de doença por médico designado pela segurança social (V. Verificação da situação de doença por médico designado pela segurança social)
- Verificação da situação de doença por médico designado pelo empregador, 149

Encerramento definitivo, 212

Encerramento temporário, 209
- Actos de disposição, 212
- Inibição de prática de certos actos, 211
- Procedimento, 209

Execução de sentença de despejo, 220

Execução fiscal, 220

Execuções (Suspensão de), 220

Extensão de direitos atribuídos aos progenitores, 95

Faltas para assistência à família, 153
- Âmbito, 153
- Efeitos, 154
- Faltas para assistência a membros do agregado familiar, 153

Faltas para assistência a filho menor, com deficiência ou doença crónica (V. Maternidade e paternidade)

Faltas para assistência a netos (V. Maternidade e paternidade)

Férias, 291

Flexibilidade de horário, 86

Formação e apoios no trabalho de menores, 111
- Acompanhamento, 116
- Apoios ao empregador, 113
- Bolsa para compensação da perda de retribuição, 114
- Caracterização da formação do menor, 111
- Execução da formação assegurada pelo Instituto do Emprego e Formação Profissional, 113
- Formação prática acompanhada por tutor, 112
- Habilitação de menor sem escolaridade obrigatória ou qualificação profissional, 111
- Modalidades de execução da formação, 112
- Regime de apoios a acções a financiar pelo Fundo Social Europeu, 117

- Requerimento para concessão da bolsa, 115
- Trabalho a tempo parcial, 112

Formação profissional, 133
- Âmbito, 133
- Cessação da relação de trabalho, 137
- Conteúdo da formação, 134
- Crédito de horas para formação contínua, 136
- Direito individual à formação, 134
- Envio e arquivo do relatório da formação contínua, 137
- Formação a cargo do empregador, 133
- Formação contínua dos trabalhadores, 134
- Informação e consulta, 136
- Mínimo de horas anuais de formação, 134
- Plano de formação, 135
- Qualificação inicial dos jovens, 133
- Relatório anual da formação contínua, 135

Fundo de Garantia Salarial, 222
- Âmbito, 222
- Créditos abrangidos, 224
- Decisão, 227
- Finalidade, 223
- Instrução, 226
- Limites das importâncias pagas, 225
- Prazo de apreciação, 227
- Regime, 225
- Requerimento, 226
- Situações abrangidas, 223
- Sub-rogação legal, 226

Horário de trabalho (Alteração do), 140
- Âmbito, 140
- Comunicação da alteração dos horários de trabalho, 141
- Mapas de horário de trabalho (V. Mapas de horário de trabalho)

Igualdade e não discriminação, 50
- Âmbito, 50

- Conceitos, 51
- Dever de informação, 50
- Direito à igualdade nas condições de acesso e no trabalho, 53
- Extensão da protecção em situações de discriminação, 54
- Formação profissional, 55
- Igualdade de retribuição, 55
- Igualdade e não discriminação em função do sexo, 55
- Protecção contra actos de retaliação, 54
- Registos, 57
- Regras contrárias ao princípio da igualdade, 56
- Sanção abusiva, 56

Incompatibilidades, 98

Incumprimento do contrato, 214
- Âmbito, 214
- Efeitos do não pagamento pontual da retribuição (V. Retribuição (efeitos do não pagamento pontual))

Instrumentos de regulamentação colectiva de trabalho negociais (Inexistência de alteração dos), 291

Licença parental (V. Maternidade e paternidade)

Licença por adopção (V. Maternidade e paternidade)

Licença por maternidade (V. Maternidade e paternidade)

Licença por paternidade (V. Maternidade e paternidade)

Licenças, dispensas e faltas, 97

Licenças para assistência a filho ou adoptado e pessoa com deficiência ou doença crónica (V. Maternidade e paternidade)

Mapa do quadro de pessoal, 278
- Âmbito, 278
- Apresentação do mapa do quadro de pessoal, 279
- Formas de apresentação do quadro de pessoal, 279
- Modelo do mapa do quadro de pessoal, 279
- Rectificação e arquivo, 280
- Utilização de apuramentos estatísticos, 280

Mapas de horário de trabalho, 141
- Afixação e envio do mapa de horário de trabalho, 142
- Alteração do mapa de horário de trabalho, 143
- Âmbito, 141

Maternidade e paternidade, 74
- Âmbito, 74
- Condições especiais de trabalho para assistência a filho com deficiência ou doença crónica, 77
- Dever de informação, 75
- Dispensa para consultas pré-natais, 79
- Dispensas para amamentação e aleitação, 80
- Faltas para assistência a filho menor, com deficiência ou doença crónica, 81
- Faltas para assistência a netos, 81
- Licença parental, 82
- Licença por adopção, 78
- Licença por maternidade, 75
- Licença por paternidade, 76
- Licenças, dispensas e faltas, 75
- Licenças para assistência a filho ou adoptado e pessoa com deficiência ou doença crónica, 83

Médico do trabalho, 192

Meios de vigilância a distância, 48
- Informação sobre, 49
- Utilização de, 48

Organizações representativas (Participação), 260

Participação de menores em espectáculos e outras actividades, 117
- Actividades permitidas ou proibidas, 118
- Alteração do horário ou do aproveitamento escolar de menor, 122
- Âmbito, 117
- Autorização, 119
- Celebração e regime do contrato, 121
- Decisão da Comissão de Protecção de Crianças e Jovens, 120
- Pedido de autorização, 119
- Períodos de actividade, 118
- Suprimento judicial, 123

Períodos de funcionamento, 139
- Âmbito, 139
- Período de laboração, 140

Pluralidade de infracções, 277

Poder paternal (Condição de exercício do), 96

Protecção do património genético, 58
- Agentes susceptíveis de implicar riscos para o património genético, 58
- Actividades condicionadas que envolvam agentes biológicos condicionados (V. Actividades condicionadas que envolvam agentes biológicos condicionados)
- Actividades condicionadas que envolvam agentes biológicos, físicos ou químicos condicionados (V. Actividades condicionadas que envolvam agentes biológicos, físicos ou químicos condicionados)
- Actividades condicionadas que envolvam agentes químicos condicionados (V. Actividades condicionadas que envolvam agentes químicos condicionados

472 · Regulamentação do Código do Trabalho

– Actividades proibidas que envolvam agentes biológicos, físicos ou químicos proibidos (V. Actividades proibidas que envolvam agentes biológicos, físicos ou químicos proibidos)

Protecção no trabalho e no despedimento (no trabalho especial), 93
– Efeitos das licenças, 93
– Protecção no despedimento, 94
– Protecção no trabalho, 93

Quadro de pessoal (V. Mapa do quadro de pessoal)

Reavaliação da situação de doença, 150
– Comissão de reavaliação, 150
– Procedimento, 151
– Requerimento, 151

Redução da actividade e suspensão do contrato, 208
– Âmbito, 208
– Compensação retributiva (V. Compensação retributiva)
– Encerramento definitivo (Encerramento definitivo)
– Encerramento temporário (V. Encerramento temporário)

Redução do período normal de trabalho, 87

Representantes dos trabalhadores para a segurança, higiene e saúde no trabalho, 197
– Acta, 202
– Acto eleitoral, 201
– Apoio aos representantes dos trabalhadores, 205
– Apuramento do acto eleitoral, 202
– Boletins de voto e urnas, 201
– Caderno eleitoral, 200
– Capacidade eleitoral, 197
– Comissão eleitoral, 198

– Competência e funcionamento da comissão eleitoral, 199
– Crédito de horas, 203
– Dever de reserva e confidencialidade, 206
– Direitos, 205
– Eleição, 197
– Exercício abusivo, 206
– Faltas, 203
– Informações confidenciais, 206
– Início de actividades, 203
– Justificação e controlo judicial, 207
– Limite aos deveres de informação e consulta, 207
– Listas, 200
– Promoção da eleição, 198
– Protecção, 203
– Protecção em caso de procedimento disciplinar e despedimento, 204
– Protecção em caso de transferência, 205
– Publicidade, 198
– Publicidade do resultado da eleição, 202
– Reclamações, 200
– Reuniões com os órgãos de gestão da empresa, 206
– Secções de voto, 201

Resolução por falta de pagamento da retribuição, 218
– Resolução, 218
– Segurança social, 219

Responsabilidade contra-ordenacional, 283
– Regime geral, 283
– Contra-ordenações em especial (V. Contra-ordenações em especial)

Responsabilidade penal, 282
– Actos proibidos em caso de encerramento temporário, 283
– Actos proibidos em caso de incumprimento do contrato, 283
– Desobediência qualificada, 283
– Encerramento ilícito, 282

Índice Analítico

Retribuição (efeitos do não pagamento pontual), 214
- Actos de disposição, 215
- Efeitos gerais, 214
- Inibição de prática de certos actos, 214
- Resolução (V. Resolução por falta de pagamento da retribuição)
- Suspensão do contrato de trabalho (V. Suspensão do contrato de trabalho por falta de pagamento da retribuição)

Retribuição mínima mensal garantida, 155
- Actualização da retribuição mínima mensal garantida, 158
- Âmbito, 155
- Reduções relacionadas com o trabalhador, 157
- Retribuição mínima horária garantida, 157

Reuniões de trabalhadores, 257
- Âmbito, 257
- Convocação de reuniões de trabalhadores, 257
- Procedimento, 257

Saúde no trabalho, 184
- Enfermeiro, 186
- Exames de saúde, 184
- Ficha clínica, 186
- Ficha de aptidão, 187
- Garantia mínima de funcionamento, 188
- Informação técnica, 188
- Vigilância da Saúde, 184

Segurança e higiene no trabalho, 182
- Actividades técnicas, 182
- Garantia mínima de funcionamento, 182
- Informação técnica, 183

Segurança, higiene e saúde no trabalho, 158

- Âmbito, 158
- Comissões de segurança, higiene e saúde no trabalho, 161
- Comunicação à Inspecção-Geral do Trabalho, 193
- Conceitos, 160
- Consulta, 191
- Consulta e participação, 161
- Deveres dos trabalhadores, 191
- Documentação, 195
- Encargos, 196
- Formação dos representantes dos trabalhadores, 162
- Formação dos trabalhadores, 162
- Informação e consulta, 190
- Médico do trabalho (V. Médico do trabalho)
- Notificações, 193
- Produto das taxas, 196
- Relatório de actividades, 194
- Representantes dos trabalhadores (V. Representantes dos trabalhadores para a segurança, higiene e saúde no trabalho)
- Serviços de segurança, higiene e saúde no trabalho (V. Serviços de segurança, higiene e saúde no trabalho)
- Taxas, 196
- Trabalhador por conta própria, 158

Segurança social, 98
- Relevância para acesso a prestações de segurança social, 99
- Subsídio, 98
- Subsídio em caso de faltas para assistência a menores, 99
- Subsídio em caso de licença especial para assistência a pessoa com deficiência ou doença crónica, 99

Serviço Nacional de Saúde, 165

Serviços de segurança, higiene e saúde no trabalho, 163
- Âmbito, 163
- Formação adequada, 166

474 Regulamentação do Código do Trabalho

– Funcionamento, 179
– Modalidades, 163
– Organização dos serviços, 163
– Primeiros socorros, combate a incêndios e evacuação de trabalhadores, 165
– Qualificação dos serviços internos e interempresas, 179
– Representante do empregador, 165
– Serviços externos (V. Serviços externos)
– Serviços interempresas, 170
– Serviços internos (V. Serviços internos)
– Serviço Nacional de Saúde (V. Serviço Nacional de Saúde)

Serviços externos, 170
– Acompanhamento, 189
– Alteração da autorização, 177
– Audiência do interessado, 177
– Auditoria, 189
– Autorização, 172
– Decisão, 178
– Elementos de apreciação, 176
– Instrução e vistoria, 175
– Pagamento de taxas, 178
– Requerimento de autorização de serviços externos, 173

Serviços internos, 166
– Actividades exercidas pelo empregador ou por trabalhador designado, 167
– Dispensa de serviços internos, 168
– Taxas de incidência e de gravidade de acidentes de trabalho, 169

Sub-rogação legal, 222

Subsídio de férias no caso de redução da actividade e suspensão do contrato (V. Compensação retributiva no caso de redução da actividade e suspensão do contrato

Subsídio de Natal no caso de redução da actividade e suspensão do contrato (V. Compensação retributiva no caso de redução da actividade e suspensão do contrato

Suspensão da instância (Cessação da), 221

Suspensão do contrato de trabalho por falta de pagamento da retribuição, 216
– Cessação da suspensão, 217
– Direito a prestações de desemprego, 217
– Efeitos da suspensão, 216
– Prestação de trabalho durante a suspensão, 218
– Suspensão do contrato de trabalho, 216

Taxa social única, 138
– Âmbito, 138
– Compensação do aumento da taxa social única, 139
– Determinação do número de trabalhadores, 139
– Taxa social única, 138

Trabalhadores estrangeiros e apátridas, 130
– Âmbito, 130
– Comunicação da celebração e da cessação, 132
– Formalidades, 131

Trabalhador-estudante, 123
– Âmbito, 123
– Cessação de direitos, 128
– Concessão do estatuto de trabalhador-estudante, 124
– Cumulação de regimes, 130
– Dispensa de trabalho, 125
– Especificidades da frequência de estabelecimento de ensino, 129
– Excesso de candidatos à frequência de cursos, 129

Índice Analítico

- Férias e licenças, 127
- Prestação de provas de avaliação, 126
- Trabalho suplementar e adaptabilidade, 126

Trabalho a tempo parcial, 84
- Âmbito, 84
- Cessação, 87
- Com flexibilidade de horário, 84
- Prorrogação, 87

Trabalho de menores, 103
- Actividades, 105
- Actividades, processos e condições de trabalho proibidos a menor, 105
- Agentes biológicos, 105
- Agentes físicos, 105
- Agentes, substâncias e preparações químicos, 106
- Âmbito, 103
- Condições de trabalho, 107
- Formação e apoios (V. Formação e apoios no trabalho de menores)
- Participação de menores em espectáculos e outras actividades (V. Participação de menores em espectáculos e outras actividades)
- Processos, 107
- Trabalhos condicionados a menores com idade igual ou superior a 16 anos (V. Trabalhos condicionados a menores com idade igual ou superior a 16 anos)
- Trabalhos leves, 104
- Trabalhos leves e trabalhos proibidos ou condicionados a menor, 104
- Trabalhos leves prestados por menor com idade inferior a 16 anos, 104

Trabalho nocturno, 87
- Condições ou garantias da prestação do trabalho nocturno (V. Trabalho nocturno (Condições ou garantias da prestação do))
- Dispensa de, 87

Trabalho nocturno (Condições ou garantias da prestação do), 143

- Actividades, 144
- Âmbito, 143
- Avaliação de riscos, 145
- Consulta, 145

Trabalho no domicílio, 38
- Âmbito, 38
- Cessação do contrato, 44
- Direitos e deveres, 40
- Exames de saúde, 42
- Formação profissional, 41
- Indemnização, 45
- Proibição do trabalho no domicílio, 45
- Registo dos trabalhadores no domicílio, 42
- Remuneração, 43
- Segurança, higiene e saúde no trabalho, 41
- Segurança social, 46
- Subsídio anual, 43
- Suspensão ou redução, 44

Trabalhos condicionados a menores com idade igual ou superior a 16 anos, 108
- Actividades, processos e condições de trabalho condicionados, 108
- Agentes biológicos, 109
- Agentes físicos, 109
- Agentes químicos, 109
- Condições de trabalho, 110

Trabalho suplementar (Registo do), 146
- Actividade realizada no exterior da empresa, 147
- Âmbito, 146
- Registo, 146

Venda de bens penhorados ou dados em garantia, 220

Verificação da situação de doença por médico designado pela segurança social, 148
- Designação de médico, 148
- Requerimento, 148

ÍNDICE GERAL

Prefácio à 3.ª edição	5
Prefácio à 2.ª edição	7
Prefácio	9
Tabela de correspondência entre o Código do Trabalho (CT) e a Regulamentação do Código do Trabalho (RCT)	11
Exposição de Motivos	13
Lei n.º 35/2004, de 29 de Julho – Regulamenta a Lei n.º 99/2003, de 27 de Agosto, que aprovou o Código do Trabalho	31
Capítulo I – **Disposições gerais**	31
Capítulo II – **Destacamento**	36
Capítulo III – **Trabalho no domicílio**	38
Capítulo IV – **Direitos de personalidade**	47
Capítulo V – **Igualdade e não discriminação**	50
Secção I – *Âmbito*	50
Secção II – *Igualdade e não discriminação*	50
Subsecção I – *Disposições gerais*	50
Subsecção II – *Igualdade e não discriminação em função do sexo*	55
Divisão I – Princípios gerais	55
Divisão II – Protecção do património genético	58
Secção I – *(Âmbito)*	58
Divisão III – Actividades proibidas que envolvam agentes biológicos, físicos ou químicos proibidos	59
Divisão IV – Actividades condicionadas que envolvam agentes biológicos, físicos ou químicos condicionados	60
Divisão V – Actividades condicionadas que envolvam agentes biológicos condicionados	70

478 *Regulamentação do Código do Trabalho*

Divisão VI – Actividades condicionadas que envolvam agentes químicos condicionados 71

Capítulo VI – **Protecção da maternidade e da paternidade** 74

Secção I – *Âmbito*.................. 74
Secção II – *Licenças, dispensas e faltas*.................. 75
Secção III – *Regimes de trabalho especiais* 84
Secção IV – *Actividades condicionadas ou proibidas* 88

Subsecção I – *Actividades condicionadas a trabalhadora grávida, puérpera
ou lactante*.................. 88
Subsecção II – *Actividades proibidas a trabalhadora grávida* 91
Subsecção III – *Actividades proibidas a trabalhadora lactante* 92

Secção V – *Protecção no trabalho e no despedimento* 93
Secção VI – *Disposições comuns* 95
Secção VII – *Regime de segurança social* 98
Secção VIII – *Administração Pública* 99

Subsecção I – *Licenças, dispensas e faltas* 99
Subsecção II – *Regime de trabalho especial na Administração Pública* 100

Capítulo VII – **Trabalho de menores**.................. 103

Secção I – *Âmbito*.................. 103
Secção II – *Trabalhos leves e trabalhos proibidos ou condicionados a menor* 104

Subsecção I – *Trabalhos leves* 104
Subsecção II – *Actividades, processos e condições de trabalho proibidos a
menor* 105
Subsecção III – *Trabalhos condicionados a menores com idade igual ou
superior a 16 anos*.................. 108

Secção III – *Formação e apoios* 111
Secção IV – *Disposição final*.................. 117

Capítulo VIII – **Participação de menores em espectáculos e outras activida-
des** 117
Capítulo IX – **Trabalhador-estudante**.................. 123
Capítulo X – **Trabalhadores estrangeiros e apátridas** 130
Capítulo XI – **Formação profissional** 133

Secção I – *Âmbito*.................. 133
Secção II – *Formação a cargo do empregador*.................. 133

Subsecção I – *Qualificação inicial dos jovens* 133
Subsecção II – *Formação contínua dos trabalhadores* 134
Subsecção III – *Envio e arquivo do relatório da formação contínua* 137

Índice Geral 479

Capítulo XII – **Taxa social única** 138
Capítulo XIII – **Períodos de funcionamento** 139
Capítulo XIV – **Alteração do horário de trabalho** 140
Capítulo XV – **Mapas de horário de trabalho** 141
Capítulo XVI – **Condições ou garantias da prestação do trabalho nocturno** 143
Capítulo XVII – **Registo do trabalho suplementar** 146
Capítulo XVIII – **Fiscalização de doenças durante as férias** 147

   Secção I – *Âmbito* 147
   Secção II – *Verificação da situação de doença por médico designado pela segurança social* 148
   Secção III – *Verificação da situação de doença por médico designado pelo empregador* 149
   Secção IV – *Reavaliação da situação de doença* 150
   Secção V – *Disposições comuns* 151
   Secção VI – *Taxas* 153

Capítulo XIX – **Faltas para assistência à família** 153
Capítulo XX – **Fiscalização de doença** 155
Capítulo XXI – **Retribuição mínima mensal garantida** 155
Capítulo XXII – **Segurança, higiene e saúde no trabalho** 158

   Secção I – *Âmbito* 158
   Secção II – *Disposições gerais* 158
   Secção III – *Serviços de segurança, higiene e saúde no trabalho* 163

      Subsecção I – *Disposições gerais* 163
      Subsecção II – *Organização dos serviços* 163

         Divisão I – Disposições gerais 163
         Divisão II – Serviços internos 166
         Divisão III – Serviços interempresas 170
         Divisão IV – Serviços externos 170
         Divisão V – Autorização de serviços externos 172
         Divisão VI – Qualificação dos restantes serviços 179

      Subsecção III – *Funcionamento dos serviços de segurança, higiene e saúde no trabalho* 179

         Divisão I – Princípios gerais 179
         Divisão II – Segurança e higiene no trabalho 182
         Divisão III – Saúde no trabalho 184
         Divisão IV – Acompanhamento e auditoria dos serviços externos 189

      Subsecção IV – *Informação e consulta e deveres dos trabalhadores* 190
      Subsecção V – *Disposições finais* 192

   Secção IV – *Representantes dos trabalhadores para a segurança, higiene e saúde no trabalho* 197

480 Regulamentação do Código do Trabalho

Subsecção I – *Disposição geral* 197
Subsecção II – *Eleição dos representantes dos trabalhadores para a segurança, higiene e saúde no trabalho* 197
Subsecção III – *Protecção dos representantes dos trabalhadores para a segurança, higiene e saúde no trabalho* 203
Subsecção IV – *Direitos* 205
Subsecção V – *Dever de reserva e confidencialidade* 206

Capítulo XXIII – **Balanço social relativamente aos trabalhadores em situação de cedência ocasional** 207
Capítulo XXIV – **Redução da actividade e suspensão do contrato** 208

Secção I – *Âmbito* 208
Secção II – *Compensação retributiva* 208
Secção III – *Encerramento temporário* 209

Capítulo XXV – **Incumprimento do contrato** 214

Secção I – *Âmbito* 214
Secção II – *Efeitos do não pagamento pontual da retribuição* 214

Subsecção I – *Efeitos gerais* 214
Subsecção II – *Suspensão do contrato de trabalho* 216
Subsecção III – *Resolução* 218

Secção III – *Suspensão de execuções* 220
Secção IV – *Disposição comum* 222

Capítulo XXVI – **Fundo de Garantia Salarial** 222
Capítulo XXVII – **Comissões de trabalhadores: constituição, estatutos e eleição** 227

Secção I – *Âmbito* 227
Secção II – *Constituição e estatutos da comissão de trabalhadores* 228
Secção III – *Eleição da comissão e das subcomissões de trabalhadores* ... 231
Secção IV – *Constituição e estatutos da comissão coordenadora* 233
Secção V – *Eleição da comissão coordenadora* 234
Secção VI – *Registo e publicação* 234

Capítulo XXVIII – **Direitos das comissões e subcomissões de trabalhadores** 236

Secção I – *Âmbito* 236
Secção II – *Direitos em geral* 236
Secção III – *Informação e consulta* 238
Secção IV – *Exercício do controlo de gestão na empresa* 240
Secção V – *Participação nos processos de reestruturação da empresa* 241

Capítulo XXIX – **Conselhos de empresa europeus** 242

Índice Geral 481

Secção I – *Disposições gerais* 242
Secção II – *Disposições e acordos transnacionais* 244

Subsecção I – *Âmbito* 244
Subsecção II – *Procedimento das negociações* 245
Subsecção III – *Acordos sobre a informação e consulta* 246

Secção III – *Instituição do conselho de empresa europeu* 248
Secção IV – *Disposições comuns* 252
Secção V – *Disposições de carácter nacional* 254

Capítulo XXX – **Reuniões de trabalhadores** 257
Capítulo XXXI – **Associações sindicais** 258
Capítulo XXXII – **Participação das organizações representativas** ... 260
Capítulo XXXIII – **Arbitragem obrigatória** 261

Secção I – *Âmbito* 261
Secção II – *Determinação da arbitragem obrigatória* 261
Secção III – *Designação de árbitros* 263
Secção IV – *Árbitros* 265
Secção V – *Do funcionamento da arbitragem* 268

Subsecção I – *Disposições gerais* 268
Subsecção II – *Audição das partes* 269
Subsecção III – *Tentativa de acordo* 270
Subsecção IV – *Instrução* 271
Subsecção V – *Decisão* 271
Subsecção VI – *Apoio técnico e administrativo* 272

Capítulo XXXIV – **Arbitragem dos serviços mínimos** 274

Secção I – *Âmbito* 274
Secção II – *Designação de árbitros* 274
Secção III – *Do funcionamento da arbitragem* 275

Subsecção I – *Disposições gerais* 275
Subsecção II – *Audição das partes* 276
Subsecção III – *Decisão* 276

Capítulo XXXV – **Pluralidade de infracções** 277
Capítulo XXXVI – **Mapa do quadro de pessoal** 278
Capítulo XXXVII – **Balanço social** 280
Capítulo XXXVIII – **Responsabilidade penal** 282
Capítulo XXXIX – **Responsabilidade contra-ordenacional** 283

Secção I – *Disposições gerais* 283
Secção II – *Contra-ordenações em especial* 285

Capítulo XL – **Disposições Finais e Transitórias** 291

482 *Regulamentação do Código do Trabalho*

Secção I – *Disposições gerais* 291
Secção II – *Comissão para a Igualdade no Trabalho e no Emprego* 292

LEGISLAÇÃO COMPLEMENTAR

Trabalho Temporário – Decreto-Lei n.° 358/89, de 17 de Outubro 297

Pré-reforma – Decreto-Lei n.° 261/91, de 25 de Julho 315

Maternidade e Paternidade – Lei n.° 4/84, de 05 de Abril 319

Trabalho desportivo e formação desportiva – Lei n.° 28/98, de 26 de Junho 323

Trabalho doméstico – Decreto-Lei n.° 235/92, de 24 de Outubro 337

Carteiras profissionais – Decreto-Lei n.° 358/84, de 13 de Novembro 349

Contrato individual de trabalho da administração pública – Lei n.° 23/2004,
de 22 de Junho 353

**Protecção social na eventualidade doença, no âmbito do subsistema previden-
cial de segurança social** – Decreto-Lei n.° 28/2004, de 04 de Fevereiro 365

**Procedimentos necessários à aplicação da protecção social na eventualidade
doença** – Portaria n.° 337/2004, de 31 de Março 383

**Princípio da igualdade de tratamento entre as pessoas, sem distinção de origem
racial ou étnica** – Lei n.° 18/2004, de 11 de Maio 389

**Proibição de discriminação baseada na raça, cor, nacionalidade ou origem
étnica** – Lei n.° 134/99, de 28 de Agosto 395

**Regime jurídico da prevenção, habilitação, reabilitação e participação da pes-
soa com deficiência** – Lei n.° 38/2004, de 18 de Agosto 401

Protecção de dados pessoais – Lei n.° 67/98, de 26 de Outubro 411

Informação genética pessoal e informação de saúde – Lei n.° 12/2005, de 26 de
Janeiro 435

Estatutos do fundo de garantia salarial – Decreto-Lei n.° 139/2001, de 24 de
Abril 447

Índice Geral

Normas do Código da Insolvência e da Recuperação de Empresas – Decreto-Lei n.° 53/2004, de 18 de Março 457

Normas penais avulsas 461

Indice Analítico 465

Índice Geral 477